MAKERS AND TAKERS

MAKERS AND TAKERS

MAKERS

메이커스 AND 테이커스

TAKERS

경제를 성장시키는 자, 경제를 망가뜨리는 자

라나 포루하 지음 | 이유영 옮김

부·키

지은이

라나 포루하 Rana Foroohar 『파이낸셜 타임스』의 글로벌 비즈니스 칼럼니스트이자 부주필이며, CNN의 글로벌 경제 애널리스트로도 활동하고 있다. 1992년 컬럼비아 대학교 버나드 칼리지를 졸업하고, 『뉴스위크』에서 13년을 일하면서 경제 및 국제부장, 유럽과 중동 특파원을 역임했다. 당시 유럽 문제 보도에 기여한 공로로 독일 마셜 기금의 피터 와이츠 상을 수상했다. 이후 『타임』지에서 6년간 편집차장 및 경제 칼럼니스트로 활동했다. 존스 홉킨스 국제관계대학원, 이스트 웨스트 센터 같은 여러 기관에서 각종 상과 펠로십을 수여받았다. 미국 외교협회 종신 회원이다.

옮긴이

이유영 클레어몬트 매케나 칼리지에서 경제학과 수학을 공부했으며, 피터 드러커 경영대학원에서 MBA(경영학 석사)와 MSFE(금융공학 석사)를, 캘리포니아 주립대 미헤일로 경영경제대학원에서 MST(기업세무학 석사)를 마쳤다. 미국 자산 운용사 TCW와 모기지 은행 인디맥, 컨설팅 펌 언스트앤영에서 일했으며, 현재 조세정의네트워크의 동북아 챕터 리더로 노르웨이 정부의 NORAD 그랜트를 받아 국제 조세 및 금융 분야 제도 개선에 참여하면서, 브리오 컨설팅 대표로 기업 재무 분야 컨설팅도 하고 있다. 『왜 자본은 일하는 자보다 더 많이 버는가』를 함께 저술했으며, 옮긴 책으로는 『긴축』, 『보물섬』 등이 있다.

메이커스 앤드 테이커스

2018년 1월 25일 초판 1쇄 발행
2018년 2월 12일 초판 2쇄 발행

지은이	라나 포루하
옮긴이	이유영
펴낸곳	부키(주)
펴낸이	박윤우
등록일	2012년 9월 27일
등록번호	제312-2012-000045호
주소	03785 서울 서대문구 신촌로3길 15 산성빌딩 6층
전화	02) 325-0846
팩스	02) 3141-4066
홈페이지	www.bookie.co.kr
이메일	webmaster@bookie.co.kr
제작대행	올인피앤비 bobys1@nate.com
ISBN	978-89-6051-616-8 03320

존, 다리아, 알렉스에게

일러두기

• 본문의 각주는 모두 옮긴이의 주이다.

블룸버그 올해 최고의 책
파이낸셜 타임스 올해의 비즈니스 도서

포루하는 미국의 경제적 명성이 쇠퇴한 사연을 알기 쉽게 풀어내면서, 경쟁력의 위협 요인이 기업의 해외 이전이라든가 중국 같은 외부로부터가 아니라 미국 내에서 비롯되었음을 보여 준다. 또한 금융이 우리의 경제, 정치 생활에 속속들이 침투한 과정, 그리고 금융 위기를 야기한 자들이 그 위기를 이용해 이득을 누린 과정을 설명한다.
– 조지프 스티글리츠, 노벨 경제학상 수상자, 전 대통령 경제자문회의 의장

속도감 있고 흥미진진할 뿐만 아니라 탄탄한 조사에 기초한 이야기로, 최근 금융의 부상에 한몫한 수상쩍은 거래들을 생생하게 되짚는다. 월가는 실물 경제가 창출한 가치를 과도하게 소모하면서 어마어마한 번영을 구가해 왔다. 독자들은 이 책이 폭로하는 월가의 기만적 행각에 충격을 받겠지만, 나아가 심각하게 망가진 금융 시스템을 손보는 데 기꺼이 동참하고 싶다는 마음이 들 것이다. 문제를 바로잡는 것은 우리 모두의 몫이다.
– 존 C. 보글, 뱅가드 그룹 창립자이자 전 CEO

무척 잘 쓰인 책으로 참신하고 도발적이다. 라나 포루하는 번영의 조력자였던 월가가 성장의 방해꾼이자 불평등의 부역자로 탈바꿈해 간 과정을 분석한다. 이렇듯 흥미진진한 분석을 통해 사회적 논의뿐만 아니라 정치적 행동의 주제로도 삼기 좋은 다섯 가지 핵심 정책 과제를 추려서 제시한다. 금융공학이 언제, 어떻게, 왜 이 지경으로 폭주했는

지, 그리고 문제를 해결하려면 무엇을 해야 하는지를 제대로 알고자 하는 이들의 필독서다. – 모하메드 A. 엘에리안, 알리안츠 수석 경제자문역, 전 핌코 CEO, 『유일한 선택지』 저자

비즈니스 저널리즘의 최고봉에 오른 라나 포루하가 쓴 실로 강력한 책이다. 금융 조작이 어떻게 금융권을 넘어 확산되면서 미국 경제에 뿌리박고 실물 경제의 생산적 활동을 심대하게 훼손하기에 이르렀는지를 살핀다. 금융화의 부상과 그 여파를 세세히 분석하는 포루하는 불평등에서부터 대통령의 정치, 미국의 글로벌 경쟁력에 이르기까지 현재 우리가 직면한 거의 모든 문제를 조명한다. 경이로운 성과를 보여 주는 저작.
– 찰스 퍼거슨, 다큐멘터리 〈인사이드 잡〉 감독

다음 선거가 다가오면서 유권자들이 던져야 할 중대한 질문은 미국 경제가 도대체 어디서 잘못되었는가, 그리고 잘못을 바로잡기 위해 무엇을 할 것인가이다. 그 답을 찾으려거든 포루하의 이 책을 반드시 읽어야 한다. 능숙한 이야기 솜씨와 명료한 분석을 통해 포루하는 미국 경제가 야금야금 '금융화' 된 양상, 그리고 이런 과정이 서민의 삶뿐만 아니라 경제 성장까지 침체시킨 이유를 설명하고 있다. 2008년 금융 위기는 그 한 가지 징후였지만, 문제가 거기서 끝난 것은 아니다. 포루하는 미국이 이 문제에 열중하는 것이 중요함을 역설하는 데 그치지 않고 상식적인 해결책까지 제시한다. 정치인과 유권자들은 이 책에 주목해야 한다.
– 질리언 텟, 『파이낸셜 타임스』 미국판 편집국장, 『사일로 이펙트』 저자

라나 포루하는 우리 시대 최고의 경제 평론가로, 복잡한 경제 현안을 명료하고 생생한 문체로 풀어내는 능력이 있다. 이 책에서 포루하는 비대한 몸집과 과도한 권력을 지닌 금융업계가 보상 체계를 왜곡하고, 혁신을 저해하며, 불평등을 심화하는 등 경제 전반에 피해를 입히는 온갖 수법의 실태를 흥미진진하게 그려 낸다. 미국 경제의 미래 건전성을 염려하는 사람이라면 설득력 넘치고 충격적인 이 책을 읽어야 한다.
– 리아콰트 아메드, 퓰리처상 수상작 『금융의 제왕』 저자

그 어느 때보다 거대한 금융 부문의 출현이 사회를 더 초라하고 불평등하게 만들었는가

만큼 중대한 공공 정책 분야의 질문은 없으리라. 유려한 필력을 통해 지적 호기심을 북돋는 이 책은 정책 입안자들이 피할 수도 없고 피해서도 안 되는 저 질문에 대한 답을 제공한다. - 앤디 홀데인, 영란은행 수석 경제학자 겸 통화분석 및 통계 담당 이사

미국 경제 속에서 금융 부문의 과도한 역할, 그리고 이것이 미국의 미래에 어떤 의미가 있는지를 놓고 라나 포루하는 때로 도발적이면서 대단히 흥미로운 시각을 선보인다. 이 책은 기업의 잠재력을 빼앗은 은행의 수법을 직설적으로 비판한다. 또한 점차 우리 시대의 특징으로 자리 잡고 있는 소득 불평등 문제도 짚는다.
- 이언 브레머, 유라시아 그룹 창립자이자 대표

포루하는 내부자적 식견과 인맥에다 빼어난 글솜씨까지 두루 갖춘 보기 드문 저널리스트로, 미국 경제의 '금융화'가 월가 측에만 좋은 일이라고 비판한다. 속도감 넘치는 이 책에서 저자는 기업들이 어떻게 해서 우수한 제품의 설계보다 금융 설계에 더 몰두하게 되었는지를 설득력 있게 펼쳐 보이면서, 이런 세태가 미국의 성장과 생산성에 끼친 부정적 영향을 살펴본다.
- 루치르 샤르마, 모건 스탠리 투자운용의 수석 거시경제학자 겸 신흥시장 부문 책임자

오늘날의 우리 경제가 수많은 사람들을 외면하게 된 까닭을 잘 파헤친 수작.
- 『뉴욕 타임스』

금융업계가 경제에 행사하는 과도한 권력과, 이것이 사회 전반에 초래하는 참혹한 결과에 대한 탁월한 서술. - 『포브스』

2016년 미국 대통령 선거전에서 나타난 경제 포퓰리즘의 대두 현상에 대한 신뢰도 높은 설명. 버니 샌더스와 도널드 트럼프가 월가에 퍼부은 독설의 울림을 진정으로 이해하고자 하는 사람이라면 우선 이 책을 읽는 것이 좋다. - 『포춘』

차례

머리말

성장의 원동력을 되살리는 길

만약 허먼 멜빌이 저 유명한 마지막 소설 『사기꾼』을 지금 집필하고 있다면, 제목이 가리키는 악한의 모델이 과연 누구인지에는 의문의 여지가 없을 것이다. 바로 도널드 트럼프다. 작품 속 사기꾼이 가진 힘은 숱한 거짓말 속에 진실을 교묘하게 끼워 넣는 능력이다. 피해자들은 어디까지 사실이고 어디서부터 허구인지 전혀 알지 못한다. 이것이 바로 사기의 위력이다.

트럼프 대통령은 갖가지 거짓말로 미국인들을 구워삶았다. 이민자들이야말로 미국이 경제적 어려움에 처한 원인이며, 세계화의 시계를 거꾸로 돌릴 수 있다고 주장했다. 그런가 하면 초부유층과 최우량 기업들을 위한 감세 조치가 성장과 번영을 기적적으로 추동할 것이라고 외쳤는데, 하지만 지난 20년간의 모든 증거는 그 반대를 가리켜 왔다.

그러나 트럼프는 중요한 진실 몇 가지를 내뱉기도 했다. 특히 주목할 만한 사실은 금융 위기 이후 미국의 경제 '회복'이 사상누각이라는 것이다. 당선되기 몇 달 전 트럼프는 '저금리'에 힘입어 형성된 시장의 '거대 버블'이 터질 경우 '초대형 침체'가 발생할 수 있다고 경고했다. 트럼프식 윤색을 제거하고 들여다보면 이런 발언은 사실이다. 기업 부채와 레버리지는 기록적인 수준이다. 월가의 주가는 사상 최고치를 찍고 있음에도, 임금은 이제서야 서서히 오르기 시작했을 뿐이다. 엄밀히 말해 미국은 2009년부터 회복세에 있지만, 그 회복을 메인가Main Street• 에서는 체감하지 못하고 있다. 이는 단순한 감정이 아니라 엄연한 통계적 사실이다. 경제학자 토마 피케티, 에마뉘엘 사에즈, 가브리엘 쥐크망이 집계한 데이터에 따르면, 불평등이 지난 40년 동안 엄청나게 증가했을 뿐만 아니라, 2009년 이후 최상위 1퍼센트는 미국의 총 실질 소득 성장분 가운데 52퍼센트를 차지했다.[1]

  물론 이것이 바로 트럼프 대통령을 승리로 이끈 요인이었다. 트럼프는(그리고 버니 샌더스도 얼마간) 월가에 노골적으로 편향된 시스템을 바로잡을 수 있는 이는 오직 '외부자'뿐이라며 대중을 설득하는 데 능했다. 이 점에 관한 한 트럼프의 지적이 일리가 있다. 내가 이 책을 쓰겠다고 마음먹은 순간 떠오른 생각도 바로 그와 같았다. 2013년의 어느 날, 나는 2008년 금융 위기 수습의 주역이었던 전직 오바마 행정부 관료와의 비공개 브리핑 자리에 참석했다. 한 무리의 금융 저널리스트들이 이 전직 관료의 위기 체험 후기와 분석을 들으러 뉴욕 모처에 모인 참이었다. 이 행사는 대공황 이후 최악의 경제 위기에 종지부를 찍고자 하던 오바마 행정부에서 마련한 것이었다. 물론 오바마 팀이 위기를 깔끔하

• 한 마을이나 도시의 중심 상업가를 가리키는 말로, 금융의 중핵인 월가와 대비되는 미국 일반 대중과 기업 등의 실물 경제를 지칭하기도 한다.

게 처리했음을 과시하려는 의도도 있었을 것이다.

모임 와중에 한 기자가 날 선 질문을 던졌다. 당시까지도 고작 절반 정도밖에 진행되지 않은 도드-프랭크 은행 개혁 규제책[*]이 월가의 로비에 휘둘리고 있는 것은 아닌지 물은 것이다. 전직 관료는 그런 일은 없다고 강변했다. 그 대답을 듣고 기가 찼다. 마침 나는 칼럼 하나를 쓴 참이었는데, 거기 인용된 연구 결과에 따르면 도드-프랭크 규제책의 한 가지 핵심 쟁점인 볼커 룰Volcker Rule을 입안하는 과정에서 이루어진 자문의 93퍼센트가 금융업계의 것이었다. 즉 볼커 룰을 만들 때 가장 큰 목소리를 낸 곳은 메인가가 아니라 월가였던 것이다. 그래서 손을 들어 관련 통계를 소개한 뒤, 왜 더 폭넓은 이해관계자들이 아니라 금융 위기에 책임이 있는 은행가 본인들과 가진 미팅이 그토록 많았는지 물었다. 전직 관료는 어리둥절한 표정으로 되물었다. "그럼 누구와 미팅을 했어야 하죠?"

바로 그 순간, 금융이 미국 경제와 사회에 발휘하는 힘을 제어하는 것이 얼마나 어려운지 절실히 깨달았다. 금융의 힘은 경제 지표만 봐도 충분히 느낄 수 있다. (금융은 미국 경제의 7퍼센트 정도를 차지할 뿐이지만, 전체 기업 수익 가운데 약 25퍼센트를 가져간다. 반면 전체 일자리 창출에 기여하는 몫은 4퍼센트에 지나지 않는다.) 그러나 더 중요한 점은 금융이 정부 관

---

[*] 2008년 금융 위기 이후 2010년 7월에 발표된 전면적 금융 개혁법을 일컫는다. 이 법안은 발의자인 크리스 도드(Chris Dodd) 상원의원과 바니 프랭크(Barney Frank) 하원의원의 이름을 따 도드-프랭크 월가개혁 및 소비자보호법(Dodd-Frank Wall Street Reform and Consumer Protection Act)으로 명명되었다. 주된 내용은 금융 위기에 대한 월가의 책임성을 높이고, 금융 규제를 강화하며, 금융 감독 체계를 정비하는 한편, 금융 소비자의 권익을 보호하는 것이다. 이 법 제619조에 담긴, 투자은행의 자기자본을 동원한 투자와 파생상품 거래에 대한 규제는 일명 볼커 룰이라 불리며, 도드-프랭크 은행규제법을 둘러싼 논란의 중심에 있다.

료, 규제 당국자, CEO, 심지어 대다수 소비자(이들은 401(k)˙를 통해 금융과 연관된다)의 사고와 심리 구조까지 형성하는 힘을 가졌다는 것이다. 학계에서 '인지 포획cognitive capture'˙˙이라 부르는 이 힘이야말로, 2008년 금융 위기 이후에도 금융업계에는 막대한 수익을, 주택 소유자, 소상공업자, 노동자, 소비자에게는 손실을 안겨 주는 정책을 정부에서 도입한 결정적인 이유다. 또한 미국 자본주의 체제의 제반 규칙이 금융시장으로 하여금 메인가 지원이라는 본연의 역할을 맡도록 강제하는 쪽으로 개정되지 못해 온 이유이기도 하다. 앞에서 언급한 대화에서처럼, 시장 자본주의의 작동 규칙을 결정하는 자들이 전부 금융업계에 신세를 지고 있다면 모두에게 공정한 시스템을 설계하기란 불가능하다.

애석하지만 트럼프 대통령의 언변에도 불구하고, 그가 메인가 사람들의 이해관계를 중시하리라고 믿어서는 안 된다. 변화를 바라는 미국인들이 정계 외부자에게 기대를 거는 이유는 쉽사리 짐작이 가지만, 사실 트럼프 대통령은 오랫동안 철저히 월가 사람이었다. 그는 큰돈을 굴리는 여느 금융가처럼 돈을 벌었다. 자기자본을 줄이고 레버리지를 늘렸다. 앞면이 나오면 내가 이긴 것이고, 뒷면이 나오면 네가 진 것이라는 식의 수법을 구사했다. 트럼프 내각은 월가 중심적 세계관을 통해 이득을 얻는 금융가 같은 자들로 가득하다(골드만 삭스Goldman Sachs 출신을 비

• 미국의 근로자퇴직소득보장법 제401조 k항에 규정되어 있는 퇴직연금제를 지칭하는 용어. 고용주인 기업과 노동을 제공하는 근로자가 일정 비율을 서로 나누어 불입하면서 세금 공제 등 다양한 세제 혜택을 받는다.

•• 본래 심리학 용어지만, 조지프 스티글리츠가 『불평등의 대가』에서 앨런 그린스펀이나 티머시 가이트너 같은 규제 당국자들의 사고방식이 월가 등의 규제 대상과 동일한 면모를 보인다며 비판할 때 차용하면서, 규제 당국과 업계 간의 유착을 설명하는 용어로 널리 쓰이게 됐다.

롯한 초창기 지명자 17명의 순자산은 미국인 하위 3분의 1보다 더 많다). 트럼프가 처음으로 취한 행정 조치 중에는 2008년 금융 위기 후 도입된 솜방망이 금융 규제마저 폐지하려는 것도 있었다. 트럼프가 상위 1퍼센트와 나머지 99퍼센트 사이의 격차에 대해 아주 잘 아는 이유는 바로 자신이 그 격차를 넓히는 데 일조한 장본인이기 때문이다. 그는 미국의 일자리를 되살릴 사업가가 아니며, 자기만을 위해 돈을 버는 데 능한 브랜딩 전문가에 불과하다. "워싱턴의 오물을 뺄 것"이라는 둥, '엘리트'의 손에서 권력을 빼앗아 오자는 둥 이야기를 꾸며 내는 트럼프의 능력은, 경제 회복을 조금도 실감하지 못한 메인가의 힘겨운 경험과 잘 맞아떨어졌다. 더욱이 경쟁 후보 힐러리 클린턴의 남편이 이끌었던 행정부의 실책 또한 호재였다. 당시 빌 클린턴 행정부는 월가에서 이루어지는 리스크 높은 거래와 상업은행 대출 사이의 장벽을 허물어뜨리고, 각종 무역 협정을 통해 대기업에는 이득을 안겨 준 반면 러스트 벨트Rust Belt의 쇠락을 촉진했는가 하면, '금융발 대량살상무기'인 파생상품의 규제를 철폐함으로써 결국 2008년 금융 위기를 초래했다. 이 모든 것을 이용하여 트럼프 대통령은 자신이 지난 40년에 걸친 미국 경제의 금융화financialization의 핵심 수혜자라는 사실을 얼렁뚱땅 넘길 수 있었다.

이 월가와 메인가의 다툼이 바로 이 책의 주제이다. 70여 년 만의 최악의 금융 위기 후 8년이 지났지만 여전히 다툼은 멈출 줄 모른다. 지난 40여 년에 걸쳐 월가의 관점은 미국의 시장 시스템과 경제가 어떻게 작동해야 하는지를 좌우하는 상식적인 관점이 되었다. 그러나 이 관점은 편향과 왜곡이 심하다. 사람들은 금융 산업을 자본주의 시스템이 원활하게 작동하도록 만드는 윤활유로 생각하지만, 월가의 이해관계는 기업, 노동자, 소비자 측을 압도하고 말았다.

금융은 지금 경제 성장을 돕는 것이 아니라 방해하는 지경에 이르렀다. 금융이 성장하자 기업은 물론이고 경제와 사회 전체가 고통에 시달리고 있다. 2008년 금융 위기 이후 우리는 제2차 세계대전 이래 가장 가늘고 긴 경제 회복을 겪고 있다. 그 해결책은 고립주의도 아니고, 세계화의 시계를 거꾸로 돌리는 것(실제로 가능하지도 않다)도 아니다. 금융과 실물 경제, 즉 거저먹는 자taker와 만드는 자maker 사이의 힘의 차이를 극적으로 변화시켜야 한다. 그래야 더 바람직하고 지속 가능한 성장을 해낼 수 있다. 지금까지는 금융이 경제와 사회에 막강한 통제력을 행사해 온 탓에 이런 논의를 펼치기가 힘들었다. 그러나 트럼프(그리고 세계의 수많은 독재자)에게 권력을 쥐여 준 일반 대중의 홉스식 절망감을 해소하는 것은 물론, 모든 미국인에게 진정으로 이바지하는 경제 시스템을 갖추려거든 필수 불가결한 일이다. 이 책은 그러한 논의를 시작해 보려고 쓴 것이다. 거저먹는 자들이 어떻게 해서 만드는 자들을 압도하게 되었는지를 생생하게 살펴보고, 더 나은 미래를 어떻게 만들어 나갈지 이야기해 보자.

서론

애플의 혁신은 왜 멈추었는가

스티브 잡스가 지금의 상황을 보았다면 뭐라고 했을까?

2013년 봄, 잡스의 뒤를 이어 애플Apple의 CEO 자리에 오른 팀 쿡은 회사가 170억 달러를 차입해야 한다고 판단했다. 돈을 빌린다는 의미의 그 차입 맞다. 당시 애플은 세계에서 기업 가치가 가장 높았으며, 그때까지 10억 개가 넘는 제품을 팔았고, 은행에 쌓아 놓은 현금이 무려 1450억 달러를 웃도는 데다가 매달 30억 달러의 수익이 더 들어오고 있었다.

그런데 대체 왜 돈을 빌리기로 했을까? 앞의 수치를 보면 알겠지만, 당연히 당시 애플이 현금이 약간 달렸다거나, 쌓아 놓은 현금 더미에 손을 댈 수 없는 형편이었기 때문이 아니다. 이유는 다른 데 있었다. 자금을 마련하기에는 차입이 더 수월하고 비용 효율성도 뛰어난 방법이라고 애플의 재무 전문가들이 판단했기 때문이다. 대출에 따르는 비용이 통상 얼마이든 간에 애플은 그보다 훨씬 저렴하게 돈을 차입할 수 있다. 애플 같은 블루칩 기업은 저리의 회사채를 발행할 수 있기 때문이다. 그뿐 아니라 이 방법을 쓰면 은행 계좌에 손을 댈 필요도 없다. 애플은 우리 같은 일반인처럼 회사 돈을 가까운 은행에 넣어 놓지 않는다. 애플의 은행 계좌는 전 세계에 걸쳐 실로 다양한 지역에 흩어져 있다. 물론 여기에는 역외 금융기관들도 포함된다. (애플은 그 상세한 내역을 공개하지 않는다.) 만약 이 돈을 미국으로 들여오려 한다면 상당히 높은 세율을 감수할 수밖에 없으며, 애플은 늘 이를 피하기 위해 각별한 노력을 기울여 왔다. 전형적인 미국 기업이 엄청난 규모의 연방 세금을 회피하고 있다는 추문에 시달리면서도 말이다.

그리하여 애플은 결국 170억 달러를 차입했다.

이는 결코 스티브 잡스의 방식이 아니었다. 생전의 잡스는 소비자의 마음을 사로잡고 일상을 바꾸어 놓는 제품을 만들어 내는 데 전념했다. 그렇게 하면 돈은 자연히 따라온다고 확신했다. 이와 달리 쿡은 돈 자체에 주의를 기울였고, 점차 돈을 정교하게 굴리는 수법에 관심을 가졌다. 왜 그랬을까? 2011년 잡스가 사망한 이후 애플이 판을 바꿀 만한 기술을 선보이지 못했다는 것이 그 한 가지 이유다. 이 때문에 이따금 주가 하락 압박을 받았을 뿐 아니라, 여전히 어마어마한 수의 기기를 팔고 있음에도 장기적 전망에 대한 우려로까지 이어졌다. 물론 이는 닭이 먼저냐, 달걀이 먼저냐의 문제다. 일반적으로 어떤 기업이 실물 경제 활동보다 금융공학에 집중하게 되면, 점점 더 그런 방향으로 가게 되기 쉽다. 그러나 애플은 현찰을 손에 들고 있기에 그럴 필요가 없는 상황이다.

이를 염두에 두면 왜 170억 달러를 빌렸는지 이해할 수 있다. 공장을 신설하거나 신규 제품 라인을 개발하기 위함이 아니었다. 자사주 매입* 과 두둑한 배당금 지급을 통해 지지부진한 주가를 부양하여 투자자들을 흡족하게 하려는 것이었다. 이 수법은 잠시이기는 했지만 먹혔다. 애플의 주가는 치솟아 올랐고, 그 덕에 애플의 이사회 구성원과 주주들

• 자기 회사 주식을 회사 돈으로 매입하는 것. 시장에 유통되는 주식을 줄여 기존 주주들이 보유한 주식 가격을 끌어올리므로, 배당을 늘리는 또 하나의 방법으로 통용된다.

은 수억 달러에 달하는 자본 수익을 챙길 수 있었다. 쿡 자신이 애플의 거대 주주 중 한 명이다. 그러나 애플 자체에 도움이 되지는 않았다. 헤지펀드 매니저인 데이비드 아인혼은 애플이 쌓아 놓은 현금을 주주들과 충분히 나누지 않고 있다며 오래전부터 불평해 왔던 인물이다. 그는 애플이 혁명적인 제품을 만들어 낼 때와 '동일한 수준의 창의력'을 대차대조표 운용 측면에서도 발휘해야 한다고 지적하면서 자신의 속셈을 부지불식간에 드러냈다.[1] 아인혼을 비롯한 수많은 업계 인사들이 보기에 금융 기법의 창의성은 제품 생산에서의 창의성만큼이나 중요한 것이다.

하지만 이 책에서 나는 그렇지 않다고 주장할 것이다.

애플은 전 세계에서 가장 유명한 회사이자 가장 선망받는 기업 가운데 하나다. 그런 곳이 전통적인 기업 활동이 아니라 '금융' 공학을 통한 돈벌이에 막대한 시간과 노력을 들이고 있다는 사실은 미국 거대 기업들의 우선적 관심사가 완전히 뒤바뀌어 버렸음을 시사한다. 그런 행각을 부추기는 조세 제도의 배후에 정치권이 도사리고 있다는 것 또한 두말할 나위 없다. 애플의 사례만으로도 미국의 여러 초대형 기업이 얼마나 고객의 필요나 욕구와 유리되어 있는지를 알 수 있다. 더 나아가 미국의 본질과 정신으로부터도 멀리 떨어져 있다.

이상해져 버린 기업들

애플의 행각은 결코 사소한 일탈 행위가 아니다. 애플이 동원한 자사주 매입과 배당은 이미 업계의 상식이다. 그 방식이 주로 기업의 경영진과 대주주들의 배는 불리는 반면, 기업 자신의 중장기적 혁신 역량과 일자리 창출 능력은 물론이고 경쟁력까지 제약하는데도 말이다. S&P 500대

기업군 전체를 보면 2005년에서 2014년 사이에 애플 방식의 배당을 통해 풀린 돈의 규모는 무려 6조 달러가 넘는다.[2] 이는 일자리와 투자 규모가 줄어드는데도 불구하고 주가를 끌어올리고 자본시장을 활성화했다.[3] 애플처럼 두둑한 현금 보유고를 확보하고 있는 기업들은 돈이 그야말로 넘쳐나고 있으며, 올해 미국의 유력 대기업들은 주주들에게 기록적인 수준의 배당을 할 가능성이 높다.

그 와중에 미국 경제는 간신히 '경기 회복'을 하고 있지만, 엄청나게 양극화되고 있다. 임금 상승률은 제자리걸음이고, 성장세가 가장 빠른 상위 직업군 10개 가운데 6개 직종의 시급은 15달러에 불과하며, 노동시장 참여도는 1970년대 말 수준으로 낮다.[4] 예전에는 미국 기업의 부가 커지면 평균적인 미국인들의 주머니도 두둑해졌다. 그러나 이제는 무언가 때문에 그 관계가 깨졌다.

그 무언가가 바로 월가다. 애플이 170억 달러를 투자자들에게 풀겠다고 발표한 지 불과 몇 주도 지나지 않아 더 많은 상어들이 배회하기 시작했다는 사실을 상기해 보자. 기업 사냥꾼 칼 아이칸은 원조 '문 앞의 야만인barbarian at the gate'으로 1980~1990년대에 항공사 TWA와 제과회사 RJR 나비스코RJR Nabisco에 투기 공세를 펼친 것으로 유명하다. 아이칸은 애플이 돈을 풀자 발 빠르게 애플 주식을 사들였고, 쿡이 자사주 매입에 수백억 달러 이상을 더 써야 한다고 트위터를 통해 요구했다. 아이칸의 요구가 있을 때마다 애플의 주가는 치솟았다. 2015년 5월에 이르러, 아이칸이 보유한 애플 지분은 무려 330퍼센트 뛰어올라 시가 기준으로 65억 달러에 달했다. 애플은 2017년 3월까지 배당과 자사주 매입으로 총 2000억 달러를 시장에 풀겠다고 약속했다. 이런 와중에 2001년부터 지속적으로 감소하고 있던 애플의 매출액 기준 연구개발비 지출 비중은 더 떨어져서 바닥을 기는 형편이다.[5] 이런 식의 흥청망청 돈놀이가 장기적으로 애플의 미래에 어떠한 영향을 줄지는 아무도 정확히 모르지만, 한 가지는 분명하다. 미국의 기업은 더 이상 기업이 아니라, 금융으로 탈바꿈해 버렸다. '행동주의 투자자activist investor'[•]라든가 투자은행, 경영 컨설턴트, 자산 관리자, 조단타매매 투자자high-frequency trader, 보험회사 같은 금융업자들이 기세를 떨치면서, 오늘날 기업이 금융을 끌어가는 것이 아니라 금융이 기업을 좌지우지하고 있는 상황이다. 금융시장 내에서 부를 창출하는 것이 이제는 경제적 번영을 함께 나눈다는 목적에 이바지하는 수단이라기보다 그 자체로 지고지순한 목적이 되어 버렸다. 꼬리가 몸통을 흔드는 형국이다.

더 심각한 문제는 금융업의 '사고방식'까지 기업계에 깊숙이 자리를 잡아 미국에서 가장 크고 잘나가는 기업들조차도 은행처럼 행동하기 시작했다는 것이다. 예를 들면, 애플은 상당액의 여유 현금을 마치 금융기관인 양 회사채를 매입하는 데 쓰고 있다. 그래서 2015년에는 블룸버그 뉴스가 "애플, 새로운 핌코Pimco[••]가 되다. 팀 쿡이 이제는 새 채권왕"이라는 헤드라인을 내보냈을 정도다.[6] 이제 애플을 비롯한 첨단기술 기업들은 투자은행과 다를 바 없을 정도로 회사채 발행에 열을 올리고 있다. 이들이 보유한 엄청난 현금을 고려하면 그리 놀라운 일은

- 주주 행동주의(shareholder activism)란 목표로 삼은 특정 기업의 주식을 대량 매수하여 해당 기업의 주요 주주가 된 뒤, 적극적으로 경영에 개입, 관여함으로써 기업 및 보유 주식의 가치 상승을 추구하는 투자 방식을 말한다. 이런 기법을 주로 활용하는 투자자를 '행동주의자' 또는 '행동주의 투자자'라 부른다.
- •• 퍼시픽 생명보험(Pacific Life Insurance)이라는 보험회사의 자산 운용사로 출발한 세계 최대의 채권 운용사. 채권왕이라 불리는 빌 그로스(Bill Gross) 등이 공동 창립했으며, 2000년 독일계 다국적 금융 서비스 회사 알리안츠(Allianz)에 인수된 뒤 독립 경영 체제를 유지하고 있다.

아니다(애플이 조만간 자체 신용카드를 출시해도 이상하지 않을 것이다). 이 기업들은 여느 은행과 다름없는 행태를 보이고 있지만 은행처럼 규제를 받지는 않는다. 만약 이런 거대 기술 기업이 어느 순간 보유한 채권을 대거 내다 팔기로 작정하면, 시장 전체가 뒤흔들릴 수도 있다. 미국 재무부는 2008년 금융 위기 이후 금융시장 안정성을 점검하기 위해 금융조사국Office of Financial Research을 신설했는데, 이곳의 전문가들조차 그러한 상황을 우려하기 시작했을 정도다.[7]

대형 기술 기업들만 금융업계를 흉내 내고 있는 것이 아니다. 항공사들의 경우 비행기 좌석을 판매하는 것보다 유가 등락 위험을 헤지하여 번 돈이 더 많을 때도 있다. 물론 운이 나쁜 경우 수백만 달러의 손실을 내기도 한다. 미국 최초의 혁신가라 할 토머스 앨바 에디슨이 설립한 기업의 자회사인 GE 캐피털GE Capital은 꽤 최근까지도 마치 AIG와 같은 대마불사형 금융기관에 가까웠다(모기업인 GE가 GE 캐피털을 분리한 데에는 그 회사가 안고 있던 위험도 한몫했다). 포춘 500대 기업쯤 되면 대부분 복잡하기 짝이 없는 금융 기법을 동원하여 미국에서뿐만 아니라 자기들이 활동하는 현지 국가의 세금도 피하면서 각종 역외 은행에 현금을 쌓아 두고 있다. 그러나 거대 제약회사 화이자Pfizer 같은 기업들이 연구개발비 지원이나 지적 재산권 보호 등 정부가 제공하는 온갖 혜택은 다 누리면서도 그에 합당한 대가를 지불하지 않으려 동원하는 온갖 조세 회피와 '조세 도치tax inversion' 행각은 빙산의 일각일 뿐이다. 사실 요즘 미국 기업들은 그저 돈을 이리저리 굴리는 방법만으로도 그 어느 때보다 많은 돈을 벌고 있다. 금융 거래, 헤지, 조세 최적화, 금융 서비스 판매 등 순전히 금융적인 방식으로 버는 돈이 제2차 세계대전 직후 시기 기업 매출의 다섯 배에 달한다.[8]

그야말로 미국 전체가 은행업에 종사하는 느낌이다.

오늘날 금융이야말로 미국 경제를 돌리는 핵심이다. 미국은 2008년 금융 위기가 발발한 지 8년이 지난 지금에야 겨우 회복기에 접어들었다. 그러나 그 회복세는 세계대전 이후 가장 지지부진한 수준이다. 왜 그럴까? 앞서 잠깐 살펴보았고 이후에도 방대한 데이터에 입각해 이 책에서 상세히 다룰 테지만, 금융 시스템이 실물 경제에 이바지한다는 본연의 역할을 접고 그 자체의 이해관계를 우선시하기 때문이다. 우리의 시장 자본주의 체제는 병들어 있다. 그 증상을 우리는 미약한 경제 성장, 소득 불평등, 임금 정체, 취약한 시장, 주거며 퇴직연금이나 교육 같은 기본적 생활 조건의 불안정 등을 통해 이미 느끼고 있다.

왜 이렇게 되었는가

이 병에는 이름이 있다. 바로 금융화financialization다. 이는 월가와 월가의 사고방식이 미국을 지배하게 되면서 금융업뿐만 아니라 기업계 전반에 뻗쳐 있는 상황을 집약하는 단어다. 금융화는 단기적이고 리스크가 높은 사고방식을 강화한다. 이것은 2008년에 글로벌 경제를 무너뜨리다시피 했고, 오늘날에는 빈부 격차를 더 심화하고 있으며, 경제 혁신을 저해하고, 아메리칸 드림의 미래 자체를 위협하고 있다. 금융화의 양상을 몇 가지 들자면, 경제 내에서 금융 및 금융 활동의 규모와 범위가 비대해지고, 생산을 위한 대출보다 부채에 기댄 투기적 행각이 기승을 부리며, 기업 지배구조 모델로 주주가치 우선주의가 득세한다. 또 민간 부문과 공공 부문 할 것 없이 이기적인 사고방식이 만연하고, 금융업자들과 이들이 배를 불려 주는 CEO들의 정치적 영향력이 확대되는가 하면, 대공황 이후 최악의 경제 위기를 일으킨 주범임에도 여전히 '시장이 가장 잘 안다'는 이데올로기가 건재하다. 금융화는 심지어 우리의 언어, 시민으로서의 삶, 타인과 관계를 맺는 방식에까지 영향을 미친 전환이다. 요즘 미국 사회는 인적 또는 사회적 '자본'이라는 용어를 쉽게 입에 올리면서 교육은 물론이고 필수적인 사회 인프라, 심지어는 교도소 형기까지도 증권화하는 단계에 이르렀다. '포트폴리오 사회'가 도래한 것이다.[9]

카프카식 부조리를 연상케 하는 애플의 사례는 금융화의 여러 폐해 중 하나일 뿐이다. 금융화라는 단어는 그 의미가 다소 불안정하기는 하지만 상황을 꽤 적절히 드러내 주므로, 여러 학자들이 전도된 경제, 즉 '만드는 자maker'들이 '거저먹는 자taker'들에게 예속되어 버린 경제를 지칭하는 데 사용하고 있다. 여기서 '만드는 자'란 실질적인 경제 성장을 창출하는 일군의 사람, 기업, 아이디어다. '거저먹는 자'는 고장 난 시장 시스템을 이용하여 사회 전체보다는 자기 배만 불리는 이들을 말한다. 거저먹는 자들의 범주에는 다수의 금융업자와 금융기관은 물론이고, 그릇된 사고에 젖어 있는 민간 및 공공 부문의 리더들, 그러니까 금융화가 경제 성장과 사회 안정, 심지어 민주주의도 좀먹고 있음을 알지 못하는 CEO, 정치인, 규제 담당자까지 들어간다.

금융화에 저항하는 첫걸음은 당연히 그것을 제대로 이해하는 것이다. 금융화는 엄청나게 복잡하고 광범위한 현상으로 은행업계에서 시작되었다. 금융업이 경제에서 담당했던 전통적인 역할은 가계의 저축을 투자로 전환하는 것이었다. 그러나 그 중요한 연결 고리는 끊어졌다. 오늘날 금융은 대부분 일종의 연금술에 몰두하고 있다. 엄청난 양의 대출을 발생시켜 '메인가'가 아니라 금융 시스템 자체의 이런저런 부문들로 흘러보낸다.[10] 영국 금융감독청장을 역임한 금융 안정성 분야 전문가로서 현재 신경제사고연구소Institute for New Economic Thinking의 회장인 어데어 터너는 최근 저서 『부채의 늪과 악마의 유혹 사이에서』를 통해 이 현상을 상세히 설명한다. "그 추세가 나라마다 조금씩 다르기는 하지만 큰 방향은 분명하다. 모든 경제 선진국, 특히 미국과 영국에서 자본시장과 은행 부문이 새로운 투자처로 자금을 수혈해 주는 경우가 줄어들고 있다. 금융 시스템 내의 자금 대부분은 기존 자산군에 대한 담보대출에 쓰이는 실정이다."[11] 간단히 말해, 금융이 일자리를 창출하고 임금을 올려 주는 새로운 아이디어와 프로젝트에 자금을 대지 않고 주택, 주식, 채권 등 이미 존재하는 자산을 증권화해서 돈을 굴리는 데에 전념하고 있다는 것이다. 이때 증권화를 거친 자산은 시장에서 매매할 수 있는 금융 상품으로 탈바꿈하여 이리저리 결합되고 쪼개지기를 반복하면서, 전체 시스템이 무너지기 전까지 수차례 다시 팔리게 된다. 2008년이 그런 상황이었다. 터너에 따르면, 금융으로 흘러들어가는 돈 가운데 실물 경제 부문의 프로젝트에 공급되는 자금은 겨우 15퍼센트 정도로 추산된다. 나머지는 그저 금융 시스템 내에 머물면서, 미국과 전 세계의 금융 자산 대부분을 쥐고 있는 금융 전문가와 기업계 거물, 극소수의 최상위 부자들이 더 부유해지도록 할 뿐이다.

금융 산업이 견제받지 않고 영향력을 발휘하기 시작한 것은 이미 수십 년 전 일이다. 그런데 왜 이제 와서 급박한 문제라는 것인가? 우선 2008년 이후 통화 정책과 재정 정책을 통해 수조 달러 규모의 경기 부양책을 시행했음에도 미국 경제가 제2차 세계대전 이래 가장 길고도 미약한 경제 회복기를 거치고 있기 때문이다. 이는 미국의 경제 모델이 망가졌음을 시사한다. 저금리라든가 소비자 신용 확대, 기업의 자금 조달을 위한 과세 이연 제도, 자산 버블 등을 통해 우리가 실제보다 더 잘 산다고 여기게 하면서 성장의 외형을 부풀리는 능력이 끝장난 것이다. 우리에게 필요한 것은 금융이 떠받치는 가상의 성장이 아니라 메인가를 위한 지속 가능한 진짜 성장이다.

이를 위해서 간단하지만 중요한 질문 하나를 던져 보자. 미국 경제 생산 총액의 7퍼센트를 형성하고, 미국 전체 일자리의 4퍼센트를 공급하는 금융 부문이 대체 어떻게 주택시장 붐이 정점에 올랐을 때 미국 기업 전체가 거둔 수익의 3분의 1 가까이를 차지할 수 있었을까? 25년 전만 해도 총 기업 수익에서 차지하는 비중이 10퍼센트 언저리에 불과했는데 말이다.[12] 한때는 기업 활동을 '원활하게 하는 역할'에 머물렀던 금융 부문이 어떻게 이토록 엄청난 지배력을 가지게 되었을까? 이 책은 이 질문에 답하고자 한다. 특히 이 문제를 풀어 나가면서 그간 간과되어 온 현안, 즉 금융의 성장이 어떻게 미국 기업을 몰락으로 이끌었는지를 살펴보려 한다. 불평등 심화, 임금 정체, 금융시장 불안정, 저성장 등 금융화의 그림자에 관한 논의는 응당 사회적인 문제로서 정치적 색채를 강하게 띠기 마련이다. 상위 1퍼센트 대 하위 99퍼센트, 대마불사형 은행권 대 방탕한 소비자와 탐욕스러운 투자자 집단 등으로 나누는 편 가르기 논쟁이 되는 것이다. 사실 '만드는 자'와 '거저먹는 자'라는 용어는 2012년 미국 선거전에서 보수 진영 정치인들이 미국 시민 절반을 폄하할 의도로 사용한 말이다(이 책을 통해 이 용어들을 다시 정의하여 바로잡을 수 있기를 기대한다).

지금까지 소개한 것들 모두 이 책의 일부를 이룬다. 그렇지만 그 가운데 어떤 것도 금융 시스템이 실물 경제의 성장을 북돋기보다 지배하게 된 그림 전체를 담아내지 못한다. 나는 저널리스트로서 23년간 미국 기업계를 취재해 왔다. 그 눈으로 미국의 고장 난 금융 시스템이 기업에 미친 영향을 살피면서 파편적 정보의 나열을 넘어 문제를 실제적으로 분석하는 수준까지 나아가려 한다. 이를 통해 금융화 추세가 어떻게 경제의 근간을 좀먹고 있으며, 우리 모두의 번영을 위태롭게 하고 있는지 드러낼 것이다.

이 책은 평균적인 시민을 대상으로 한다. 그들이야말로 최근 몇 년, 아니 지난 수십 년 동안 미국 경제에서 벌어진 일들에 대해 온전하고 납득할 만한 해명을 들어야 할 사람들이다. 또 2008년 위기 이후 시행하기로 한 상당수의 금융 규제책들이 실제로 통과되지 못하고 있는 이유를 들어야 할 사람들이다. 그러나 이 책은 또한 정책 담당자들, 특히 2017년에 집권할 새로운 정부에 참여하게 될 이들을 위한 것이기도 하다. 이들에게는 시스템을 고칠 기회가 주어진다. 금융 위기 이후 계속 놓쳐 온 기회 말이다. 더 이상 놓쳐서는 안 된다. 앞으로 살펴보겠지만, 미국의 금융 시스템은 지난 수십 년간 여러 차례 자체 무게를 견디지 못하고 붕괴된 바 있다. 시스템에 변화를 주지 않으면 금융은 다시 붕괴할 것이고, 우리 경제도 같이 침몰할 것이다.

금융의 생명줄

미국 경제는 금융이 메인가의 동반자가 아니라 그 자체로 주인공이자 목적인 체제로 변했다. 그 과정은 금융 서비스 산업 내부에서 일어난 여러 변화가 이끌었는데, 그중 하나는 여신의 감소, 다른 하나는 금융 상품 거래의 증가다. 특히 컴퓨터를 이용한 속사포형 초단타 매매가 미국 주식시장 전체 거래량의 절반 정도를 차지한다.[13] 뉴욕 증권거래소

총 거래 대금이 평균 시가총액과 동일해지는 데 걸리는 시가총액 회전 기간은 약 19개월인 것으로 나타났는데, 이는 1970년대 이래 세 배 정도 빨라진 것이다.[14] 1980년에서 2000년대 중반까지 은행의 일반 수신고는 국내총생산gross domestic product, GDP 대비 70퍼센트에서 50퍼센트로 쪼그라든 반면, GDP 대비 주식시장 총액 규모는 다섯 배 이상 증가했다.[15]

증권과 금융 상품 거래가 전체 산업에서 차지하는 비중이 커지면서 온갖 종류의 부채가 민간과 공공 부문을 막론하고 늘었다. 부채는 금융의 생명줄이다. 부채야말로 금융 산업이 돈을 버는 요체인 것이다. 이와 동시에, 광범위한 연구에서 밝혀졌듯이 부채와 신용 수준이 상승하면서 금융시장 불안정성도 강화되었다.[16] 그럼에도 금융 산업이 전체 파이에서 떼어 가는 몫은 날로 커져, 미국 경제에서 가져가는 몫이 제2차 세계대전 이래 세 배 이상 증가했다.[17] 이러한 기형적 비대화는, 소비가 경제 산출의 70퍼센트가량을 차지하는 미국과 같은 선진 경제에서 부채가 성장을 유지하는 데 필수 불가결한 요소인 것처럼 뒤틀어 버렸다. 제자리걸음하는 임금 수준과 유례없이 낮은 경제 성장률로는 필요한 만큼의 소비를 유지할 수 없으니, 실제적인 문제 해결 대신 부채로 굴러가는 금융이 실상을 잠시 잊게 해 주는 달콤한 대체재가 되었다. 그러나 금융에 한번 의존하면 점점 더 의존하게 된다.[18] 2008년 금융 위기를 정확히 예견한 경제학자 라구람 라잔은 저서 『폴트 라인』에서 신용의 확대야말로 지위가 하락하고 있다는 중산층의 점증하는 우려를 잠시 잊게 하는 임시 처방이 됐다고 주장했다. 라잔의 날카로운 지적처럼, 경제가 붕괴하기 전까지 흥청망청했던 시절의 주문은 "신용을 마음껏 당겨쓰게 하라"로 요약된다.[19]

당시 풍선처럼 부풀어 올랐던 부채와 신용 문제는 여전히 남아 있다. 민간 부문 부채는 2008년 금융 위기 발발 시점까지 극적인 수준으로 폭증했다.[20] 그러나 이제는 공공 부문 부채 역시 기록적인 수준에 도달한 상태다. 경제 위기로 말미암은 경기 부진과 그에 따른 세수의 격감, 그리고 상황 타개를 위해 정부가 동원한 경기 부양 지출로 야기된 것이다.[21] 현재 미국의 소비자에게 제공된 신용의 총량은 1980년대의 두 배이며, 그에 따라 은행 측에 지불할 이자 등의 수수료도 마찬가지로 늘었다. 그러면서 초대형 은행들은 전례 없는 규모의 자산을 보유하고 있으니, 이는 금융의 패권을 확증하는 증거가 아닐 수 없다.[22] 요컨대 금융의 효율성이 추락하고 있는 상황에서도 금융 서비스 이용료는 상승하고 있다.[23] 설령 효율적이라고 해도 높은 수준으로 말이다.[24]

종잣돈까지 거덜 내는 금융

신용 소비 및 수수료가 거침없이 증가하면서 기업 대출, 특히 소기업에 대한 대출 규모가 갈수록 줄었다. 금융화가 막 힘을 받기 시작하던 1980년대 초반만 하더라도 미국 상업은행들의 기업 대출 규모는 부동산 및 소비자 대출의 80퍼센트로, 서로 엇비슷할 정도였다. 그런데 1990년대 말에는 52퍼센트로 떨어졌고, 2005년에는 28퍼센트로 추락했다.[25] 특히 소기업에 대한 대출 규모가 확연히 감소했고,[26] 그에 따라 스타트업 수 자체도 줄어들었다. 1980년대 초반만 해도 신생 기업 수가 미국 전체 기업의 절반에 육박했지만, 2011년에는 3분의 1로 떨어졌다.[27] 이러한 추세를 놓고 많은 연구자들은 금융이 대출에서 투기로 영업 방향을 전환했기 때문이라고 진단하고 있으며, 심지어 투자자들과 기업계 인사들도 이에 동조하는 실정이다.[28] 기업가 정신의 퇴조는 경제적 역동성의 추락을 의미한다. 신규 기업 창업은 국가 경제에 있어 가장 중요한 일자리 창출원이자 GDP 성장의 원천이기 때문이다. 워런 버핏도 이런 생각을 특유의 소탈한 말투로 압축해서 말한 적이 있다. "요즘엔 레스토랑보다는 카지노에 가겠다고 마음먹은 사람들이 상당히 많아요."

연구개발에 투자하는 돈은 미래를 위한 종잣돈이다. 금융은 기업들이 단기적으로 주가를 올리기 위한 경영 방식을 택하도록 압박을 가함으로써 미국 기업계의 종잣돈이 급격히 줄어들게 한 책임도 있다. 자사주 매입에 쓰이는 돈의 증가세와 연구개발 같은 생산적 투자 지출액의 감소세를 그래프로 그려 보면, 두 선이 정확히 X 자를 그리며 교차한다.[29] 자사주 매입에 투입되는 돈은 1980년대 이래 지속적으로 증가하고 있다. S&P 500대 기업이 해마다 자사주 매입과 배당 지출에 쏟아붓는 자금은 무려 1조 달러에 달한다. 순익의 95퍼센트를 넘는 규모다. 연구나 제품 개발 등 기업의 장기적 성장에 기여할 수 있는 활동에는 그만큼 덜 투자되고 있는 것이다.

장기 투자는 지난 반세기에 걸쳐 급격하게 감소했다. 1950년대만 하더라도 기업들은 관례적으로 수익의 5~6퍼센트를 연구 목적으로 따로 빼 두었다. 요즘 그런 기업은 손에 꼽을 정도다. 일례로 루스벨트 연구소Roosevelt Institute가 후원한 한 연구 결과에 따르면, 기업의 현금 흐름과 투자 간의 상관관계는 1980년대 들어 와해되기 시작했다. 금융시장이 급속도로 힘을 얻기 시작한 시점에 벌어진 일이다.[30] 이런 추세에서 자유로운 산업 부문은 존재하지 않는다. 심지어는 가장 혁신적인 분야마저도 같은 처지에 있다. 예를 들어, 많은 기술 기업들이 연구개발이 아니라 주가 부양에 훨씬 더 많은 돈을 쓴다. 그러지 않으면 금융시장이 가만있지 않기 때문이다. 구체적인 사례를 보자. 2006년 3월 마이크로소프트Microsoft가 중대한 기술 투자 계획을 새로 발표한 뒤, 이 회사의 주가는 두 달 동안 하락 일로였다. 그러나 그해 7월 마이크로소프트가 200억 달러 규모로 자사주를 사들이자, 주가는 즉시 7퍼센트 치솟았다.[31] 이런 양상은 최근 들어 수많은 회사에서 반복되고 있다. 헤지펀드 업계 거물 대니얼 로브의 후원을 등에 업은 야후Yahoo의 CEO 머리사 마이어는 몇 년 전 투자자들에게 현금을 안겨 주는 방식으로 주가를 띄운 적이 있다. 당시 투자자들은 야후의 성장 가능성에 대해 회의적이었음에도 주가가 올랐다. (훗날 마이어는 야후의 핵심 사업 영역인 검색엔진 부문의 분사를 통해 생길 자금을 자사주 매입 대신 기업 인수에 쓰려는 시도를 만류하는 '행동주의자'들의 압력에 직면하게 된다.[32]) 마이어만 금융의 횡포에 시달리는 것은 결코 아니다. 2015년은 자사주 매입과 배당 지출이 신기록을 세운 해였다. 그럼에도 로브, 아이칸, 아인혼을 비롯하여 행동주의 투자자라 불리는 뭇사람들은 배당 규모를 더욱 확대할 것을 요구하고 있다.[33]

더 큰 문제는 부지불식간에 우리 모두가 이처럼 단기적 사고를 부추기는 망가진 경제 생태계에 일조하고 있다는 것이다. 피델리티Fidelity나 블랙록BlackRock처럼 은퇴 자금을 관리 운용하는 회사는 1년 이하 기간의 운용 실적에 따라 보상을 챙기는 경우가 많다.[34] 이 말은 운용사가 (실제로는 일반 시민의 것인) 재무적 영향력을 이용해 기업에 장기적 전략을 세우는 대신 단기적인 치고 빠지기식 성과를 내도록 압력을 행사한다는 뜻이다. 때로는 연금 펀드들조차, 우리가 일하고 있는 기업의 지분을 매입한 뒤 우리를 해고하도록 종용하는 '행동주의자'들과 함께 투자 운용을 할 정도다. 이런 행태는 성장을 좀먹을 뿐만 아니라 우리의 생계를 위협한다. 그럼에도 오늘날 많은 사람들이 노년기의 안정된 삶을 위해 금융시장에 의지하고 있는 형편이다. 그 결과, 우리는 금융시장을 위축시킬 가능성이 있는 일에 겁을 먹게 되었고, 금융업계는 이를 이용해 능숙하게 자기 잇속을 차리고 있다. 우리의 은퇴 자금을 불려 줄 버블에 구멍을 낼 바람을 빼기를 원하는 이가 어디 있을까? 우리는 파우스트적 거래를 한 셈이니, 부를 불리기 위해 금융시장에 의존하면서 자세한 내막에는 눈을 감고 있는 것이다.

이런 식으로 단기적 성과를 내라는 압박이 가중되다 보면, 경제 성장의 핵심인 기업 활동의 동력은 훼손될 수밖에 없다. 신규 기업공개는 20년 전의 약 3분의 1에 불과한 실정이다. 한 가지 이유는 지속 불가능한 월가 주도의 1990년대 기술주 호황이 끝났기 때문이다. 그러나 또 한편으로는 기업들이 더 이상 기업공개를 원하지 않기 때문이기도 하다. 오늘날의 기업공개는 신생 기업이 훌쩍 커 나갈 수 있는 새로운 기회의 장이 아니라 성장의 종지부를 찍는 일이 되어 버린 탓이다. 스탠퍼드대에서 수행한 한 연구에 따르면, 기술 기업들이 상장을 완료한 다음에 해당 기업의 혁신성은 40퍼센트가량 사그라든다고 한다. 이는 그 기업이 주목받게 된 혁신의 열정을 식혀서라도 주가 부양에 지속적으로 나서라는 월가의 압력 때문에 벌어진 현상인 경우가 많다.[35] 주가 정체는 곧 파멸에 이르는 길이다. CEO가 쫓겨나기도 하고, 기업이 피인수 대상으로 전락하기도 한다. 결국 뜨거웠던 대중의 열광은 잦아들고 한때 활기 넘치던 회사는 조각조각 쪼개진 뒤 매각되는 일이 다반사다. 그러니 기업 낙관주의는 물론이고 창업 행위 자체도 30년 전보다 줄어든 것은 당연하다.

가장 황당한 것은 애플이나 화이자 같은 크고 부유한 기업들이 금융

조달이 전혀 필요하지 않음에도 금융시장에 가장 활발하게 참여하고 있다는 사실이다. 애플의 사례에서 보았듯이, 미국의 초우량 기업들이 요즘처럼 막대한 자금을 쌓아 놓은 적은 일찍이 없었다. 이들의 대차대조표에는 현재 4조 5000억 달러가 쌓여 있다. 전 세계 4위 규모의 국가 경제를 꾸리기에 충분할 정도다. 그럼에도 미국이라는 나라의 기이한 금융 시스템 안에서 이들은 기록적인 규모의 빚을 내 자사주 매입에 쓰고 있다. 이렇게 이미 금융화를 통해 허약 체질 상태에 빠진 미국 경제를 뒤흔들 수도 있는 또 다른 빚더미가 부풀어 오르고 있다.[36]

멈춰 버린 성장, 커져 가는 불평등

전체 경제에서 은행업 부문이 차지하는 비중이 미국보다 큰 나라는 다수 있지만, 금융 시스템 전체의 규모, 즉 금융 자산 가치의 총합은 미국이 가장 크다.[37] 2015년 전반기 미국의 금융 자산 가치 총액은 무려 81조 7000억 달러였다. 이는 중국, 일본, 영국의 금융 자산 총액을 모두 합친 것보다 큰 액수다.[38] 미국은 단연 금융화의 선두 주자인 것이다. 이를 두고 미국의 금융인과 정치인들은 자신들이 세계에서 가장 폭넓고 견실한 자본시장을 가졌다며 우쭐거린다. 그러나 우리가 지난 수십 년 동안 믿었던 바와 달리, 이는 좋은 일이 아니다.[39] 금융은 미국에 번영을 가져다주지 않았다. 오히려 불평등을 심화시켰고, 더 많은 금융 위기를 부채질했다. 이런 금융 위기는 발발할 때마다 막대한 경제적 가치를 파괴해 버린다. 이제 금융은 미국 경제의 골칫거리가 되어 있는 지경이다. 경제를 성장시키기는커녕 정체시키고 있다.[40]

여러 연구에 따르면, 실제로 금융 시스템의 규모가 크고 성장이 빠른 국가의 경우 오히려 생산성의 향상은 미약한 경향이 있다.[41] 생산성과 인구 두 가지가 경제 성장의 기본 요소임을 생각하면, 이는 엄청난 문제가 아닐 수 없다. 국제결제은행Bank for International Settlements, BIS이 펴낸 보고서도 이 문제를 꽤나 신랄하게 제기하면서, "지나치게 비대해진 금융 시스템"이 "과식하는 사람"처럼 전체 경제를 둔화시키지 않겠느냐고 묻는다. 답은 물론 "그렇다"이다. 사실 금융은 현재 미국의 '절반' 규모만 되어도 우리가 겪고 있는 여러 부작용을 낳는다.[42] 경제협력개발기구Organisation for Economic Co-operation and Development, OECD[43]와 국제통화기금International Monetary Fund, IMF[44] 같은 다른 유력 기관들이 공개한 보고서들도 이와 흡사한 결론을 내린다. 성장을 위한 윤활유여야 할 금융이 오히려 성장을 가로막고 있다는 지적이다.

이러한 부작용은 한편으로 금융의 성장에 따라 기업가 정신과 경제적 활력이 감퇴한 데서 비롯된다. 또 한편으로는 거대 은행들의 독점권이 강화된 것과도 관계있다. 은행권 자산에서 이들 거대 은행이 차지하는 비중은 1970년대 초반 이래 무려 세 배 이상 증가했다. (현재 미국의 5대 은행 자산은 전체 상업은행 자산의 절반에 육박한다.)[45] 이렇듯 독점이 강화된다는 것은 금융기관이 점차 돈을 자신들이 선호하는 영역으로 쏟아부을 수 있게 됨을 의미하는데, 대체로 부채와 투기 부문에 자금이 투입된다. 생산과 관련 있는 투자는 수익을 거두는 데 시간이 오래 걸리기 때문이다. 더욱이 금융 권력은 규모와 영향력 모두 막대하기 때문에 로비도 무척 효과적이다. 워싱턴에 대한 금융업계의 로비 규모는 다른 모든 업계를 압도한다.[46] 그 덕에 여러 중요한 규제들을 이전 상태로 되돌릴 수 있었다. 그뿐 아니라 업계는 미국의 조세 조항 및 기타 법제를 자신의 구미에 맞게 뜯어고치기까지 한다. 금융업계라는 이 거대하고 과

두제적인 이익집단의 패권은 자유시장 민주주의 체제를 제3세계의 독재 체제에서나 볼 법한 정실 자본주의로 탈바꿈시키고 있다.[47] 비영리 싱크탱크 데모스Demos에서 금융화와 관련된 프로젝트를 수행 중인 골드만 삭스 출신의 전직 투자은행가 윌리스 터브빌의 지적에 따르면, 이런 변화 때문에 미국 경제는 점차 "금융 자산 보유자와 나머지 미국 시민들 간의 제로섬 게임"의 장이 되고 있다.[48]

금융의 성장이 가져온 가장 치명적인 부작용은 어마어마한 불평등의 확대다. 도금 시대Gilded Age [•] 이래 최악이다. 불평등의 확대와 금융의 성장은 거의 함께 간다. 불평등과 금융이라는 두 변수 간의 상관관계를 용이하게 측정하기 위해 금융 부문의 임금과 여타 산업 부문의 임금을 비교 분석해 보자. 1929년 시장 붕괴 직전까지 금융업계의 임금은 여타 산업군 임금보다 상대적으로 높았다. 그러다 1930년대 들어 은행업에 대한 강력한 재규제 조치로 금융업계 임금이 급격히 추락했다. 그런데 1980년대 이래 금융이 다시 한 번 고삐가 풀리게 되자 임금은 역시나 걷잡을 수 없는 수준으로 치솟기 시작했다.[49] 소득 분포상 최상위 1퍼센트에 속하는 금융가들의 비중은 1979년에서 2005년 사이에 두 배 가까이 커졌다.[50]

부자 은행가들의 존재 자체는 불평등 심화의 이유라기보다는 부의 격차가 심해지는 데 금융 자산의 역할이 얼마나 지대해졌는지를 보여 주는 결정적인 논거로 더 많이 활용된다. 금융가들과 그들이 부자로 만들어 주는 기업계 거물 관리자들이 미국 사회의 엘리트 계층에서 차지하

[•] 미국 근대사에서 1865년 남북전쟁이 끝난 뒤 1870년대부터 1900년경까지 자본주의가 급속하게 발전한 시대. 북부를 중심으로 한 중공업 활황세와 서부 진출에 힘입어 공업, 광업, 철도 운송업 등이 급성장한 반면, 노동 문제와 부의 편중이 심화된 시기이기도 하다.

는 비중은 계속 커지고 있다. 이들이 미국의 금융 자산 대부분을 손에 쥐고 있기 때문이다. 특권 계층의 자산은 주로 주식과 채권 등을 포함한 금융 자산으로 되어 있다.[51] 이런 형태의 자산은 눈덩이처럼 불어나는 특징이 있어서 불평등을 강화한다. 프랑스 경제학자 토마 피케티가 696페이지에 달하는 대작 『21세기 자본』에서 꼼꼼하게 설명했듯, 금융 자산 수익은 전통적 방식의 소득인 노동 임금을 훌쩍 압도한다.[52] 현대 경제의 최상위급 관리자들, 다시 말해 CEO, 은행가, 회계사, 금융 서비스 에이전트, 컨설턴트, 변호사 등 '월가를 점령하라' 시위대의 지탄 대상이 된 집단의 소득을 고려할 때도 주의해야 할 것은 그들이 거두는 소득 가운데 30~80퍼센트가량은 현금이 아니라 성과급형 스톡옵션과 주식 지분 같은 금융 자산이라는 점이다.

그런데 이러한 유형의 소득은 일반적인 임금 소득보다 현저히 낮은 세율을 적용받는다. 지난 30여 년간 미국의 조세 정책이 금융 친화적으로 바뀐 결과다. 즉 최상위급 관리자 집단의 급여가 미국의 국부 가운데 공공 부문이 차지하는 몫을 현저히 줄이는 형태로 구성되어 있다는 뜻이다. 그 결과 빈곤층과 중산층을 지탱하는 역량에도 제약이 생긴다. 오늘날 미국 최상위 25명의 헤지펀드 매니저는 미국 유치원 교사 전체의 소득을 합산한 것보다도 더 많은 소득을 거둔다. 이 통계야말로 금융화로 왜곡된 자원 분배 양상을 잘 보여 준다.[53]

이 악순환은 주식으로 급여를 받는 경영진이 단기 실적 위주의 결정을 내리면서 더욱 가속된다. 단기 실적 중심의 판단은 스톡옵션의 가치는 올릴지 몰라도 정작 해당 기업의 성장 동력은 훼손하는 경우가 많다. 지난 40여 년 동안 성장과는 무관하게 주가 부양 효과를 가져오게 마련인 자사주 매입과 경영진의 급여 수준이 동시에 상승해 왔다는 사실은 결코 우연의 산물이 아니다.[54] 이처럼 금융화와 부의 불평등 간의 상관관계를 예증하는 연구는 많이 나와 있는데, 그중 경제학자 제임스 갤브레이스와 트래비스 헤일이 내놓은 연구가 특히 충격적이다. 두 사람은 1990년대 후반의 소득 불평등 변화 추이가 잘나가던 나스닥 NASDAQ 주가지수 추이와 놀라울 정도로 비슷하다는 사실을 밝혀냈다.[55] 이와 동일한 현상이 지난 몇 년간의 주식시장 활황세와 함께 다시 등장했다. 저널리스트 로버트 프랭크 같은 비평가들도 지적한 것처럼, 금융시장에서 쌓아 올린 부는 "실제 세계로부터 멀리 유리되어" 있어서 변동성이 큰 탓에 호황과 불황의 경기 순환을 야기한다(그렇게 만들어진 불황은 당연히 그 누구보다 가난한 이들에게 치명적이다).[56] 피케티의 저작이 명징하게 보여 주듯, 급격한 변화, 이를테면 금융 자산의 가치를 파괴하는 전쟁이나 극심한 불황이 발생하지 않을 때, 금융화는 부익부 빈익빈 현상을 공고히 한다. 이는 빈곤층뿐만 아니라 우리 모두에게 좋지 않다. 여러 연구들이 불평등 심화가 건강 악화라든가 신뢰 수준의 저하, 폭력 범죄의 증가, 사회적 이동성의 하락으로 이어짐을 증명했다. 이 모두는 한 사회의 안정성을 해칠 수 있는 것들이다.[57] 피케티는 2014년 나와 가진 인터뷰에서, 혁명 발발 시점을 예측할 수 있는 "알고리듬은 없지만", 지금 추세가 지속된다면 사회적 불안과 경제적 폭동 등의 측면에서 볼 때 사회가 겪을 수 있는 후폭풍은 "끔찍할 것"이라고 진단했다.[58]

이런 분석의 세세한 사항을 놓고 반론을 제기할 보수 진영의 연구자나 정책 입안자, 기업계 인사가 분명 많을 것이다. 덧붙여 이른바 낙수 효과식 경제관에 설득당한 진보적 인사들 사이에서도 반론이 나올 것이다. 금융과 1인당 GDP 성장 사이의 정교하고 반박 불가한 수준의 인과 관계를 정립하기가 쉽지 않은 것은 사실이다. 엄청난 수의 온갖 변수들이 작용하기 때문이다. 그러나 금융의 성장과 불평등의 확대 사이의 상관관계가 지닌 깊이와 폭, 신규 창업 기업 수의 감소, 임금 상승률의 정체 같은 증거들은 금융이 그저 혼자 잘나가는 데 그치지 않고 실물 경제를 적극적으로 압살하고 있음을 강력하게 시사한다. 무엇보다, 비대해진 금융은 시장 변동성과 리스크를 증가시킨다. 이런 리스크가 대침체Great Recession 기간에 미국 가계로부터 16조 달러를 앗아 가기도 했다.[59] 여러 증거들이 지난 수십 년 동안 금융 부문이 성장하면서 부를 파괴하는 금융 위기의 발발 빈도도 증가했음을 보여 준다. 카르멘 라인하트와 케네스 로고프는 『이번엔 다르다』에서, 은행 위기로 타격을 입은 세계 경제의 비율이 (각 국가가 글로벌 GDP에서 차지하고 있는 몫에 따라 가중치를 두었을 때) 1971년 약 7.5퍼센트에서 1980년 11퍼센트를 거쳐 2007년에 32퍼센트로 급증하게 된 과정을 설명한다.[60] 그리고 경제학자 로버트 알리버는 금융 버블에 대한 기념비적 저작인 찰스 킨들버거의 『광기, 패닉, 붕괴: 금융 위기의 역사』를 2005년에 개정하면서 준엄한 경고를 남겼다. "금융의 실패가 최근 30년간 그 어떤 시기보다 폭넓고 파괴적인 양상을 보였음은 너무나 분명하다."[61] 이 말은 어떻게 한때 건전한 도전을 고무하는 산업이었던 금융이 그저 빚더미를 쌓고 시장 시스템 전반에 비생산적인 리스크를 확산시키는 산업이 되었는지를 뼈아프게 지적하고 있다.

문제의 근본 원인

이렇게 될 수밖에 없었던 것은 아니다. 대공황이 지난 후에 은행업은 미국의 번영을 떠받치는 주춧돌이었다. 당시만 하더라도 은행들은 제품을 만들어 내는 기업들을 일으켜 경제 성장을 이끌었다. 뛰어난 아이디어와 실행력을 갖추고 은행을 찾아가면, 은행은 사업 계획서를 검토하고 신용 조회를 거친 뒤 약간의 운이 따르면 꿈을 실현할 수 있게 도와주었다. 은행은 미국의 성장에 돈을 댔던 것인데, 이것이 바로 보통 사람들이 은행의 본모습이라 믿고 자란 형태의 은행이다. 그리고 2008년 정부가 미국의 금융 시스템을 구제하기 위해 약 7000억 달러에 달하는 납세자의 돈(이 돈이면 미국 전역의 주간 고속도로를 허허벌판에다 다시 짓고도 남는다)을 쏟아붓겠다고 약속하면서 강조한 은행의 역할이기도 하다. 약속의 결과는 부실자산구제프로그램Troubled Asset Relief Program, 즉 TARP였다. 이것은 구제 대상이 되는 은행들 일부의 엄청난 부정행위로 발생한 서브프라임 모기지 사태를 진정시킨다는 취지로 도입되었으나, 당연하게도 문제를 바로잡지 못했다. 월가는 부활한 정도가 아니라 예전보다 더 몸집이 커졌다. 2007년에 비해서 미국의 10대 은행들이 금융업계 전체에서 차지하는 비중은 더 커졌으며, 그들의 보유 자산도 더 늘어 미국 경제 전체 규모인 18조 달러의 3분의 2에 육박한다. 반면 미국의 메인가는 여전히 힘겨워하고 있다.

 말하기 좋아하는 전문가나 정치인들은 이에 대해 갖가지 피상적인 이유를 둘러댈 게 뻔하다. 기업신뢰지수의 부진으로 미국 경제가 고전해 왔다는 둥, 유럽의 계속되는 부채 위기로 덩달아 어려운 상황이라는 둥, 중국 경제의 하락세로 미국 경제도 앓고 있다는 둥, 정치가들이 제구실을 못하는 바람에 피해를 보고 있다는 둥, 연방정부의 규제와 시시콜콜한 간섭이 문제라는 둥 여러 말을 할 것이다. 이런 문제들이 일부 지엽적인 영향을 주기는 했겠지만, 1990년대부터 미국 경제의 생산성과 성장세가 지속적으로 감소해 왔다는 사실을 설명하기에는 턱없이 부족하다. 미국 경제는 어떤 정당이 집권했는지, 어떤 정책을 시행했는 지, 어떤 나라가 글로벌 경제에서 잘나가거나 부진했는지에 상관없이 침체되었기 때문이다.

물론 세계화라든가 기술 발전으로 인한 일자리 파괴 같은 현상이 성장에 끼쳐 온 영향이 그보다 좀 더 심각한 논의 대상이긴 하다. 노동력이 저렴한 지역으로 일자리가 아웃소싱되어 온 것은 사실이다. 중산층이 종사하는 업무조차 점차 소프트웨어가 대체하고 있는 것도 물론 사실이다. 그리고 이러한 요인들이 미국 경제의 침체에 한몫해 온 것 또한 사실이다. 그러나 미국 경제의 금융화는 미국의 경제 회복을 더디게 만드는 세 번째 주요인임에도 간과되어 왔다. 더욱이 금융화는 앞서 살펴본 두 가지 문제와도 온갖 파괴적인 방식으로 서로 얽혀 있다. 예를 들면 우선 금융은 아웃소싱을 무척 좋아한다. 노동력을 개도국 시장으로 밀어내면 비용을 아낄 수 있기 때문이다. 그러나 금융가들은 역외로 생산 기지를 옮기면 공급망에 리스크가 가중된다는 사실은 거의 생각하지 않는다. 이 리스크는 2013년 방글라데시의 라나 플라자Rana Plaza 섬유생산센터 붕괴 같은 비극적인 형태로 모습을 드러냈다. 당시 사고로 무려 1000명이 넘는 노동자들이 목숨을 잃었다. 노동 조건을 지키지 않는 건물 안에서 월마트Walmart, 칠드런스 플레이스Children's Place, JC페니 JCPenney 같은 회사의 티셔츠와 바지를 한땀 한땀 깁던 노동자들이었다. 금융은 또 기술이 품고 있는 비용 절감의 측면을 무척 좋아한다. 그런데 정작 첨단 기술이 금융업에 도입되어 등장한 초단타 매매나 복잡한 금융 상품을 설계할 때 동원되는 컴퓨터 생성 알고리듬은 반복적인 시장 붕괴를 야기하면서, 수조 달러에 달하는 자산을 일거에 쓸어버렸다.

책임 전가하기

금융화는 상당히 복잡한 과정인데, 정부 책임자, 정책 입안자, 규제 당국자의 도움과 방조 아래 진행되는 경우도 많다. 시장이 붕괴하는 일이 터지지 않도록 할 책임이 있는 이들이 도리어 문제의 발생을 거드는 것이다. 금융화라는 주제를 대단히 폭넓게 다룬 저작을 발표한 미시간대의 그레타 크리프너[62]는 정치권의 공조와 방조가 특히 1980년대에 두드러졌다고 본다. 금융화가 가속 페달을 최대로 밟고 있던 때로, 흔히 '탐욕의 시대age of greed'로 불리는 시절이다.[63] 다만 크리프너에 따르면, 이러한 격변을 비롯하여 레이건 시대의 탈규제, 월가의 해방, 오너십 소사이어티의 부상, 401(k) 시스템의 도입 등은 모두 1980년대가 아니라 사실상 1960년대 후반에서 1970년대 초반 무렵 시작되었다. 제2차 세계대전 종전 뒤 미국이 누려 온 호황이 잦아들기 시작한 시기였다. 인플레이션이 고개를 들기 시작했고, 미국 정부는 점차 희소해지는 자원을 어떻게 배분할 것인가를 둘러싼 갈등에 직면하게 된다. '총이냐 버터냐guns versus butter'의 문제를 마주한 것이다. 정치인들은 이 어려운 결정을 스스로 내리기보다는 '시장이 가장 잘 안다'는 식의 말을 내세우며 책임을 금융권에 떠넘기기로 작정한다. 대공황 시기에 마련되어 그동안 미국 경제를 든든하게 지탱해 줬던 규제 시스템은 1970년대를 시작으로 야금야금 훼손되었고, 결국 금융은 오늘날과 같은 강력한 권력으로 자라나게 된다. 여기서 기억해야 할 것은 금융화를 도운 공적인 결정들이 한 번에 이루어지지 않았다는 사실이다. 단계적으로 이루어지면서 조세와 무역, 규제 정책, 기업 지배구조 등 여러 영역에서 마치 거미줄처럼 복잡하게 얽혀 있는 망가진 시스템이 서서히 구축되었다.

그렇기에 이 거미줄을 해체하려면 시간은 물론 엄청난 노력이 들 수밖에 없다.

미국의 퇴직연금 제도와 세법 규정의 변화 뒤에도 금융화가 있다. 이 변화를 통해 은행들이 굴릴 수 있는 자금의 규모가 전례 없이 커졌다. 또 금융화는 초고속 매매가 기승을 부리게 된 배경이기도 하다. 초고속 매매가 등장하면서 리스크와 레버리지를 키워 극소수 특권층에게 엄청난 수익을 안겨 줄 수 있게 되었다. 그뿐 아니라 금융화는 1980~1990년대에 걸쳐 가속화된 파괴적 탈규제의 배경이자, 2008년 금융 위기 이후 은행 부문에 대한 적절한 규제가 이루어지지 못한 배경이다. J.P. 모건J.P. Morgan이나 골드만 삭스의 임직원은 터무니없는 매매를 자행한 경우 감옥에 갈 수도 있다(물론 가지 않을 가능성이 더 크지만). 그러나 문제를 일으킬 수 있는 금융 시스템 자체는 그대로 남아 있다. 사실 문제는 너무나 빈번하게 일어나고 있어서, 시티그룹Citigroup 회장을 지낸 샌디 와일을 비롯한 대마불사형 은행의 금융가들조차 현재의 금융 시스템은 불안하며, 훨씬 엄격한 규제가 이루어져야 하고, 대형 은행들이 쪼개져야 한다고 말한다.[64]

이런 일이 이른 시일 내에 일어나지는 않을 것이다. 오히려 지금 이 시점에도 금융이 경제에서 차지하는 몫은 계속 커지고 있다. 레버리지 비율도 2007년과 거의 달라지지 않았다. 일상적인 영업의 95퍼센트를 빌린 돈으로 하는 것은 여전히 대형 은행들의 관행이다.[65] 그림자 은행업을 포함하여 비공식적인 금융 부문의 자산 규모는 2007년 이래 전 세계적으로 13조 달러 증가했다. 2014년 현재 이 부문의 총자산 규모는 무려 80조 달러에 달한다.[66] 2007년 위기 때 대량살상무기에 가까웠던 파생상품들 중 규제되고 있는 것은 절반에도 못 미친다. 2010년 도드-

프랭크 금융개혁법안이 통과됐음에도 마찬가지다.[67] 2008년 위기를 넘겼는지는 몰라도 금융 시스템 자체는 여전하다.

　더욱 심각한 문제는 규제를 해야 할 사람들이 다시 위기가 닥칠 때를 대비하고 있지 않다는 사실이다. 은행가들은 월가와 워싱턴을 잇는 회전문을 통해 가공할 소프트 파워를 휘두른다. 재무부와 증권거래위원회Securities and Exchange Commission, SEC를 비롯한 여러 규제 기관의 최고 위직에 골드만 삭스 등 유력 금융기관의 전직 임원들이 포진해 있는 꼴을 보라. 이들은 1980년대 초반부터 조세와 규제 '개혁'을 적극 주창해온 인사들로, 그 덕에 자본이득세율이 떨어졌고, 리스크가 높은 증권에 대한 규제가 풀렸으며, 자사주 매입 잔치도 가능해졌다. 많은 규제 당국자가 금융을 감찰할 생각이 별로 없는 것도 문제지만, 이들의 낮은 급여와 모자라는 일손, 부족한 운영비도 문제다. 일례로 미국 상품선물거래위원회Commodity Futures Trading Commission, CFTC를 보자. 이 기관은 지금도 인력 규모가 1990년대와 거의 동일하다. 이 위원회가 감독하는 스와프 시장만 해도 풍선처럼 불어나서 400조 달러 규모로 커졌는데도 말이다.[68] 보잘것없는 연구 예산과 집행 여력에다 그저 그런 급여를 받는 규제 당국자들이 그 백 배의 소득을 올리는 트레이더들의 정교한 비행 행각을 미리 간파하기란 어렵다. 기관의 한계가 이처럼 명백한 것은 실로 유감스러운 일이다. 왜냐하면 2015년 수백 명의 고위직 금융가들을 대상으로 한 조사에 따르면, 조사 대상의 3분의 1 이상이 자신이 몸담고 있는 회사 내부에서 부정행위를 목격한 경험이 있으며, 38퍼센트는 업계가 고객의 이익을 최우선으로 놓고 있지 않다고 응답하는 실정이기 때문이다.[69]

금융화를 어떻게 볼 것인가

물론 금융화를 다르게 보는 이론도 있다. 노벨 경제학상 수상자 로버트 실러는 금융화를 '비이성적 과열irrational exuberance'로 풀어내면서 인간의 타고난 성향으로 간주한다. 피리 부는 사나이를 따르는 쥐 떼처럼 우리가 반복적으로 몰려다니며 호황과 불황을 오갔던 역사는 무언가 강력한 심리적 기제가 작용하고 있다는 생각이 들게 한다. (증권 거래 트레이더의 뇌를 마약 중독자가 코카인을 접할 때의 뇌와 비교하는 신경과학 연구도 그 자체로 매력적이다.)[70] 미시간대의 제럴드 데이비스 같은 이들은 새롭게 등장한 경영 이론에 주목하면서, 이를테면 고객, 종업원, 공공재를 비롯하여 사회에 존재하는 모든 유무형 가치 앞에 투자자를 놓는 주주 가치 개념의 영향 등을 살핀다.[71]

금융 시스템 내의 변화는 기업계 내부 문화의 변화와 궤를 같이해 왔다. 애플 한 곳만 금융을 동원하여 돈놀이를 하는 것은 아니다. 소니Sony, 인텔Intel, 코닥Kodak, 마이크로소프트, 제너럴 일렉트릭General Electric, GE, 시스코Cisco, AT&T, 화이자, 휴렛-팩커드Hewlett-Packard 등 다양한 기업들이 금융의 유혹에 넘어가 장기적 이익을 희생하며 단기적 이익을 추구하고 있다. 이런 일은 기업 스스로의 선택 때문에 일어날 수도 있고, 강제로 일어날 수도 있다. 심지어 무의식적으로 일어날 수도 있다. 이 책에서 살펴보겠지만, 월가의 가치와 문화는 기업계 리더들 속에 깊이 파고들어가 있다. 기업은 물론이고 사회 전반이 경제를 위해 무엇이 좋은지 사고할 때, 월가의 방식을 당연하게 따를 정도다. 그렇기에 월가가 미국 기업들에 어떤 악영향을 끼쳤는지를 보려면 날것 그대로의 부정행위들을 드러내는 방식보다는 단기적 사고가 지배적이 된 상황을 살피는 것이 좋다. 금융의 문화는 지금 당장의 성장거리를 찾는 문화다. 당장 다음 분기 수익 보고를 공개할 시점이면 결과를 보여 줄 수 있는 사업을 중시한다. 이 압력 때문에 기업들은 온갖 나쁜 결정을 내리게 된다. 파워포인트상으로는 훌륭해 보이는 인수합병을 성급하게 결정한 뒤 골치 아픈 사후 처리에 시달리기도 한다. 이런 일은 무척 흔하다. 여러 연구에 따르면, 월가가 압력을 가해 성사된 합병 가운데 70퍼센트가량은 결과가 좋지 못했다.[72]

데이비스는 금융화를 '코페르니쿠스적 전환'에 빗댄다. 기업들이 그간 자신의 이동 궤도를 금융을 중심에 두는 경로로 재설정해 왔기 때문이다. 한편 월가의 '문화'가 어떻게 사회와 경제를 지배하게 되었는지 탐구하는 일군의 인류학적 연구도 있다. 이 연구들은 금융화를 이해하는 또 하나의 시각을 제공해 준다. 예를 들어 인류학자 캐런 호는 『호모 인베스투스』에서, 변동성과 불안정성을 특징으로 하는 월가 특유의 노동 관행이 어떻게 해서 미국 사회 전체의 통념이 되었는지 살피고 있다.[73] 학자가 되기 전에 투자은행에서 일하기도 했던 호는 이렇게 말한다. "투자은행가들과 그들이 일하는 방식은 여러 측면에서 마땅히 따라야 할 하나의 모델이 됐다. 이제 월가는 주식시장뿐만 아니라 고용의 본질, 나아가 가치 있는 근로자란 어떤 사람인지까지 재정의하고 있다. 즉 〔월가는〕 근로자의 안정성이 아니라 끊임없이 시장과 속도를 맞추는 동시성을 중시한다. 만약 모기지가 최선이 아니라고 한다면, '모기지 사업 부문을 통째로 없앴다가 1년 뒤에 다시 고용하자'는 식이다. 〔금융 업계〕 사람들은 주당 100시간씩 일함에도 끊임없이 고용이 불안정하다고 말한다. 월가의 은행가들은 스스로가 유동적인 인력이라는 점을 이해하고 있다."[74] 이제 그 결과로 우리 모두가 같은 신세가 되었다.

더 나아가 금융화는 엔지니어와 사업가가 아닌 MBA 출신을 중심에 놓는 기업 문화를 낳았다. 월가의 급여는 다른 산업계보다 평균 70퍼센트 정도 높기 때문에 가장 똑똑하다고 할 만한 사람들 상당수가 사회에 좀 더 유익한 일을 접고 월가로 들어서고 있다.[75]

잇따르는 피해

금융화가 어떤 정치경제적 효과를 낳는지를 처음으로 깊이 있게 서술한 사람은 카를 마르크스다. 그는 금융화가 자본주의의 최종 단계이며, 거의 전적으로 탐욕에 의해 움직이는 이 단계에 이르면 자본주의가 붕괴할 것이라고 진단했다.[76] 자본주의가 아직 붕괴하지 않았다는 사실에서 반드시 마르크스가 틀렸다는 결론이 나오는 것은 아니다.[77] 피케티는 물론이고 저명한 마르크스주의자인 하버드대 경제학자 폴 스위지도 지적했듯이,[78] 미국의 금융화된 경제 체제는 스스로를 강화하는 기제들을 내장하고 있다. 그래서 금융과 실물 경제의 관계가 파괴적이라 하더라도 아주 오랫동안 지속될 수 있다.

여기서 언급된 이론들은 모두 금융화의 중요한 특징들을 짚고 있다. 미국사를 들여다보면, 금융 호황과 불황 때마다 앞서 언급한 이론들의 주요 요소가 변수로 작용했음을 알 수 있다. 잘못된 인센티브, 작동 불능의 정치경제, 나쁜 경영 관행과 미흡한 규제 모두 1929년의 시장 붕괴와 대공황의 요소였다. 2008년의 위기와 대침체의 원인임도 물론이다. 금융화의 원인뿐 아니라 증상도 위험하기는 마찬가지다. 금융화는 크게 봤을 때 저성장, 불평등, 시장 불안정성 등과 같은 파괴적인 경향으로 이어질 뿐 아니라 이차적인 증상들도 상당히 많다. 따라서 더 늦기 전에 지금 당장 치료를 해야 한다. 이 책이 그 일을 위한 일종의 로드맵으로 쓰일 수 있기를 바란다.

시스템 바로잡기

앞에서 살펴본 것처럼 금융시장과 실물 경제, 즉 월가와 메인가 사이의 거리는 더 벌어지고 있다. 그리고 그에 따라 미국 금융 시스템의 내재적 위험이 공포스러울 정도로 커졌다. 극소수 세력의 수중에 엄청난 자본과 권력이 집중되면서 미국 사회는 머리만 있고 몸통은 없는 처지가 됐다. 불평등 심화와 생산성 하락, 왜곡된 보상 체계는 실체 없는 회사는 번영하는 반면, 노동자를 고용하며 실체를 갖춘 기업은 고전을 면치 못하는 세상을 만들어 버렸다. 혁신은 돈 관리에 밀려나고, 장기 계획은 단기적 술책에 자리를 내주고 있는 세상이다. 금융 시스템 내부의 리스크는 계속 높아지고 있지만, 실물 경제에 투입되는 자본의 규모는 줄어들고 있다. 이는 국가 경제 성장의 목을 조르고 있다. 미국에서 금융화의 등장과 관련해서는 그야말로 흥미진진한 이야깃거리들이 넘친다. 이 책의 여러 장에서 그 이야기를 풀어 볼 것이다. 그러나 내 주된 관심사는 과거가 아니다. 현재와 미래다.

바로 지금이 시스템을 고칠 좀처럼 없는 기회다. 2008년 금융 위기 직후에 이루어져야 했던 금융 부문 규제와 규모 조정을 실현해야 한다. 긍정적인 조짐도 있다. 로비의 힘이 여전히 강력하고 정치권과 월가를 장악한 이들의 목소리도 여전히 크지만, 금융 시스템을 주인이 아닌 조력자의 위치로 되돌려놓으라는 시민의 목소리가 점점 커지고 있다. 여론 조사를 보면, 대다수 미국인들은 세제 개혁, 빈곤 문제 해결을 위한 정부의 좀 더 직접적인 개입, 불평등 문제 해소를 위한 유의미한 행동 등을 바라고 있다.[79] 금융화의 최대 해악 두 가지로 꼽힐 만한 중산층 감소와 임금 정체 문제는 2016년 대통령 선거전의 핵심 이슈로 부상해 있다.

시스템을 고칠 도구는 이미 마련되어 있다. 그리고 감사하게도, 물타기되어 버린 도드-프랭크 금융규제법보다 훨씬 강력한 수준의 규제를 제도화하고자 하는 관료와 학자, 규제 당국자도 다수 있다. 몇 사람만 꼽아 보자면, 연방 상원의원 엘리자베스 워런, 노벨 경제학상 수상자 조지프 스티글리츠, 연방예금보험공사 부회장 토머스 호니그 등이 있다. 그러나 현 시스템을 개혁하기 위해서는 무엇보다 '전 국민'이 지금의 체제가 대다수 미국인을 위해 움직이고 있지 '않다'는 것을 제대로 진지하게 이해해야 한다. 동시에 '왜' 그러한지 아는 것도 중요하다. 초대형 은행들을 쪼개는 것도 좋은 출발점일 수 있지만, 금융을 재정립하는 일은 그 정도만으로 가능한 작업이 아니다. 이 작업을 해내려면 미국 기업계 도처에 강고하게 똬리를 틀고 있는 금융 중심의 사고방식을 무너뜨려야 한다. 이는 경영 교육을 개혁해야 가능한 일이다. 마치 중세 성직자들이 신의 존재에 의문을 던진 과학적 증거들을 무시했던 것처럼, 경영 교육의 현장에는 아직도 효율적 시장 가설이라는 그릇된 복음에 대한 비판에 저항하는 학자들이 많다. 조세 시스템 개혁도 필요하다. 1년짜리 단기 투자 소득을 장기 투자 소득과 동일하게 취급해서는 안 되고, 금융기관들이 작은 기업과 일자리를 창출하는 기업에 투자하는 건강한 대출을 외면하고 과소비와 투기를 조장하도록 해서는 안 된다. 그 외에도 퇴직연금에 대한 기존의 사고방식을 바꿔야 하고, 주택 정책을 좀 더 현명하게 짜야 하며, 무엇보다 민주주의의 기본 원칙을 위반하는 로비스트들이 판치는 돈 잔치를 단속해야 한다.

이 책은 지금까지 이야기한 여러 문제와 그것들이 연결된 복잡한 현상을 '금융화'로 풀어내려 한다. 이 주제는 그간 이른바 '전문가'들만의 영역이었다. 이 '전문가'에는 학자, 금융가, 정책 입안자들이 들어가는데, 이들은 금융에 관한 논의에 자신의 이해관계를 개입시킬 유인이 크다. 그래서 외부인을 토론에서 배제하기 위해 복잡한 용어를 동원한다. 그러나 여느 사안에서와 마찬가지로 금융 문제에서 복잡성은 경계해야 할 적이다. 금융과 관련해서 던져야 할 질문은 아주 간단하다. 금융기관들은 실물 경제에 분명하고도 측정 가능한 혜택을 제공하고 있는가? 슬프게도 대답은 대체로 "아니다"이다.

다시 말하지만, 이 책의 주목적은 금융의 성장이 어떻게 미국 실물 경제의 추락으로 이어졌는지, 그리고 어떻게 아메리칸 드림을 산산조각 냈는지 설명하는 것이다. 잘못된 것을 고치려면 어떻게 해서 지금에 이르게 되었는지를 똑바로 알아야 하기 때문이다. 미국은 인류 역사상 가장 풍요롭고 성공적인 국가이다. 그런 나라가 왜 번영이 고루 나뉘는 사회를 이룩하지 못하고 있을까? 그 여러 이유 중에서도 연구와 논의가 가장 미흡한 문제는 단연 금융화다. 실은 금융화에 대한 이해가 이토록 낮다는 사실 자체가 문제다. 20년 넘게 저널리스트 생활을 하며 수많은 탐욕스러운 자본가들을 인터뷰해 왔지만, 사실 은행가, 기업인, 경제 정책 입안자 가운데 대다수는 부패한 이들이 아니었다. 부패와는 거리가 멀었다. 그들은 그저 거대하고 복잡한 데다 (특히 자기들에게) 돈을 많이 안겨 주는 시스템의 일부일 뿐이다. 다만 안타깝게도 그 시스템이 알고 보니 고장 나 있었고, 미국이 보유한 자원을 가장 효과적이고 공정하게 활용하는 것을 적극적으로 방해하고 있을 뿐이다. 우리가 당면한 과제는 그 고장을 고치는 것이다. 변화는 이해에서 시작되며, 이 책은 그 이해를 돕기 위해 썼다.

금융화의 여러 요소를 해부하는 학술서와 경영서가 그간 많이 나오기는 했지만, 일반 독자들이 읽기에는 다소 지루할 수 있다. 그 점을 염두에 두고 이 책은 지난 100년간 진행된 금융화의 중심에 있던 기업과 사람들에 관한 이야기로 구성해 봤다. 물론 이 책이 다루는 인물과 기업이 금융화의 전부는 결코 아니다. 그러나 이들이 가장 다채롭고 흥미진진한 사례임은 분명하다. 나는 금융화의 손길이 닿았던(그래서 대체로 부정적인 방향으로 나아갔던) 실존 인물과 기업에 초점을 맞춤으로써 금융화에 대한 논의를 현실화하고 더욱 건강한 토론으로 발전시키고자 한다.

이 책의 구성

1장에서는 금융의 성장 자체를 설명한다. 일자리 비율로만 보면 전체 경제의 고작 4퍼센트일 뿐인 산업 부문이 어떻게 해서 미국 기업 전체가 거둔 수익의 4분의 1을 차지하게 되었을까? 이 이야기는 대마불사형 은행의 원조 격인 시티그룹을 통해 풀어 갈 것이다.

2장은 어떻게 금융적 사고방식이 미국 기업을 장악하게 되었는지를 따져 본다. 여기서는 제너럴 모터스General Motors, GM, 그리고 전 국방장관 로버트 맥나마라를 위시한 '똘똘이들'이 이야기의 주인공이다. 이들의 숫자에 대한 강박은 베트남전 패배와 미국 자동차 산업의 몰락에 결정적으로 기여했을 뿐만 아니라 오늘날 미국 기업 전반에 걸쳐 있는 금융화된 사고방식의 확산에까지 지대한 영향을 미쳤다.

3장에서는 미국 경영 교육의 역사 속으로 깊이 들어간다. 이를 통해 왜, 어떻게 미국의 경영 교육이 실제적 경영 관리 기법보다는 대차대조표 숫자를 이리저리 주무르는 데 집중하게 되었는지 알게 될 것이다.

4장에서는 주주가치에 대한 미국의 통념을 해체한다. 칼 아이칸 같은 행동주의 투자자들이 어떻게 미국에서 가장 크고 성공적인 애플과 같은 기업들을 좌지우지하면서 해당 기업의 혁신과 일자리를 희생시켰는지 살펴보자.

5장은 어떻게 해서 미국 기업들이 은행업을 흉내 내게 되었는지, 즉 우리 모두가 어쩌다 저 찬미받는 은행가들이 되었는지를 제너럴 일렉트릭의 역사를 통해 다룬다. 제너럴 일렉트릭은 미국의 위대한 혁신 기업 가운데 하나다. 그러나 그 뿌리를 되찾으려 애쓰기 전에는 미국 5위 규모의 금융기관이었던 시절도 있었다.

6장은 금융 부문에서 가장 위험한 영역 가운데 하나인 파생상품에 초점을 맞춘다. 골드만 삭스와 그들의 상품시장 조작에 대한 이야기를 통해 금융업계가 어떻게 일반 기업과 소비자가 의존하는 천연자원을 통제하는지 실감하게 될 것이다. 나아가 이것이 일반인들이 치르는 일상 소비재 가격에 어떤 의미를 가지는지도 알게 될 것이다.

7장에서는 가장 돈이 많으면서도 가장 불투명한 금융 부문인 사모펀드private equity•가 경제의 가장 중요한 영역 중 하나인 주택시장을 장악하게 된 과정을 따라간다. 자기 집을 소유하려는 수많은 중산층 가정의 꿈이 사모펀드로 인해 좀처럼 실현하기 힘든 망상이 되어 버렸다.

8장에서는 어떻게 퇴직연금 제도의 민영화가 가장 빠르게 성장하는 금융 부문인 자산 운용 업계에 불필요한 수수료를 챙겨 주며 배를 불려

• 공모 방식을 거치지 않고 소수의 투자자에게서 자금을 조달하는 펀드. 증권시장 같은 공개 시장(public exchange)이 아니라 기업 경영진과의 개별 협상을 통해 지분을 인수하는 방식으로 투자한 뒤 중기 수익을 거두면 지분을 매각한다.

주었는지를 살핀다. 더불어 뮤추얼 펀드 업계가 어떤 식으로 은퇴 종잣 돈을 가지고 사실상의 도박을 벌이고 있는지도 본다.

9장은 조세 제도가 오늘날의 모습이 된 이유와 과정을 풀어낸다. 현행 조세 제도는 개인보다 기업에 특권을 부여하고, 지분을 얻기보다 부채를 지도록 고무하며, 화이자 같은 다국적 기업으로 하여금 기업 전략의 일환으로 금융공학에 몰두하도록 길을 열어 주고 있다.

10장에서는 돈 문화라든가 월가와 워싱턴 정치권 사이에 놓인 회전문이 금융화의 흐름을 되돌리기 힘들게 만들고 있음을 보인다. 왜 2008년 금융 붕괴 이후 약속된 개혁들 가운데 상당수가 아직도 법제화되지 않고 있는지 알게 될 것이다.

금융화의 파도를 되돌리는 것이 어려운 일인지는 몰라도 결코 불가능하지는 않다. 11장에서는 문제를 해결할 수 있는 정책들을 이야기한다. 기업, 대학, 정부의 최고위급 인사들과의 인터뷰를 통해서 금융을 실물 경제를 위해 이바지하는 본래의 자리로 돌려보낼 방안을 고민해 볼 것이다.

나는 이 책 전체에 걸쳐서 거저먹는 자들뿐만 아니라 만드는 자들의 이야기도 다룰 것이다. 물론 일을 똑바로 하고 있는 기업과 리더들에게서 얻을 수 있는 여러 교훈도 소개한다. 이런 이야기를 통해 우리 스스로 새로운 '뉴 노멀New Normal'을 만들어 낼 수 있음을 알게 될 것이다. 이것이 구현되면 미국의 실물 경제를 틀어쥐고 있는 금융 패권은 힘을 잃게 되고, 더욱 번영하고 지속 가능한 미래가 미국의 노동자와 가정은 물론이고 경제 전반에 펼쳐지리라. 부디 이 책이 그 방법을 모색하는 데 기여할 수 있기를 소망한다.

1장

금융의 부상

시티그룹을 위시한 대형 은행의 탄생에서 금융 위기까지

만약 현대 금융의 대부를 한 명 뽑는다면, 그 자리는 세계 최대의 금융기관 중 하나인 시티그룹의 CEO였던 샌퍼드 '샌디' 와일에게 돌아갈 것이다. 와일은 브루클린의 벤슨허스트 지역 출신으로 후일 세계에서 가장 막강한 은행가로 성장한다. 그는 연봉 3만 달러를 시작으로 월가에서 승승장구한 끝에 이른바 대마불사 시대를 상징하는 초대형 은행의 수장이 된다.

시티그룹은 1998년 와일이 이끌던 보험 및 자산 운용사 트래블러스그룹Travelers Group과 시티코프Citicorp가 합병하여 탄생했다. 이는 인류 역사상 최대 금융 공룡의 탄생을 알린 사건으로 지각 변동에 비견할 만했다. 그뿐 아니라 시티그룹의 등장은, 대공황이 터졌던 1930년대에 만들어진 이래 소비자들을 금융업계의 농간으로부터 비교적 안전하게 지켜 주고 있던 글래스-스티걸 법Glass-Steagall Act에 종말을 고하는 것이기도 했다. 당시 와일은 이 합병을 두고 "금융 서비스 업계 역사상 최대의 거래"이자 "내 커리어의 정점을 찍는 일"이라고 자평했다.[1] 이 합병으로 시티그룹은 인류가 개발한 거의 모든 종류의 금융 서비스를 제공할 수 있게 된다. 한 금융기관이 신용카드에서 기업공개 주관, 초고속 단타 매매, 모기지 거래, 투자 자문, 상상 가능한 모든 유형의 복잡한 증권 매매까지를 160개 이상의 국가에서 24시간 다룰 수 있게 된 것이다. 과거 대영제국처럼, 시티그룹에는 해가 지지 않게 되었다.

그랬기에 시티그룹 제국의 황제였던 와일이 2012년 중반에 자신이 틀렸음을 고백한 것은 상당히 중요한 사건이었다. 2003년 시티그룹의 CEO 자리에서 물러난 와일은 현대 금융 80년 역사상 최악의 금융 붕괴에 자신도 책임이 있다는 존재론적 위기를 겪어 온 터였다. 와일은 미국의 경제 채널 CNBC에 나와 시티그룹은 물론이고 금융 자체에 대해 자신이 품어 왔던 거의 모든 믿음이 잘못되었다고 선언하기에 이른다. 그는 지금의 자신이 과거로 돌아가 일을 맡게 된다면, 시티그룹 자체가 생기지 않았을 것이라고까지 말했다. 심지어 금융기관들이 그간 각종 캠페인과 로비에 수십억 달러를 쏟아부으며 안간힘을 다해 지키려 한 사업 모델은 예금자와 납세자들에게 감당하기 벅찬 수준의 위험을 전가했다고 토로했다. 와일은 이렇게 말했다. "지금 우리가 해야 할 일은 투자은행을 [상업]은행과 분리하는 것이라고 봅니다. 은행이 예금을 받는 역할을 하도록 만들어야 합니다. 상업용 대출과 부동산 대출을 해야 합니다. 은행이 납세자들의 돈을 위험에 빠뜨리지 않는 일을 하게 해야 합니다. '대마불사'가 되지 않도록 해야 합니다."[2]

여느 개종 선언이 그렇듯이, 와일의 고백은 실로 극적이었다. 시티그룹을 비롯한 대마불사형 은행들이 일련의 재앙적인 결정들로 금융 위기를 불러온 지 4년 만의 일이었다. 금융 위기 당시 초대형 은행들의 장부에는 수천억 달러에 달하는 휴지 조각에 가까운 악성 자산이 달려 있었고, 고객들은 거대한 패닉에 빠져들기 직전이었다. 대공황의 그림자가 시장에 드리워 있었다. 금융권 구제를 위해 정부는 총 1조 5900억 달러를 쏟아부어야 했고, 추가로 12조 달러어치의 연방정부 보증과 기관 대출을 제공했다. 그랬음에도 미국 경제는 1930년대 이래로 가장 심

각하게 깎여 나갔다.[3]

그러나 그게 전부가 아니었다.

위기가 어느 정도 진정되었음에도 미국 경제의 회복이 과거의 경기 회복에 비해 더디게 진행되자 몇몇 정책 입안자와 학자, 일반 소비자들은 좀 더 근본적인 차원의 문제가 있다는 생각을 하게 된다. 즉, 실물 경제를 지원하고 기업과 개인들이 번영하기 위해 필요로 하는 유동성을 공급하라고 만들어진 금융 산업이 더 이상 그 기능을 수행하지 않고 있다는 의심을 품게 된 것이다. 모건 스탠리Morgan Stanley의 수석 경제학자를 지냈던 스티븐 로치는 리먼 브러더스Lehman Brothers 붕괴 직후 나와의 인터뷰에서 다음과 같이 진단했다. "그야말로 금융은 실물 경제 내에 있던 애초의 위치에서 너무나 멀리 떨어져 나와 버렸습니다."[4]

정부의 구제금융으로 은행들이 신속하게 회생하는 동안, 실물 경제는 더욱 나빠지고 있었다. 은행들은 기록적인 수익을 거두었지만, 기업과 소비자에게 해 주는 대출은 줄어들었다. 대기업의 순익도 높았지만, 들어온 현금을 메인가에 투자하려는 기업은 별로 없었다. 시장의 눈치를 볼 수밖에 없었던 경영자들은 그 대신 주로 부유한 투자자들과 월가에 현금을 쏟아부었다.[5] 당시 초대형 금융기관들은 여전히 금융 업무 중 '카지노'적인 것으로 분류되는 증권 거래에 전념하고 있었다. 하지 말아야 할 이유가 없었기 때문이다. 금융기관들이 재미없는 고전적 분야인 대출 업무로 되돌아가게 하려면 규제 당국이 나서서 수익성 좋은 증권 거래를 규제해야 했지만 그러지 않고 있었다. 지금도 마찬가지다. 금융기관의 업무 분야 중 가장 리스크가 큰 파생상품 거래 부문은 금융위기 이후 오히려 몸집이 더 커졌다. 세계 전체로 봤을 때, 2013년 후반의 파생상품 부문 규모는 2007년 후반보다 20퍼센트 더 컸다.[6]

이 정도도 겨우 겉으로 드러난 부분에 불과하다. 여전히 규제의 손길이 거의 닿지 않는 그림자 은행업(헤지펀드, 머니 마켓 펀드, 그리고 GE 같은 대기업의 금융 계열사 등)은 칡넝쿨처럼 성장했다. 2011년 이래 해마다 1조 3000억 달러씩 성장하여 오늘날 36조 달러에 달한다.[7] 더구나 애초에 시민들 개개인의 상황을 개선하기 위해 책정한 낮은 이자율은 오히려 부유한 이들을 더욱 부유하게 만들어 주었다. 이 정책이 주택담보대출을 짊어진 시민의 부담을 줄여 주기보다는 주식시장을 과열시켰기 때문이다. (주택시장 회복은 대부분 투자자들이 이끌었는데, 이는 7장에서 다룰 것이다.)

트라우마에 시달리는 미국

금융이 그토록 경제에 부정적인 영향을 끼치고 있는데도 왜 미국 경제가 회복 국면에 접어들었는지 물을 사람도 있을 것이다. 금융 위기 후 8년이 지난 지금, 미국이 성장할 수 있게 된 요인으로는 저유가나 소비자 수요의 증가 등 몇 가지를 꼽을 수 있다. 그러나 나는 현재의 성장은 단기적인 경기 순환 추세의 일부로, 곧 불황으로 바뀔 수 있다고, 아니 곧 바뀌게 될 것이라고 본다. 금융시장 붕괴 이래 소비자 신뢰와 소비 지출 규모는 줄곧 불안정했다. 스타벅스Starbucks의 CEO 하워드 슐츠 역시 내게 2015년에, 즉 경제가 회복되는 와중에, 미국 소비자들은 여전히 "취약하다"고 말했다. 마치 트라우마에 시달리는 것 같다고 했다. 슐츠를 비롯한 많은 경영자들은 종잡을 수 없는 변덕스러움이 현 세대 소비자의 시대적 특징이 되어 버렸다고 진단한다. 즉, 세계 경제의 성장 동력으로 치부되는 미국 소비자들은 금융 위기의 트라우마가 워낙 깊어 더 이상 전통적인 소비자의 역할을 기대하기 힘들다고 본다.

그 와중에 미국 경제는 여전히 금융 시스템으로 인해 심각한 구조적 작동 불능 상태에 빠져 있다. 물론 디지털 기술이 일자리 성장에 끼치는 영향이 뚜렷해지면서 금융 부문의 고용 기여도를 따지기 힘들어진 것은 사실이다. 그러나 금융이 미국 경제 전체의 고용 노동에서 차지하는 몫과 비교해 봤을 때, 금융 부문 자체의 규모는 여전히 기록적으로 높은 수준이다. 분명한 것은 경제가 금융화의 길로 들어서고, 비금융 기업들의 일상적 경영 활동조차 금융적 사고방식이 지배하게 되면서 미국 기업과 사회가 작동하는 방식이 왜곡되어 버렸다는 점이다. 금융시장의 위력이 실물 경제를 압도하면서 공정한 경쟁 환경이 망가지고 불평등이 심화된 것은 물론 사회경제적 피라미드의 최상위 집단이 제반 자원을 틀어쥐게 되었다. 그에 따라 자원 분배의 비효율성도 엄청나게 심해졌다. 이는 저성장의 증상이 아니라 오히려 원인일지도 모른다.[8]

이는 새로운 진단이 아니다. 오히려 지금까지 애써 무시해 왔거나 잊어버리고 있었던 오래된 경고들이다. 그런 경고를 했던 위대한 진보적 경제학자 존 메이너드 케인스는 시장 자본주의가 사실상 대규모 고용을 유지하지 않고서도 그럭저럭 돌아갈 수도 있다고 우려한 바 있다. 특히 자금이 생산적 투자가 아니라 투기 행각에 쏠릴 경우 그럴 수 있다고 보았다. (케인스는 정부에 특수한 인센티브를 통해 장기 투자를 진작시킬 것을 촉구했다.) 케인스의 아이디어를 발전시킨 하이먼 민스키, 해리 매그도프, 폴 스위지 같은 경제 사상가들은 금융 산업 자체가 버블을 만들어 내며 실물 경제로부터 자금을 빨아들인다고 주장했다. 민스키는 "자본주의는 결함이 있는 체제이기에 그 발달을 통제하지 않으면 주기적인 경기 불황과 영속적인 빈곤으로 이어진다"고 주장했다.[9] 또 민스키에 따르면, 이런 시기가 도래하면 정부는 최종 대부자 역할을 떠맡을 수밖에 없게 된다. 그러나 그런 역할은 공공 부채가 늘어남에 따라 유지하기 힘들어지고, 정부는 더 많은 투기를 허용하라는 압력을 받게 된다. 그리하여 새로운 불안정성이 생기고, 같은 과정이 계속된다. 민스키는 금융과 그 기저에 똬리를 틀고 있는 경제적 불안정 사이에는 시장이 절대로 끊어 낼 수 없는 '공생적 협착symbiotic embrace'이 있다고 본 것이다. 이는 제2차 세계대전 이후 진행된 모든 경기 회복이 직전의 회복에 비해 미약했고 오래 걸렸음을 상기하면 설득력이 있다.[10]

이 생각을 뒷받침하는 데이터가 점점 늘어나고 있다. 일례로 2015년 BIS 수석 경제학자 에니스 카루비와 브랜다이스대 교수 스티븐 체케티가 발표한 보고서를 보자. 이들은 세계 15개국의 사례 연구를 통해 금융 부문이 급속히 확장되는 시장에서는 생산성이 떨어진다는 것을 확인했다. 여기서 생산성이란 개별 노동자가 경제에서 창출해 내는 가치로, 인구통계학적 요인과 함께 성장을 견인하는 기본 요소다. 더욱이 이렇게 생산성이 떨어질 때 타격을 입을 가능성이 가장 큰 분야는 바로 첨단 제조업과 같이 장기적 성장 및 일자리 창출에 가장 핵심적인 역할을 하는 산업이다. 금융이 부동산과 건설처럼 생산성은 한참 떨어지지만 빠르고 안정적인 단기 수익을 가져다주는 영역에 투자할 것이기 때문이다(게다가 이런 투자 자산은 경제 위기 때는 팔고 호황 때는 증권화할 수 있는 담보물로 활용된다).[11] 2008년 금융 위기 때 최악의 타격을 입은 국가들 다수가 신용과 부동산 양쪽이 모두 호황이었던 것은 당연했다.[12]

상황이 이렇게 된 데에는 정부의 역할이 상당히 컸다. 1970년대부터 지속되어 온 탈규제 조치로 은행권은 투자 촉진이라는 전통적 역할에서 벗어나 투기 행각에 몸을 던질 수 있었다. 그뿐 아니라 이른바 '주주 혁명'을 향한 길이 열렸다. 이는 투자자들은 살쪄웠지만, 기업을 부채

더미로 밀어 넣고 단기 실적 위주의 경영 결정을 내리도록 몰아갔다. 이런 두 가지 변화로 인해 자본은 사회적 유용성이 떨어지는 영역으로 쏠렸고, 통화 정책 같은 통상적인 정책 수단으로는 해결하기 힘든 악순환이 생겨났다. 연방준비제도(연준)가 미국 경제에 4조 5000억 달러의 자금을 수혈해 주고, 이자율을 6년째 전례 없는 수준으로 낮게 유지하고 있음에도, 대기업들이 가진 자산의 1~2퍼센트밖에 메인가에 재투자하지 않고 있는 상황을 보라.[13] 나머지의 대부분은 자산 가격 상승이라는 형태로 최상위 부자 10퍼센트의 호주머니 속으로 직행하고 있다. 이들은 중산층과 노동 계층만큼 소비를 할 가능성이 거의 없다.

애덤 스미스가 살아서 현재의 시장 시스템을 보았다면, 성장을 방해하는 형태로 변질되었다는 점에 동의했을 것이다. 그가 시장 작동에 관한 이론을 만들었을 당시에는 작은 가족 운영 기업들이 대체로 공정한 시장 환경에서 비슷한 정보 접근력을 갖추고 활동했다. 그러나 오늘날의 금융 자본주의는 특수한 이해관계, 대기업 독점, 불투명성으로 점철되어 있다. 스미스가 보았다면 아연실색했을 것이다. 한 가지를 분명히 해 두자. 나는 여기서 현존하는 금융 자본주의 모델을 비판하고 있기는 하지만, 그렇다고 반자본주의적인 것은 아니다. 계획 경제를 선호하거나 시장 시스템을 버리자는 입장이 아니다. 다만 현재의 시스템이 제대로 작동하는 시장 시스템이라고 생각하지 않을 뿐이다. 지금 우리 경제는 소수의 기득권 세력이 경제 전반을 해치면서까지 알짜배기를 먼저 거둬 가는 지대 추구 경제rentier economy 양상을 띠고 있다. 조지프 스티글리츠, 조지 애컬로프, 폴 볼커 같은 경제학자들은 정부에 의해 적절히 규제되는 시장이 평화와 번영을 가장 잘 보장하는 최상의 경제 체제라고 본다. 나 또한 같은 입장이다. 그 방향으로 나아가지 않으면 우리가 바라는 만큼의 회복은 요원한 일이다.

복잡성의 대가

어쩌다 이렇게 되었는지 이해하기 위한 첫걸음은 금융 부문이 어떻게 그토록 거대해졌는지를 이해하는 것이다. 금융은 은행업의 동의어가 아니다. 금융은 은행업 외에도 증권 거래 기관, 보험회사, 뮤추얼 펀드, 연금 펀드, 헤지펀드, 금융 상품 거래 기관, 신용 파생상품 회사, 부동산 회사, 구조화투자기구structured investment vehicle, • 기업어음 도관체 commercial paper conduit •• 등을 망라한다. 영란은행Bank of England의 부총재를 지낸 폴 터커의 표현을 빌리면, 이것들은 모두 "마치 마트료시카처럼 겹겹이 맞아 들어갈 수 있다."[14]

이 모든 것의 중심에는 바로 대마불사형 은행이 있다. 시티그룹의 와일이 한때 금융 산업은 물론 미국 국가경쟁력의 미래라며 격찬했던, 한 곳에서 모든 것을 해결하는 형태의 초대형 은행 모델 말이다. 그렇다. 세계 곳곳의 고객들은 시티 한 곳을 통해 원하는 모든 거래를 할 수 있다. 시티의 자산은 연방예금보험공사의 보험과 연준의 보호를 통해 사실상 미국 정부가 보증한 것이나 다름없기 때문이다. 그러나 이렇게 모

- 특수목적기구(special purpose vehicle)의 하나로, 투자은행 등의 금융기관이 장기 고수익 자산에 투자할 목적으로 설립하는 자회사. 모회사는 자사의 우량 자산을 구조화투자기구에 양도한 뒤 이를 기반으로 부채담보부증권(asset-backed security)이나 기업어음 등을 발행하여 단기성 자금을 조달한다. 이 자금을 주로 모기지 증권 등 장기 채권에 투자하여 고수익을 노린다.
- •• 기업어음은 기업이 1년 이하의 단기성 자금을 조달하기 위해 발행하는 어음이다. 이 때 통상적으로 담보가 없는 경우가 많아 발행 기업의 리스크가 고스란히 어음 매입자 측에 전가되는 일이 벌어질 수 있는데, 중간에 도관체를 설립하여 이를 차단한다.

든 것을 할 수 있다는 말은 곧 금융 충격이 발생할 경우 시티가 거느린 글로벌 영업망으로 빠르게 전이될 수 있다는 뜻이기도 했다. 아이슬란드에서 발생한 문제가 눈 깜짝할 사이에 미국 본토의 아이오와로 튈 수 있었다. 또 글로벌 영업망의 상호 연결이 지극히 복잡한 나머지 시티의 리더들은 말할 것도 없고 일선 리스크 관리자들조차 실시간으로 대응하기 힘들었다. "오늘날 복잡한 영업망을 가진 대형 금융기관의 CEO들이 자사 대차대조표의 모든 실정을 소상하게 파악하고 있을까요? 가능하지가 않아요." 골드만 삭스 파트너에 상품선물거래위원회의 수장도 지냈던 게리 겐슬러가 2014년에 내게 한 말이다. 그는 이렇게 덧붙였다. "그들이 알아차리기에는 영업 측면에서 너무나 많은 일이 벌어지고 있습니다."[15]

　이 복잡성이 엄청난 리스크를 만들어 낸다. 그러나 복잡성은 은행들이 돈을 버는 주된 요인이기도 하다. 현재 금융업계는 세계에서 가장 강력한 권력일 뿐 아니라 모든 정보가 모이는 허브이기도 하다. 전체 글로벌 경제를 모래시계라고 한다면, 중간의 잘록한 허리 부분이 금융업계에 해당한다. 즉, 세계의 모든 돈과 누가 돈을 만들고 챙기는지에 대한 모든 정보는 금융업계를 거친다. 금융가들은 가장 특권을 많이 가진 자리에 앉아서 돈과 정보의 흐름을 가지고 원하는 만큼의 지대를 뽑아낸다. 기술은 보통 관련 업계의 영업 비용을 떨어뜨리지만, 금융 거래 중개 비용을 낮추는 데는 실패했다는 사실은 상당히 시사하는 바가 크다. 오히려 새롭고 발달된 도구들을 동원함에 따라, 금융은 더 비싸지고 덜 효율적이 되었다.[16]

　그뿐 아니라 지난 수십 년 동안 금융가들은 유사한 교육 수준과 기술을 보유한 타 업계 종사자보다 세 배가량 소득이 높았다는 사실 역시 시사하는 바가 크다.[17] 토마 피케티는 『21세기 자본』에서 금융가들은 어떤 면에서 보면 구시대의 지주 계층과 흡사하다고 지적한다. 금융가들은 노동을 직접 통제하는 대신, 현대 경제에서 노동보다 더 중요한 요소들에 접근할 기회를 장악하고 있다. 다름 아닌 자본과 정보다. 그 결과, 오늘날 금융가들은 지구상에서 단일 집단으로는 가장 부유하고 강력한 집단으로 자리하고 있다. 이들은 심지어 실리콘밸리의 거물이나 러시아의 석유 차르petro-czar들도 넘어선다. 금융가들이야말로 자본주의 세계의 지배자인 셈이다.

고양이에게 생선을 맡기다

금융가들은 금전 소득 말고도 다양한 특전을 누리고 있다. 예를 들어, 정책 입안자들에게 우선적으로 접근할 수 있다. 현재 '대마불사' 문제의 해결이 난망한 가장 중요한 이유는 금융권이 지난 몇 년 동안 엄청난 시간과 자금을 들여 도드-프랭크 법안을 물타기했기 때문이라고 볼 수 있다. 은행업, 보험, 자산 관리에 모기지 금융까지 합치면, 금융은 미국에서 가장 덩치가 큰 기업 로비 세력이다. 2013년에 시티그룹은 악성 모기지 담보 증권을 판 죗값으로 수십억 달러의 벌금과 과태료를 토해내던 와중에 로비스트들을 동원해서 새로운 법안 하나가 입안되는 것을 도왔다. 이 법안은 결국 2015년 연방 세출법안에 슬쩍 끼워 넣어졌다. 이 규정은 위기 이후 등장한 규제의 핵심 요소 하나를 효과적으로 무력화했다. 2008년 금융 위기 이후, 그 위기의 주범으로서 워런 버핏이 "금융발 대량살상무기"라고까지 치부한 파생상품들의 거래는 금지되었다. 그러나 은행권 로비스트들과 한때 와일의 수제자였던 JP모건 체이스JPMorgan Chase의 CEO 제이미 다이먼 같은 금융계 거물들이 열과 성을 다한 덕분에 이 금지는 옛 역사가 되어 버렸다. 은행들은 고위험 파생상품 거래를 계속하면서 이익의 사유화와 리스크의 사회화를 이어 갈 것이다. 1998년 와일이 시티그룹을 만들어 글래스-스티걸 법을 날려 버린 이후 쭉 그랬듯이 말이다. (당시 재무장관이던 로버트 루빈은 그 일을 일사천리로 진행시켰고, 얼마 후 시티그룹의 공동 회장직에 올랐다.)

관료들은 금융업계에 상당히 의존하고 있는 터라 대부분이 현재 상황이 잘못되어 있다는 것을 느끼지 못한다. 학계에서 이른바 '인지 포획'이라 부르는 상태에 있는 것이다. 오바마 행정부는 최근 두어 해 동안 금융 위기에 대한 자신들의 대처를 깔끔하게 포장하는 일에 전념해 왔다. 또 다른 공황을 막기 위해 은행들을 구제하는 일이 필요했다고 강변하는 한편, 이제 미국의 금융 시스템은 안전하다고 말한다. 이 중 앞부분은 맞다. 제2의 대공황을 피하려면 구제 조치가 필요했다.[18] 그러나 뒷부분은 완전히 틀렸다. 1929년의 붕괴 때와 달리 2008년 위기 이후 정책 입안자들은 금융 산업을 적절하게 다시 규제할 기회를 사실상 전혀 활용하지 않았다. 오히려 시장 시스템 자체가 규제 방법을 설정하도록 내버려 두었으며, 이 책 머리말에 등장하는 일화에서처럼 워싱턴이 적극적으로 공모한 경우도 적지 않다. 많은 관료들은 금융 규제를 금융업계 사람들이 처리해야 마땅한 일로 간주한다. 이는 이론적으로는 맞을지 몰라도 금융업계 사람들이 우선시하는 것과 공공의 이익이 일치하지 않는 경우에는 문제가 된다. 사실 금융화와 그것이 경제에 끼친 악영향이 제대로 논의되지 못한 데에는 월가와 워싱턴 관료들이 그간 심혈을 기울여 양성하고 보호해 온 전문가 집단이 한몫해 왔다. '월가를 점령하라' 운동의 핵심 가담자인 인류학자 데이비드 그레이버는 이런 유형의 관료제야말로 싸워야 할 적이라고 지적했다. 소수의 내부자들이 만들고 통제하면서 오직 자기들만 이해할 수 있는 언어로 논의하는 이해 불가능한 규정들이 바로 금융을 비롯한 여러 영역에서 엘리트들이 권력을 유지하는 핵심 수단이다.[19]

금융가는 자기들의 분에 넘치는 특권이 경제의 윤활유 역할을 담당한 데 따른 보상이라 주장한다. 이런 생각은 1980년대부터 뿌리내리기 시작한 잘못된 사고방식, 즉 금융은 단순히 다른 산업의 촉매가 아니라 그 자체가 하나의 독립된 사업이라는 생각을 반영한다. 우파와 좌파 할 것 없이 이 발상을 수용했다. 실제로 케네디 행정부 이래 대부분의 경제 정책 결정의 기저에는 이 생각이 깔려 있다. 이유는 간단하다. 미국의 주요 경영대학원에 개설된 대부분의 금융 이론 수업에서 그런 생각을 가르치고 있음을 상기해 보자(이 문제는 3장에서 다시 다루려 한다). 그러나 실제 데이터는 다르다. 루스벨트 연구소에서 금융화를 연구하는 경제학자 J.W. 메이슨은 다음과 같이 말한다. 지난 수십 년간 "미국 기업계에서 금융 시스템이 담당해 온 주요 기능은 투자를 위한 자금 조달이 아니었다. 기업들로 하여금 주주 배당 형태로 '보유 현금을 뱉어 내도록' 압력을 행사하는 것이었다."[20]

이런 변화는 평균적인 노동자에게 나쁜 소식이다. 지난 40년 동안 금융이 성장하면서 생산성과 임금이 전통적으로 보여 온 상관관계는 사라져 버렸다. 널리 알려진 경제 상식에 따르면, 생산성이 증가하면 임금 수준도 그에 맞춰 오른다. 그러나 1970년대 이래 금융이 기세를 올리는 동안 노동자의 1인당 생산성이 두 배로 상승했음에도 정작 실질 임금은 정체되었다.[21]

어쩌다가 이렇게까지 불균형한 상황이 된 것일까? 어쩌다가 성장의

윤활유였어야 할 금융이 오히려 성장을 압살하기 시작한 것일까? 시티
그룹의 역사가 이 의문을 풀기 좋은 출발점이다. 시티그룹이라는 대마
불사형 괴수는 미국 금융에 커다란 변화가 일어나거나 대규모 위기가
터질 때, 거의 예외 없이 그 중심에 있었다. 월가와 워싱턴을 오가는 회
전문 인사도 사실상 시티를 비롯하여 시티의 전신에 해당하는 금융기
관들이 정립한 것이다. 그 금융기관들을 이끌었던 인사들은 남북전쟁
당시 북부 측에 전비를 제공했고, 파나마 운하 건설에 필요한 자금을
공급하기도 했다. 또 연준이 오늘날의 모습을 갖추는 데 핵심적인 역할
을 했을 뿐만 아니라 1929년 시장 대붕괴의 주범이기도 했다. 투자은행
업과 복잡한 증권화 업무를 고안한 것도 이들이며, 신용카드와 현금자
동지급기도 이들의 머리에서 나온 것이다. 나아가 제2차 세계대전 이후
상업은행들이 거래한 최초의 복합 증권complex security인 양도성예금증
서certificate of deposit도 이들이 생각해 냈다. 10억 달러 규모를 달성한
최초의 은행이기도 했다. 또 신흥시장의 여신 영업 분야를 개척하는 한
편, 증권 거래와 상업은행 업무의 통합을 주도하기도 했다. 시티는 엔
론Enron과 월드컴WorldCom의 회계 부정 스캔들은 물론이고 닷컴 버블
과 주택시장 버블 붕괴, 그리고 2008년 금융 위기의 중심에 있었다.

　물론 이런 위기들이 시티그룹 하나의 잘못 때문에 일어난 것은 아니
다. 그러나 시티그룹은 미국의 은행업이 오늘날의 모습으로 전환해 온
과정에 깊숙이 관여한 행위자다. 40여 년에 걸쳐 은행업계는 대공황 직
후 강력한 규제를 받으며 단순하던 시스템에서, 훨씬 리스크가 커지고
글로벌화된 하이테크 시스템으로 변모하면서 글로벌 차원의 변동성을
초래하기에 이르렀다. 부채, 레버리지, 고장 난 정치경제 체제와 같은
혼돈의 씨앗이 뿌려진 변곡점에는 어김없이 시티가 있었다. 그러니 미

국 경제의 불균형을 제대로 이해하기 위한 출발점으로 시티그룹의 역사만 한 곳이 없다.

현대적 은행가의 탄생

빈센트 카로소의 기념비적인 역사서 『미국의 투자은행업』[22]에 따르면, 근대적 의미의 금융가는 물건을 생산하는 산업 부문의 필요에 의해 탄생했다. 그전만 하더라도 미국인들은 강력한 은행에 대해 늘 회의적인 태도를 유지했다. 미합중국 초창기, 소농의 이해관계를 대변했던 건국의 아버지 토머스 제퍼슨과 도시 엘리트를 대표했던 알렉산더 해밀턴은 미국 금융 시스템이 어떠해야 하는가를 놓고 논전을 벌였다. 제퍼슨을 위시한 중농주의적 포퓰리스트들은 금융 권력이 뉴욕시에 집중되는 현상을 우려한 반면, 해밀턴은 바로 그러기를 원했다. 결국 둘의 절충을 통해 주정부가 인가한 은행이 전국 단위로 영업을 하는 시스템이 출현하게 된다. 이렇게 인가받은 은행들의 지불 능력에는 상당한 편차가 있었다. 미국 금융이 이를테면 캐나다 금융에 비해 항상 위기 발생의 빈도가 높았던 주요 원인 중 하나가 바로 이것이다. 캐나다의 경우 전국적으로 튼튼한 영업망을 갖춘 은행 시스템을 구비하고 있으면서도 대출 업무를 위험도 높은 매매 거래와 분리시키고 있다.[23]

그런데 19세기에 이르러 옛 시스템을 바꾸자는 압력이 강해지기 시작했다. 당시 산업가들은 산업혁명을 일으키는 철도 등의 사업을 추진할 자본이 필요했다. 1850년대 이전에는 신생 기업 활동에 필요한 자금 조달이 크게 두 가지 방식으로 이루어졌다. 기업이 자체 저축으로 스스로 충당하든가, 아니면 투기꾼, 상인, 대출 거래 거간꾼 등 잡다한 무리에다가 로스차일드 같은 거물 외국 은행업자의 미국 내 중개인까지 동원해 자금을 구했다. 당시만 하더라도 미국은 명망 높은 은행가들에게 보잘것없는 투자처로밖에 여겨지지 않았지만, 미국의 가족 기업들은 점차 성장하면서 상장 기업으로 거듭나고 있었다.[24] 이러한 성장을 위해서 더욱 많은 자금을 좀 더 안전한 국내 자금원으로부터 유치해야 했다. 미국 정부의 입장도 마찬가지였다. 골드만 삭스와 J.P. 모건 같은 프라이빗 뱅킹 업체나, 시티그룹의 모태라 할 수 있는 뉴욕 내셔널 시티 은행National City Bank of New York 같은 상업은행이 이 필요를 충족하는 방향으로 진화해 갔다.

이처럼 미국의 자본주의가 가족이 소유하면서 직접 자금을 대는 소기업 중심에서 은행을 통해 자금을 조달받는 대기업 중심으로 이행하는 경향은 남북전쟁 중에 강력한 뒷받침을 받게 된다. 이런 이행은 은행가의 도움에 기대어 과업을 추진하는 정부와 금융 사이의 뿌리 깊은 전통적 관계를 잘 드러내는 것이기도 했다.[25] 남북전쟁이 한창일 때, 에이브러햄 링컨 행정부는 국채 판매와 자체 자금으로 전비를 조달하는 데 애를 먹고 있었다. 그래서 뉴욕과 보스턴, 필라델피아에 소재한 대형 은행들에 기대게 된다. 이 일을 계기로 투자은행들이 커지기 시작했고, 업계와 정부 사이의 연줄도 강화되었다. 동시에 은행업은 민간 영역과도 밀접한 관계를 맺게 된다. 지금과 마찬가지로, 당시에는 전통적인 대출업을 증권 매매업과 분리하는 규정이 전혀 없었기 때문에, 은행들은 둘 모두를 했다. 당연히 시장 위기가 빈번하게 나타났다. 그중 이른바 검은 금요일Black Friday이라 불리는 1869년의 위기 때는 수많은 유수의 금융기관이 파산했다. 마치 오늘날의 숱한 금융기관처럼, 자신과 거래 관계에 있는 기업들의 고위험 증권을 시장에 팔아 치우는 데 열을

올리고 있었던 탓이다.[26]

이런 위기들에도 불구하고 정부 및 기업과 금융 사이의 관계는 더 끈끈해졌다. 은행가는 정치인에게 중요한 선거 자금원이 됐고, 기업 이사회의 자리도 꿰차기 시작했다. 이사회에서 이들은 증권 발행과 판매를 늘리도록 독려했는데, 이것들 가운데 상당수는 그 질이 의심스러웠다.[27] 물론 몇몇 기업은 수익을 재투자하는 전통적 방식으로 확장을 해 나갔다. 스탠더드 오일Standard Oil이 그중 하나로, 창립자 존 D. 록펠러는 은행에 의존하는 방식이 기업의 건전성에 과연 좋은지 미심쩍어했다. "우리 스탠더드 오일처럼 규모가 아주 큰 기업은 자체 자금을 보유하여 〔월〕스트리트'로부터 독립적이어야 한다고 생각한다"고 말하기도 했다.[28] 그러나 이에 동의하는 기업은 많지 않았고, 그렇게 생각할 여유도 없었다. 결국 기업공개가 급증했고, 록펠러가마저 대세에 동참하게 된다. 스탠더드 오일을 이끌던 헨리 허틀스턴 로저스와 윌리엄 록펠러는 내셔널 시티 은행과 합작으로 어맬거메이티드 구리회사Amalgamated Copper Company를 설립하기에 이르렀다. 그리고 이 회사는 머지않아 악명을 떨칠 애너콘다Anaconda 구리 광산을 소유했다.[29] •

그런데 애너콘다 광산 스캔들에는 2008년 금융 위기에 대해 알고 있는 이라면 낯설지 않을 금융 기법이 하나 등장한다. 은행들은 고의로 실제로는 휴지 조각에 가까운 금융 상품을 고객은 물론이고 일반 투자자에게 판매했고, 곧 대박이 날 것이라며 홍보했다. 2008년 금융 위기와 마찬가지로 애너콘다 스캔들 역시 30년 가까이 진행된 금융 부문 성

• 애너콘다 구리광업회사는 몬태나주의 구리 채굴 기업으로 1881년에 설립되었다. 산업 발전과 전기 도입의 확대로 구리 수요가 폭증함에 따라 큰 성공을 거두어 칠레 등 남미의 구리 광산까지 지배할 정도로 사세가 커졌지만, 노동, 인권, 환경 문제라든가 독점 등으로 악명이 높았다.

장의 정점에서 일어난 일이었다. 당시 금융업계가 수백만 달러를 써 가며 규제에 저항한 결과, 리스크가 높고 통제하기 힘든 은행 산업을 제대로 규제하기 위해 도입한 규준들이 느슨해졌다. 낯설지 않은 이야기인가? 당연하다. 2008년 금융 위기와 그에 따른 '대침체'가 그랬듯, 1929년의 주식시장 붕괴와 뒤이은 대공황 역시 하룻밤 사이에 갑자기 일어난 일이 아니었다. 수십 년간 리스크와 부채, 과도하게 풀린 신용이 금융 시스템 내에 차곡차곡 쌓이다가 모습을 드러낸 것이다. 금융은 바야흐로 철도업계의 기업공개, 부동산 대출, 중산층 대상의 증권 판매를 통해 진행된 미국 경제의 팽창과, 나아가 제1차 세계대전 전비 마련의 중요한 수단이었다. 갈수록 금융권의 덕을 보던 정책 담당자들은 이를 제대로 감시하지 않았다. 금융가들은 지금과 마찬가지로 당시에도 특권적 지위를 십분 활용하여 언론전을 폈다. 수익을 대규모로 확대하려는 시도가 제지받으면, 자본주의 시스템 자체가 붕괴할 것이라고 목소리를 높였다.[30] 과연 붕괴가 실제로 발생했다. 다만 금융의 노력에도 불구하고 붕괴한 것이 아니라, 금융 때문에 벌어진 일이었다.

GDP에서 금융이 차지하는 비중이 오늘날만큼 높았던 시기는 대공황 직전밖에 없다. 이는 우연이 아니다. 2008년 금융 위기가 발생하기 전 10년간처럼, 광란의 20년대Roaring Twenties•에도 금융발 호황과 경이적인 기술 발전뿐 아니라 엄청난 소득 불평등이 두드러졌다. 노동자들의 임금이 정체되어 있는 동안 상위 계층의 소득은 증가했다. 대체로 주가 호황에 따른 결과였다. 공공 및 민간 부문 양쪽 모두에 걸쳐 부채가 증

• 미국식 자유방임적 자본주의와 소비문화가 절정에 달했던 1920년대를 지칭하는 표현. 뉴욕 증시가 폭락한 1929년 10월 말의 검은 목요일(Black Thursday)과 검은 화요일(Black Tuesday)에 종말을 고한다.

가했다는 점도 흡사하다. 부채가 하위층과 중산층의 구매력 하락과 그에 따른 GDP 성장의 정체를 잠시 모면하는 데 동원되었다는 것도 비슷하다. 당시에도 사람들은 물건을 구매할 여력이 없을 때 빚을 졌다. 1920년대의 미국인들은 주요 가정용품의 4분의 3 이상을 빚으로 구매했다. 더욱이 당시 은행들이 공격적으로 광고전을 하고, 전비 마련에 안달이 난 정부가 전쟁 채권의 판매 확산을 밀어붙이면서 너 나 할 것 없이 주식시장에 투자하기 시작했다. 미국 대중까지 투기에 발을 들인 것은 이때가 처음이었다. 하버드대의 경제사학자 에드윈 게이가 지적했듯, 돈을 벌어서 저축하는 것 말고 해 본 적이 없는 수백만의 사람들이 갑자기 빚을 내서 증권에 투자하기 시작한 것이다. "이들은 신용 사용법을 교육받은 적이 없고, 그저 빚이 선사할 미래의 꿈만 전달받았다. 제1차 세계대전 이후 그렇게 해서 어수룩한 거대 신용 시장의 토대가 갖춰졌다. 1928~1929년의 불길한 투기 행각들이 그 정점이었다."[31]

무언가 친숙하지 않은가?

금융, 길들여지다

대공황과 대침체는 그에 이르는 과정에 부채와 소비자 신용이 결부되어 있다는 점에서 유사하다. 그러나 그뿐만이 아니다. 상원의원 칼 레빈은 상원조사위원회의 공동 위원장으로 2008년 금융 위기의 근본적원인을 규명하려 노력했다. 그가 서브프라임 모기지 사태에 관한 청문회에서 워싱턴 뮤추얼Washington Mutual, 무디스Moody's, 골드만 삭스 등월가 금융기관의 수장들을 불러내어 날 선 질문들로 궁지에 몰아넣은장면은 많은 이들의 뇌리에 남았다. 그런데 77년 전에 이미 이와 동일한 광경이 펼쳐졌다는 사실을 아는 이는 거의 없다. 1932년, 상원에서는 이른바 페코라 청문회를 열었다. 조사 책임자인 퍼디낸드 페코라의 이름을 딴 청문회였는데, 1929년 주식시장 붕괴의 이유를 규명하는 것이 그 목적이었다. 그 불편한 자리에 처음 불려 나온 인사는 '선샤인 찰리Sunshine Charley'라 불리던 뉴욕 내셔널 시티 은행 회장 찰스 미첼이었다.

사실 내셔널 시티는 비교적 괜찮은 상태에서 위기를 맞았다. 뉴욕의 주요 은행 대다수가 그랬듯이 내셔널 시티도 내차내조표상에 20퍼센트가량의 자기자본을 확보한 상태였다. 이는 오늘날 대형 금융기관의 평균 자기자본 비율인 2~5퍼센트의 10배다(요즘 은행 개혁을 주창하는 사람들이 좋아할 만한 수준이다).[32] 1929년 공황이 시작되었을 때, 내셔널 시티는 2500만 달러를 금융 시스템에 투입할 수 있을 정도로 자금 상태가 양호했다. 그 덕에 시장이 완전히 붕괴하는 것을 6개월여 동안 막아 낼 수 있었다.[33] 그런데 페코라 청문회에서 결국에 밝혀냈듯, 내셔널 시티 자체가 주식시장 붕괴의 주요 원인 중 하나였다. 21세기의 대마불사형 금융기관과 마찬가지로 내셔널 시티를 비롯한 여러 금융기관은 악성 증권을 고의로 고객들에게 팔아 치웠으며, 거래 과정에서 그 증권에 자신들의 이해관계가 결부되어 있다는 사실은 비밀에 부쳤다. 다시 말해, 은행권이 수익을 거둘 목적으로 고객의 이익에 반하는 거래를 교묘히 일삼아 왔던 것이다. 예를 들어, 1929년 위기로 치달아 가던 무렵, 내셔널 시티는 구리 가격이 떨어지기 시작하자 고객들에게 자사가 보유한 애너콘다 구리의 지분을 공격적으로 팔아 치웠다. 그러면서 그 지분을 매입하는 고객에게 그것이 괜찮은 투자 건이라며 추천해 댔다. 상원의원 카터 글래스가 1929년에 미첼이야말로 "청문회에 나온 50명 중 그 누구보다도 이번 주식시장 붕괴에 대한 책임이 크다"고 일갈한 것은 당연했다.[34] 그러나 요즘의 은행가들처럼 미첼 역시 감옥행을 피했다. 공개적으로 망신을 당하고, 청문회를 거쳐 연방정부에 110만 달러를 세금으로 납부한 지 며칠 지나지 않아 불명예스럽게 내셔널 시티를 떠나기는 했지만, 그 뒤에도 월가에서 계속 일할 수 있었다.[35]

이런 한계에도 당시에는 한 가지 커다란 진전이 있었다. 상원의원 글래스가 하원의 헨리 스티걸과 손잡고 미국에서 상업은행과 투자은행 부문을 분리하는 글래스-스티걸 법을 입안했다. 이 법은 이후 60년간 상업은행의 대출과 리스크가 큰 자기계정 거래proprietary trading를 분리하는 데 일익을 담당하게 된다. 또 연방예금보험공사를 설립시켰다. 이를 통해, 은행 예금자 개인당 5000달러 한도 내에서 예금 보장이 이루어지게 해 뱅크런이 발생할 위험을 떨어뜨렸으며, 일반 시민에게 금융 위기가 발생해도 안전할 것이라는 믿음을 심어 주었다. 마지막으로 글래스-스티걸 법은 은행이 예금자들의 자금을 끌어들이기 위해 제공할 수 있는 이자율 수준에 한도를 설정했다. 이른바 레귤레이션 큐Regulation Q로 알려진 이 조치의 목적 중 하나는 은행들이 예금을 끌어오려는 경쟁이 너무 격화된 나머지 이자율을 끝없이 올리는 일을 방지하는 것이었다. 예금 이자율이 지속적으로 상승하면, 은행이 리스크가 큰 투자에 나설 수밖에 없기 때문이다. 이런 여러 가지를 관통하는 생각은 간단하다. 은행업을 안전하고 따분한 일종의 공익사업으로 만들자는 것, 즉 실물 경제에 지장을 초래하거나 투자를 놓고 실물 경제와 경쟁을 벌이지 않고 그 성장을 촉진하는 역할을 수행하게끔 하자는 것이다.

글래스-스티걸 법은 제 역할을 했다. 적어도 몇십 년은 말이다. 대공황에서 1960년대에 이르는 시기에 은행업은 폭넓은 규제를 받았고, 대부분의 경우 평범한 고객을 대상으로 단순한 서비스를 제공하는 데 머물렀다. 1946년 영화 〈멋진 인생〉을 생각해 보자. 이 영화에서 지미 스튜어트가 분한 조지 베일리라는 인물은 예금을 인출하려고 은행으로 몰려드는 마을 사람들을 저지하는 과정에서 유명한 독백을 남긴다. 베일리는 동네의 주택들과 은행 대출금이 지역사회를 하나로 단단히 묶어 주는 접착제라 설명한다. "그 돈은 여기 은행에는 없습니다. 당신 돈은 당신네 집 바로 옆에 있는 조의 집에 있습니다. 또 케네디네 집이며 매클린 부인의 집을 비롯해 백 명이 넘는 이웃 사람 집에 있습니다." 당시 은행가는 스스로를 거래를 성사시키는 해결사가 아니라 개인 고객들의 부를 관리하는 사람이자 산업의 윤활유라고 생각했다. 그들은 저금을 투자로 바꿔 주는 사람이었다. 은행은 대부분의 경우 안전 지향적인 고객과 기업을 대상으로 안전한 대출 업무를 했다. 내셔널 시티 은행이 페코라 청문회의 여파로 물러난 찰스 미첼의 자리에 "용모도 행동도 뉴잉글랜드 지방 농부 같은" 제임스 퍼킨스를 앉힐 정도였다. 증권 매매는 당국에 의해 금지됐으며, 관리자 세 명의 승인 없이는 어떤 대출도 불가능했다.[36] 은행 업무는 확실히 지루했다. 그런데 피케티에 따르면, 당시 불평등 수준이 기록적으로 낮았던 이유 중 하나는 이렇게 금융이 실물 경제에 단단히 묶여 있었기 때문이다.[37] 마침내 금융 길들이기가 성공했고, 미국 경제는 그 덕에 위험도가 떨어졌다. 적어도 월터 리스턴이 무대에 등장하기 전까지는 그랬다.

백만장자 은행가의 등장

글래스-스티걸 법이 자리를 잡은 뒤, 여느 상업은행처럼 내셔널 시티 은행도 안전하고 예측 가능하고 지루한 금융기관으로 탈바꿈했다. 그런데 월터 리스턴이 이를 전부 뒤집어 놓는다. 그는 터프츠 대학교에서 국제관계학으로 석사 학위를 받은 참전 군인으로 1946년 내셔널 시티 은행에 신입으로 입행했다. 리스턴은 상류층 자제였다. 아버지 헨리 리스턴은 성공적인 학자로 브라운 대학교의 총장직에 오른 인물이다. 그는 루스벨트 행정부의 뉴딜New Deal을 반대했고 애덤 스미스와 '보이지 않는 손'을 숭배했다.[38] (그에게 스미스가 보이지 않는 손을 저서 한두 곳에서만 몇 차례 짤막하게 언급했다는 사실은 중요치 않았을 것이다. 자유방임주의 경제 사상을 상징하는 인물로 떠오르게 될 애덤 스미스라는 스코틀랜드 경제학자가 염두에 둔 경제는 몸집이 불어나는 대기업보다는 소규모 가족 소유 기업을 중심으로 한 경제였다는 사실은 안중에도 없었을 것이다.) 시장이 정부의 계획보다 효과적으로 작동하는 경우는 오직 모든 시장 참가자의 조건이 평등하고 가격 투명성이 완성되어 있을 때뿐이라는 스미스의 핵심 사상은 '시장이 가장 잘 안다'와 '인간의 이기심은 좋다'는 식으로 단순화되면서 잊힌 지 오래였다.

월터 리스턴 역시 아버지와 마찬가지로 이 단순화된 스미스 이론을 전적으로 받아들였다. 그리고 거기서 더 나아갔다. 리스턴은 금융이 더 이상 산업을 뒷받침하는 역할에 머물러서는 안 된다고 믿었다. 그는 금융을 더 흥미진진하고 멋들어진 영역으로 만들 수 있는 길을 찾고 싶어 했다. 금융이 그것이 도와야 할 여러 산업 부문보다 높은 수익을 낼 수 있는 방안을 찾고자 한 것이다. 결국 리스턴은 그동안 가다듬은 수많은 구상을 퍼스트 내셔널 시티 은행First National City Bank(내셔널 시티 은행은 1955년 퍼스트 내셔널 은행First National Bank과 합병하면서 이름을 이렇게 바꿨다)에 도입하게 된다. 이를테면 오래된 규제들을 돌파하고, 첨단 기술을 이용하여 업무 규모를 키우며, 국내와 국제 시장 모두에서 몸집을 불리고, 개인 소비자와 기업에 대한 신용 제공 규모를 확대하는 방안 등이 있었는데, 이 중에서 마지막 사안은 대형 상업은행들이 거의 신경 쓰지 않고 있던 문제였다. 여러 측면에서 리스턴은 샌디 와일의 전신이었다. 와일은 한때, 금융이 대공황 이후의 규제에서 벗어날 수만 있다면, 세계화와 기술, 소비자 문화를 통해 새로운 차원으로 올라설 수 있다고 믿었던 인물이다.[39]

리스턴은 우선 예금 이자율을 끌어올려서 줄어들고 있던 예금 총액을 늘릴 방법을 찾고 있었다. 이를 통해 늘어나는 수익을 자신이 꿈꿔 왔던 멋들어진 신사업 부문에 투자하고자 했다. 그래서 리스턴은 레귤레이션 큐 같은 기존의 규제 장벽에 강하게 도전했고, 은행이 주 단위를 넘어서는 영업망을 갖추는 데 방해가 되는 기타 여러 규제 조치도 공격했다. 수십 년 뒤의 와일과 마찬가지로 리스턴 역시 일단 일을 저지르고 그다음에 규제 당국에 대해 고민하는 유형이었다. 리스턴은 매출 대비 수익률이 높은 분야를 공격적으로 찾아 나섰는데, 예컨대 선박 금융처럼 한때 고위험 영역으로 여겨졌던 신생 금융 상품 쪽으로도 진입했다.[40] 그런데 리스턴이 복잡한 금융 기법을 동원하는 방안을 밀어붙이자 곧 큰 문제가 예상치 못한 곳에서 터져 나왔다. 예를 들면, 선박 면허를 담보물로 활용하는 기법을 처음 도입함으로써 뜻밖에도 미국 국적 유조선 선단의 몰락을 가속화했다. 그리스 선주들이 선박을 다른 곳에서 반값에 건조하고 라이베리아나 파나마같이 선주가 세금을 거의 낼 필요가 없는 곳에 등록해 버렸기 때문이다.[41]

그러나 그 무렵에 리스턴과 퍼스트 내셔널 시티 은행은 이미 새롭고 훨씬 정교한 금융 상품들로 갈아타고 있었다. 장차 현대 금융 산업의 성격을 규정하게 될 '혁신'의 조짐이 나타나던 1960년대 초, 리스턴은 글래스-스티걸 법의 규정들을 우회할 수 있는 기발한 기법을 개발한다. 우선 대출과 증권 매매의 경계를 흐려 놓았는데, 이는 후일 양도성예금 증서, 즉 CD라고 불리게 된다. 이 증권은 미국 국세청의 손길이 닿지 않는 곳에 자기 주거래 은행 계좌의 자금을 빼돌려 은닉하려 했던 한 그리스계 해운 재벌의 아이디어에서 착안한 것이었다.[42] 양도성예금증 서는 기한이 한정된 특별 예금 계좌로 처음 시작되었는데, 이자율이 정 상 이자율보다 높고 주로 기업과 부유층에게 팔렸다. 하나에 10만 달러 였다.[43] 예금 총액이 급증하면서 퍼스트 내셔널 시티는 수익성이 더 좋 은 또 다른 사업에 착수했다. 유통시장secondary market에서 양도성예금 증서를 사고파는 것이었다. 당시 모두들 차입한 금융기관이 투자자들 의 금융 상품을 시장에서 거래하는 이 신종 전략이 글래스-스티걸 법 을 위배한다고 생각했다. 그러나 은행의 유동성 강화를 간절히 바라던 미국 정부와 연준은 이를 내버려 두었다. 1년이 채 지나지 않아 10억 달 러에 달하는 양도성예금증서가 발행되었고, 유통시장 역시 계속 성장 했다. 증권이 소액으로 쪼개져 거래되기 시작하자 일반 투자자들도 유 행에 가담할 수 있었기 때문이다.

그뿐 아니라 리스턴은 당시 미국 일반 소비자들의 불만에 주목했다. 인플레이션 때문에 실질적인 수입이 줄어든 소비자들은 전통적인 저축 이나 당좌 계좌 거래에 불만을 느끼고 구매력을 확대할 묘안을 찾고 있 었다. 리스턴은 1967년에 신용카드를 처음으로 선보여 이들의 요구에 부응했다. 이자율과 신용 비용에 대한 규제들이 서서히 무너져 내리기 시작했다. 돈은 더 이상 한정된 상품이 아니라 소비자가 '적절한 가격' 만 지불하면 얼마든지 구매할 수 있게 됐다. 1970년대 중엽에 이르러 퍼 스트 내셔널 시티는 앞서 소개한 것 같은 여러 발명품에 힘입어 미국에서 가장 수익성 좋은 금융기관으로 떠올랐다. CEO 자리에 오른 리스턴도 당대의 수완가로 빛을 보았고, 빨간색 코르벳 스포츠카를 타고 뉴욕 시내를 누비며 성공을 과시했다. 리스턴은 대공황 이래 최초의 연봉 100만 달러 상업은행가의 자리로 거침없이 나아갔다.[44] 그뿐 아니라 케네디, 닉슨 행정부의 고문으로 활동하며 워싱턴 정계의 막강한 권력자들과도 가까워지게 된다. 몇 년 후, 로널드 레이건 정권에서는 대통령 경제정책자문위원회에 들어가 악명 높은 '낙수 효과' 경제 정책을 만드는 데 일조한다.

양도성예금증서를 비롯하여 리스턴이 주도한 혁신적 조치들이 성공을 거둠에 따라 퍼스트 내셔널 시티는 돈벼락을 맞았고, 1976년에는 은행명을 시티뱅크Citibank로 바꾼다. 그런데 이런 성공이 금융 산업 전반에 걸쳐 연쇄 작용을 일으키면서, 다른 금융기관들도 눈에 불을 켜고 수익성 높은 상품을 찾기 시작했다. 이자율 규제 수준이 낮았던 소형 저축은행들은 뮤추얼 펀드를 고안해 냈다. 후일 시티가 인수하게 되는 샐러먼 브러더스Salomon Brothers의 은행가들은 모기지 채권을 묶어서 증권화하는 작업에 착수했다. 금융기관들은 선물 거래라는 형태로 파생상품 분야에도 진출했다. 그러나 규제 당국이 이런 증권화 추세를 막아서기는 힘들었다. 이자율이 오를 때마다 미국 은행들에서 자금이 이탈했고, 그러면 은행들은 레귤레이션 큐의 이자율 상한을 올려 달라고 요구했기 때문이다. 해외로의 자본 도피를 깊이 우려한 연준은 업계의 요구를 받아들였다.

일종의 악순환이 일어나고 있었지만 워싱턴에는 이를 앞장서서 제지하려는 의지를 가진 사람이 없었다. 공정히 말하자면, 당시에는 무슨 일이 벌어지는 것인지 자체가 그리 분명하지 않았다. 게다가 개인과 기업에 대한 신용 공급 확대를 목적으로 여러 제도를 손보는 작업도 실패하고 있었다. 심지어는 연방정부주택저당금고Government National Mortgage Association, GNMA(후일 지니 메이Ginnie Mae로 통용된다)를 통해 주택담보대출 저당 증권 시장을 발전시켜 주택담보대출 금융을 확대하려 했던 정부 스스로의 노력도 상황을 개선하지 못하고 있었다. 오히려 주택담보대출 대부분을 공급했던 저축은행에서 자금을 이탈시키는 결과를 낳았을 뿐이다. 이제는 이미 존재하는 금융 상품들을 통해 더 높은 수익을 얻을 수 있었기 때문이다.[45] 금융은 바야흐로 실물 경제 발전의 조력자라는 수단이 아니라 그 자체가 목적인 위치로까지 올라가고 있었다. 여러 면에서 볼 때, 양도성예금증서와 유통시장의 출현은 제2차 세계대전 이후 시대 은행업의 일대 전환점이었다. 금융 부문의 규모 자체가 커지기 시작했고, 그에 따라 커진 시스템을 활용하여 더 많은 돈을 벌 방법을 모색했다. 둘은 서로 맞물려 돌아갔다. 이제 은행업은 공익사업의 성격을 벗어던졌다. 리스턴의 소망대로, 빠르게 큰돈이 오가는 사업으로 점차 바뀌고 있었다.

성공에 고무된 리스턴은 월가를 향해 시티의 연간 수익이 그전처럼 한 자릿수가 아니라 15퍼센트씩 성장하길 바란다고 말했다. 그러려면 자기자본 규모를 줄이고 레버리지를 끌어올려야 했다.[46] 시티는 직원들로 하여금 무슨 수를 써서라도 목표치를 달성하게 하려고 보상 체계를 바꾸어 스톡옵션을 부여하기 시작했다. 시티의 주가가 오르면 보상도 늘어나도록 한 것이다. 물론 이러한 결정은 더 큰 위험을 감수하고, 악성 자산이 손익계산서에 반영되지 않도록 창의적인 회계 기법을 동원하게끔 만들었다.[47] 그러나 월가의 백만장자 리스턴은 이를 조금도 걱정하지 않았다. 리스턴에게는 꿈이 있었다. 바로 자신이 몸담고 있는 시티가 어떤 형태의 금융 상품이든 원스톱으로 제공하는 금융기관으로 탈바꿈하는 것이었다. 기업과 일반 개인 고객 모두에게 주택담보대출에서부터 증권 거래, 일반 예금 계좌, 금융 상품 매매 플랫폼 모두를 제공하고자 한 것이다. 이 목표에는 예상치 못한 부작용이 산적해 있었다.

인플레이션 속의 불만

금융이 이렇게 변하는 시기에 인플레이션이 완연하게 나타나고 있었다. 성장 둔화에 따른 고통을 줄이기 위한 여러 사회보장 프로그램이 늘어난 데다 베트남전까지 겹친 탓이었다. 양도성예금증서 시장과 여타 복합 증권의 성장은 이 인플레이션을 거들었다. 되살아난 금융은 바로 이 기회를 놓치지 않고 정치경제에 깊숙이 침투한다. 2008년 금융 위기를 비롯한 여러 경제 위기의 암운이 이때 깔렸다. 제2차 세계대전이 끝난 후, 미국인들은 점점 더 많은 풍요를 요구했다. 미국 시민들이 계속해서 최신 컬러 TV와 번쩍이는 새 차를 사려면 자본이 더 자유롭게 흘러야 했다. 그런데 1933년 마련된 규제들, 특히 레귤레이션 큐는 일종의 긴급 제동 장치였다. 그냥 어쩌다 보니 만들어진 규제가 아니었다. 애초의 목적이 이자율 상한을 책정해서 무분별한 신용 팽창을 제어하려는 것이었다. 신용 팽창이 투기와 버블, 그리고 수시로 금융 위기와 뒤이은 경기 침체를 불러왔기 때문이다.

그러나 불행히도 레귤레이션 큐에는 부작용이 있었다. 규제가 기업보다 평범한 개인에게 더 불리했던 것이다. 기업이나 부유층은 수완이 좋았기 때문에 어떻게든 현금을 확보하고 고수익을 올릴 수 있는 통로를 찾아냈다. (리스턴 같은 은행가들이 고안한 수법이 자주 사용되었다. 리스턴이 일반 시민보다 대기업이나 부유층을 주로 상대했음을 기억하자.) 그러나 주택담보대출이 필요한 평범한 시민들은 신용 규제의 효과를 피부로 느껴야 했다. 일례로 1973년, 텍사스에 거주하던 비비언 케이츠라는 가정주부가 지역구 연방 하원의원에게 서신을 보냈다. 주택 가격의 25퍼센트에 달하는 선금을 확보한 상태고 남편이 괜찮은 직장에 다니고 있음에도, 담보대출을 제공할 은행을 찾을 길이 없다며 불만을 토로하는 내용이었다. 케이츠는 이렇게 썼다. "가족에게 차려 주는 밥상에 고기를 줄이고 쌀과 콩을 더 올리는 것은 가능합니다. 옷을 덜 사 입고 빨래를 더 자주 하면서 옷을 오래 입는 것도 가능합니다. 그러나 살 공간을 마련하는 일은 더 이상 미룰 수 없습니다."[48]

이런 대중의 반발은 정치인들에게 당연히 풀기 어려운 문제였다. 그러나 예나 지금이나 개인을 기업보다 우선시하며 대출해 주기는 힘들다. 후자가 중요한 로비 세력이기 때문이다. 그렇다고 비비언 케이츠 같은 평범한 시민들에게 경제가 다시 제 궤도에 오르지 않는 한 과거와 같은 호시절은 없으리라는 말은 차마 할 수 없었다. 그래서 닉슨, 포드, 카터 행정부 모두 공을 연준에 넘기고자 했다. 경제에서 미국 은행들이 움직일 수 있는 자본의 양을 결정하는 중차대한 문제를 중앙은행에 떠넘겨 버린 것이다. 1970년, 당시 연준 이사회 구성원이었던 앤드루 브리머는 요즘 다시 논의되는 아이디어 하나를 내놓는다. 연준이 투기적 활동을 벌이는 금융기관에는 대차대조표상에 더 많은 자기자본을 확충해 놓도록 강제하고, 주로 기업에 신용을 제공하는 기관에는 자기자본 요구액을 낮춰 주자는 제안이었다. 그러나 연준 의장 아서 번스는 브리머의 제안은 물론이고, 연준이 사회적 우선순위를 결정하는 뜨거운 감자를 떠안아야 한다는 생각 자체를 거부한다. (사실 당시 연준은 금융 규제

시스템을 장악하고 있었기 때문에 이미 그 뜨거운 감자를 안고 있었다. 아무도 이를 드러내 놓고 인정하지는 않았지만 말이다.) 결국 연준은 '시장이 가장 잘 안다'는 논리 뒤에 숨으면서 자유방임적 입장이 득세하도록 놔둬 버렸다.[49] 그 결과, 양도성예금증서 시장은 성장을 거듭할 수 있었으며, 그간 전통적인 은행업에서는 밀려나 있던 여타 하위 금융시장들도 몸집을 불리기 시작했다. 이를테면 유로달러Eurodollar* 시장 역시 퍼스트 내셔널 시티가 압도해 나갔다. 은행의 주력 업무는 단순한 대출이 아니라 증권화가 되었다. 미국 금융권은 자본이 어디로 어떻게 흐를지 결정하는 권력을 야금야금 장악해 갔으며, 서서히 그 흐름을 미국 중산층에서 빼내어 금융 부문 자체로 돌려놓았다.

1974년, 금융의 부상을 알리는 일대 사건이 일어났다. 리스턴은 재무장관 조지 슐츠를 설득해서, 오일달러petrodollar가 산유국에서 현금에 목마른 개도국으로 유입되는 순환 과정을 국제통화기금이나 세계은행World Bank처럼 정부의 지원을 받는 기관이 아니라 민간 상업은행들이 주도하도록 했다. 오일달러 일부는 이미 시티가 유치해 놓은 상황이었다. 리스턴이 수행한 해외 거래 가운데 하나는 이란 국왕과의 거래였다. 리스턴은 '시장이 가장 잘 안다'는 논지를 밀어붙이며 월가가 이런 종류의 대출 업무를 훨씬 효과적이고 효율적으로 해낼 수 있다고 주장했다. 또 슐츠를 설득해서 미국 상업은행들이 고위험 국가를 상대로 대출을 할 수 없도록 한 법규를 뒤집었다. 그 결과 미국 은행들은 멕시코, 브라질, 아르헨티나, 자이르, 터키를 비롯한 여러 고위험 국가에 대출을 해 주기 시작했다. 5년이 채 지나지 않아, 미국 민간 은행의 개발도

• 미국 재무부와 연준의 통제를 벗어나 미국 외 지역의 금융권에서 유통되는 미 달러화를 지칭한다.

상국을 대상으로 한 해외 대출 규모는 440억 달러에서 2330억 달러로 폭증하게 된다.[50] 이 가운데 상당수가 모 아니면 도 식의 대출이었지만, 높은 인플레이션 덕분에 고위험 국가들은 부채 상환 부담을 다소 덜면서 지급 능력을 잠시나마 유지할 수 있었다. 한편 이런 인플레이션의 유지에는 글로벌 금융시장 차원에서 벌어지는 온갖 복잡한 거래들이 크게 일조하고 있었다.

그러나 이렇게 만들어진 경제는 터질 운명을 타고난 버블이었다. 1970년대 후반에 이르자, 리스턴을 비롯한 미국 은행가들은 기존에 지고 있던 채무에서 발생하는 이자를 신흥시장에 빌려준 돈의 이자로 충당하고 있었다. 그러나 리스턴이 국내와 해외에서 남발한 고위험 대출들의 상황이 나빠지기 시작했다. 1977년 시티는 대공황 이래 처음으로 순손실을 기록했다. 1982년 초에 이르러 양대 신용 평가사 스탠더드 앤드 푸어스Standard & Poor's, S&P와 무디스는 시티의 신용 등급을 하향 조정했다. 같은 해 8월에 멕시코가 지급불능 상태에 빠졌다. 미국 상업은행들의 악성 대출이 야기한 신흥시장 부채 위기의 첫 번째 타자가 나타난 것이다. 당시 연준 의장 폴 볼커는 멕시코에 대한 15억 달러 규모의 긴급 금융 구제 패키지 마련을 거들었다. 멕시코의 파산이 다수의 미국 은행을 궁지로 몰아넣을 수 있었기 때문이다. 특히 악성 대출을 엄청나게 보유한 시티가 가장 큰 골칫덩이였다. 이미 은행과 금융의 확대를 걱정스러운 눈으로 보던 볼커는 구제금융 조치를 상당히 싫어했다. 그러나 더 광범위한 경기 침체를 피하기 위해 어쩔 수 없다고 생각했다. 어떻게 보면, 이런 대형 금융기관들이 '대마불사'라는 것을 처음으로 공표한 사람은 볼커였다.[51]

은행가들이 세 치 혀로 2008년 금융 위기를 무사히 넘겼듯이, 리스턴 역시 재앙을 기회로 바꿀 묘안을 찾아낸다. 당시 볼커는 이자율을 올려 걷잡을 수 없이 오르는 물가에 대응했다. 덕분에 대형 은행이건 소형 저축은행이건 가릴 것 없이 예금을 유치하기가 힘들어졌다. 경쟁력 있는 이율을 제공하기가 어려워졌기 때문이다. 리스턴은 이 기회에 레귤레이션 큐를 완전히 끝장내기 위해 전국적인 로비 활동을 조직하여 선봉에 섰으며, 대형 상업 금융기관 외에도 다양한 이익집단을 끌어들였다. 성장에 목말라 있던 중소형 은행이며, 다른 금융 분야로 진출하고 싶어 하는 주택담보대출 중개 업체, 그리고 고수익 투자처에 접근할 기회를 얻는 한편 주택담보대출도 더욱 쉽게 받고자 하던 개인 금융 소비자까지 가세했다. 미국소비자연맹Consumer Federation of America과 랠프 네이더 같은 소비자 운동 지도자까지도 레귤레이션 큐 폐지 논리에 설득됐을 정도다. 은퇴자 권익 옹호 단체인 그레이 팬서스Gray Panthers는 레귤레이션 큐가 소액 저축자들을 차별한다고 주장하며 소송을 제기했다.[52] 물론 이자율 및 신용 유통량 상한 조치가 없어질 경우 예기치 못한 경제적 격변이 가계에 치명타를 가할 수 있다는 우려도 있었다. 이를테면, 변동 이자율로 35년 만기 주택담보대출 약정을 체결한 철강 노동자나 학교 교사는 이자율 변동이 일어날 경우 어떻게 반응할까? 이 질문에 금융업계는 책임성 있는 소비라든가 신용 같은 주제를 가르치는 금융 소비자 교육을 확대하면 된다고 주장했다(예전부터 정부 차원에서 이런 교육 캠페인이 진행되었지만 아무런 성과가 없었다는 사실은 무시했다). 이는 사람들의 주의를 돌리기 위한 술책으로, 오늘날에도 여전히 쓰이고 있다. 안전한 퇴직연금 제도(이 주제는 8장에서 다시 다룰 것이다)를 구축하는 대신, '금융 문해력financial literacy' 증대가 절실하다는 식이다.

당시의 정치인과 정책 입안자들은 규정을 재정비해 경제를 더 폭넓게 뒷받침할 수도 있었다. 자본이 투기 세력이 아니라 기업과 소비자에게 우선적으로 흘러들어가도록 할 수도 있었다. 그러나 그들은 손쉽게 상황을 모면하는 길을 택했다. 바로 탈규제다. 금융업계는 조금씩 조금씩 글래스-스티걸 법이 만든 규제의 틀을 부식시켜 나갔다. 1980년, 리스턴은 드디어 최고의 해를 맞게 된다. 지미 카터 대통령이 이자율 규제를 철폐한 것이다. 이제 은행은 자금 유치를 위해 원하는 이율을 마음껏 제공할 수 있었다. 레귤레이션 큐는 역사의 무대에서 퇴장했다. 온갖 유형의 변동금리 기반 모기지 증권과 복합 증권, 그리고 이것들이 유발하는 리스크를 헤지하기 위한 파생상품들이 봇물 터지듯 쏟아져 나오는 신세계의 문이 활짝 열렸다.

레이거노믹스와 금융의 성장

미국 경제의 금융화는 월가를 총애했던 레이건의 자유방임 정책에 힘입어 1980년대에 격화되었다. 예를 들면, 리스턴이 관여했던 1981년의 세제 개혁 조치는 자본이득세를 극적인 수준으로 낮췄다. 그리고 1982년에는 기업이 자사주를 다시 사들일 수 있게 되었다.[53] 오랫동안 레이건은 재정을 보수적으로 운용한 것으로 알려져 있지만, 이는 전혀 사실이 아니다. 레이건은 감세를 밀어붙이면서도 정부 지출 규모는 확대했다. 그 결과 미국의 연방 재정 적자가 심화되는 악순환이 벌어지게 된다.[54] 이는 인플레이션을 자극했으며, 볼커는 이런 인플레이션을 고금리 정책으로 관리했다. 전통적인 경제 이론에 따르면 이자율이 상승하면 기업과 개인은 결국 돈을 빌리지 않게 될 테고, 그러면 인플레이션과 버블, 과열된 경제가 수습된다. 그러나 현실은 그렇지 않았다. 가장 큰 이유는 새롭게 등장한 정보 기술과 세계화의 힘이 금융화 현상과 맞물려 오늘날과 같은 금융의 시대를 만들어 냈기 때문이다. 시장이 다른 무엇보다 시장 자체의 이익을 위해 존재하는 시대가 되어 버린 것이다. 클린턴 행정부의 노동장관을 역임한 로버트 라이시는 이를 '슈퍼 자본주의supercapitalism'라고 불렀다.[55]

사실 당시에 부상하기 시작한 경향이 통화 정책의 작동 방식까지 바꾸어 놓으리라고 예측하는 것은 불가능했다. 볼커가 높은 이자율로 미국 경제의 금융화 추세를 단속하려 한 것은 당시에는 여러모로 합리적이었다. 볼커는 레이건 행정부의 적자 지출 행각이 인플레이션에 맞서 싸우는 자신의 노력을 무의미하게 할 것이라 보았고, 결국 이자율 인하 요구를 거부했다. 그리고 폭증하는 부채를 인플레이션을 통해 줄이는 쪽을 선택했다. 볼커의 뒤를 이은 연준 의장들 중 볼커만큼 정치적 압력에 맞서 신념을 지킨 경우는 거의 없었다. 그런데 높은 이자율은 외국계 투자자들에게 놓치기 힘든 먹잇감이었다. 미국에 투자하면 엄청나게 높은 수익을 거둘 수 있었기 때문에 미국 땅에 들어가는 것을 마다할 이유가 없었다. 일본, 그리고 후일의 중국을 비롯한 신흥시장 투자자들은 미국 국채를 어마어마한 규모로 매입하게 된다. 외국 자본의 급속한 유입은 금융화 추세를 지속시키고, 온갖 유형의 자산 가치를 폭증시켰다. 그러자 미국 시민들은 더 깊숙이 금융시장으로 뛰어들어 투기 행각에 가담했다.

그뿐 아니라 미국 내로 유입된 외국 자본은 달러화의 가치를 끌어올렸고, 그 결과 미국 공산품에 대한 수요가 줄어 미국 경제가 타격을 입었다. 1982년, 캐터필러 트랙터Caterpillar Tractor의 회장 리 모건이 이끌던 비즈니스 원탁회의Business Roundtable는 이런 현상에 불만을 토로하기 시작했다.[56] 그들은 자본을 일본 등의 해외로 다시 돌려보내기 위해 글로벌 금융시장의 규제를 더 풀자고 제안했다. 그 말대로 했지만 자본은 해외로 나가지 않았다. 그래도 미국 재무부는 개의치 않았다. 외국 자본이 유입된 덕분에 레이건 행정부가 엄청난 재정 적자를 끌고 갈 수 있었기 때문이다. 그런 가운데 자산 가격은 기록적 수준으로 오르고 있었다.

1980년대 중반에 시작된 기술 혁명도 이 망가져 가는 시스템을 민주적으로 바꿔 놓는 데 아무런 도움이 되지 않았다. 오히려 그 반대였다. 1984년, 노벨 경제학상 수상자 제임스 토빈은 한 강연을 통해 "미국 금융시장의 카지노적 양상"에 대한 소회를 밝힌다. (그는 케네디 대통령의 경제자문위원회에서 활동했으며, 현 연준 의장 재닛 옐런의 지도교수이자 멘토였던 인물이다.) 여기서 그는 금융화 추세, 그리고 그 와중에 기술이 경제 전반을 실질적으로 강화하기보다 금융화를 촉진하고 있는 세태를 개탄했다. "저는 중농주의자들이나 품을 법한 껄끄러운 의구심이 들고 있음을 고백해야겠습니다. (…) 지금 우리는 산업 생산이나 서비스 부문과 동떨어진 금융 활동에 우수한 청년들을 비롯한 우리의 자원을 점점 더 많이 쏟아붓고 있습니다. 창출하는 사회적 생산성에 비해 엄청난 보상을 쓸어 담는 금융업계로 자원이 집중되고 있다는 말입니다." "게다가 컴퓨터의 놀라운 능력이 이런 '서류 경제paper economy'에 이용되고 있습니다. 거래를 더 효과적으로 하는 일보다는 금융 거래의 양과 종류를 부풀리는 데 쓰이고 있는 것이죠. 아마 이랬기 때문에, 지금까지는 첨단 기술이 경제 전반의 생산성 측면에서 실망스러운 결과를 거둔 게 아닌가 싶습니다."[57]

세계화, 첨단 기술을 이용한 증권 거래, 금융의 성장을 함께 섞어 넣은 가마솥이 마침내 폭발하면서 1987년 10월 주식시장이 붕괴한다. 당시 다우 지수는 하루 사이에 총액의 22.6퍼센트가 날아가 버릴 정도였다. 이 붕괴는 후일 일어나게 될 수많은 위기 중 하나일 뿐이었다. 1980년대 내내 몇 년을 주기로, 찰스 킨들버거가 자신의 유명한 저서 『광기, 패닉, 붕괴』에서 묘사한 전형적인 경기 호황과 불황이 반복된다. 양도성예금증서든, 변동금리 주택담보대출 증권이든, 아니면 시장을 들썩이게 하는 기업공개든 간에 새로운 상품 영역이 뜬다 싶으면 여지없이 신용 팽창이 뒤를 이었다. 그리고 광기 어린 투기와 폭락을 거쳐 종국에는 시장 붕괴로 귀결됐다. 이렇게 되면 으레 정부가 패닉에 빠진 시장을 안정시키기 위해 부랴부랴 대응을 했다. 1987년, 볼커의 뒤를 이어 앨런 그린스펀이 연준 의장직에 올랐다. 이 무렵에 이르면 미국 정부는 시장이 약세를 보일 때마다 습관처럼 이자율을 인하하여 경기 부양에 나서는 상황이었다. 금융업계 입장에서는 돈벌이 기회와 리스크가 동시에 달려 있는 양날의 검이었다.

이런 양상을 모건 스탠리 투자운용Morgan Stanley Investment Management의 신흥시장 책임자이자 거시경제 부문 수장인 루치르 샤르마는 다음과 같이 설명한다. (그는 연준이 자산을 매입하고 낮은 이자율을 책정하는 정책을 동시에 쓰는 전례 없는 조치가 시장을 왜곡할 것이라고 우려한 수많은 전문가 중 하나다.) "금융가들에게 넘치는 돈과 제로 금리 환경을 마련해 주면, 이들은 바로 발 벗고 나서서 더 많은 돈을 벌려고 합니다. 그렇게 하도록 회로가 짜인 사람들입니다." 또 이런 말도 덧붙였다. "돈을 풀어 주는 통화 정책은 월가에게 최고의 보상입니다. 주가 상승으로 혜택을 보게 되는 쪽은 부자들인 경우가 대부분이기 때문이죠."[58]

물론 그린스펀 치세하에서 시장이 호황을 맞은 것은 사실이지만, 동시에 그 어느 때보다 불황이 잦았다는 것도 기억해야 한다. 1987년의 증시 붕괴, 1989년의 저축대부조합S&L 사태, 1994년의 멕시코 페소화 폭락, 1997년의 아시아 금융 위기, 1998년의 신흥시장 전반에 걸친 위기, 닷컴 호황과 불황이 모두 그린스펀이 연준 의장을 맡았던 동안 일어난 일이다. 위기가 나타날 때마다 그린스펀은 대출을 확대하기 위해 이자율을 내렸다. (이자율 인하 전술을 얼마나 자주 사용했는지 월가에서는 이를 '그린스펀 풋Greenspan put'이라고 불렀다. 무슨 일이 벌어져도 연준이 나서서 월가를 구제해 줄 것이라는 믿음이 담긴 비꼬기식 표현이다.) 그러나 그린스펀의 정책은 근본적인 문제는 전혀 해결하지 못하고, 오히려 심화되는 미국 경제의 구조적 결함을 통화 정책으로 덮어 버리는 쪽으로 작용했다. 일자리가 해외로 아웃소싱되고 기업들이 단기적인 이익에 초점을 맞춘 의사 결정으로 누더기가 되고 있는 상황에서도 사람들은 서류상으로는 주머니가 두둑해졌다는 느낌을 가지게 된 것이다. 2000년대에 이르면, GDP 대비 투자 규모가 제2차 세계대전 이래 그 어떤 시기보다 낮았다.[59] 실물 산업이 아니라 카지노가 경제를 완전히 장악해 버린 것이다.

부채와 신용: 대중의 아편

1980~1990년대에 걸쳐 일어난 자산 가격의 폭증 현상은 부채가 이끄는 소비 경기의 근간이 됐고, 미국인들은 글로벌 경제의 '최종 구매자 buyer of last resort'로 탈바꿈하게 된다.[60] 1980년대 초반 미국의 GDP 대비 개인 저축률은 약 12퍼센트에 달했지만, 1999년에는 2퍼센트 정도로 추락했다.[61] 주택 재융자, 주택담보대출, 신용카드 사용 같은 개인 신용 대출을 통해 소비에 열을 올렸기 때문에 벌어진 일이다. 이렇게 올라간 자산 가치로 인해 금융시장에는 또 다른 중요한 변화가 나타난

다. 고용 기업이 직접 운용하는 이율보장형 연금fixed pension 시스템이 시장이 이끄는 401(k) 시스템에 완전히 자리를 내주게 된 것이다. 소비자들이 이를 비교적 쉽게 환영한 이유는 모든 시장이 상승 기류를 타고 있었기 때문이다. 은퇴 자금이 민간이 운용하는 401(k)가 아니라 주택 등 부동산, 저축 예금, 또는 회사가 운용하는 이율보장형 연금 등으로 구성되던 1950년대에는 대기업 주식을 직접 보유한 가구는 10가구당 하나도 채 되지 않았다. 그러나 1983년에 이르자 8가구당 1가구가, 2001년에는 절반의 가구가 주식을 소유하게 된다. 지금은 미국인 가운데 44퍼센트가 401(k)나 403(b) 연금을 통해 주식시장에 참여하고 있으며, 이율보장형 연금에 가입한 사람은 18퍼센트에 불과하다. 이런 격변 때문에 사실 미국인의 은퇴 후 삶의 안정성은 더욱 떨어져 버렸다(8장 참조).[62] 사회학자 제럴드 데이비스가 2009년 저서 『시장이 관리하다』에서 다룬 문제가 바로 이것이다. 그에 따르면 연금이 민간 주도로 바뀜에 따라 "고용인과 그들이 몸담고 있는 회사 사이의 유대 관계는 느슨해진 반면, 개인의 경제적 안정성은 점차 주식시장 전반의 상황에 예속되었다."[63] 뜬금없이 모두가 너 나 할 것 없이 돈놀이판에 가담하고만 셈이다. 이런 변화로 말미암아, 이제 미국 시민들은 자신의 안녕을 기업이나 정부가 아니라 금융시장의 손에 맡기게 되었다. 이는 대단히 위험하다. 주식 매매 수익은 총주식의 대부분을 보유하고 있는 인구 최상위 10퍼센트에게 거의 다 돌아가기 때문이다.

1970년대 후반부터 노동이 차지하는 몫은 전례 없이 줄어들기 시작했지만 미국 사람들은 노동의 추락을 걱정하지 않았다. 대신 금융시장이 급등하기를 기원했다. 시간이 흐르면서 급여 인상보다는 보유하고 있는 주식 포트폴리오와 금융 자산이 되어 버린 주택의 가격 상승에 더 의존하게 되었다. 개인 및 기업 부채는 지난 40년 동안 미국인 전체 소득 성장률의 두 배 반 넘게 뛰었다.[64] 임금 정체가 미국 경제 회복에 커다란 장애물이 되면서, 이제야 우리는 이러한 격변이 낳은 광범위한 여파를 수습하려고 끙끙대기 시작했다.

정치와 문화에도 금융시장의 성장이 반영되어 있다. 1993년, 빌 클린턴의 주 전략가인 제임스 카빌은 할 수 있다면 채권시장으로 다시 태어났으면 한다는 농담을 던졌다. 앨런 그린스펀의 시장 친화적인 정책에 대한 일종의 헌사였다. 후일 조지 W. 부시는 사회보장 제도를 민영화하고(다행히도 이는 성공하지 못했다), 대출 기준을 낮춰 주택 보유율을 끌어올림으로써(이는 2007년 주택시장 붕괴의 한 요인이었다) 이른바 '오너십 소사이어티'로의 이행을 제도화하려 애썼다. 이 시기 내내 금융시장에 대한 공중의 강박적 집착이 심화됐다. 금융시장을 다루는 매체들이 특수를 누렸다. 트레이더들은 유명 인사로 떠올랐고, 주주가치는 미국 기업계의 지도 이념으로 자리하게 된다. 1987년 영화 〈월 스트리트〉에 등장하는 고든 게코의 명대사처럼, 탐욕은 선한 것이 되었다. 이제 경제의 궤도가 바뀌어 버렸다.

대마불사

이 혁명적 변화로 가장 큰 이득을 본 이들은 금융인이었다. 리스턴이 신흥시장에서 저지른 큰 실수로 몇 년 동안 시티의 재무 구조가 악화되는 통에 리스턴 자신이 그토록 비난하던 정부 개입을 필요로 하게 되었음에도 불구하고,[65] 그는 1984년 화려하게 은퇴했다. 리스턴의 뒤를 이은 존 리드 역시 리스크 높은 대출을 계속 해 주었다. 거물급 차입 매수자, 부동산 개발업자, 현금에 굶주린 전 세계의 정부들을 상대로 쉬운 돈줄 역할을 충실하게 수행해 나갔다.

리드는 금융에 새로운 첨단 기술의 물결을 도입했다. 이 금융 기법은 피상적인 과거 데이터로 미래 추세를 예측한다고 장담하는 복잡한 알고리듬에 크게 기반을 두고 있었다. 이런 무모함은 1987년 위기, 2000년의 닷컴 붕괴, 2007년 발생한 주택 버블 붕괴 때 시티를 궁지에 몰아넣는다. 시티의 비즈니스 모델에는 여러 내재적인 문제가 있었지만, 1980~1990년대의 자산 가치 폭등, 비교적 낮은 이자율, 그리고 기업 인수합병으로 거둔 엄청난 수익이 이를 덮어 주었다. (인수합병이 성공적이었던 사례는 주가 상승 여부로만 판단했을 때도 전체의 절반 정도에 그쳤지만, 은행들은 이런 거래를 이용해 양방향에서, 즉 기업들을 하나로 묶는 작업은 물론이고 다시 쪼개는 일을 통해서도 돈을 챙겼다.)

그러나 당연하게도 시장은 다시 무너져 내렸다. 1990년대 후반에 세계는 또 다른 신흥시장 위기에 휩싸이게 된다. 글로벌 자본 이동에 대한 클린턴 행정부의 탈규제 강화 조치가 초래한 위기였다. (재무장관 루빈과 그의 차관이자 후임자인 로런스 서머스가 그 탈규제의 핵심 설계자였다. 금융업계도 탈규제를 위해 미친 듯이 로비를 해 댔다.) 너무 많은 돈이 너무 빠른 속도로 시장에 유입되었고, 실패할 것이 분명한 투기적 프로젝트들로 흘러들어갔다. 아시아, 브라질, 러시아, 그리고 서구가 연쇄적으로 넘어갔다. 그렇게 넘어지던 도미노는 결국 악명 높은 헤지펀드 롱텀 캐피털 매니지먼트Long-Term Capital Management, LTCM를 덮친다. 이 사태는 미국 금융 시스템을 산산조각 낼 뻔했다. 그 여파로 시티그룹 하나가 입은 손실만도 분기 수익의 절반 가까이에 달할 정도였다. 결국 연준이 다시 나서서 사태를 수습해야 했다. 그런데 당시에는 2008년의 은행 구제와 달리 은행들도 손실에 대한 책임을 져야 했다.

이 모든 이야기는 금융 시스템과, 그 속에서 크나큰 힘을 거머쥔 금융기관들이 얼마나 복잡해졌는지를 실감하게 해 준다. 그러나 놀랍게도 그린스펀과 루빈, 서머스는 비난의 화살을 받지 않았다. 오히려 1999년 "세계를 구원할 위원회"라는 헤드라인이 박힌 『타임』지 커버스토리의 주인공이 될 정도로 구애의 대상이었다. 이처럼 정부와 언론 모두 금융업계에 완전히 매료되어 있었다. 공룡 금융기관이 얼마나 위험할 수 있는지 여실히 드러난 상황이었음에도, 시티뱅크의 존 리드와 트래블러스 그룹의 샌디 와일이 세계 최대 금융기관의 출범을 공표했을 때 누구도 눈살을 찌푸리지 않았다. 연준과 규제 당국이 이 합병 건을 승인할지가 불분명했는데도, 리드와 와일 두 CEO는 일단 지르고 본다는 전략으로 이를 밀어붙였다. 『뉴욕 타임스』는 흥청망청의 시대인 90년대에나 사용할 수 있을 법한 낯간지러운 말투로 이 합병을 알렸다. "의회가 속수무책인 상황에서, 리드와 와일이 직접 나서서 금융시장을 현대화하고자 장대한 제안을 했다."[66]

이 합병의 성사는 상업은행과 투자은행을 분리해 왔던 장벽이 완전히 무너진다는 것을 의미했다. 리드와 와일은 연준의 승인을 얻기 위해 역사가 이미 검증해 준 전략을 채택했다. 지금 시장에서 생기는 여러 문제를 '해결하기 위해' 은행이 더 많은 재량을 가져야 한다고 정부를 설득했다. 리드와 와일은 LTCM의 파산으로 은행들이 계속 고전하게 되면 경제 역시 고전을 면치 못할 것이라는 논리를 폈다. 번영을 위해서는 은행업이 '더 커져야' 한다고 주장했다. 이 주장이 로비 행각과 맞물려 금융업계에 완벽한 승리를 안겨 준다. 1999년 11월, 클린턴 대통령이 글래스-스티걸 법을 폐지함으로써 대공황기에 만들어진 규제의 마지막 자취가 완전히 사라졌다. 이 일이 벌어지기 한 달 전, 이제 막 재무 장관을 그만둔 루빈이 시티그룹의 공동 회장직에 앉는다. 그는 첫해에만 1500만 달러의 급여 소득과 시티그룹 주식 150만 주를 챙겼다.[67]

추락하는 영광

와일 역시 하이테크 호황과 은행업의 성장 덕택에 엄청난 돈을 벌었다. 닷컴 붕괴 전인 2001년까지만 하더라도 시티는 첨단 기술 기업공개 시장에서 가장 공격적인 행보를 보인 기관 중 하나였다. 시티는 상장 절차를 돕고 엄청난 수수료를 챙겼다(물론 그 과정에서 남들보다 빠르게 유리한 정보를 손에 넣어 해당 기업의 주식을 매매하며 더 많은 돈을 벌었다). 이와 동시에 투자자들을 상대로 리서치 업무를 수행하면서 다양한 기업의 성장 잠재력을 분석하여 제공했다. 은행 내의 '매수buy'와 '매도sell' 기능은 서로 확연히 다르므로, 본래는 서로 분리되어 있어야 했다. 기업공개 서비스를 제공하는 측이 기업 리서치 서비스를 제공하는 측과 한배를 타서는 안 되었다. 한배에 있는 경우 리서치 부문이 압력을 받아, 자사가 관여하는 기업의 주식을 무조건 매수하도록 고객을 부추기는 찬사 일색의 보고서를 발표할 것이기 때문이다.

정확히 그 상황이 펼쳐졌다. 사실 엔론이나 월드컴 같은 곳에서 터진 대형 금융 스캔들의 주요 원인 중 하나는 바로 이 두 영역 사이의 구분이 무너진 것이었다. 엔론과 월드컴의 투자자들은 시티를 비롯한 이 기업들의 거래 은행들로부터 전적으로 잘못된 정보를 제공받았다.[68] 리서치 부서의 애널리스트들은 동일한 금융기관에 몸담고 있는 일선 트레이더들이 화끈하게 밀어주고 있는 기업에 대해 긍정적인 보고서를 작성해 주었다. 고객들에게 더 많은 주식을 사도록 유인한 결과 해당 기업의 주가가 큰 폭으로 오르면서 더 많은 돈을 벌 수 있었다. 이런 일이 비일비재해지면서 돈과 풍요의 잔치는 결코 끝나지 않을 것만 같았다.

당시의 비행 가운데 특히 잭 그러브먼이라는 정보통신 분야 애널리스트가 연루된 사건이 주목해 볼 만하다. 1999년, 그러브먼은 당시 시티의 일원이던 샐러먼 스미스 바니Salomon Smith Barney에 몸담고 있었다. 이미 긍정적인 내용을 담은 보고서를 내서 월드컴 주가를 끌어올린 경력이 있던[69] 그러브먼은 와일에게서 AT&T를 "새로운 시각에서 다시 보라"는 주문을 받고 나서 해당 기업 주식에 대한 기존의 부정적 평가를 아무렇지도 않게 높여 주었다. 그러브먼이 등급을 올려 주자, 5개월 뒤 AT&T 측은 무선 자회사의 지분 매각을 추진하면서 시티를 세 곳의 인수 금융기관 가운데 하나로 선정해 준다. 그 결과 시티는 수수료로 4500만 달러를 챙길 수 있었다.[70] 그리고 그러브먼은 와일의 도움으로 맨해튼에서 가장 유서 깊은 유치원에 쌍둥이 자녀를 입학시켰다.[71] 물론 이 일은 쓰디쓴 결말을 맺게 된다. 뉴욕주 검찰총장 엘리엇 스피처가 그러브먼과 와일을 끌어내렸다. 그러브먼은 1500만 달러의 벌금을 내야 했고 업계에서도 영구 추방됐다. 와일은 사내 변호사의 입회 없이 부하 애널리스트와 일대일로 대면하는 것을 금지당했다. 그리고 시티 외에도 아홉 곳의 은행이 새로운 규칙을 받아들였다. 이 규칙은 소속 애널리스트가, 특히 기업공개가 진행 중인 시점에는, 투자은행 부문 계약을 유치할 목적으로 외부 기업의 활동에 참여해서는 안 된다고 못 박았다. 또한 이들 은행은 총 14억 달러에 달하는 벌금을 납부했다. 이 벌금은 모든 금융기관이 규칙을 준수하게 만들려는 방편이었으나, 실제로 그리되지는 않았다.

그래도 당시가 시티에게는 비교적 평온한 시기였다. 얼마 가지 않아 상황이 급속히 나빠지기 시작했다. 시티를 비롯한 대형 은행들이 2000~2007년 주택시장 과열의 주역이었던 데다, 주택시장 붕괴로 악성이 된 자산을 가장 많이 보유하고 있었기 때문이다. 이리저리 이어 붙이고 토막 낸 주택담보부증권들은 은행의 대차대조표를 벗어난 영역에 감추어져 있었다. 구조화투자기구로 알려진 빈껍데기에 가까운 법인으로 떠넘겨진 상황이었는데, 이는 애초에 시티뱅크가 자기자본 요구 규정을 우회하기 위해 20여 년 전에 고안한 장치였다.[72] 이런 일들이 계속 벌어지는 위기의 한복판에 서 있던 은행가 자신들조차 그다음 부채 문제가 어디서 터져 나올지 가늠하기가 어려웠다.

이 이야기의 결말은 우리 모두 알고 있다. 이를 다루는 훌륭한 책이 많으므로,[73] 여기서 2008년 금융 위기를 상세하게 반복하지는 않겠다. 그 대신 앞에서 언급한 금융화의 모든 요소들이 2008년 위기에서 한 역할씩 했다는 점만 짚기로 하자. 우선 기울어진 운동장으로 인해 정책입안자들은 일반 납세자가 아닌 은행가의 이익을 중시하고, 폭증한 부채에 대한 금융업계의 책임을 상당 부분 면제해 주었다. 엄청난 레버리지 비율과 복잡성은 물론이요, 위기의 책임이 누구에게 있는지를 호도하는 이야기도 문제였다. 위기의 주범이 낭비벽 심한 주택 소유자들이 아니었음은 분명하지만, 월가가 말해 주는 이야기만으로는 이 사실을 알 수 없다. 엘리트들은 금융 구제로 재산만 보전한 것이 아니었다. 언론에 대한 영향력도 유지했다. 최근 몹시 열성적으로 금융 개혁을 주장하는 엘리자베스 워런 상원의원은 이렇게 말한다. "제가 보기에 문제의 핵심은 경제 엘리트가 이번 일에 대한 자신들만의 논리가 있다고 믿었다는 데 있습니다. 그러나 그 설명은 틀렸습니다. 무엇이 잘못되었는지에 대한 올바른 설명 없이는 고쳐야 할 것을 고칠 수 없습니다."[74]

워런의 지적이 바로 대침체 이후에도 미국의 금융 시스템이 별로 변하지 못한 가장 큰 이유다. 샌디 와일이 '내 탓이오'라고 고백한 지 두해가 지난 2014년, 미국금융산업규제기구US Financial Industry Regulatory Authority는 시티 등 10개 주요 은행에 벌금 4350만 달러를 부과했다. 스피처 규칙을 위반하고, 업무 독립성을 유지해야 할 애널리스트들에게 토이저러스Toys "R" Us의 기업공개 준비 과정에서 긍정적인 리서치 보고서를 쓰도록 한 것에 따른 조치였다. 그러나 벌금은 이 은행들이 챙기게 되리라 기대했던 수수료와 매매 수익에 비하면 새 발의 피에 불과했다. 규칙을 어기는 것이 감수할 만한 일이었던 것이다. 이런 간단한 산수는 그 밖의 거의 모든 금융 영역에서도 동일하게 성립해 왔다. 2012~2014년, 리보LIBOR• 금리 조작에서부터 내부자 거래, 악성 주택담보부증권의 고의적 판매에 이르기까지 금융업계가 스피처 규칙 위반으로 낸 벌금만 총 1390억 달러였다.[75] 간간이 부과된 벌금이 규칙 위반을 억제하기보다는 사업을 하는 데 들어가는 비용 정도로 간주되어 버린 것이다.

21세기 자본

이 모든 이야기에서 가장 무서운 부분은 2008년 금융 위기 이후에도 금융이 제대로 규제되지 않고 있다는 것이다. 물론 일부 금융기관이 위기

• 런던 은행 간 이자율(London Interbank Offered Rate)의 약자. 런던에서 우량 은행끼리 단기 자금을 거래할 때 적용된다. 미국 재무부 증권 금리와 함께 국제 자본시장에서 채권 또는 대출 이자율을 정할 때 활용되는 기준 이자율 중 하나다.

이후 리스크를 줄인 것은 사실이지만, 그렇다고 미국의 금융 시스템이 더 안전해진 것은 분명 아니다. 보란 듯이 시행되고 있는 은행 스트레스 테스트banking stress test•는 오히려 부작용만 낳고 있다. 이를 본 대중이 제2의 금융 붕괴로부터 자기를 지켜 줄 새로운 규칙들이 마련되었다고 생각하기 때문이다. 이 바람이 실현되려면 그 규칙들이 실제로 강제될 수 있어야 할 뿐만 아니라 복잡한 금융 시스템을 모두 망라할 수 있어야 한다. 문제는 금융 시스템이 그러기에는 너무나 빨리 모습을 바꾼다는 데 있다. 기대와는 다른 현실 속에서, 금융권 건전성 검사 결과 아무 이상이 없다고 미국 대중에게 공표하는 것은 잘못이다. 사실 나는 금융업계의 필사적인 로비로 엄청나게 복잡해진 도드-프랭크 법 자체가 금융권이 리스크를 숨기기 좋게 만들어 준다고 본다. 똑똑한 트레이더와 변호사들만 보유하고 있으면 피해 갈 수 있으니까.

지금 필요한 것은 금융을 실물 영역에 다시 묶어 두는, 좀 더 간결한 규제 방안을 마련하는 일이다. 참고할 만한 다른 나라의 사례도 있다(이는 뒤에서 다시 다루겠다). 이 일은 지금 당장 시작해야만 한다. 계속해서 이 책을 통해 살펴보겠지만, 금융 자본주의의 패권이 더 이상 감당할 수 없을 정도로 우리의 사업과 생계에 피해를 입히고 있기 때문이다.

• 스트레스 테스트는 본래 의학 분야의 심장 기능 검사라든가, IT 분야 등에서 시스템에 충격을 가했을 때 안정적으로 작동하는지 확인하는 절차를 의미했으나, 금융 위기 이후 미국 정부가 자산 규모 1000억 달러 이상의 대형 은행을 대상으로 자본 건전성 평가 프로그램을 시행하면서 이를 지칭하는 용어로도 확대되었다. 테스트를 통과하지 못하면 당국이 개입하여 강제로 자본을 확충시킨다.

Makers
and
Takers

2장

기업의 몰락

GM에서 벌어진 숫자놀음꾼과 자동차맨의 싸움

2013년 12월, 불과 몇 주 선 제너럴 모터스General Motors, GM의 CEO 자리에 오른 메리 바라는 GM이 근래 들어 최악의 제품 안전성 위기에 봉착할 것이라는 소식을 차 안에서 듣게 된다. 사건은 그 정도로 급박했다. 미국 중서부의 춥고 어두운 겨울날이 막 저물어 가던 시각, 기사가 운전하는 바라의 캐딜락 에스컬레이드는 디트로이트 중심가의 GM 본사를 떠나 교외 자택으로 향하는 고속도로를 달리고 있었다. 바로 그때, 바라의 측근인 제품 개발 책임자 마크 로이스에게서 전화가 왔다. 엄청나게 나쁜 소식이었다. 점화 스위치에 문제가 있다는 전언이었다. 후일 이 문제로 GM은 차량 260만 대를 리콜하게 된다. 바라는 당시를 이렇게 회고했다.[1] "로이스는 자기도 점화 스위치 문제를 이제야 파악했다면서, 리콜을 단행해야겠다고 말하더군요. 대규모로 말이죠. 그다음에 무슨 일이 벌어졌는지는 말 그대로 기억이 안 납니다. 왜냐하면 대략 30일 정도였던 것 같은데, 무슨 조치를 취해야 할지 검토하기 시작하면서 모든 일이 너무 급박하게 돌아갔거든요."

해야 할 일은 많았고, 모두 당장 처리되어야 했다. 초기 보고서에 따르면 문제는 2005~2007년에 생산된 쉐보레 코발트Chevrolet Cobalt와 폰티악 G 5Pontiac G5의 점화 스위치였다. 점화 스위치가 특정한 조건에 놓이면 꺼져 버려서 운전대가 잠기고 에어백이 작동하지 않는 사태가 벌어질 수 있었다. 이 문제 때문에 수많은 상해는 물론 사망 사고까지 일어난 상황이었다. 리콜이 개시되었다. 우선은 수십만 대가, 이후에도 추가로 더 리콜되었다. 바라는 수뇌부를 소집하여 전략 회의실을 꾸렸다. 위기가 커져만 갔기 때문이다. 최소 124명이 사망했고, 상해 사고는 수백 건에 달했다. 바라는 혹독한 의회 청문회에 네 차례나 불려 가야 했다. GM은 벌금 9억 달러 외에도 민사 소송을 해결하느라 5억 7500만 달러를 치렀다.[2] "우리는 매일 회의를 했습니다." 바라는 말을 이어 갔다. "처음에는 그저 알고 싶었죠, (…) 도대체 왜, 어떻게 해서 이런 일이 벌어졌는지, 원인이 무엇인지를."

답은 간단하면서도 믿기 어려울 정도로 복잡했다. 일단 표면적으로 보면, GM의 점화 스위치 참사는 여러 개인이 내린 최악의 결정들이 집적된 결과였다. 불량 점화 스위치의 생산 책임을 맡았던 엔지니어 레이 드조지오는 이 스위치 때문에 골머리를 앓고 있었다. "지옥에서 온 스위치"라 부를 정도였다. 수년에 걸쳐 스위치를 고친 끝에 그는 새로 설계하기는 하되 일련번호를 바꾸지는 '않기로' 결정한다. 원래는 새 번호를 부여해야 해당 부품이 재설계됐다는 사실을 제조자가 인식할 수 있지만, 드조지오는 이런 식으로 먼젓번 문제를 은폐해 버렸다. 이는 동시에 점화 스위치 오작동 문제를 조사하던 일선 직원들이 길을 잃게 만들었다.

이게 쉬운 설명이다. GM은 사람들이 여기에 집중해 주기를 바랐다. 그러나 점화 스위치 불량이 발견된 초기에 이를 안전이 아니라 '소비자 편의'에 관한 사안으로 오도한 탓에 훨씬 더 큰 문제를 방치하고 말았다. 당시 GM은 경영 구조가 기업 사일로corporate silo・들을 중심으로 짜여 있어서, 정보가 공유되지 않았고 사람들은 나쁜 소식을 윗선으로 보고하기를 꺼렸다. 이런 사일로는 전직 연방 검사 앤톤 발루카스(리먼 브러더스의 파산 조사 책임을 맡기도 했다)가 작성한 보고서에 자세히 설명되어 있다. 그에 따르면, 이 사일로는 더 깊숙하고 복잡한 문제로부터 파생되었다. 바로 지난 수십 년에 걸쳐, 자동차 생산에 몰두하던 GM이 금융시장의 눈치를 보며 돈벌이에 전념하는 회사로 탈바꿈한 데서 비롯된 결과였다.

숫자놀음꾼의 등장

발루카스 보고서는 법률가가 쓴 것치고는 꽤나 흥미로운 기업 위기 분석 보고서다. 총 315페이지에 달하는 이 보고서는 침묵과 호도, 책임 전가가 예술의 경지에 이르렀던 GM의 기업 문화를 상세히 서술하고 있다. 그 결과, 점화 스위치 문제를 이미 많은 직원이 알고 있었고 해결할 기회 또한 숱하게 많았음에도 아무도 나서서 막지 않은 사태가 벌어졌다. 문제가 무엇이었는지는 'GM식 끄덕이기'나 'GM식 경례' 같은 사내 은어들만 봐도 알 수 있다. 전자는 회의 석상에서 실행 계획에 참석자 모두가 고개를 끄덕이며 찬동하더라도 일단 자리를 뜨고 나면 아무 일도 하지 않는 것을 뜻하고, 후자는 누군가 책임을 물으면 팔짱을 낀 채 손가락으로 다른 동료를 가리키는 것을 의미한다.

　발루카스 보고서는 GM의 문화가 "그 누구도 혼자서는 결정을 내리지 않으려 했던" 무책임의 문화였음을 폭로한다.[3] GM의 모든 부서에

• 좁고 긴 탑 모양의 곡식 저장고를 뜻하는 단어 사일로에서 유래한 용어로, 부서 간의 소통이 막힌 이기주의적 양상, 또는 그런 부서 자체를 가리킨다. 스스로 만들어 놓은 관료제와 분류 체계 속에 생각과 행동이 갇혀 버리는 현상을 사일로 이펙트라고 한다.

걸쳐 20만 명이 넘는 직원 중 실제로 다른 사람과 소통하는 사람은 거의 없었다. 심지어 똑같은 문제에 매달리고 있는 사람들끼리도 그랬다. 바로 이런 이유로, 시동이 꺼져 있는 경우 (탑승자가 질식하는 것을 막고자) 에어백이 작동하지 않도록 설계한 엔지니어들은 스위치 설계자들이 차량 운행 중에도 가끔씩 시동을 꺼 버리는 점화 스위치를 만들었음을 알지 못했다. 그러니 정작 에어백이 필요한 상황에서도 펴지지 않곤 했던 것이다. 이에 대해 발루카스 보고서는 다음과 같이 지적하고 있다. "GM 직원들이 스위치 결함을 초기에 바로잡지 못한 결정적 요인은 아주 간단하다. 자동차가 어떻게 만들어지는지를 제대로 이해하지 못했기 때문이다." 스위치 담당자들은 에어백 담당자들과 얘기를 나누지 않았고, 에어백 팀은 법무팀과 소통하지 않았다. 그런데 당시 법무팀에는 에어백이 작동하지 않은 스위치 관련 사고에 휘말린 차량 탑승자들의 항의가 점점 더 많이 날아들고 있었다.

디트로이트의 침묵은 월가의 소음에서 비롯됐다고 봐도 무방하다. 이런 소통 부재가 벌어지던 당시 GM 등의 자동차회사들은 비용 절감과 지출 억제에 나서라는 금융기관들의 유달리 거센 압박에 시달리고 있었다. 2001년에서 2007년까지, GM의 세계 자동차 시장 점유율은 15퍼센트에서 13.3퍼센트로 떨어졌다.[4] 월가는 기분이 언짢아졌고, GM뿐만 아니라 자동차 업계 전체에 허리띠를 졸라맬 것을 요구했다. 2000년대에는 유별나리만치 예산 삭감의 바람이 몰아쳤고, GM의 수뇌부는 온통 "비용 관리의 필요성"에만 몰두해 있었다. GM의 한 엔지니어에 따르면, 비용 관리는 회사의 "전반적 문화 곳곳에 스며들어 있었다." 프로젝트를 시간과 예산에 맞추어 운용하는 것이야말로 최대 관심사였다. 많은 경우 품질과 안전은 뒷전으로 밀려났다.[5]

이렇듯 우선순위가 뒤바뀐 것은 회사 전체에 부정적인 영향을 미쳤다. 부품 공급업체를 선정할 때도 품질이 아닌 가격을 우선시하게 되었다. 그리고 어떤 차종을 담당하는 사업부가 그 차의 개발이나 생산 비용이 상당히 늘어날 만한 성능 개선을 원할 경우, 그로 인해 GM 전체에서 발생하는 추가 비용을 모두 떠맡아야 했다. 드조지오가 스위치 개선 작업을 회사에 알리지 않으려 한 이유 중 하나가 이것이었을 것이다. 생산 속도를 늦추고 수백만 달러의 예산을 추가시키는 일을 선뜻 책임지겠다는 사람이 어디 있겠는가?

그리하여 쉐보레 코발트를 비롯한 GM의 차량들은 "근소한 이윤"을 내기 위해 "비용에 주의해야 하는" 제품으로 취급되었다.[6] 이렇게 생산된 차들은 결국 최소 124명의 생명을 앗아 갔는데, 그중에는 충돌에 따른 화재로 목숨을 잃은 이들도 있었다. 당시 GM은 이 차량들을 렌터카 회사 같은 큰손들에게 대량으로 할인 판매하고 있었다. 결코 좋은 징후가 아니었다. CEO 바라는 만약 점화 스위치 문제가 안전과 직결되는 사안임을 직원들이 잘 이해하고 있었더라면 진작에 문제 제기가 이루어졌을 것이라고 주장했다. 그러나 공고화된 사일로 속에 정보가 갇힌 탓에 그리되지 않았다. 스위치 문제가 일단 '안전' 항목이 아니라 '소비자 편의' 항목으로 분류되자, 이 문제와 관련된 의사 결정의 기준은 비용 관리가 되었다.

비용을 절감하고 '숫자를 잘 만들라'는 월가의 압력이 점화 스위치 사태에서 큰 몫을 차지한 것은 사실이다. 그러나 어찌 보면 이것은 폐쇄적 사일로와, 더 나아가 그런 사일로를 낳은 금융적 사고방식이라는 좀 더 근원적인 문제의 한 가지 증상에 지나지 않았다.[7] 당시 GM의 수뇌부는 '자동차맨car guy'이 아니라 '숫자놀음꾼bean counter'들이 장악하고 있었다. 이 말들은 GM 부회장을 지낸 밥 러츠를 비롯해 디트로이트의 많은 사람들이 쓰는 표현이다. 러츠는 당시 자동차 업계의 풍토를 『빈 카운터스』에서 서술한 바 있다. 유쾌하면서도 비극적인 이 책은 GM을 비롯한 자동차 제조사들에서 금융 지식으로 무장한 MBA 출신 관리자들이 엔지니어들을 압도함에 따라 제품보다 재무 지표를 중시하는 문화가 형성된 과정을 풀어낸다. 그 결과는 엉뚱하기도 하고 우스꽝스럽기도 했다. 경영진이 고객에게는 "선택의 여지가 없다"면서 조악한 제품의 생산을 승인하는가 하면, 차량 재떨이를 영하 40도에서 작동하도록 설계하라는 어이없는 회사 지침 때문에 캐딜락의 재떨이가 열리지 않기도 했다.[8] 회사 방침에 반대하던 '자동차맨' 러츠가 어떻게 반응했을지는 뻔하다. 현장에 나가서는 기죽은 현장 책임자에게 소리쳤다. "뭐, 추운 노스다코타 고객들은 좋아하겠네. 너무 형편없어서 다른 사람에게는 어림도 없겠지만!"

그러나 숫자놀음꾼들을 비웃는 것만이 능사는 아니다. GM이 현재 안고 있는 문제들과 사내에 만연한 금융적 사고방식은 직접 연결되어 있다. 다른 기업들도 마찬가지다. 러츠는 2014년 8월 나와의 인터뷰에서, GM의 점화 스위치 위기를 키운 사일로는 경영진이 전반적인 품질 및 소비자 만족보다 재무 지표에 집착한 데서 비롯된 현상임을 확신했다. 러츠에 따르면, "숫자놀음꾼들은 조직을 통제가 쉽도록 잘게 나누는 것과 부분 최적화가 바람직하다고 굳게 믿기 때문"에 금융이 회사의 중심이 되면 사일로들이 생겨날 수밖에 없다. 회계사의 관점에서는 이 구조

● 직역하면 '콩 세는 사람'이라는 뜻이다. 기업의 재무나 회계에 종사하는 전문 인력을 지칭하는 말로, 계량화, 수치화를 과도하게 앞세우다가 정작 중요한 문제를 살피지 못하는 성향을 비꼬는 표현이다.

가 무척 좋다. 회사의 여러 영역을 대차대조표에 반영하기가 쉽고, 하향식 경영 관리에도 유리하기 때문이다. "이 모든 것은 재무적 통제 사고에서 나옵니다. 자기네 손아귀에서 위험 요인이 벗어나게 만드는 전략이나 철학을 접할 때마다 그 사람들은 전전긍긍하죠."

러츠의 시각에 다수의 경영 전문가들이 동감한다. 그리고 재무에 국한된 사고방식이 GM의 기업 구조에 미친 영향은 만천하에 드러났다. 바라는 나와의 인터뷰에서 이렇게 고백했다. GM 직원들은 "어떤 것의 전문가이긴 합니다. 다만 사람들이 그 어떤 것이 아니라 바로 차를 산다는 것을 모를 뿐이죠. 그러니 우리는 합심해서 서로 이야기를 나눠야 합니다." 그러나 GM의 전체 구조는 숫제 아무도 대화하지 않는 태세를 확립하듯 짜여 있었다. 에어백 생산 부서는 오로지 에어백에만 관여했다. 점화 스위치 부서는 스위치에만 전념했다. 숫자놀음꾼들이 여러 사업부에서 이루어지는 비용 투입과 산출을 파악하기에는 무척 유리했지만, 이 구조는 바라의 말마따나 '거래적transactional' 사고방식도 만들어 냈다. 그런 가운데, 사람들은 전체 그림을 생각하지 않고 자신이 맡은 부분만 열심히 색칠하게 되었다.

GM 직원들이 자기 부서라는 안전지대를 벗어나지 않으려는 유아적이고 소극적인 행태를 보였으며, 그래서 문제를 보고도 지적하지 못했음을 보여 주는 사례는 넘칠 정도로 많다. 관리자가 직원에게 문제점을 잘못 지적할까 봐 두려워한 나머지 가만있던 경우도 많다. 물론 이런 태도가 모두 점화 스위치 사태와 같은 비극을 낳는 것은 아니다. 그러나 반론을 제기한다든가 직무 범위를 벗어난 생각을 하지 않으려는 문화가 GM이 저지른 거의 모든 대형 실책의 근원이라는 것은 분명하다. 이를테면, 전기차 분야에서 뒤처지는가 하면(초기에 전기차를 출시하기에는 전반적인 수익 구조를 감안했을 때 너무 비용이 많이 들고 위험성이 높다고 판단했다), 고객이 실제로 원하는 바가 반영되지 않은 차량을 출시하기도 했다.

숫자놀음꾼들이 장악한 GM의 실상을 여실히 드러내는 사례로 폰티악 아즈텍Pontiac Aztek의 개발 과정을 들 수 있다. 2000년대 초에 선보인 이 콘셉트카를 보고 당시 한 임원은 GM의 디자인 공정이 안고 있는 문제점을 모두 보여 주는, "끔찍하고 공통분모가 거의 없는 차량"이라고 했다.[9] 자동차가 어떻게 만들어지는지 쥐뿔도 몰랐던 재무 의사 결정자들은 생산 원가를 낮춰야 한다고 목소리를 높였다. 그래서 기존의 미니밴 플랫폼을 활용해 신차를 제작하기로 결정됐다. 그 결과 프레임이 너무 커졌고, 디자이너가 주요 부품을 변경할 수 있는 여지도 제한되었다. 결국 병자처럼 쌕쌕거리는 엔진과, 숫자놀음꾼이나 좋아할 디자인이 탄생했다. 넓은 독자층을 보유한 자동차 블로그 모터라믹Motoramic의 저널리스트 저스틴 하이드는 이렇게 썼다. "예산이 빠듯했던 데다 이사회가 디자인 부서를 제쳐 두고 제작에 관여한 결과, 아즈텍의 기본 요소들은 디자이너들이 연필을 들기도 전에 이미 확정되어 있었다."[10] 이런 재앙을 치른 뒤 GM의 디자인 부문 강화를 위해 영입된 러츠는 다음과 같은 평가를 내렸다. "정말이지 끔찍할 정도였다. 별다른 특징도 없을뿐더러, 밋밋한 차체 패널 앞쪽에는 그릴 구멍이 위아래에 하나씩 뚫려 있는 듯 보였다. 눈앞에 있는 광경을 믿기가 힘들었다. (…) 전문 자동차 디자이너와 중역들이 이처럼 흉측한 모델을 승인했으리라고는 생각도 못했다."[11]

물론 숫자놀음꾼들의 득세가 자동차 업계의 일만은 아니다. 미국에서는 금융에 경도된 경영진의 단선적 사고 때문에 크고 작은 악재들이 숱하게 터져 왔다. 이는 숫자로도 확인할 수 있다. 미국 기업들은 수십 년 간에 걸쳐 자본 투자를 축소해 왔는데, 특히 최근 들어 그 양상이 더욱 두드러졌다. 2000~2010년에 제조업계에서는 연구개발, 설비, 신규 공장 등의 자본 투자가 21퍼센트 이상 감소했다. 이런 감소세는 특정 산업 부문에서 유독 가팔랐는데, 자동차 업계의 경우 40퍼센트나 급감했다.[12] 그러나 자본 투자의 감소는 전반적인 경향으로, 거의 모든 사업 부문에서 그 양상을 확인할 수 있다. 필름 부문의 수익을 지키기 위해 디지털 카메라에 투자하지 않기로 했던 코닥이나, 인터넷 전화에 거부감을 보인 AT&T도 마찬가지였다. 구시대 모델로 얻는 수익 유지에 몰두하느라 디지털 시대에 발맞추지 못한 전통적 미디어 업체들 또한 비슷한 사례다.

단기적으로 불과 몇백만 달러를 아끼기 위해 수십억 달러 규모의 장기적 가치를 파괴하는 기업의 이야기를 접할 때면, 도대체 왜 그토록 명백한 실수를 저지르는지 의문이 들 수밖에 없다. 의사 결정자가 주목할 때까지 관계자들이 목소리를 내지 않았던 이유는 무엇일까? GM의 점화 스위치 위기 사례에서 보았듯, 직원들이 자기 영역 내에서만 활동하도록 철저히 훈련되어 있어서 가만있는 경우도 있다. 그런가 하면 수익을 우선시하는 조류에 저항하지 못하는 경우도 있다. 한때 위대한 기술 기업이었던 휴렛-팩커드의 몰락은 혁신의 문화가 숫자놀음꾼들에게 파괴된 좋은 사례이다. 스탠퍼드대의 공학도 두 사람이 집 차고에서 창업한 HP는 실리콘밸리 스타트업의 원조였다. 오늘날의 구글Google처럼, 본래 HP는 엔지니어링과 혁신에 집중했으며 기업가 정신이 충만했다. 조직 구조도 수직적이 아니라 수평적이었다. 직원들에게 높은 자율성을 부여했으며 좋은 대우를 해 주었다. 해고는 불경기일지라도 최후의 수단이었다. HP는 『포춘』이 선정하는 '가장 존경받는 기업' 목록에 단골로 올라갔으며, 여러 영역에서 최고의 실적을 냈다.

그러다 1999년 들어 상황이 변했다. 오랫동안 회사를 이끌던 루이스 플랫이 퇴임하고 칼리 피오리나가 그 자리에 영입되었다. 피오리나는 HP에 입성하자마자 자신은 최상의 기술에는 별 관심이 없고 브랜드 전략과 마케팅, 비용 절감에 매진할 것임을 분명히 했다. 피오리나는 새로운 마케팅 활동에는 2억 달러를 기꺼이 쏟아부었지만, 직원들 임금은 삭감했다. 반면에 자신에게는 (HP 기준에서) 과도해 보이는 300만 달러의 사이닝 보너스와 6500만 달러에 달하는 급여성 스톡옵션을 지급했다. 심지어 이사회에 자신의 52피트짜리 요트를 미국 동해안에서 샌프란시스코로 끌고 오는 비용을 내 달라고 요청하기도 했다.[13] 이런 피오리나이니 이내 컴팩Compaq과의 합병을 단행한 것도 놀라운 일은 아니다. 이 합병으로 1만 5000개의 일자리가 없어졌으며, 엔지니어링과 혁신보다 판매와 서비스에 집중하는 새 문화가 뿌리내렸다. 그렇지만 2004년에 이르자, 양사의 합병이 비용은 절감했지만 수익은 증가시키지 못했다는 사실이 분명해졌다. 결국 피오리나는 이사회에 의해 쫓겨났지만, HP는 결코 왕년의 영광을 회복하지 못했다. 그 뒤를 이은 마크 허드 역시 연구개발비 삭감을 이어 갔고, 종업원 퇴직연금 혜택도 동결했다. 수익성 개선에 필사적이었던 HP는 혁신 활동에 투자하기보다 다시 합병으로 눈을 돌린다. 이번 상대는 일렉트로닉 데이터 시스템스 Electronic Data Systems였지만, 결과는 실망스러웠다. 현재 HP는 자신이 사실상 개척했다고도 볼 수 있는 기술 분야에서조차 고전을 면치 못하고 있다.[14]

측정하라, 그러면 관리할 수 있다

GM의 점화 스위치 위기와 같은 실책들은 미국 기업계가 대차대조표 중심의 경영 방식으로 쏠려 가는 장기적 전환의 일면을 보여 준다. 변환의 조짐은 20세기 전반기에 경영관이 바뀌면서 나타났다. '측정하라, 그러면 관리할 수 있다'는 생각의 등장이었다. 이는 실물 기업보다 시장을, 노동보나 자본을, 나아가 그 어떤 것보다도 이윤을 우선시하는 변화였다. 이러한 전환은 결국 미국 기업계의 실질 성장과 혁신성을 약화시키게 된다.

이 변화의 역사는 1923~1946년 GM의 CEO로 이름을 날린 앨프리드 P. 슬론까지 거슬러 올라간다. 그는 자신의 목표가 "단지 자동차를 만드는 것을 넘어 돈을 버는 것"이라고 선언했다.[15] 슬론의 발언은 기업의 목적에 대한 새로운 통념을 집약한 것으로, 금융권에서 내세우는 주주가치 개념의 전조가 되었다. 주주가치 개념에 따르면, 기업의 최우선 임무는 주주의 수익을 극대화하고 주주의 이익을 다른 집단, 이를테면 고객, 창업자, 노동자, 나아가 공동체 전체의 이익보다 앞세우는 것이다. 이 생각은 1919년 미시간주 대법원의 '다지 대 포드 자동차' 판결을 통해 이제 막 법전에 새겨진 참이었다. 이 판례는 "기업은 일차적으로 주주의 이익을 위하여 조직되고 영위된다"고 규정했다.

이 판결의 중심에는 포드 자동차의 설립자이자 대주주인 헨리 포드와 다지 브러더스Dodge Brothers의 공동 설립자인 존 프랜시스 다지, 호러스 엘진 다지 형제 사이의 분쟁이 있었다. 당시 헨리 포드는 모델 T 덕분에 떼돈을 벌고 있었다. 포드는 규모의 경제를 확대하며 차량 가격을 떨어뜨리는 동시에, 노동자의 임금을 공개적으로 올려 줌으로써 이들도 자사 제품을 구입할 수 있게 했다. 이런 전략은 훗날 포드주의Fordism로 불리게 되었다. 그리하여 포드 자동차는 상당한 돈을 모았는데, 약 5200만 달러, 오늘날로 치면 11억 달러에 달하는 금액이었다. 포드 자동차의 소액 주주였던 다지 형제는 이 돈 일부를 배당 형태로 받고 싶어 했다. 반면에 포드는 이 돈을 공장 증설에 투입해서 차를 더 많이 팔고자 했다. 그는 이렇게 말했다. "제 꿈은 직원을 더욱 많이 고용하고 우리 산업 시스템의 혜택을 가능한 한 많은 사람에게 안겨 주어 생계와 가정을 꾸리도록 돕는 것입니다. 그렇기에 우리의 수익 중에서는 기업 활동에 다시 투자하는 돈이 가장 큰 몫을 차지하고 있습니다."[16]

그러나 법원의 생각은 달랐다. 다지 형제는 승소했고, 포드 자동차의 배당도 그에 따라 폭증했다. 두 사람은 재빨리 배당 소득을 포드 자동차와 경쟁을 벌이던 자신의 회사에 투자했다. 포드가 배당 지급을 꺼렸던 이유 중 하나가 이것이었다. 다지 브러더스는 결국 크라이슬러Chrysler에 합병됐고, 포드 자동차는 난관을 극복하고 확장을 거듭하여 리버루지 공장을 세계 최대의 통합형 생산 단지로 키워 냈다. 그러나 이 사건은 당시 미국 기업계에 큰 반향을 일으켰으며, 오늘날에도 기업 지배구조 분야의 핵심적인 판례로 남아 있다. 이를 통해 기업에게는 투자자 수익 극대화라는 법적 책임이 있으며, 투자자의 이해관계가 다른 집단에 우선한다는 사상이 법률에 반영되었다.

'주주가치'라는 말은 이제 기업의 장기적 성장을 희생시켜서라도 주가를 부양하는 결정을 내리면서 재무적 성과에 치중하는 경영자들의 슬로건이 되어 버렸다. 또한 과거에 '기업 사냥꾼'이라 불리다가 일종의 말장난을 통해 '행동주의' 투자자로 둔갑한 칼 아이칸, 빌 애크먼, 대니얼 로브 같은 사람들이 내세우는 명분이 되었다. 이들은 뭇 기업들을 압박해서 배당과 자사주 매입의 형태로 2조 달러에 이르는 기록적 규모의 현금을 토해 내도록 했다. 임금 인상이라든가 공장과 기반 시설에 대한 투자, 직원 교육 등에 쓰일 수도 있었던 돈이다.[17] 2015년 한 해 동안, 미국 기업들이 자사주 매입과 배당으로 투자자들에게 건네준 돈은 무려 1조 달러로 역사상 최대치를 기록했다. 그런 와중에 임금은 정체되고, 자본재, 공장, 직원 교육 같은 성장 촉진 항목에 대한 기업 투자도 침체되었다.

다지 대 포드 판례는 주주 집단의 권리를 최우선시하는 입장을 법적으로 정당화해 주었을 뿐만 아니라, 노사 관계 측면에서도 장차 미국 기업계에 두고두고 짐이 될 끔찍한 선례를 남겼다. 그런데 여기에 당대의 또 다른 대표적 경영관인 테일러주의Taylorism도 가세하게 된다.

과학적 (부실) 관리의 탄생

헨리 포드가 다지 형제와 일전을 치르기 전의 일이다. 필라델피아 출신의 기계 기술자 프레더릭 윈즐로 테일러는 미국 산업을 어떻게 발전시킬 것인지에 관한 아이디어로 부와 명성을 얻어 가고 있었다. 후일 '효율성 이론', 또는 비평가들의 표현으로는 '테일러주의'라고 불리게 되는 이 사상은 1911년 출간된 그의 대표작 『과학적 관리의 원칙』에 잘 드러나 있다. 다지 형제처럼 테일러 역시 노동을 그리 배려하지 않았다. 테일러 이론의 바탕에는 노동자란 게으르고 다소 어리석으므로 미국 경제의 효율성을 높이려면 이들을 밀착 관리할 필요가 있다는 관념이 깔려 있었다. 그의 책에는 노동에 대한 경멸적 시선이 고스란히 담겨 있는데, 오늘날에는 그런 말을 기업 리더가 공개적으로 발설하는 광경을 상상조차 하기 어렵다. 그는 이렇게 썼다. "선철을 다루기에 적합한 정규 노동자의 최우선 요건 하나는 다름 아니라 정신 구조가 황소와 흡사할 정도로 어리석고 무감각해야 한다는 것이다. 그렇기 때문에 명민하고 지적인 자에게 이런 종류의 작업은 전혀 맞지 않으며, 지루하고 단조롭게만 느껴질 것이다. 따라서 선철 처리에 딱 알맞은 노동자라면 이런 하급 작업의 기반이 되는 실제적 과학을 이해하지 못한다."[18]

이런 서술을 읽고 나면, 테일러 사상이 후일 우생학 같은 인종주의 철학을 정당화하는 데 동원되었다는 것도 쉽게 이해가 간다. 그러나 테일러주의는 19세기 말에서 20세기 초반에 이르는 30여 년 동안 최신 경영 이론으로 간주되었다. 테일러가 하버드 경영대학원에서 이 사상을 가르칠 기회를 얻을 정도였다. 그의 가르침은 신속성과 효율성, 수익성 증대에 목말라하던 기업들을 중심으로 들불처럼 번져 나갔다.

테일러는 이를 위해 노동자들을 더욱 엄격하게 제한된 조건 아래 놓고 고삐를 바짝 죄어야 한다고 주장했다. 그의 '시간과 행동' 연구는, 노동자가 한 가지 특정한 업무를 특정한 방식으로 수행하도록 만드는 새로운 작업 범주화의 토대가 되었다. 초시계를 든 테일러가 담당 작업을 수행하고 있는 공장 노동자들을 내려다보며 100분의 1분 단위까지 시간을 쟀다는 일화도 유명하다. 특히 악명 높은 연구는 삽질의 효율성을 조사한 것이다. 여기서는 한 번에 21파운드를 뜨는 것이 가장 효율적임을 밝히는 한편, 최소 시간에 최대량의 재료를 옮길 수 있도록 정확히 삽을 쥐는 자세를 제시했다. 물론 반복적인 신체적 스트레스로 유발되는 상해 따위는 안중에도 없었다. 테일러는 이런 효율성이 노동 시간을 줄여 줄 것이라고 주장했지만 결코 이를 증명하지는 못했다. 일한 분량에 따라 보수를 받기 시작한 노동자들은 그저 더 열심히, 더 오래 일해야 했다.

테일러주의의 혜택을 볼 사람들은 당연히 자본가였다. 이들의 공장은 상품을 더 많이 생산하고 돈도 더 많이 벌었다. 그러나 직무가 세분화됨에 따라 새로운 보고 체계가 형성되었다. 이제는 삽질 수행자들을 감독할 삽질 측정자와 관리자가 다수 필요해졌다. 그래서 인력과 비용이 추가되었고, 이를 상쇄하기 위해 효율성을 더욱 끌어올려 수익을 맞춰야 했다. 참 이상한 일이었나. 아무리 테일러가 노동자에게서 관리자로 권력이 넘어가는 것을 노골적으로 선호했다고는 하지만, 비효율을 야기하는 관료제를 높이 샀으니 말이다. 그는 이렇게 말했다. "직능 관리의 가장 두드러진 특징은 개별 노동자가 경영진과 직접 접촉하지 않고 (…) 여덟 상관에게서 그날의 지시와 도움을 받는다는 사실에 있다." 여기서 여덟 상관이란 순서 담당자, 지시표 담당자, 비용 및 시간 담당자, 조장, 속도 책임자, 검사 책임자, 수리 책임자, 규율 책임자를 말한다.[19]

이들은 서로 소통할 것을 권장받지 않았고, 고위 간부진이 할당해 준 과업만 수행해야 했다. 일선 현장에서 점차 멀어져 간 고위 경영진은 운용 및 비용 통계, 운송 및 유통 데이터, 각종 재무 자료 등 쉴 새 없이 쏟아져 나오는 온갖 정보를 처리하는 일에 시간을 쏟았다. 결국 기업 지도부의 직무는 숫자를 따지는 일이 되었다. 현장의 노동자와 기술자는 부품을 만들고, 경영자는 돈을 벌었다. 이런 환경에서는 오늘날 최고재무책임자CFO라 부르는 회계 관리자controller가 이사회의 필수 불가결한 존재가 된다.[20] 이 사람만이 회사의 모든 인원과 사안에 대한 접근권을 가지고 있었다. 모래시계의 잘록한 허리 같은 역할을 맡은 회계 관리자를 거쳐 회사의 모든 정보가 흘러갔다.

CFO라는 직위는 1920년대 들어 널리 확산되었다. 20세기 초입만 해도 생소한 직위였으나, 불과 몇 년 뒤 종사자 협회가 설립될 정도로 여기저기에 도입되었다.[21] 더욱이 관리자를 회계업계에서 뽑아 오는 경우가 점차 늘어났다. 1915년에 사망한 테일러가 만약 살아서 이를 지켜봤다면 아주 흡족해했을 것이다. 자동차 공장이든 석유회사든 광고회사든 간에 경영에 필요한 기술은 대동소이하다고 보았기 때문이다. '측정하라, 그러면 관리할 수 있다'는 모토는 수십 년 후 글로벌 기업 컨설팅 업계의 강자 매킨지McKinsey가 비공식 슬로건으로 채택하게 된다. 기업주와 분리된 고위급 관리자 집단이 태동했다. 이들은 주로 재무 지표에 전념하고 노동에는 적대적 태도를 보였다.

당시 노동자들은 점차 기술 전문성을 잃어 가고 있었다. 직무를 좁고 엄격하게 나눈 테일러주의가 득세했기 때문이다. 그런데 전문성의 약화는 노동자뿐만 아니라 관리자에게서도 동일하게 나타났다. 기업이 점차 금융화되어 감에 따라 관리자는 회사의 재무적 성과에 대해서는 더 많이 알게 됐을지 모르지만, 생산되어 나오던 실제 제품에 대한 이해도는 떨어지게 되었다. 제조 공정의 통제가 분권화되어 감에 따라, 재무적 의사 결정은 기업 내 권력의 중핵으로서 전례 없이 중앙 집권화되었다. 기업 전략의 중심이 된 것은 물론이다. 그러면서 미국 기업계 전반에 걸친 금융화는 더욱 힘을 얻게 된다. 기업 내 부서 간의 소통은 어려워진 반면, 궁극적 진리로 격상된 각종 수치의 중요성은 날로 커져 갔다. 수치는 기업이 의사 결정에 사용하는 유일한 실질적 정보가 되었다.

이런 실상을 가장 잘 보여 준 기업이 바로 GM이다. 물론 헨리 포드도 테일러주의식 직무 분석 개념을 공장에 도입하여 모델 T 양산에 성공하기는 했지만, 처음으로 대중 시장을 겨냥한 자동화 시스템을 효율성 이론과 결합시킨 기업은 GM이다. GM은 노동과 경영을 철저하게 분리한다는 테일러주의 철학을 채택했다. 이는 슬론 본인의 말에서도 확인할 수 있다. 그는 고위 관리자들이 GM이 생산하는 제품을 너무 세세하게 파악하는 것을 바라지 않는다고 했다. 슬론이 보기에 그들의 직무는 그저 각종 표를 살펴보면서, 어떤 사업부가 잘 돌아가고 있는지 아닌지 오로지 회계 데이터만 가지고 합리적으로 판단하는 것이었다. 중요한 것은 실적에 관련된 수치였다. 품질이나 고객 및 종업원 만족도 등의 요소는 그서 삽음에 불과했다.

이 모든 것이 재무를 중심으로 작동되는 사일로의 출발점이었고, 결국 점화 스위치 사태를 낳고야 말았다. 그러나 이런 현상이 GM, 아니 자동차 업계에만 국한된 것은 아니었다. 1930년대 말에 이르면 여러 산업에 걸쳐 대부분의 기업이 효율성 이론을 좇아 수치를 맹신하는 경향을 일부나마 채택하게 된다. 그러는 와중에 흥미롭게도 그 장본인인 테일러는 거센 비판의 대상이 되었다. 테일러의 방법론이 적용된 현장에 있는 노동자들의 불만은 갈수록 커져 갔다. 결국 1911년, 매사추세츠주의 워터타운 군수공장Watertown Arsenal에서 일촉즉발의 파업이 일어났다. 이 일로 테일러식 방법론에 대한 의회 조사가 실시되었고, 지나치게 혹독하다는 판단에 따라 현장 적용이 금지되었다.

시간이 지나며 테일러라는 인물은 점차 인기가 없어졌지만, 그가 동원했던 계량적 접근법은 영향력이 더욱 커졌다. 훨씬 강력한 주창자가 등장하여 테일러주의를 새로운 형태로 다시 대중화한 것이다. 테일러는 일찍이 "과거에는 인간이 우선이었지만, 미래에는 시스템이 우선되어야 한다"고 했다.[22] 이 말은 재무적 성과를 중심으로 하는 새로운 연구 분야, 즉 시스템 분석systems analysis의 출발점이 되었다. 이 분야는 이후 우리 사회의 경제적, 정치적 지형을 바꾸어 놓게 된다.

맥나마라와 똑똑이들

지난 몇십 년의 경제사는 로버트 맥나마라가 없었다면 상당히 다른 방향으로 흘러갔을지도 모른다. 머리가 비상했던 맥나마라는 케네디 대통령과 그 뒤를 이은 린든 존슨 밑에서까지 국방장관을 지낸 인물로, 대 베트남 전략 실패에 큰 책임이 있었다. 시스템 분석 기법을 고수하던 맥나마라는 전쟁 수행의 모든 측면에서 데이터를 우선시했다. 폭탄이며 고엽제, 사상자 수, 그리고 공습 화력 1메가톤당 파괴된 적군 차량 수에 이르기까지 철저히 수치를 따져 효율성 극대화를 추구했다. 그러나 이 때문에 미국 정부는 전쟁 과정에서 범하고 있던 전반적인 실책을 제대로 보지 못했다. 숫자를 놓고 논쟁하는 것은 불가능했기에, 맥나마라의 의견에 의문을 제기하기란 쉽지 않았다. 이 주제를 잘 묘사한 책으로는 데이비드 핼버스탬의 『최고의 인재들』을 들 수 있다.[23]

그런데 맥나마라가 재무 효율성 이론을 미국 기업계에 도입한 장본인이라는 것은 잘 알려져 있지 않다. 그는 수치를 앞세운 경영 관리 문화를 전파했는데, 이는 후일 미국 초우량 기업들의 생산성 저하를 초래했다. 미국을 베트남전의 수렁에 빠뜨리기 전에 맥나마라는 포드 자동차에서 다른 종류의 공격을 이끌었다. 자동차 제조업의 창의적 측면은 무시하고 앞바퀴 조임 볼트 원가에서 반의반 푼까지 쥐어짜 내는 식의 비용 절감 열풍을 불러일으켰다. 그러나 이 전략은 훗날 포드를 비롯한 미국 자동차 산업 전체가 글로벌 시장 지배력을 잃게 만들고 말았다.

포드 자동차의 경영 효율화는 이른바 똑똑이들Whiz Kids로 알려진, 수치에 밝은 애널리스트 팀이 주도했다. 이들은 미국 국방부 통계분석과 출신으로, 그 가운데 맥나마라가 가장 유명했다. 맥나마라는 늘 숫자에 깊이 매료되어 있었다. 젊은 시절 하버드 대학교에서 경영학을 공부했던 그는 이미 GM에서 시행되던 재무 중심의 의사 결정과 분권적 경영 관리를 받아들였다. 당시 GM의 모델은 경영 컨설팅의 아버지 피터 드러커가 『기업의 개념』에서 상찬할 정도였다. (드러커와 맥나마라 모두 테일러의 열렬한 추종자였다.)[24] 그렇다고 해서 맥나마라가 수치에만 관심을 쏟은 것은 아니었다. 권력과 명예도 추구했다. 회계법인 프라이스 워터하우스Price Waterhouse에 잠시 몸담으며 미국 서부에서 지내던 맥나마라는 곧 케임브리지로 돌아와서는 하버드 경영대학원 교수로 취임하여 명민한 젊은 세대에게 수치에 대한 열정을 전수하기 시작했다.

맥나마라가 하버드대에서 회계학을 가르치던 1942년, 미 육군 항공대 통계통제소 책임자 찰스 '텍스' 손턴이 학교를 방문했다. 손턴은 '가장 뛰어나고 영민한' 인재들을 발탁한 뒤 이들의 힘을 빌려 전쟁부에 신설하려던 통계 분석 부서를 키워 볼 요량이었다. 계량 분석을 이용하여 폭격 지점을 선정하거나 부대 수송 방식을 결정하고, 궁극적으로는 전쟁에서 승리를 쟁취하려는 것이 그의 생각이었다.[25] 존 번의 『똘똘이들』에 따르면, 똘똘이들은 "기업의 회계 관리자와 같은 역할을 수행했고, 이들이 작성한 보고서는 텍스가 지휘하는 독립적인 명령 계통을 통해 공군 본부로 직보되었다."[26] 이 독립적인 체계에 많은 베테랑 군인들이 분개했다. 그 방식이 전장에 있는 군사들의 경험, 직관, 감정 등을 거의 무시했기 때문이다. 관리 방법은 명령과 통제 일색이었고, 오직 통계 수치만이 유의미한 정보로 인정되었다. 통계통제Stat Control 그룹에서 맥나마라가 단연 두각을 나타내는 가운데, 이들은 항공기의 비행시간을 조금이라도 더 늘리는가 하면, 각종 장비의 이동과 배치에 가장 효율적인 방식을 도출했다. 그뿐 아니라 폭격기를 위한 전투기의 엄호 비행을 없애는 등 비용 절감 방안을 제시하기까지 했다. 엄호 없이도 폭격기 조종사의 생환율이 80퍼센트에 달하리라는 수치 분석에 따른 조치였다. 이 연산 하나로 목숨을 잃게 될 나머지 20퍼센트 조종사나, 호위기 없이 교전 지역으로 투입되는 조종사의 사기 저하 효과 등은 고려 대상이 아니었다. 당시 공군의 수뇌였던 커티스 르메이 장군이 이런 똘똘이들의 특이한 제안서를 받아 보고는 욕설을 휘갈긴 후 휴지통에 던져 버릴 정도였다.[27]

후일 역사가 증명했듯, 르메이의 선택이 옳았다. 미국이 제2차 세계 대전에서 승리하면서 똘똘이들은 찬사를 받았지만, 나중의 연구 결과에 따르면 똘똘이들의 분석이 전쟁 수행에 도움이 되었는지 피해를 끼쳤는지는 불분명했다. 똘똘이들이 제시한 수치들은 요란하기는 했지만, 그렇다고 썩 대단한 것도 아니었다. 전쟁에서 중요한 결정으로 이어진 핵심 수치는 그것이 최선의 결과물이어서가 아니라 단지 계산이 가장 용이하다는 이유로 선택되는 경우도 많았다.[28] 폭격 작전에 대한 한 보고서에는 통계통제 그룹의 방법론이 "전체적으로 실망스러웠다"고 적혀 있었다. 맥나마라가 전쟁부에서 활용한 시스템 분석 기법을 실제로 개발한 곳은 비밀 준군사 연구기관인 랜드 연구소RAND Corporation였는데, 이곳에서조차 1950년에 자아비판적 보고서를 내어 이 기법이 융통성이 없고 반작용이 심했음을 인정했다. 랜드의 한 엔지니어가 작성한 이 내부 보고서는 이렇게 지적한다. "시스템 분석 접근법에 내재한 커다란 위험은 (…) 우리 기관이 계량적으로 다룰 수 없는 요소들은 제대로 숙고되지 않는 경향이 있다는 점이다. 심지어 우리가 계량 분석을 할 수 있는 요인일지라도 기관의 처리 역량이 감당할 수 있는 복잡성의 한계 때문에 분석에서 배제되는 경우가 있다. 마지막으로, 시스템 분석은 상당한 경직성을 띠고 있어서 우리가 해법을 찾으려 하는 문제가 무엇인지 6개월 전에는 결정해야 한다. 그러나 분석이 끝날 무렵이면 정작 문제가 애초와 다른 양상으로 전개되거나 아예 해소돼 버리는 경우도 흔하다."[29] 결국 시스템 분석 기법은 이미 알려져 있는 목표를 달성하고자 할 때는 효율성 증가에 큰 역할을 했지만, 정작 목표가 무엇이어야 하는지를 판단하는 데 이용하기에는 심각한 결함이 있었다. 특히 인간의 동기나 정서 같은 까다로운 변수가 다수 개입된 경우에는 더욱 그러했다.

똘똘이들, 정부에서 기업으로 들어가다

그러나 미국이 제2차 세계대전에서 승전한 상황이었기에 아무도 시스템 분석 기법의 약점에 신경 쓰지 않았다. 똘똘이들, 특히 그중에서도 맥나마라는 완전무결하다고 여겨졌다. 그들은 알아야 할 것이 무엇인지 아는 사람들이었다. 그들이 수치 중심의 경영이 나아가야 할 길이라고 생각하면, 응당 그렇게 해야 했다. 이런 분위기에서 헨리 포드 2세가 똘똘이들을 영입했고, 이들은 1946년 포드 자동차 전체의 개혁에 착수했다. 팀으로 채용된 똘똘이들은 워싱턴에서 짐을 꾸려 디트로이트에 입성했다. 미 공군의 전략을 완전히 바꿔 놨던 것처럼, 이제 곧 미국 기업도 수치와 사실을 동원해 머리끝부터 발끝까지 바꾸게 될 터였다.

당시 포드사에는 분명 구원의 손길이 필요했다. 포드는 양차 세계대전 사이의 시기에 GM에게 시장 점유율을 상당 부분 잠식당하면서 한 달에 약 900만 달러꼴로 손실을 보고 있었다. 헨리 포드 2세는 위기를 타개하기 위해 두 가지 방법을 사용했다. GM의 임원들에게 추파를 던져 가능한 한 많이 영입하는 한편, 똘똘이들을 채용하여 새로운 경영 전략을 주도하게 했다.[30] 드디어 맥나마라가 납시었다. 이곳에서 맥나마라가 처음으로 취한 행동은 당연히 회계 실사 지시였다. 역시나 실사 결과 포드는 더욱 정교한 재무 지표를 마련하고 이를 다룰 회계 인력을 확충할 필요가 있다는 결론이 나왔다. 실사 보고서가 나오기가 무섭게 포드의 금융화가 시작되었다. 맥나마라와 그가 이끄는 숫자놀음꾼들은 질서를 만들어 나가면서 차가운 합리성과 논리성을 포드에 들여왔다. 오직 수치만이 중요하고 감정이 들어설 여지는 전혀 없는 문화가 형성 됐다. 디트로이트에 엄청난 변화가 일어난 것이다. 당시 이 자동차 도시에서는 보통 '자동차맨'이 경영을 맡아 왔다. 이들은 자동차를 대단히 감정적인 물건으로 여겼다. 그러나 둘도 없는 합리주의자였던 맥나마라는 자동차가 하나의 상품에 불과하며, 따라서 여느 상품과 똑같이 취급해야 한다고 생각했다. 디자이너와 엔지니어는 운신의 폭이 좁아졌고 예산도 깎여 나갔다. 창사 이래 재무라는 것이 거의 존재하지 않았던 포드에서 어느 순간 재무가 통제 중추로 떠올랐다. 이를 두고 존 번은 다음과 같이 썼다. "생산의 각 공정을 속속들이 장악할 수 있도록 밥 맥나마라의 지휘 아래 회사 전체에 걸쳐 수익 관리 시스템을 갖췄다. 이들은 제조 원가의 통제라는 전통적인 역할을 넘어 마케팅에서 구매에 이르는 모든 것을 통제하려 했다."[31]

몇 년이 지나자 이 MBA 소지자들은 엔지니어링 및 디자인 부문에 포진해 있던 자동차맨들에게서 회사 전체의 통제권을 빼앗아 왔다. 자동차맨들은 불만을 쏟아 냈고, 생산 과정이나 소비자의 실제 기호에 대한 지식이 일천한 그들의 행태에 코웃음을 쳤다. 당시 포드의 사내 분위기는 데이비드 핼버스탬의 1986년 저서 『심판』에 잘 나타나 있다. "똘똘이들의 포드 입성은 중대한 사건이었다. 수많은 미국 기업들에게도 곧 일어나게 될 큰 변화를 상징했기 때문이다. 이 야심과 능력이 넘치는 젊은이들은 자동차맨이 아니었다. 이전 세대와는 달리 이 업계에서 성장한 사람들이 아니었다. 기계 장치를 사랑하고 무언가를 만드는 일에 강한 흥미를 느껴 자동차 업계에 투신한 이들이 아니었다. 똘똘이들에게 자동차 생산은 낯선 신세계였다." 미국 자동차 사업의 똘똘이화라고 불러도 좋을 이 대전환은 핼버스탬이 보기에 책을 쓰던 당시 미국 산업계에 강하게 뿌리내리고 있던 병폐, 즉 금융이 실물 산업을 장악해 나가는 현상의 원천이었다. 회계 인력이 영업 인력을 대체하기 시작했고, 수익만을 바라는 풍조가 좋은 제품의 생산이라는 목표를 느리지만 확실하게 압도해 갔다. 요컨대 금융화의 그림자가 드리운 것이다. 핼버스탬에 따르면, "똘똘이들은 미국 기업계에 등장한 새로운 계급의 선두주자였다. 이들이 가진 것은 제품에 관한 구체적 지식이 아니라 시스템에 관한 추상적 지식이었다. 이런 시스템은 적절히 활용한다면 어떤 기업에든지 적용될 수 있었다. 똘똘이들의 접근법은 대체로 이론적이었으며, 사용하는 언어도 현장의 조립 라인보다는 경영대학원의 언어에 더 가까웠다."[32]

맥나마라가 수장으로 있던 재무 부서는 품질을 중시한다는 립서비스를 하기는 했지만 수치를 근거로 승진을 시켰다. 물론 똘똘이 본인들도 그에 따른 승진 대상이었다. 1980년대를 거치며 똘똘이들은 포드 최고위직 몇 자리를 차지했고, MBA로 무장한 재무 부서 출신들도 고속 승진을 했다.[33] 그리고 금융화에 따라 아찔할 정도로 불평등한 급여 구조가 서서히 자리를 잡기 시작한다. 이들의 급여 상승률은 학사 학위만 소지한 중역들보다 약 50퍼센트 높았다.[34] 이 수치 중심의 경영은 일시적으로나마 제대로 먹혔다. 똘똘이들이 포드 대차대조표에서 수백만 달러를 절감하자, 1948년에서 1949년까지 1년 사이에만도 수익이 9400만 달러에서 1억 7700만 달러로 거의 두 배나 뛰어올랐다.[35] 포드의 주가도 함께 상승했으며, 맥나마라와 그 팀원들이 스톡옵션으로 부여받은 주식 가격도 올라갔다.

물론, 돌이켜 생각해 보면 1950년대 들어 포드가 분위기 반전에 성공한 것은 당시 미국이 유례없는 경기 호황을 맞은 덕이 컸다. 호황은 베이비 붐의 산물이었다. 귀환한 참전 군인들이 가정을 꾸리며 자동차와 주택, 가전제품 등을 구입하기 시작한 덕분이었다. 정부는 주간 고속도로 시스템에 400억 달러 이상을 쏟아붓고 있었다. 수요가 그야말로 엄청났기 때문에 자동차 업계가 성공할 수밖에 없었다. 1930년대에 포드를 제쳤던 GM은 이제 최초의 연 수익 10억 달러 기업에 다가서고 있었다.[36] 이런 상황이었기에, 재무를 최우선시하는 똘똘이들의 전략은 한동안 별다른 제지를 받지 않고 지속될 수 있었다. 이 전략의 혁신과 성장을 저해하는 효과는 전후 호황 속에서 드러나지 않고 있었다. 적어도 당장에는 문제가 없어 보였다.

게다가 1956년 포드가 기업공개를 하자 맥나마라의 전략을 실행하는 데 필요한 시간과 자금이 더욱 늘었다. 핼버스탬의 표현에 따르면, 제2차 세계대전 후 포드가는 "부유해진 동시에 빈곤해졌다." 헨리 포드가 자신의 재산 대부분을 이미 자선보다는 조세 회피의 목적이 강한 포드 재단Ford Foundation에 물려주었기 때문이다. (세금을 극도로 싫어했던 포드는 재산의 상당 부분이 유산세로 귀속된다는 사실을 참을 수가 없었다.)[37] 미시간 주 그로스포인트의 대저택에서 수많은 집안 일꾼들을 거느리고 살아오던 포드가 입장에서는 불행한 일이었다. 회사를 키울 자금을 충분히 남겨 두면서 상류층의 삶을 지속하기가 어려워진 것이다. 해결책은 단 하나, 포드를 상장하는 것이었다.

포드의 기업공개는 미국 최고의 투자은행 골드만 삭스가 주관했다. 이 일에 주니어 파트너로 참여했던 사람 가운데는 존 화이트헤드도 있었다. (그는 나중에 골드만 삭스 회장직에 오르는데, 트레이더 출신들이 득세하기 전 순수 투자은행가 출신으로 그런 자리에 오른 마지막 세대에 속한다.) 후일 화이트헤드는 포드의 기업공개가 자본주의의 민주화를 상징하는 사건이었다고 술회했다. 그 전만 해도 대중이 주식을 보유하는 것은 일반적이지 않았다. 사람들은 재산을 대부분 채권이나 부동산 등의 형태로 보유했다. 그런데 포드가 어떤 곳이며 무엇을 만드는지 모르는 사람은 아무도 없었기 때문에, 누구나 주식을 매입하여 포드의 일부나마 손에 넣고 싶어 했다. 당시 포드 자동차는 다른 어떤 기업보다도 미국의 자유와 기업가 정신을 대표하는 존재였기 때문이다. 기업공개는 대성공을 거두어 포드의 주가는 애초의 기대치를 훌쩍 뛰어넘어 버렸다. 이제 포드가는 메인가 출신의 주주 30만 명을 맞이했다. 그뿐 아니라 가문 지분을 사적으로 매도하여 현금화하지 않고 증시 상장을 선택한 결과, 3억 달러에 달하는 상속세를 납부하지 않고서도 경영권을 유지할 수 있게 되었다.[38]

포드로 흘러들어온 엄청난 자금은 전후 경제의 폭발하는 수요를 감당하는 데 필요한 기업 확장에 쓰였다. 그러나 이때 이후로 기업 활동의 초점은 주가를 올리는 데 집중되었고, 주가를 끌어내릴 위험이 있는 일은 회피하려는 경향이 나타났다. 수많은 연구 결과에서도 알 수 있듯, 상장 기업은 거의 언제나 비상장 기업에 비해 상당히 보수적인 면모를 보인다. 월가로부터 분기 실적을 올리고 주주를 만족시키라는 압력을 받기 때문이다. 이를 위한 결정이 장기 성장에 좋을지 나쁠지는 상관없다. 비상장 기업의 경우 비슷한 수준의 상장 기업에 비해 공장, 직원 교육, 연구개발을 비롯한 장기적 투자에 지출하는 돈이 두 배가량 많다.[39] (이러한 사실은 국내 투자의 부진이 높은 세율 탓이라는 수많은 상장 대기업의 주장이 허위임을 보여 준다.) 그동안 수십 년 넘게 미국 자동차 업계를 괴롭혀 온 고질적인 문제점, 이를테면 유지가 불가능한 노사 임금 협약 같은 것들은 회사들이 상장한 뒤에 나타나기 시작했다.

비상장 기업에서 상장 기업으로 전환되면서 회사의 노동 및 보수 정책도 크게 바뀌었다. 포드는 수익 실현에 해가 되는 파업만은 어떻게든 피하고 싶었기 때문에 노조와 적당한 선에서 임금 인상 협약을 체결하는 한편, 전후 유럽에서 이미 활용되고 있던 노사 협력적 생산 방식은 거부했다. 유럽의 다임러Daimler 같은 기업들은 '공동 결정codetermination' 경영 방식을 채택하여, 노조도 이사회의 구성원으로서 운영 방향과 생산 방식의 결정에 참여하고 있었다. 이 모델은 결국 생산성과 글로벌 경쟁력이 더 뛰어나다는 것이 증명되었다. 그러나 미국에서는 전통적인 테일러주의 방법론에 따라 노동을 협력하기보다는 달래야 할 대상으로 보았다. 이에 따라 노동자들은 임금이 상승했지만 회사 장악력은 떨어졌다. 이런 파우스트적 거래는 결국 수십 년이 지나 제반 비용이 저렴한 아시아로 일자리와 기술이 넘어가면서 역효과를 낳았다.

'적대적'이라는 말보다 미국의 노사 관계를 더 적절하게 표현할 만한 단어는 없을 것이다. GM뿐만 아니라 대부분의 자동차업체는 물론이고 미국 기업계 전반이 그렇다. 미국 자동차 제조사들은 아시아 및 유럽 회사들의 성공 요인인 노사 협력적 생산 방식을 도입하는 데 여전히 어려움을 겪고 있다. 그 이유 중 하나는, 그러려면 근본적인 마음가짐을 뜯어고쳐야 하기 때문이다. 1980~1990년대에 GM을 비롯한 업체 몇 곳이 일본식 '안돈 코드andon cord' 시스템을 도입하려 했던 사례가 이를 잘 보여 준다. 이것은 무언가 잘못됐을 때 현장 직원 누구나 생산 라인을 정지시킬 수 있도록 하는 제도다. 그러나 미국에서는 안돈 코드를 실제로 당긴 노동자에게 상사의 고함이 되돌아오기 일쑤였다. 어떤 관리자들은 노동자들이 그저 공짜 휴식을 얻으려 한다고 생각했다.[40] 이런 분위기에서 노농자들이 자사 제품에 자부심을 갖고 최고의 제품을 만들겠다고 마음먹는 광경은 상상하기도 어려웠다.

설령 경영진이 실제로 노사 협력을 이루어 보고자 해도, 먼저 월가의 승인을 얻는 한편 변덕스러운 시장 여건도 살펴야 했다. 예를 들어 1991년, 존경받는 '자동차맨'이던 GM의 CEO 로버트 스템펠은 린 생산방식lean production*을 회사 전체에 도입하려 했지만, 이사회나 월가 애널리스트들에게 이것이 시도할 만한 가치가 있음을 납득시키지 못했다. 이들은 GM이 당장의 분기 실적을 갱신하기를 원했고, 스템펠은 결국 기존 방식으로 돌아가야만 했다. 스템펠은 공장 21곳을 폐쇄하고 직원 7만 4000명을 해고한다는 계획을 발표했다. 그 결과 GM은 주가가 큰 폭으로 올랐지만, 노동자의 신뢰를 잃었다. 노동자들도 이제는 생산 공정에 대한 발언권을 내주면서까지 임금 절충안을 협상하는 일에 흥미를 잃게 되었다. 물론 일부 개선되기는 했지만, 노사 간에 기본적인 신뢰가 없다는 점은 오늘날에도 GM의 고질병으로 남아 있다.

이 모든 것은 결국 고장 난 비즈니스 모델을 초래했다. 그 어떤 혁신이나 장기적 사고도 제 목소리를 내기 힘들어졌다. 경영진은 급여를 올

* 현장의 원자재와 재공품 흐름을 분석하고 제조 설비의 배치를 최적화해 생산성을 끌어올리는 기법.

려 주고 있다는 사실을 들먹이며 연구개발비 삭감을 정당화했다. 수익은 올랐지만, 새로운 제품과 기술 덕분이라기보다는 이런저런 비용을 감축한 결과에 지나지 않았다. 핼버스탬은『심판』에서 다음과 같이 지적한다. "포드 자동차는 정체된 일터로 변모하고 있었다. 제품에 대한 열정, 즉 최고 품질의 가장 현대적인 차를 생산한다는 생각을, 수익에 대한 열정, 즉 이윤을 극대화하고 수익과 주가를 동시에 끌어올린다는 생각이 대체해 버렸다. 하룻밤 사이에 벌어진 일이 아니었다. 맥나마라와 그의 시스템이 그 시작이었다."[41]

주가 부양은 곧 비용 감축을 의미했으며, 이를 똘똘이들보다 잘하는 사람은 없었다. 그러나 1960년 맥나마라가 포드 사장에 취임하기 전부터도, 디자인과 엔지니어링보다 재무를 앞세우던 전략은 품질에 심대한 영향을 미치고 있었다. 자동차 역사상 최악의 실패작으로 평가받는 에드셀Edsel이 맥나마라 일당의 주도 아래 출시된 것도 어찌 보면 당연하다. 숫자놀음꾼과 엔지니어 사이의 사내 주도권 싸움이 한창인 가운데 개발된 에드셀은 탄생부터 온갖 결함을 안고 있었다. 당시 부상하고 있던 중산층을 대상으로 매출 확대를 꾀하던 포드는 에드셀을 중간 가격대 모델로 설정했다. 그러나 결국 과도하게 떡칠된 잡동사니로 둔갑해 버렸다. 디자인 문제도 한두 가지가 아니었다. 한 평론가는 에드셀의 전면부 그릴을 두고 "레몬을 물고 있는 올즈모빌Oldsmobile" 같다며 혹평했다. 물론 맥나마라 본인이 직접 이 모델을 승인하지는 않았지만, 이것을 세상에 선보인 담당 임원은 맥나마라였다. 더 큰 문제는 맥나마라가 도입한 품질 관리 시스템이 에드셀의 여러 문제를 사전에 잡아내지 못했다는 점이다. 이 시스템은 한 차량의 각 결함에 1점씩을 부여했는데, 그 합계가 35점을 넘을 경우 딜러에게 내보내지 않았다. 그런데 품질 검사팀은 생산 라인에서 나오는 차량 가운데 일부 표본만을 조사했을 뿐이다. 표본의 평균이 만족스러운 범위 내에 들기만 하면, 그날 생산된 차량 전체가 출시되었다.

결국 수천 대의 차량이 시트커버가 잘못 덮이거나, 휠 캡이 헐겁거나, 변속기에 결함이 있는 채로 고객의 손에 들어갔다. 고객의 불만이 쌓여 갔고, 오래잖아 자니 카슨, 밥 호프, 밀턴 벌 등 코미디언들이 방송에서 에드셀을 신랄하게 비웃었다. 급기야 포드가 운전대에 수리 설명서를 부착한 채 에드셀을 딜러에게 배송하기 시작한 지도 한참이 지나, 맥나마라는 결국 1959년 이 차량을 단종시켰다.[42]

이런 일이 있었음에도 똘똘이들은 고객 만족보다 대차대조표와 주가를 중요하게 여겼다. 이들이 보기에 자동차회사 중역이, 아니 어떤 회사든 중역이 우선시해야 할 것은 제품에 대한 열정이 아니었다. 일찍이 GM의 앨프리드 슬론이 설파했던 것처럼, 중요한 것은 돈벌이였다. 핼버스탬의『심판』에 따르면, 맥나마라 일당은 "제품 개선에 신경 쓰기는 커녕 지극히 교묘한 방식으로 해마다 각 자동차 모델의 질을 떨어뜨렸다."[43] 여기에는 싸구려 금속, 저기에는 속성 건조 페인트 하는 식으로 조금씩 절감된 비용이 쌓여 수천, 수만 달러가 되었다. 맥나마라는 심지어 트렁크에 탑재되는 스페어 타이어를 제공하지 않으려 한 적도 있다. 자신이나 주변 지인 가운데 이것을 실제로 사용하는 사람이 없다는 이유에서였다. 다행스럽게도 한 부하 직원이 자동차회사 중역의 차량은 대개 6개월마다 교체된다는 사실을 상기시켜 주었다.

그리고 역시나, 이윤 극대화를 위해 부품 생산을 노동력이 저렴한 국가에 아웃소싱하는 방안을 자동차 업계에서 처음으로 거론한 인물도 맥나마라였다.[44] 물론 월가는 이 구상을 무척 마음에 들어 했다. 그러나 이런 조치가 미국의 제조업 지식 기반을 무너뜨리고 장기 성장 동력을 훼손할 수도 있음은 조금도 고려하지 않았다.

품질을 외면한 기업의 운명

그러나 품질보다 대차대조표를 우선시하는 방침이 영원히 지속될 수는 없었다. 한 푼이라도 더 비용을 쥐어짜고 제품 개발 투자를 삭감하는 전략은 1970년대 들어 말 그대로 파열음을 내고 만다. 포드가 내놓은 저비용 소형차 핀토Pinto가 후미 추돌 사고로 화염에 휩싸이면서였다. 포드 엔지니어들이 이런 위험을 실제로 알고 있었으면서도 조립 라인이 이미 구축되었다는 이유로 핀토 생산을 그대로 진행했다는 보고서들이 공개되면서 사태는 더욱 악화되었다. 핀토 참사로 포드는 결국 수백만 달러를 물어내야 했고 시장 점유율은 추락했다. 싸구려인 데다 위험천만했던 핀토는 미국 자동차 업계에 만연한 여러 문제와 미국 제조업의 몰락을 상징하는 제품이 되었다. 그리고 앤드리아 가보어가 『자본주의 철학자들』에서도 밝혔듯, 핀토 자체는 1970년대에 출시되었지만, 문제의 출발점은 똘똘이들이 비용편익 분석을 도입한 시기로 거슬러 올라갈 수 있다.

가보어에 따르면, "핀토 문제는 연료 탱크의 배치와 구조에서 비롯되었다. 이 설계 결함은, 예를 들면 연료 탱크 내부에 고무 라이닝을 덧대었으면 해결할 수 있는 문제였다."[45] 그러나 고무를 추가하는 데 들어갈 잠재적 비용은 1억 3700만 달러로, 발화로 사상 사고가 발생했을 때 고객에게 지불해야 할 보상금 예상치 4950만 달러를 훌쩍 뛰어넘었다. "발화 사고를 방지하는 비용이 (…) 사고를 방치할 때 발생하는 비용의 거의 세 배에 달했기 때문에, 포드는 설계 변경을 결코 승인하지 않았다."

맥나마라는 핀토 참사에 아무런 책임을 질 필요가 없었다. 1960년 포드 사장직을 꿰찬 지 얼마 지나지 않아 맥나마라는 더 높은 자리로 옮겨 간다. 새로 취임한 존 F. 케네디 대통령이 그를 국방장관에 임명한 것이다. 젊고 합리적인 테크노크라트 성향의 케네디 행정부에 맥나마라는 딱 들어맞는 듯했다. 장차 베트남전이라는 복잡한 사업에 수학적 성밀성과 계량 분석을 도입할 유능한 인물이었다. 그러나 측정 가능성에 대한 집착은 맥나마라의 눈을 가려 전쟁 자체가 무의미하다는 것을 보지 못하게 했다. 『최고의 인재들』에서 핼버스탬은 맥나마라를 이렇게 묘사했다. "실제 경험이라고는 거대한 차량을 생산하는 세계 2위의 자동차 제국에 몸담은 것밖에 없었던 이 인물은 정치적 자유를 갈망해 일어선 사람들의 문제를 이해하고 헤아리기에는 최악이었다. 그럼에도 그는 케네디 행정부를 대표하는 인물이었다. 맥나마라는 지적이고 합리적인 방식을 통해 사건을 관리하고 통제할 수 있다는 사고방식을 상징했다."[46] 맥나마라에게 게릴라전에 대응하는 일은 자동차 생산 라인을 감독하는 것과 같았다. "시스템을 도입하면 된다"는 것이었다.

수치를 앞세운 관리자만 결정권을 가진 하향식 의사 결정 시스템은 베트남전을 패전으로 이끌었을 뿐만 아니라, 세계 자동차 산업을 일으켰던 미국의 압도적 지위를 잃어버리게 만들었다. 미국의 거대 자동차 회사들은 예외 없이 1970년대 이래 고전을 면치 못하게 된다. 유럽 회사들은 물론이고 아시아의 신흥 회사들에게까지 시장 점유율과 매출을 빼앗겼다. 양 지역의 회사들은 단기 이윤보다 엔지니어링 품질 관리에 초점을 맞췄다. 로버트 H. 헤이스와 윌리엄 J. 애버내시가 함께 이 문제를 다룬 적이 있다. 1980년 『하버드 비즈니스 리뷰』에 게재된 이 유명한 논문에서 두 사람은 자동차 사업뿐 아니라 미국 산업 전체를 살폈다.[47] 논문에 따르면, 미국 기업들의 연구개발 지출은 1960년대 중반부터 계속 하락했다. 그러면서 금융업계 출신 중역의 비중이 다른 영역 출신에 비해 지속적으로 상승했다. 기업 합병에 소요된 자금은 미국 산업 전체가 연구개발에 지출한 자금의 3분의 2에 육박했다. 기업은 투자를 하기보다는 현금을 쟁여 놓았고, 중역들은 대부분의 시간을 "쌓여 있는 현금을 운용할 정교하고 이색적인 기법"을 구상하는 데 썼다. "기술 현안은 금융이나 마케팅 결정의 부수적 문제"로 다뤄졌다. 「경제적 쇠락으로 나아가는 경영」이라는 제목이 붙은 이 논문은 지금 집필했더라도 시의성이 있었을 것이다. 차이가 있다면 현재의 수치들이 좀 더 충격적이라는 것 정도다. 논문이 2007년에 재발표되었을 때 찬사를 받은 것은 당연했다.

똘똘이들이 유산으로 남긴 금융 중심의 하향식 경영은 대다수 기업의 표준으로 자리 잡았다. 가장 큰 이유는 똘똘이들 자체가 포드를 떠난 뒤 우량 기업 다수의 경영권을 장악했기 때문이다. 1980년대 초에 여러 대기업에서 부사장 이상 직위를 차지한 포드 출신 인사는 250명이 넘었으며, 이들 대다수가 재무 부서 출신이었다. 그리고 최소한 16명의 포드 재무 임원이 다른 회사의 사장이나 회장에 취임했다. 이런 곳으로는 파이어스톤Firestone, 록웰 인터내셔널Rockwell International, 푸르덴셜Prudential, 제니스Zenith, 레이놀즈 메탈스Reynolds Metals, 나비스타Navistar, 벨 앤드 하월Bell & Howell 등이 있었다.[48]

제록스Xerox의 경우, 맥나마라의 후예들은 미국을 대표하는 연구 중심 기업을 혁신보다 비용 절감에 몰두하는 회사로 전락시켜 버렸다. 포인트 앤드 클릭point-and-click 인터페이스, 컴퓨터 마우스, 레이저 프린터

등이 제록스 연구소가 발명한 것들이었으며, 그랬기에 당시 실리콘밸리도 제록스를 선망했다. 그러나 가보어의 책에 따르면, 1960년대 말 전직 포드 임원 두 사람이 제록스로 오면서 "똑똑이들이 포드에 도입했던 촘촘한 재무 분석 기법을 그대로" 적용했다. 이들은 당시 제록스에서 가장 잘나가던 복사기의 고품질 금속 경첩을 플라스틱으로 바꾸라는 등의 비용 절감안을 내놓았다.[49] 한때 세계 복사기 시장의 80퍼센트를 점유했던 제록스는 1970년대 이래 계속 쇠퇴하며 시장 점유율의 절반 이상을 잃었을 뿐만 아니라 자산을 하나둘씩 매각했다.[50]

그러나 똑똑이들의 유산이 미국의 성장을 좀먹고 있음을 사람들이 눈치채기까지는 오랜 시간이 지나야 했다. 심지어 지금도 유수의 경영대학원, 특히 포드 재단에서 상당한 기부금을 받은 곳에서는 여전히 맥나마라와 그 수하들이 전수한 재무 중심의 교리를 가르치고 있다. 뒤이어 3장에서 더욱 상세히 다루겠지만, 미국의 경영 교육은 전반적으로 실물 산업이 아니라 재무 연구에 편중되어 있다.

자동차 업계에 국한해서 보자면, 테일러와 맥나마라, 그리고 숫자놀음꾼들의 득세가 남긴 쓰디쓴 유산이 가장 크게 발현된 곳은 GM이다. 포드와 크라이슬러는 제품을 우선시하는 경영진이 재무 부서로부터 영향력을 되찾자, 최근 들어 상황이 좋아지고 있다. 그러나 GM은 그간 절실히 필요했던 노선 수정을 이제야 막 시작했다. 엔지니어 출신의 CEO 메리 바라는 한때 자동차 업계의 우상과도 같았던 GM을 개조하려 애쓰고 있다. 솔직히 말하자면 GM을 되돌리는 작업은 회사의 DNA 자체를 완전히 바꾸어야 할 정도로 어렵다. 지난 수십 년에 걸쳐 GM은 숫자놀음꾼들이 일하기 편한 형태로 분할되어 왔다. 1984년까지만 해도 제품 개발을 회사 내의 별개 부서 세 곳이 관리해 왔을 정도다. 세 부서는 고객이 실제로 원하는 제품을 협업하여 개발하기는커녕, 각기 자기네 대차대조표를 유리하게 꾸미기에만 급급했다. 숫자놀음꾼을 옹호하는 몸값 비싼 컨설턴트들이 활개를 쳤고, 회사는 일본의 린 생산방식을 도입하려 애썼지만 무위로 돌아갔다. 린 생산방식은 노동자와 관리자 간의 협력이 시시각각 이루어져야 한다. 당연히 이런 협력에는 신뢰가 필수적이다. 그런데 테일러와 똘똘이들이 유행시킨 시스템 중심의 하향식 경영이 뿌리내린 결과, 윗자리에 앉은 인간들 말고는 누구의 판단도 신뢰받지 못했다.

바라는 GM을 성공 궤도에 올려놓으려면 패러다임을 전환해서 직원들이 자기 부서의 틀을 벗어나 회사 전체의 성공을 위해 창의적으로 기여할 수 있도록 조직을 재편해야 함을 알고 있다. 이미 조직 구조를 간소화하여 여러 부서들이 좀 더 자유롭게 소통하도록 해 놓았다. 바라는 또 기업 강령을 재설정하여 고객이 우선임을 분명히 했다. 이것이 엄청난 변화였다는 것 자체가 GM이 가야 할 길이 얼마나 먼지 보여 준다. 재무 지표가 아니라 최고의 제품을 만들어 내기 위한 협업과 헌신을 뒷받침하는 '만드는 자'들의 문화를 생성하는 일은 길고도 지루한 여정이다. 이 일은 수치가 아니라 제품과 그 제품을 만드는 사람들에게 초점을 맞추어야 완수할 수 있다. 테일러, 맥나마라와는 정확히 반대로 가야 한다. 투자자에게 좋아 보이는 대차대조표를 지어내기보다 튼튼한 팀을 구축하는 데 전념해야 한다. 장기간에 걸쳐 뛰어난 실적을 보이는 기업의 원동력은 전능한 경영진이 아니라 뛰어난 팀들이며, 금융화와 팀 구축은 상극임을 보여 주는 연구 결과가 점점 더 늘어나고 있다.[51]

숫자놀음꾼들의 오랜 지배 끝에 엔지니어 출신으로는 처음으로 GM의 CEO 자리에 오른 바라는 이러한 변화를 만들어 내려 안간힘을 쓰고 있다. 2014년 어느 후텁지근한 여름날, 나는 미시간주 버턴에 있는 공장의 생산 라인을 걷고 있는 바라를 지켜보았다. 현장 노동자들은 개량된 점화 스위치 패키지를 짜 맞추고 있었다. 바라는 갑자기 '우리는 할 수 있다' 문구가 새겨진 티셔츠 차림의 시간제 노동자 곁에 섰다. 그러고는 생산 라인에서 직접 작업에 참여했다. 처음에는 부품을 떨어뜨리고 다시 집어 들고 하다가 손동작을 조정하더니 속도를 맞추기 시작했다. 그리고 또 걸어가다가 작은 자석 공구를 이용해 조그만 부품을 집어 올려 정확한 위치로 이동시키는 작업자를 발견하고는 멈춰 섰다. 바라가 말문을 열었다. "아주 흥미롭군요. 그런 공구는 한 번도 본 적이 없어요." 중년의 아프리카계 미국인 여성 노동자는 그것을 균일가 상점에서 직접 구입했다고 말해 주었다. 바라의 얼굴에 화색이 돌았다. "굉장히 똑똑한 발상이네요. 아주 창의적이에요."

나중에 간부 회의에서 바라는 그 일을 화제에 올렸다. 직원들이 스스로 문제를 해결할 수 있기를 바란다면서 그 행동을 모범적 사례로 추어올렸다. 사소하지만 그런 일들이 자꾸 쌓인다면 회사 전체에 엄청난 결과를 가져올 수도 있다. 한 공장의 노동자는 숫자놀음꾼들이 하달한 방법을 그대로 따르는 대신, CEO에게 개선 방안을 직언했다. 이런 방식을 테일러나 맥나마라, 나아가 지금도 미국 기업계를 활보하는 그 후예들은 탐탁잖아하리라. 그러나 이런 전환이야말로 GM이 '거저먹는 자'에서 '만드는 자'로 탈바꿈하도록 이끄는 단초다.

Makers
and
Takers

3장

MBA가 가르쳐 주지 않는 것

경영학 교육은 어떻게 기업을 망가뜨리고 있는가

애덤 스미스와 찰스 다윈을 섞는다면 아마 앤드루 로가 나올 것이다. 경제학에 진화론을 도입한 그는 MIT 슬론 경영대학원 교수로, 금융에 대한 다학제적 접근법으로 유명하다. 그는 시장을 더 잘 이해하기 위해 통계 분석에서 신경과학에 이르기까지 광범위한 학문 영역을 동원한다. 몇 년 전 로는 인생에서 가장 어려운 연구 과제에 직면했다. 사랑하는 어머니가 폐암 진단을 받은 것이다. 까탈스러운 남편을 떠나온 중국계 이민자인 어머니는 뉴욕시에서 세 자녀를 혼자서 키워 냈다.

암의 예후를 이해하고 어머니가 최상의 치료를 받게 하려는 생각으로 로는 곧장 연구에 돌입했다. 이때 MIT의 한 동료 교수가 로를 케임브리지에 있는 한 생명공학 회사의 최고과학책임자CSO에게 소개해 주었다. 그 회사는 로의 어머니 것과 동일한 암에 투여할 시험약을 개발하고 있던 참이었다. CSO와, 대학원 시절 로의 학문적 성과를 접했던 CFO는 로를 만나 치료 과정과 치료제가 어머니에게 도움이 될지 여부 등을 논의하기로 했다. 당시를 로는 이렇게 회고했다. "대화를 나누던 중 악의 없이 질문 하나를 했습니다. '자금 조달원이 혹시 귀사의 연구 어젠다에 어떤 영향을 미치나요?'" 두 중역은 서로 쳐다보더니 씁쓸하게 웃었다. 이윽고 CSO가 다시 그를 돌아보며 대답했다. "영향 정도가 아니죠. 금융은 아예 우리 회사의 연구 어젠다를 끌고 갑니다." 로는 할 말을 잃었다.

어머니의 생사를 그 회사의 치료제에 맡긴 처지였던 로는 그 답변을 듣고 분개했다. "주식시장의 등락, 이자율, 연준 정책 등이 혈관 생성이나 면역 요법을 이용해 암을 치료하는 것과 대체 무슨 관계가 있을까요? 전혀 없습니다. 그런데 바로 그런 금융이 어젠다를 좌우했습니다. 게다가 그 회사의 사정이 어렵지도 않았어요. 성공을 거두며 순항 중이었습니다."

로는 제약 산업의 경제 모델을 깊이 파고들기 시작했다. 그리고 연구 결과에 대경실색했다. 인간 게놈 해독이 암에서부터 치매에 이르기까지 온갖 질병에 쓰일 다양한 신약과 치료법의 가능성을 열었음에도, 초기 단계의 생명공학 및 제약 연구개발에 대한 투자는 '감소'하고 있었다. 신생 기업 수 역시 줄어들고 있었다. 그뿐 아니라 이 분야에 투자하는 벤처 캐피털 회사 수도 떨어지고 있었다. 2008년 201곳에 달했던 것이 2013년에는 137곳에 불과했다. 왜 이렇게 됐을까? 게놈 연구가 개발 가능성이 있는 의약품의 지평을 확대한 것은 사실이지만, 동시에 수많은 가능성이 난립하면서 최종 승리자를 가리는 일은 더 힘들어졌기 때문이다. 기회가 확대되었다는 것은 달리 말하면 복잡성과 리스크도 커졌다는 뜻이다. 이 두 가지는 경영 교육 프로그램에서 기업 리더들에게 무슨 수를 써서라도 피하라고 가르치는 요소다. 예를 들어 신약 개발 투자안을 받아 든 전형적인 CFO의 상황을 떠올려 보자. 이 신약의 대박 가능성은 단 5퍼센트에 불과해 보인다. 이런 상황에서 그는 이미 개발 중인 다른 신약 프로젝트에 투자하거나 아니면 그냥 현금을 깔고 앉는 쪽을 선택할 것이다. 이런 행태가 가져올 결과는 자명하다. 로는 "진정 혁신적인 일이 자금 지원을 받지 못하게 되죠"라고 말한다.[1]

바로 이런 경우가 화이자에서 발생했다. 화이자는 세계 최대의 제약회사 가운데 하나로, 2015년 중반 대차대조표에 쌓아 놓은 현금이 무려 300억 달러를 상회했을 정도다.[2] 화이자는 미국 세율로 납세하는 것을 피하기 위해 2015년 더블린 소재 제약회사 엘러간Allergan을 인수해서 정치인과 대중의 공분을 샀다. 아이러니한 일이 아닐 수 없다. 화이자는 국립보건원에서 상당한 기초 의학 연구비를 지원받아 혁신적 의약품들을 개발할 수 있었기 때문이다.[3] 그러나 이런 경우 말고도 이미 화이자는 만드는 자보다는 거저먹는 자에 가까운 행태를 보이고 있다. 회사에 쌓인 돈은 리피토Lipitor나 비아그라Viagra 같은 대박 의약품의 탄생을 이끄는 연구개발 활동에 쓰이지 않는다. 그 대신 화이자는 그 돈을 "투자자들이 원하는 방식으로 쓰고 있습니다. 주로 주가배수stock multiple*를 개선하게 될 기업 인수 활동에 투입하죠." 로의 이 말은 결국 경이로운 신약을 탄생시키는 초기 단계 연구가 아니라 상당수 실패하고 마는 인수합병에 돈을 쏟아붓고 있다는 뜻이다.

월가는 화이자의 이런 행보에 전폭적인 지지를 보냈다. 2010년의 모건 스탠리 보고서는 큰 반향을 일으켰다. 이 보고서는 제약업계를 향해 "(신약 탐구를 의미하는) 연구개발을 끝내고 가치를 창출할 것"을 촉구했다. 쌓아 놓은 현금 더미를 주주들에게 던져 주거나 기업을 인수하면서 설령 장기적 수익 창출 가능성이 없더라도 단기적 매출 흐름을 일으키라는 주문이었다.[4] 당연히 여기서 '가치'라는 말은 환자들이 생각하는 것과는 다르다. 다른 제약회사의 이야기를 하나 살펴보자. 밸리언트

• 특정 기업의 주가를 재무제표상의 여러 지표로 나눈 것으로 투자자들이 참고하는 평가 기준이다. 주가수익배수(PER), 주가순자산배수(PBR), 주가현금흐름배수(PCR) 등이 있다.

Valeant의 사례로, 진정한 의미의 성장이 아니라 금융을 앞세운 가짜 성장을 만들어 내는 전형적 방법을 보여 준다. 2015년까지만 하더라도, 캐나다에 소재한 밸리언트는 세계에서 가장 빨리 성장하는 제약회사 가운데 하나였다. 여러 기업을 차례로 인수하면서, 업계의 상도를 벗어나는 수준으로 의약품 가격을 인상하고, 재무제표상으로 수익성이 더 좋아 보이도록 합법적이지만 꺼림칙한 회계 기준을 활용하고 있었다. 당연히 연구개발비는 삭감했다. 그러나 투자자들은 결국 화려한 성장의 이면을 간파하기에 이르렀다. 밸리언트의 주가는 급전직하했다. 2015년 8월에서 11월 사이에만 600억 달러가 증발해 버렸다.[5]

밸리언트가 제약회사 가운데서도 유독 부도덕한 기업이었던 것은 맞다. 그러나 성장을 바라는 대형 제약회사 상당수가 진정한 혁신 활동은 멀리하고 월가의 조언에 따라 인수합병 같은 금융 전략을 활용하고 있다. 제약회사 중역들은 금융화 추세를 단호하게 거부할 수도 있었다. 화이자 같은 회사는 당장 자본시장에서 돈을 당겨 와야 할 필요도 없다. 그러나 제약회사를 운영하는 사람들 가운데 많은 이가 미국 최고의 경영대학원을 거친 MBA 소지자들이다. 그리고 이들은 경영대학원 시절 기초 재무학 수업에서 배운 바를 그대로 실행하고 있다. 어떤 방법으로든 리스크가 있는 자산은 최소화하고 주주가치를 증대시키고 있는 것이다. 그 결과 2008~2013년에 제약업계 전반에 걸쳐 15만 개에 달하는 일자리가 사라졌는데, 이 가운데 상당수는 연구개발직이었다.[6] 그뿐 아니라 금융화는 연구 활동의 아웃소싱 추세를 강화했고, 왕년의 혁신적 제약회사들을 흡사 이상야릇한 투자 포트폴리오 운용사처럼 보이는 이질적 기업들이 뒤섞인 집단으로 만들어 버렸다. 여기 속한 기업들은 따로따로 움직이면서 가능한 한 빨리 큰돈을 벌려 애쓰는 가운데, 각

자가 내리는 결정이 가져올 장기적 충격은 거의 고려하지 않는다. 제약 업계로 투입되는 자금은 지속적으로 줄어들고 있음에도, 업체들 자체는 마치 거대 금융기관처럼 돌변하기 시작해서 이른바 가치라는 것을 쥐어 짜내기는 하지만 정작 그 대가로 창출해 내는 결실은 별로 없다.

전형적인 MBA 과정에서는 CEO들에게 이런 식의 비용 절감을 주문한다. 아이러니한 점은 이 과정에 포함된 금융 수업에서는 시장이 효율적이라고 역설한다는 것이다. 금융 입문 과목에서는 자본이 소비자가 원하는 제품과 서비스를 만들어 내는 데 가장 필요한 곳으로 흘러간다고 가르친다. 그러나 제약업계를 보면(다른 대다수 업계도 마찬가지지만) 그렇게 되지 않고 있다. 이는 미국의 경영 교육이 장래의 기업 지도자를 실제 기업과 자본시장에서 펼쳐지는 현실에 대비할 수 있게끔 만들지 않고 있음을 보여 주는 사례다. 뛰어난 경영 인재를 혁신적 기업가와 일자리 창출자로 양성하기보다는, 번지르르한 수치에만 몰두하는 경영인으로 키워 내고 있다. 결국 경영 교육이 경영 자체를 망치고 있는 것이다.

문제 해결법을 배우지 못하는 학생들

2008년 금융 위기 이후, 많은 이들은 자본주의가 위기를 맞을 것이라고 예상했다. 최고의 똑똑한 인재들이 재무제표로 가득한 진로 대신 교사나 엔지니어의 길을 택하거나 소기업을 창업할 것 같았다. 당연히 현실은 그렇게 되지 않았다. MBA 학위는 과거 그 어느 때보다도 더 인기가 많다. 경영대학원을 졸업하는 MBA 수는 1980년대부터 치솟아 올랐다. 반면에 연구개발 지출,[7] 창업,[8] 생산성,[9] 기업계 전반에 대한 대중의 신뢰 수준[10] 등 다양한 기준에서 살펴본 결과, 같은 기간 동안 미국 실물 경제의 건강은 더 열악해졌다.

이런 현상이 비롯되는 여러 이유는 이 책 속에서 대부분 다루고 있다. 그러나 한 가지 중요한 요인은 장래의 미국 기업 리더들이 받는 기초 교육이 메인가가 아니라 월가의 요구에 좌우되고 있다는 것이다. 극히 일부를 제외하고 오늘날의 MBA 교육은 근본적으로 기업이 아니라 금융 교육이다. 따라서 이 책 속의 뭇 사례에서처럼 기업 리더들이 금융 친화적 결정을 숱하게 내리는 것도 어쩌면 당연하다. MBA 과정은 급변하는 세계에 잘 대처할 혁신적 기업인이나, 월가에 맞서 자기네 (고객은 물론이고) 회사의 장기적 건전성을 우선시할 만한 배포를 갖춘 경영인을 양성하고 있지 않다. 오히려 수치에 입각한 경영의 추종자를 찍어내고 있을 뿐이다. 2008년 금융 위기에도 아랑곳없이 미국의 대다수 명문 MBA 과정에서는 여전히 '시장이 가장 잘 안다'는 식의 표준적인 효율적 시장 이론을 가르치고, 주가야말로 한 기업의 내재적 가치를 가장 잘 반영하는 지표라는 주문을 되뇌고 있다. 금융시장이 장기 투자에 나서는 기업은 혹독하게 다루는 반면, 투자자들에게 단기 수익을 되돌려 주는 기업에게는 달콤한 보상을 주고 있다는 사실은 어물쩍 넘어가 버린다. 애플이 아이팟iPod을 출시했을 때 주가가 약 25퍼센트 하락한 반면, 주주들에게 현금 더미를 안겨 줄 때마다 주가가 상승했음을 상기해 보라.[11]

이렇게 오도된 교육은 경영의 이론과 실천 모두에 반영되어 있다. 우선 미국의 경영대학원들은 대체로 '가치'와 기업 주주라는 개념을 대단히 좁은 의미로 가르친다. 현장에서 나온 사실에 대한 엄밀한 이해나 분석 없이 온통 데이터 기반 지식으로 치장된 수업도 수두룩하다(이 점은 앤드루 로의 불만거리이기도 한데, 뒤에서 다시 다룰 것이다). MBA 학생들은 실용적 경험보다 고도의 가정적 상황을 주로 접한다. 이들은 복잡한 수리 모델과 비율을 배우지만, 많은 경우 이런 기술은 점차 그 가치가 떨어지고 있다. 하버드 경영대학원 원장 니틴 노리아도 이를 인정한다. "손익계산서 해석이나 파생상품 가치 산정은 누구나 가르칠 수 있습니다. 그런 것들은 이제 너무 흔해졌죠."[12] 더 중요한 과업은 미국의 기업 리더로 성장할 이들이 호기심과 인간미, 도덕성을 배양하며, 문제를 해결할 때 정해진 틀에서 벗어나 사고하게끔 도와주는 것이다. 물론 월가가 이에 반하는 요구를 해 올 때 담대하게 맞설 용기를 길러 주는 것도 경영대학원의 몫이다.

그러나 슬프게도 현실은 그렇지 못하다. 더 큰 문제는, 다른 나라들과 달리 미국의 경영대학원은 학생들이 진출하고 싶어 하는 산업에 대해 구체적으로 가르치지 않는다는 것이다. 그렇다고 성장과 혁신에 대해 좀 더 폭넓게 사고하도록 교육하지도 않는다. 대신 미래의 기업 중역들에게 손익계산서 관리를 훈련시키는 데 열을 올린다. MBA 과정의 여러 과목 가운데 유독 기초 금융은 언제나 필수 과목인 것도 시사하는 바가 매우 크다.[13] 하지만 금융을 철저히 가르치거나, 현실 세계를 제대로 반영하는 식으로 교육하는 것도 아니다. 경영대학원에서 가르치는 기본 개념 가운데 하나인 금융 리스크 모델링은 아무리 좋게 보아도 부정확한 과학에 지나지 않는다. 오히려 마법 주문을 읽어 내리는 것 같다는 느낌을 받는 이들이 많다. 따지고 보면 금융 리스크 모델링이란 온갖 나쁜 경우에 관련된 수천 가지 변수를 검은 상자에 집어넣고, 날마다 은행들이 취하는 수백만 건의 거래 포지션과 함께 섞은 뒤, 최악의 상황을 가정했을 때 해당 은행이 입을 법한 손실을 이해하기 쉽게 간단한 숫자로 바꾸어 놓는 장치이다. 그러니 오류가 생길 수밖에 없다. 특히나 "미국과 유럽의 국채는 결코 신용 등급이 하락하지 않을 것이다" 같은 과거의 가정에 의존하고, 시장을 뒤흔드는 사건은 그 자체를 동력으로 확대된다는 사실조차 감안하지 않는다면 오류는 필연적이다.[14]

그럼에도 대부분의 경영대학원에서는 금융 모델이 진실을 드러내 준다고 전제해 버린다. 조지 소로스의 퀀텀Quantum 펀드에서 계량 트레이더를 지낸 경제학자 로버트 존슨은 다음과 같이 말한다. "[MBA 과정에서 가르치는] 금융 이론의 전제는 실체가 없습니다. 바로 그렇기 때문에 지금 우리가 지극히 불안정한 상태에서 살아가게 된 것입니다. 존재하지도 않는 미래에 대한 정밀성과 지식으로 허세를 부리는 탓이죠."[15] 존슨은 현재 신경제사고연구소의 책임자를 맡고 있는데, 이곳의 목적은 경제학과 경영 교육의 지평을 확대하는 것이다.

한편, 학생들이 열심히 들여다보는 사례 연구에서도 기업의 행위가 어떤 사회적, 도덕적, 거시경제적 결과를 가져왔는지는 거의 다루지 않는다. 금융 위기 이후에도, 세계 100대 경영대학원(대부분은 미국에 있다)을 조사한 결과에 따르면, 이들 중 절반가량만이 경영 윤리를 필수 과목으로 지정했고, 핵심 교육 과정에서 지속 가능성 문제를 다루는 곳은 단 6퍼센트에 그쳤다.[16] 하지만 이 두 가지 문제에 관심을 쏟는 기업의 장기 실적이 더 좋다는 연구 결과가 이미 상당히 축적되어 있다.[17] 학생들은 그 대신 수익 극대화와 회사 주가 부양이 가장 중요하다고 배운다. 그리고 그런 믿음을 지닌 채 회사에 입성한다.

그럼에도 사람들은 계속해서 경영대학원으로 몰려간다. 가장 큰 이유는 기업계, 특히 금융업계에 돈이 몰려 있기 때문이다. 미국 대학원생의 4분의 1이 경영학 석사 학위를 취득하는데, 이는 법학, 의학, 컴퓨터 과학 등의 전공을 모두 합한 것보다 많다. 경영학은 학부에서도 가장 인기 있는 전공이기도 하다.[18] MBA 학위를 받은 사람들이 가장 많이 투신하는 곳은 산업계가 아니라 이런저런 금융회사들이다. 2008년 금융 위기 이후 이 경향이 조금 완화되기는 했지만, 범금융권은 여전히 MBA 출신을 가장 많이 고용하는 업계다. 이런 은행, 보험사, 헤지펀드, 투자 운용사, 컨설팅 업체 등을 비롯하여, 포춘 500대 기업의 회계 및 재무 부서에서 MBA 취득자들을 가장 많이 데려간다. 요즘 들어 금융 쪽 노선을 타는 것이 CEO 자리에 오르는 가장 빠른 길임을 반영하듯, 미국 유수 대기업의 최고 의사 결정자 다수는 MBA 학위 소지자일 뿐만 아니라, 그중에서도 한 줌밖에 안 되는 하버드, 시카고, 컬럼비아, 와튼 같은 엘리트 경영대학원 출신이다. 2015년 컬럼비아 경영대학원 학생 한 명은 이렇게 말했다. "MBA 과정에 진학해서 3개월이 채 지나기도 전에 말쑥한 정장 차림의 사람들에게 둘러싸이게 됩니다. 동료들에게서 압박감을 느끼는 것은 아니지만, 안정적인 일자리를 찾아 주류 업계로 입성하고 싶다는 마음이 들게 하는 사회적 요소는 분명히 있어요."[19] 대다수 동기들과 마찬가지로 이 사람 역시 졸업 후에 컨설팅 회사나 투자은행, 사모펀드 회사에 입사할 계획이다. 사실 억대에 달하는 MBA 과정의 학비를 감안하면, 재정적 측면에서 학생들에게 선택의 여지가 그리 크지는 않다.

그런데 역설적이게도 다수의 경영 리더들, 심지어 MBA 학위를 보유한 이들까지도 MBA 과정의 가치에 의문을 제기하기 시작했다. 『빈 카운터스』에서 MBA 출신들의 부상을 강하게 질타했던 전 GM 부회장 밥 러츠는 이런 농담까지 했다. "저는 아무것도 모르고 경영대학원에 들어갔어요. 선원이 되려고 문신을 한 격이라고나 할까요." 러츠에 따르면,

경영 교육의 문제는 학생들이 실제 기업에서 어떤 일이 벌어지는지를 배우지 않는다는 것이다. 기업에서는 예측 불가능하고 복잡다단한 일들이 벌어지곤 하는데, 경영대학원에서는 풀어야 할 문제에 상관없이 정답을 찾아가는 일련의 기법과 질문을 가르친다는 말이다. "하버드 경영대학원의 사례 연구들을 보면, 거기에 소개되는 기법들은 모두 효율성 증대나 비용 최적화, 생산 품목 축소, 경쟁 업체 인수, 물류 개선, 과다한 창고의 처분, 필요한 창고의 확충 등을 위한 것입니다. 온갖 설명에 이어 산더미 같은 수치들이 등장하죠. 그러면 학생들은 표와 수치들을 조목조목 읽어 내려가며 분석을 합니다. 그러다 결국 해결책을 찾게 되죠. 문제는 바로 X다 하는 식으로요. 여기까지 하고 나면 똑똑하다는 평을 듣습니다." 러츠가 생각하기에 진짜 문제는 이러한 사례 연구가 너무 정적이라는 것이다. 복잡하고 역동적이며 인간의 감정이 뒤섞인 기업의 세계를 제대로 반영하지 못한다는 말이다. "이런 연구에서 연매출액 자체는 결코 의문의 대상이 아닙니다. '이봐, 우리 회사 매출액이 떨어지고 있는데 이유를 모르겠군. 이제 어떻게 해야 하지?'라고 말하는 하버드 경영대학원 사례 연구는 한 번도 본 적이 없습니다."[20]

2장에서도 보았듯, 러츠는 경영대학원의 이런 접근법이 1970년대 이래 미국 자동차 업계는 물론이고 제조업계 전반을 몰락시킨 한 가지 요인이라고 여긴다. 이는 러츠만의 생각이 아니다. 유명한 경영 리더들 다수가 MBA 과정이 장기적인 경영 능력을 제대로 길러 주지 못한다고 생각한다. 특히 제약이나 기술 분야 같은 성장이 빠르고 혁신이 핵심인 업계라면 미래에 투자하기를 꺼리지 않는 리더가 성패를 좌우한다고 본다.

요즘에는 어딜 가나 MBA 출신들이 있다. 그런데 이들을 보기 어려운 업종이 큰 성공을 거두곤 한다. 일례로 미국이 자랑하는 기술과 혁신의 중심지 실리콘밸리를 보면, MBA 출신은 비교적 적고 엔지니어가 상당히 많다. 지난 40여 년 동안 미국 기업계에 나타난 두 가지 중요한 발전, 즉 디지털 혁명과 제조업의 일본식 품질 관리 혁명에 MBA 출신들이 기여한 바는 거의 없다.[21] 경영대학원에서 가르치는 전형적인 하향식, 위계질서형, 재무 중심의 경영 방식은 미국 일자리의 상당수를 창출하는 수평적이고 민첩한 스타트업 기업에서는 무용지물이다. 저런 기법이 실제로 실리콘밸리 기업에 적용되면 대개는 실패한다. 애플에서 한때 스티브 잡스를 쫓아냈던 와튼 MBA 출신 존 스컬리나, CEO 재임 시절 HP의 주가를 반토막 내 버린 칼리 피오리나를 생각해 보자. 요즘 기업계에서 가장 섬뜩하다고 할 만한 추세는 MBA 출신과 금융 전문가가 대거 기술 기업으로 진입하고 있는 것이다. 이들은 금융공학과 대차대조표 조작술을 구글, 애플, 페이스북Facebook, 야후, 스냅챗Snapchat 같은 기업에 전파하는 중이다. 역사를 생각해 보면, 이들 기업의 미래가 그리 밝아 보이지는 않는다.

그렇다면 왜 경영 교육은 기업을 실패하게 만들었을까? 그리고 경영 교육이 금융과 금융이 지지하는 사고방식에 그토록 매료된 이유는 또 무엇일까? 이 문제의 뿌리는 수십 년 전으로 거슬러 올라간다. 우선 전후 사회주의의 위협 속에서 대항마로 등장한 신자유주의 경제학의 부상을 한 가지 요인으로 들 수 있다. 학문적 열등감 속에서 경영학 교육자들이 생물학이나 인문학 등에서 교훈을 찾기보다는 물리학 같은 경성 과학hard science을 흉내 냈다는 분석도 일리가 있다. 컴퓨터 연산 능력의 성장에 따라 복잡한 금융 모델링이 가능하게 되었다는 설명 또한 딱 들어맞는다. 그러나 무엇보다도 중요한 것은 MBA 과정이 기업에 힘을 실어 주기보다 대차대조표를 중시하는 단기 실적주의를 퍼뜨려 버렸다는 사실이다. 왜 대다수 기업들이 여전히 주주를 우선시하거나, 숙련 노동력을 자산이 아니라 비용으로 생각할까? 한 연구에서, CEO 의 80퍼센트가 한 번의 투자로 10년짜리 혁신 동력을 만들 수 있다고 하더라도 그것이 분기 실적에 부정적 영향을 끼칠 경우 투자를 단념할 것이라고 대답한 이유는 무엇일까?[22] 답은 간단하다. 그렇게 하도록 배웠기 때문이다.

왜 경영 교육은 금융에 끌려다니게 되었을까

경영 교육이 늘 지금과 같은 방식으로 이루어졌던 것은 아니다. 오랫동안 경영은 교육의 영역 밖에 있었다. 기업 리더는 지식보다는 직관으로 움직이는 사람이었다. 20세기 초입만 해도 MBA는 고사하고 학사 학위라도 가진 경영자가 5분의 1에 지나지 않았다는 사실이 이를 잘 보여준다.[23] 19세기 말 경영 교육을 위해 설립된 와튼 스쿨은 주로 직업 관련 수업을 개설했고, 당시 성장하고 있던 지역 상공업 생태계에 기여했다. 다른 여러 교육기관도 비슷했다. 코닥 창립자 조지 이스트먼의 아버지가 세운 이스트먼 스쿨은 세인트루이스 및 뉴욕주 북부의 세 도시에 분교를 두었다. 클리블랜드 상인 사회와 연계된 E.G. 폴섬 상과대학은 중서부 지역에 전념했다.[24] 오늘날 독일이나 프랑스 등지에서 이루어지는 경영 교육과 똑같이, 미국의 교육도 산업에 특화된 전문성이라든가 현실 세계에 존재하는 실제 기업의 실질적 문제에 초점을 맞췄다. 학생들은 각 산업 부문을 바닥부터 이해해야 했고, 노사 관계, 대정부 관계, 엔지니어링 같은 분야가 상당히 중시되었다. 기업 윤리를 다루는 강의도 풍성했다. 필라델피아의 산업가이자 독실한 퀘이커교도였던 조지프 휘턴은 자신의 이름을 딴 와튼 스쿨을 설립하면서, 점증하는 불평등, 불안정한 일자리, 도시화 같은 당대의 사회적 문제 해결에 상업이 중대한 역할을 해야 한다고 생각했다. 그는 이렇게 설파했다. "어떤 나라도 물려받은 부와 역량을 기초 지식의 결핍으로 인해 낭비해 버리면 안 된다. 이런 지식을 갖추어야 부와 역량의 소유자들이 자신과 공동체를 위해 이를 활용할 수 있다."[25]

그러나 대공황이 지나자 기업의 사회적 역할은 바뀌기 시작했다. 이는 업계 자체가 상당히 수세에 몰려 있었기 때문이기도 하다. 1929년의 시장 붕괴와 뒤이은 암흑기를 거치면서 사람들은 자본주의가 실패했다고 생각하게 되었다. 산업계 거물들은 자중하면서 자신의 위치를 정당화해 줄 새로운 길을 찾을 필요를 느꼈다. 동시에 소련의 점증하는 정치적 도전에도 대적해야 했다. 그래서 기업들은 독일식의 확장적인 노사 관계를 도입하려는 어떤 시도에도 반발했고, 수치 따지기와 현금 관리에 더욱 매진했다. 1950년대에 이르자, 미국 경영대학원들은 랜드 연구소가 유행시킨 데이터 중심의 공정 관리와 시스템 연구를 이미 가르치고 있었으며, 정책 입안자들과 로버트 맥나마라 같은 기업 중역들은 열성적으로 이를 받아들였다.[26]

이 모든 일은 초대형 신식 컴퓨터가 등장하여 경제학의 수학화가 강화되면서 탄력을 받게 된다. 컴퓨터가 처리한 대량 데이터를 이용하여 경영 교육 전문가는 다양한 전략을 조합할 수 있었다. 도출된 경영 전략이 실제 세계에서 작동하는지 여부와는 별개로, 대중에게는 확실히 설득력 있게 들렸다. 랜드 연구소는 자기네 방법론에 관심을 보이는 하버드, 스탠퍼드, 예일, 시카고, 컬럼비아 대학교의 대학원생들에게 장학금을 지원하기도 했다.[27] 대중에게 미국식 경영이 먹힐 뿐만 아니라 성과를 내고 있음을 알리는 것은 공산주의를 우려하는 보수적 엘리트에게는 나라의 명운이 걸린 일이었다. 1948년 하버드 경영대학원 원장 도널드 K. 데이비드는 기업 중역들을 대상으로 행한 연설에서 다음과 같이 말했다. "우리는 세계 전역에 걸쳐 인류의 정신과 영혼을 위한 지난한 투쟁에 직면해 있습니다. (…) 우리 체제를 수호하는 가장 좋은 방법은 그것이 작동하도록 만드는 것입니다. 제가 보기에 지금처럼 어려운 시기에 가장 밝은 희망의 빛 한 줄기는 기업인들이 그러한 책무를 떠맡을 수 있고 또 떠맡을 것이라는 믿음입니다."[28]

미국 자본가들은 자신의 자선 단체를 동원하여 이러한 운동을 뒷받침할 새로운 유형의 경영 교육을 만드는 데 박차를 가했다. 특히 포드와 카네기의 재단 외에 월그린 재단Walgreen Foundation(공산주의를 혐오하던 약국 체인업의 거물 찰스 월그린이 설립) 같은 곳들도 기부금을 제공하여, 경영학을 '진짜 과학' 못지않게 진지하고 무게감 있어 보이도록 만드는 접근법을 뒷받침했다. 이제 경제경영 교육은 스스로를 경성 과학의 한 분야로 생각하기 시작했다. 이 새로운 흐름의 분수령으로 1947년 경제학자 폴 새뮤얼슨이 쓴 『경제 분석의 기초』의 출간을 꼽을 만하다. 이 책은 새로운 경제학적 사고, 즉 사회과학의 복잡다단한 현실보다는 물리학의 추상적이고 초합리적인 세계에 가까운 사고를 뒷받침할 논거를 펼쳐 보였다.

당시의 언어를 보면 엘리트들은 경영 교육이 공장의 현장과 직접 연결되어 있다는 점을 다소 창피해했음이 분명하다. "진정한 전문 경영인의 시대는 아직 도래하지 않았지만, 그리 멀지 않다. 사람들은 장차 사업의 일부 측면이 아니라 경영 전반에 대한 교육을 받고, 현장이 아니라 학교에서 기술을 습득할 것이다." 1952년, 새로운 패러다임의 등장을 두고 『비즈니스위크』지는 이렇게 선언했다.[29]

결국 당시는 합리적 관리자의 시대였다. 테일러가 수치적 효율성을 활용하여 공장 생산과 노동자를 쥐어짰듯이, 국방부가 쓰던 운용 과학 operational research 기법을 채택한 경영대학원들도 경영을 '과학적'으로 변모시켰고 열광적인 추종자들을 양성하여 기업으로 배출했다. 윌리엄 H. 화이트의 1956년 저작 『조직인』은 이런 추종자들의 모습을 실감 나게 담아낸 것으로 유명하다. 이들 관리자는 충성스럽고 근면하면서도 결코 조직을 흔들거나 상사에게 의문을 제기하지 말라고 배웠다. 경영대학원이 그저 자본주의에 순종하는 양 떼를 양성하고 있을 뿐이라는 우려를 표명한 전문가도 있었다. 특히 경영학의 거장 피터 드러커는 다음과 같은 염려를 드러냈다. "경영대학원은 이제 더 이상 스스로를 사회적 도구로 여기지 않는다. 마치 수학과처럼 '존중받기'를 바라고 있다. 그러나 이는 잘못이다. 전문 대학원은 학문적 교육기관이라기보다는 사회적 교육기관이다. 경영대학원을 거친 옛 세대에게는 한 가지 엄청난 강점이 있었다. 자신이 대체 무슨 말을 하고 있는지는 알고 있었다."[30]

당시 경영학은 인문학이나 경성 과학 어느 쪽에도 속하지 않아서 콤플렉스가 있었다. 경영대학원들은 이를 극복하고자 점차 신고전파 경제학을 전공한 박사들을 채용하기 시작했다. 신고전파 경제학은 수학적 모델링과 데이터 분석에 대한 관심이 늘어나면서 명망을 얻고 있었다. 이런 양상은 오늘날에도 크게 다르지 않다. 이들 모델이 실제 경제와 관계없는 경우가 잦고 늘 이론 차원에 머물러 있다는 사실은 전혀 문제가 되지 않았다. 이런 모델링 작업이 경제경영 교육자를 수학과나

물리학과에 몸담고 있는 사람과 비슷한 수준으로 격상하리라는 생각이 크게 작용했다. 학문적 지위 상승을 꿈꾼 것이다. 이러한 자유시장, 수학, 모델 중심 사고방식의 진원지는 바로 시카고 대학교다. 그도 그럴 것이 이곳은 '시장이 가장 잘 안다'는 입장을 대표하는 경제학자 밀턴 프리드먼의 근거지다. 시카고대와 컬럼비아대에서 공부한 프리드먼은, 미 해군의 지원을 받아 전시에 컬럼비아대에 설치, 운영된 통계연구그룹Statistical Research Group에 잠시 몸담고 있던 중 맥나마라식 시스템 분석을 접했다. 거기서 프리드먼과 일한 두 젊은 경제학자 조지 스티글러와 W. 앨런 윌리스도 시카고대 교수가 되었다. 이들은 시카고 학파를 함께 일궜다. 그때부터 이 학파의 반정부, 반규제, 그리고 광적인 친시장 이데올로기는 미국의 경제경영 교육을 완전히 장악해 왔다.

　포드와 같은 대기업 재단의 후원을 받은 시카고대는 경제학의 거장들을 영입하기 시작했다. 학교의 오랜 후원자였던 월그린 재단은 재정 지원을 경영 교육 프로그램으로 돌렸다. (찰스 월그린은 예전에 시카고대가 "공산주의적 관점"을 가르치고 있다는 이유로 조카딸을 자퇴시킨 적이 있었다. 월그린 재단의 목표는 "미국적 삶과 가치의 찬양을 고무할" 사상들로 공산주의에 대항한다는 것이었다.)[31] 시카고대는 점점 더 열성적으로 탈규제를 촉구하고 대기업을 옹호하는 중심지로 변해 갔다. 교내에 설치된 초대형 컴퓨터들이 생산하는 방대한 데이터는 자유방임 이론들을 뒷받침해 주었다. 시카고대는 국방부와의 연줄 덕에 당대 최고의 기술을 보유하고 있었다. 그 결과 대단히 금융 중심적인 경영 교육이 출현했다. 이것의 핵심 문제는 이제 기업이 아니라 시장이었다. 최근의 한 논문은 이러한 사고방식을 일컬어, "자유시장 지향적이며 오로지 이론의 예측력에만 관심을 둘 뿐 가정의 실현 가능성에는 개의치 않았다"고 평가했다.[32] 결국 새로운 방법론은 실제적이라기보다는 이론적 경향이 훨씬 강했음에도 급속도로 수용되었고, 급기야 미국 기업이나 금융업에 투신하고 싶은 이라면 누구나 갖추어야 할 필수 요소로 자리 잡았다.

누구를 위한 가치 극대화인가

시카고 학파의 핵심 가정은 기업의 목적이 재무적 가치의 극대화라는 것이었다. 물론 밀턴 프리드먼도 이를 적극적으로 옹호했다. 1970년에 그는 이런 말을 남겼다. "기업의 사회적 책임은 기업 자신의 이윤을 키우는 것이다."[33] 이런 생각은 또 다른 이론과 짝을 이루었다. 기업의 주가는 알려진 모든 정보를 언제나 완벽하게 반영하므로, 주가야말로 기업 가치의 가장 종합적인 평가 지표라는 견해였다. 이른바 '효율적 시장 가설efficient-market hypothesis'이라 불리는 이 이론의 주창자는 프리드먼의 충직한 제자이자 같은 시카고대 교수이기도 한 유진 파마다. 파마는 이 이론으로 노벨 경제학상을 받았다.

파마는 2013년에 노벨상을 예일대 경제학자 로버트 실러와 공동 수상했다. 그런데 역설적이게도 실러의 연구는 파마의 효율적 시장 가설과 근본적으로 정반대의 입장을 취하고 있다. 실러는 시장과 자산 가치는 인간의 정서, 편견, 나쁜 습관, 순전한 우연 등 효율성과는 별 관계가 없는 다양한 요인의 영향을 받는다고 보았다. 따라서 주식시장은 제대로 작동하지 않을 때도 많고 예측하기도 힘들다고 생각했다.[34] 이렇듯 과거를 대변하는 파마의 연구와 미래를 암시하는 실러의 연구가 동시에 노벨상을 받았다는 사실은 경제학에 몰아닥친 존재론적 위기를 극명하게 드러내 준다. 복잡하고 아직 증명되지 않은 초끈 이론에 물리학계가 휘말려 있는 것처럼, 경제경영 교육도 효율적 시장 이론과 신자유주의 경제 사상에 포획되어 있다. 경영대학원들은 여전히 효율적 시장 이론을 전수하고 있는데, 이는 아마도 지금 세대의 학자들이 젊은 세대에게 밀려나야 바뀔 것이다. 물리학자 막스 플랑크는 이렇게 말했다. "과학은 장례식을 치르면서 발전한다." 새로운 연구들은 경제와 사회에서 일어나는 현상의 상당수가 비합리적이며 예측 가능하지 않음을 보이고 있다. 그리고 이런 현상은 엄격한 수학적 모델이 아니라 유동적인 인간 경험을 염두에 두고 분석해야 함이 분명해지고 있다.

행동경제학이 바로 그런 연구 분야다. 실러가 노벨상을 수상한 것도 행동경제학 덕분이다. 행동경제학은 전통적인 경제학에 비해 '연성' 과학soft science으로 치부되곤 하지만, 직접 현장으로 나가 메인가에서 '실제' 데이터를 수집하는 것은 행동경제학자들이라고 실러는 지적한다. 신자유주의 경제학자들이 복잡한 금융 모델링을 수없이 할지는 몰라도, "[경제학과와 경영대학원 교수들] 상당수는 실제 세계에서 데이터를 수집하고 가공하지도 않고, 그 일을 연구의 일환으로 보지도 않습니다. 자기들이 하는 일보다 다소 수준이 낮다고 생각하죠."[35] 실러의 여러 아이디어를 바탕으로 연구를 확장하고 있는 MIT의 앤드루 로 교수도 그의 이런 말에 동의한다. 로는 언젠가 데이터 분석에 열중하고 있던 자신의 연구실에 들어온 동료가 보인 반응을 이렇게 회상한다. "그는 저를 쳐다보더니, '어휴, 도대체 그걸 왜 하고 있는데?'라고 물었습니다. 마치 포르노 잡지를 보고 있다는 듯이요!"[36]

메인가에서 일어나는 일은 '진짜 경제학자'가 알 바 아니라는 식의 사고는 결국 변할 것이다. 요즘 경제학과 경영학계의 여러 뛰어난 연구자들이 점차 행동경제학으로 넘어오고 있다. 그러나 학계는 마치 달팽

이 기어가듯 느리게 변한다. 1970년대 말만 하더라도 효율적 시장 이론이 학계를 장악하고 있었던 반면 행동경제학은 걸음마 단계에 있었다. 이 효율적 시장 이론의 지배는 결국 경영 교육과 기업계의 지형을 더 크게 바꿔 놓을 또 다른 이론으로 이어진다. 시카고대 출신의 두 학자 마이클 젠슨과 윌리엄 메클링이 제시한 이른바 대리인 이론agency theory 이다. 대리인 이론은 기업 실적을 증대시키기 위해서는 경영진도 스톡옵션을 받는 등의 방식으로 기업 소유주와 동일한 대우를 받아야 한다고 주장한다. 이 이론은 지금도 MBA 교육 과정의 얼굴이자 중심이다. 놀랄 일도 아니겠지만, 젠슨과 메클링은 프리드먼과 유진 파마의 제자들이다. 훗날 많은 기업을 망쳐 놓게 되는 대리인 이론은 역설적이게도 1970년대에 미국 기업들이 그다지 건실하지 않다는 우려를 해결하기 위해서 나왔다. '조직인'과 그들이 이끄는 글로벌 대기업들의 자신감에도 불구하고, 석유 파동, 인플레이션, 중국과 인도의 발 빠른 제조업 경쟁력 확보 같은 일련의 사건이 꼬리를 물고 일어나면서 사람들은 미국이 몰락하는 것 아닌가 하는 두려움에 휩싸였다. 그동안 당연하게 누렸던 전후의 풍요는 더 이상 거저 주어지지 않게 되었다. 빈곤율이 올라갔고, 불평등이 빠르게 심화되었다. 그리고 미국 제조업의 공동화가 시작되었다. 제조업의 GDP 기여도는 1970년대 중반에 24퍼센트에서 약 17퍼센트로 추락했다.[37] 러스트 벨트Rust Belt라는 말은 한때 대단한 위용을 자랑했던 버펄로, 피츠버그, 클리블랜드, 디트로이트 같은 산업 도시들의 붕괴를 가리키는 용어다. 사회학자들에 따르면, 이 시기에 기업에 대한 직원들의 신뢰가 떨어졌고, GM 같은 대기업의 근로자들은 주기적으로 늦게 출근하거나 아예 회사에 나가지 않았다. 노조, CEO, 소비자를 비롯하여 기업과 연관되어 있는 거의 모든 사람이 기업과 전반적인 규제 환경을 바꾸기 위해 로비를 했다.

특히 문제는 복잡하고 다각화된 대기업에서 관리자와 주주의 이해관계가 엇갈리는 경우가 잦다는 것이었다. 이런 이해관계 격차가 경쟁력 추락의 근원이라고 보는 경제학자가 많았다. 기본적으로 지시에 잘 따르도록 훈련받은 관리자들은 대기업에서 평생직장을 보장받으며 느긋하게 지낼 수 있었다. 그러나 주주들은 기업 이윤과 주가가 떨어지면서 어려운 처지로 내몰리고 있었다. 해결책은? 아주 구체적인 재무 지표를 이용하여 관리자를 평가하는 한편, 급여 중에서 스톡옵션의 비중을 더 높이는 식으로 양측의 인센티브를 조정하는 것이었다. 이사회는 관리자들이 주가 부양을 위해 필요한 일을 하고 있는지를 주시했다. 효율적 시장 이론과 대리인 이론이 실제 기업 현장이 아니라 대학 강의실과 컴퓨터에서 짜 맞추어졌음은 전혀 고려되지 않았다.

대리인 이론은 급속도로 힘을 받기 시작했다. 『월 스트리트 저널』과 『하버드 비즈니스 리뷰』는 젠슨과 메클링의 생각을 상찬했다. 이들의 발상은 회사 중역에게 부여되는 스톡옵션의 제한선을 끌어올리는 입법 투쟁에서 요긴한 무기로 쓰였으며, T. 분 피컨스 같은 주식 매점꾼 greenmailer• 과 기업 사냥꾼의 행위를 정당화하는 논리로도 차용되었다. 여느 기업 인수 거물들처럼 피컨스도 CEO들이란 대부분 게으르고 이기적이며 폐쇄적이라고 보았다. 그는 언젠가 이렇게 말했다. "미국의 기업 중역들은 (…) 기업 인수를 자신의 급여와 각종 혜택을 앗아 갈 일종의 위협으로 본다. 그렇게 생각하는 이유는 그들이 대개는 자사의 주

• 지폐를 뜻하는 greenback과 협박꾼을 뜻하는 blackmailer의 합성어로, 이들은 특정 기업의 주식을 대량 매입한 다음 그 기업의 경영진을 교체하겠다고 위협한다. 위기감을 느낀 경영진이 자사주를 고가에 사들여 주가를 올리면, 이를 팔아 차익을 챙긴다.

식을 별로 가지고 있지 않기 때문이다. 중역들이 주주의 이익에 별로 관심이 없는 이유는 자신이 실질적인 주주가 아니기 때문이다."[38] 놀랍게도 젠슨 같은 학자들까지 피컨스 같은 사람이 형편없이 운영되는 미국 대기업들에게 필요한 채찍질을 도입한 '창안자'라고 믿는다. 이런 시각에 따르면, 피컨스나 칼 아이칸, 헨리 크래비스를 위시한 여러 '문 앞의 야만인들'은 약탈자가 아니라 자본주의의 수호자다. 시장에 신속하게 개입해서 죽은 나무들을 깨끗이 정리해 주기 때문이다. 아이칸 같은 행동주의 투자자들은 여전히 이런 논리로 자기 합리화를 한다. 아이칸이 언젠가 내게 들려준 말에 따르면, 이사회는 통상적으로 CEO의 친구들, 보통은 CEO 본인보다 덜 똑똑한 이들로 구성되며, 대개 자신들의 이익을 위해 움직인다. "우리나라의 많은 기업들은 경영 상태가 실로 끔찍합니다. 물론 괜찮은 이사회 구성원들도 많지만, 연간 40만 달러 이상의 보수를 챙기면서 정작 생산성을 좀먹는 이사들도 있죠. 이런 인사들은 자신을 그 자리에 앉힌 CEO의 의사에 반하는 결정을 내리지 않습니다."[39]

물론 아이칸의 지적이 맞는 경우도 꽤 있다. 그러나 미국의 기업 지배 구조가 그리 탄탄하지 못한 진짜 이유는 이사회 구성원과 CEO 모두에게 적용되는 인센티브 구조가 장기적 의사 결정에 반하는 쪽으로 작동하고 있기 때문이다. 이를 학계에서는 '주인-대리인 문제principal-agent problem'라고 부른다. 그렇지만 CEO와 골프 친구들 사이에 이루어지는 공모가 기업 중역과 금융가 사이에서 벌어지는 공모만큼 많지는 않다. 요즘에는 CEO들이 단기 주가 부양에 나서야 할 이유가 넘칠 정도로 많다. 월가가 CEO에게 바라는 일인 데다, 대부분의 기업 중역이 보수의 상당 부분을 스톡옵션으로 받기에 CEO 자신도 더 높은 보수를 챙길 수 있기 때문이다. 월가 애널리스트들은 기업 등급 평가를 통해 주식시장에 있는 기업의 가치를 알 수 있도록 도움을 주는데, 이 평가를 할 때 기업의 연 매출만 쳐다본다. (하지만 매킨지 데이터에 따르면, 기업의 진짜 가치는 3년 이상의 매출액과 궤를 같이한다.)[40] 그 결과, 보수의 상당 부분을 주식으로 받는 기업 리더들은 회사의 장기적 성장을 위한 최선의 결정을 내리기보다는 월가가 반기는 수치를 달성하는 데 전력을 기울인다. 이런 실상을 두고 신경제사고연구소의 존슨은 다음과 같이 지적한다. "금융이 미국 회사들의 실적을 현격히 악화시키고 있지만, 미국상공회의소에서 반란이 일어나지 않는 이유가 바로 이것입니다."[41]

이런 현상은 미국 기업을 해외 경쟁사보다 지극히 불리한 처지에 빠뜨린다. 가족 소유의 신흥시장 기업이라든가 유럽 회사의 지배구조는 미국보다 더 폭넓은 이해당사자stakeholder 모델에 기초하고 있기에 자본시장의 압력을 덜 받는다. 『하버드 비즈니스 리뷰』에 미국 기업들의 단기 실적주의에 대한 글을 실은 바 있는 매킨지의 수장 도미닉 바턴은 이렇게 말한다. "아시아로 출장을 갈 때마다 늘 깊은 인상을 받지만, [외국 기업들은] 전혀 다른 시간표에 따라 운영되고 있습니다. 이들은 수많은 미국 기업들처럼 단기적 압박을 받지 않습니다."[42] 신흥시장 기업, 특히 아시아 기업들은 분기 실적에 연연하지 않고 10년 이상을 내다보기도 한다.

기업 경영의 목적은 오직 주주들의 이익 실현 한 가지뿐이라는 사고방식은 전 세계적으로 보면 기이한 시스템이다. 독일, 중국, 프랑스, 스칸디나비아, 더불어 인도나 브라질 같은 경우에도 대다수 기업은 이런 식의 경영을 하지 않는다. 심지어 미국 기업 리더들도 경영대학원과 금융시장 양쪽에서 집요하게 압력이 들어왔음에도 현재의 경영 방식을 채택하는 데 시간이 꽤 걸렸다. 1990년만 하더라도 미국 유수의 대기업 CEO들 모임인 비즈니스 원탁회의의 강령에는 "임원의 책임은 회사에 대한 책임이나 주주들의 장기적 이익에 대한 책임을 다하기 위해 모든 이해당사자의 이익을 신중하게 따지는 것"이라고 명시되어 있었다. 그러나 7년 뒤 이 단체가 결국 시대적 조류에 굴복하면서 강령도 바뀌었다. "경영진과 이사회의 최대 의무는 주주들을 위하는 것이다. 그 밖의 이해당사자들의 이익은 주주에 대한 의무를 수행하는 과정의 파생물로 서만 의미가 있다."[43] 믿거나 말거나, 요즘 상장 기업 CEO 가운데 주주 가치 우선론을 공개적으로 받아들이지 않는 사람은 매우 드물다. 실제로, 이런 관점에 공공연히 의문을 제기해도 무사할 만한 리더는 확고한 추종 세력을 지닌 명망 높은 창업자 겸 소유주들뿐이다(알리바바Alibaba의 마윈과 스타벅스의 하워드 슐츠가 이런 활약을 펼치곤 한다).

그러나 쓸쓸하게도 여전히 하버드, 와튼, 스탠퍼드 등 명문 경영대학원의 기초 재무 수업에 들어가 보면 30, 40년 전에나 배웠을 법한 내용을 접하게 된다. '주주가치는 모든 것에 우선한다.' 그뿐 아니라 필수 과목으로 수강해야 할 금융 수업에서는 이런 이야기도 듣는다. '사람들은 합리적 이기심에 이끌려 최선의 경제적 결정을 내린다. 기업의 목적은 돈을 벌어 투자자들에게 가치를 제공하는 것이다. 기반 기술이나 혁신 역량, 인적 자원, 사회적 편익이 아니라 주가가 기업의 성패를 측정하는 지표다.' MBA 과정은 필요한 수단을 모두 동원하여 주가를 부양하는 것이 경영진의 존재 이유라고 가르친다. 이런 목표는 기업의 장기적 성장 가능성을 해치고 리더 자신들까지 엄청나게 압박하는 것은 물론 (요즘 10년 이상 자리를 지키는 CEO가 드물다[44]), 경영자를 세상과 유리시켜 놓았다. 의료나 법, 예술 분야 종사자와 달리 경영자들은 사회 전체를 더 낮게 만들어 보겠다는 대의에 별 관심이 없다.

애스펀 연구소Aspen Institute에서는 일군의 MBA 학생들을 대상으로 학교생활 전체를 추적한 적이 있다. 조사 결과 캠퍼스에서 지내는 사이 학생들의 가치관이 점점 변해 갔는데, 그 방향은 그리 바람직하지 않았다.[45] 학생들은 이른바 '고객 모드'로 공부를 시작하면서, 기업이 직원과 고객, 그리고 사회 전체를 망라하는 폭넓은 이해당사자들의 이익을 위해 운영되어야 한다고 생각했다. 그러나 2학기가 끝날 무렵에는 '기업 관리자 모드'로 바뀌었다. 이전보다 주주가치 극대화를 더 중시하면서 고품질의 제품과 서비스를 제공하는 것은 점점 멀리했다. 보고서는 이런 태도 변화가 "1년 차 교육 과정에서 주주가 유력한 지위를 차지하고 있음"을 반영한 것이라고 진단했다. 경영대학원에서는 대놓고 탐욕은 좋은 것이며, 합리적 이기심은 경제적, 사회적으로 이로운 것이라고 가르친다. 그러나 미국이 지난 몇 년간의 경제 위기, 불황, 고통스러운 저성장 등에서 배운 점이 한 가지 있다면, 그런 전통적 경제 이론이 항상 제대로 작동하지는 않는다는 것이다.

사회적 책임을 외면하는 경영 교육

MBA 과정이 양심은 없고 수치에만 밝은 졸업생을 양산하고 있다는 우려만 있는 것이 아니다. 지식을 보전, 창출, 전수하여 공공선을 진작한다는 미국 명문 대학들의 사명을 MBA 과정이 더 이상 뒷받침하지 못하고 있다며 걱정하는 경영 교육자가 점점 늘고 있다. 하버드 경영대학원의 라케시 쿠라나 교수가 대표적이다. 쿠라나는 저서 『지고한 목적에서 고용된 일꾼으로』에서 지난 세기에 미국의 경영 교육이 걸어온 발자취를 추적했다. 그는 토마 피케티가 예언한 불평등의 증가, 정치적 불안정, 사회적 불안 등의 미래를 피하기 위해서는 경영 교육 패러다임이 변화해야 한다는 논지를 설득력 있게 전개한다. 그러면서 경영 교육이 더 많은 것을 포용하고 다루는 한편 사회적 책임을 가르쳐야 한다고 강조한다.

그러나 도덕적 전환은 빠르게 일어나지 않는다. 시카고 학파식 사고와 교육이 미국의 경영 교육에 끼친 나쁜 영향 가운데 하나는 그 속에 뿌리박혀 있던 도덕성과 사회적 책임을 잘라내 버렸다는 점이다. 이 두 가지 덕목은 19세기 말 경영 교육을 태동시켰던 칼뱅주의적 기반이었다. 사실 냉전 시대를 풍미했던 똑똑이들의 경영법 또한 이념적 성격이 짙었다고 볼 수 있다. 그러나 대리인 이론과 효율적 시장 이론은 경영자가 기댈 만한 도덕적 지반 자체를 없애 버렸다. 이 이론들은 기본적으로 이기적 세계관을 주창했다. 이런 세계에서는 누구나 원하는 것을 얻으려 애썼으며, 아무도 믿을 수 없었다. 작은 집단의 이익을 추구하는 것이 우선이었기에, 모든 것은 거래 가능했고 또 그래야 마땅했다. 그러니 사물을 바라보는 MBA 학생과 경영자의 관점이 냉정하고 계산적으로 변해 간 것도 당연했다. 이 상황을 지금은 고인이 된 전 스탠퍼드대 경영심리학 교수 해럴드 레빗은 다음과 같이 표현했다. "새롭게 등장한 MBA형 전문 경영자는 점점 전문 용병처럼 변하기 시작했다. 어떤 전쟁에든 기꺼이 참전하여 냉정하고 체계적으로 임무를 수행할 태세를 갖추었다. 그러나 새로운 길을 밝혀 줄 까다로운 질문은 결코 던지지 않았다. 과연 이 전쟁은 벌일 만한 가치가 있는가? 올바른 전쟁인가? 명분은 정의로운가? 나는 그 명분을 믿는가?"[46]

2008년 금융 위기 이전, 불평등, 늘어나는 기업 스캔들, 기업 중역의 비행 등을 우려하는 목소리가 커져 갔는데도 경영대학원들은 거의 아무것도 하지 않았다. 만약 1980년대의 내부자 거래, 1990년대를 뒤흔든 회계 부정, 서브프라임 모기지 사태 등이 다른 업계에서 터졌다면, 깊은 반성의 시간을 거쳤을 것이다. 이를테면 의사 중 80퍼센트가 당장의 수입을 위해 환자에게 장기적으로 해로운 의료 행위를 할 수도 있다고 답변했다면 의학대학원들이 어떻게 대응했을지 상상해 보라. 금융 위기 이후 경영대학원들이 나서서 지속 가능한 새로운 자본주의를 주도할 것이라는 희망도 있었지만, 학계 지도급 인사들은 대체로 침묵하고 있다. 기껏해야 기업의 사회적 책임 확대나 이사회 구성원의 다양성 증진 같은 지엽적인 문제에 천착할 뿐이다.

몇 년 전 스위스 다보스에서 열린 세계경제포럼에서 하버드 경영대학원 원장 니틴 노리아를 인터뷰한 적이 있다. 당시 노리아는 금융 위기 이후 하버드의 MBA 교육 과정에 큰 변화를 일으키고자 했다. 이 작업은 느리게 진행되고 있다. 하버드 경영대학원은 효율성 이론을 넘어 행동경제학적 접근법으로 나아가는 교육 과정을 이제 막 개발하기 시작했다. 도덕성과 금융 산업의 구조를 다루거나 현 자본주의 시스템에 의문을 던지는 강의는 점차 인기를 얻고 있지만, 아직도 소수에 지나지 않는다. 노리아는 하버드 경영대학원 학생 대다수가 여전히 금융권으로 향하고 있다고 말한다. 이제는 투자은행보다 벤처 캐피털이나 사모 펀드로 가는 사람이 많은데, 요즘은 여기에 돈이 몰려 있다는 것을 생각하면 그리 놀라운 사실도 아니다. 졸업과 동시에 창업에 나서는 학생도 9퍼센트로 크게 늘었지만, 여전히 금융권으로 가는 학생의 3분의 1도 안 된다.[47]

변화 속도가 썩 빠르지 않다는 것은 분명하다. 그리고 솔직히 말하자면 기존 질서에 맞서 더 많은 변화를 요구하는 경영학 교수와 학생도 그리 많지 않다. 그도 그럴 것이, 쿠라나에 따르면 경영 교육이 학문적으로 제한되고 상업화가 심화되는 바람에 학자들조차 "자기에게 제기되는 질문을 판단할 준거 틀의 결여라는 어려움에 봉착해" 있기 때문이다.[48] 쿠라나는 이렇게 덧붙인다. "경영 교육 생태계는 병들어 있습니다. 그럼에도 아무것도 바꿀 수 없다는 총체적인 무력감이 팽배해 있습니다. 세계에서 가장 영향력 있는 인사들도 마찬가지죠."[49] 이제 MBA 학위는 값진 교육 기회라는 성격을 많이 잃어버렸다. 그보다는 소수 특권층만의 부에 이르는 열차표라든가 배타적인 클럽쯤으로 여겨진다. 이런 이기적 면모는 기업의 경영뿐만 아니라 MBA 학위 자체도 위험에 빠뜨린다고 쿠라나는 지적한다. 요즘 들어 MBA는 터무니없이 비싼 상품으로 전락해 버렸다고 보는 사람이 많다.

상품으로 변하는 학문

사실 학문 자체도 가장 높은 값을 부르는 쪽에 팔리는 제품이 됐다고 볼 수 있다. 명문 경제학과와 경영대학원의 학술 연구에 지원되는 자금 가운데 상당 부분이 금융 산업 및 이와 밀접한 사람이나 기관에서 나온다. 2011년, 매사추세츠대 애머스트 캠퍼스 교수 제럴드 엡스틴은 동료 제시카 캐릭헤이건바스와 함께 2008년 금융 위기 이후 학계에서 불거진 이해관계 충돌 문제에 관한 논문을 발표했다. 두 사람은 우선, 학계에 몸담고 있으면서 금융 규제와 개혁에 대한 권고를 통해 영향력을 발휘하는 단체에 소속된 금융경제학자 19명의 매체 기고문, 공개 발언, 논문 등을 살펴보았다. 이어서 이 학자들이 자기가 속한 공공 학술기관이라든가 여러 민간 금융기관과 자신의 관계를 어떻게 설명했는지 분석했다. 대부분의 경우 경제학자들은 이해관계의 충돌 가능성이나 업계와의 사적인 관계를 마땅히 드러내야 하는 경우에도 그러지 않았다고 이 논문은 결론지었다.[50]

이해관계의 충돌을 보여 주는 충격적인 사례 하나가 2010년 아카데미상을 수상한 다큐멘터리 〈인사이드 잡〉에 담겨 있다.[51] 2008년 금융위기를 초래한 정책 결정 과정을 파헤친 이 영화에서 제작진은 컬럼비아대 경제학자이자 경영대학원 원장인 글렌 허버드를 조명했다. 그는 과거 조지 W. 부시 행정부의 수석 경제 자문관이었다. 제작진은 허버드에게 금융 탈규제에 어떤 역할을 했는지, 그리고 각종 정책 사안에서 그가 금융 친화적 입장을 취하도록 부추긴 이런저런 사적 관계에 대해 물었다. 그는 컨트리와이드 파이낸셜Countrywide Financial에서 시간당 1200달러를 받으며 고문으로 활동했는가 하면, 랠프 치오피와 매슈 터닌 측에 유리한 증언을 한 대가로 10만 달러를 챙긴 일도 있었다. 컨트리와이드 파이낸셜은 서브프라임 위기에 깊이 연루되는 바람에 연준의 구제를 받아야 했던 모기지 대출 업체였고, 치오피와 터닌은 (후일 무죄 판결을 받기는 했지만) 사기 혐의로 기소된 베어 스턴스Bear Stearns 헤지펀드 매니저였다.[52] 허버드는 2004년 골드만 삭스 보고서 「자본시장은 어떻게 경제 성장을 진작하고 일자리 창출을 촉진하는가」의 집필에 참여하기도 했다. 여기서 그는 신용 파생상품이 위험을 분산시킴으로써 은행권의 손실을 막아 준다고 언급했다. 이 보고서를 쓰면서 얼마를 받았는지는 공개하지 않았지만, 〈인사이드 잡〉에는 자신의 컨설팅 고객들에 대한 질문을 받자 이성을 잃는 장면이 나온다.[53] 허버드의 행각이 밝혀지자 결국 컬럼비아대를 비롯한 여러 기관에서는 학문적 이해관계 충돌에 관한 정책을 더욱 엄격히 관리하기에 이르렀다.

사실 학교 자체도 시장 속의 일개 상품으로 변모하고 있다. 학자는 더이상 개인적 열정이나 흥미를 바탕으로 연구하지 않으며, 심지어 자신이 세상에서 가장 중요하다고 생각하는 질문에 매달리지도 않는다. 이제는 학생들과 자기를 최종적으로 고용할 사람들(여러모로 최종 소비자인 사람들)에게 '팔릴 만한 것'을 고려한다. 학교 또한 스스로를 '브랜드화'하여 잠재적 '주주들'에게 열심히 판촉을 한다. 『월 스트리트 저널』이나 『파이낸셜 타임스』에 전면 광고를 내어 학교가 내세우는 '가치 제안'을 홍보한다. 학교의 사명이라든가 각종 교육 과정에서 학생들이 받을 교육의 종류에 대한 언급은 거의 없는 반면, 어떻게 하면 학교를 잘 골라서 빨리 부자가 될 수 있는지 알려 주는 '시장 신호market signaling'• 는 넘쳐 난다. 쿠라나의 지적대로, 이 학교들은 자신의 고객인 포춘 500대 기업에 버금갈 정도로 광고에 열중한다. 한 항공사 기내지에 실린 MBA 과정 광고는 "열심히 투자한 만큼 되돌려받고 싶으세요?"라는 노골적인 문구를 배치하며, 학위 취득 전과 후의 급여를 비교했다. "우리 학교는 견실한 투자를 실행하고 관리하는 방법을 가르치는 데 그치지 않습니다. 우리 학교 자체가 바로 그 투자처입니다." 또 다른 광고는 자기 학교의 MBA 학위를 아예 "높은 투자 수익률"이라고 표현했다.[54]

• 시장의 정보 비대칭 상황 속에서는 정보량이 풍부한 쪽이 부족한 쪽에 자신의 능력이나, 가치, 품질을 확인할 수 있는 신호를 제공한다는 이론으로, 마이클 스펜스(Michael Spence)가 주창했다. 스펜스가 연구한 것은 노동시장이었으며, 이때 신호에 해당하는 것은 학력이었다.

계량 분석 전문가의 부상

학자와 학생이 돈으로 사고팔리는 현상은 MBA 교육을 실제 기업 경영에 필요한 기술과는 무관하게 만드는 구조적 문제 중 하나일 뿐이다. 또 다른 문제는 MBA 과정이 금융 시스템 불안정화에도 기여한다는 것이다. 2008년 금융 위기가 발발한 지 8년이 지났음에도, 여전히 MBA 과정들은 그 당시 금융 시스템을 초토화했던 종류의 금융발 대량살상무기를 만드는 트레이더를 찍어 내고 있다. 1970년대의 일본식 품질 관리 혁명이라든가, 1970년대 후반에서 1980년대 사이의 개인용 컴퓨터 열풍, 그로부터 10년 후 네트워크와 모바일 기술의 폭발적 성장과 같이 큰 그림을 바꾸는 흐름을 미국 경영대학원들은 놓쳐 버렸다. 그 대신 수리 금융을 주도하면서 은행의 주 업무가 대출에서 금융 상품 거래로 바뀌도록 기반을 닦았다. 그런가 하면, 주식과 채권은 물론이고 병원 병상과 인간의 수명에까지 가격을 매기는 '포트폴리오 사회'의 성장을 촉진했다. 포트폴리오 이론의 초창기 핵심 이론가로 활약한 인물은 해리 마코위츠로, 시카고대를 나왔으며 1950년대에 랜드 연구소에 몸담았고 박사 학위는 프리드먼 밑에서 취득했다. 마코위츠의 계량 금융 방법론은 그에게 노벨 경제학상을 안겨 주었으며, 후일 자본시장을 지배하게 되는 컴퓨터 차익거래 프로그램의 초석이 됐다. 오늘날 전체 금융 상품 거래의 70~80퍼센트는 컴퓨터가 수행하며, 대부분 최첨단 프로그램을 활용한다. 이 프로그램들은 초 단위보다 더 짧은 간격으로 미세한 주가 변동을 따라가며 금융 상품을 매매하도록 설계된다. 그 결과, 1960년대에 8년이었던 평균 주식 보유 기간은 2012년에 불과 4개월로 떨어졌다.[55]

골드만 삭스에서 선구적인 트레이딩 모델을 짰고 지금은 컬럼비아대에서 금융공학을 가르치는 계량 수학자이자 물리학자인 이매뉴얼 더먼조차 금융과 경영 교육이 지나치게 수리경제학에 매몰되어 있다고 생각한다. 2012년, 더먼은 『파생상품 저널』이라는 학술지의 20주년 기념호에 자신의 작업을 자기비판하는 글을 실으면서 "윤리든 계량이든 모든 종류의 모델이 아주 잘못 행동해 왔다"고 털어놓았다. 그가 보기에 문제의 핵심은 계량 금융인들이 스스로 물리학 수준의 예측력을 실제로 갖출 수 있다고 믿게 되었다는 것이다. 하지만 금융공학은 인간의 행동에 기초한 학문이기 때문에 오류 가능성이 있을 수밖에 없다. "일개 모델을 인간들이 모인 세상과 혼동하는 행태는 일종의 우상 숭배다. 심지어 위험하기까지 하다."[56]

그런데 이러한 위험은 날로 커지고만 있다. 하버드 경영대학원 같은 곳에서 금융권으로 향하는 MBA 학생 비율은 2008년 금융 위기 이전에 39퍼센트였다가 요즘에는 31퍼센트로 약간 떨어지기는 했지만, 수리금융 같은 기술을 습득한 뒤 사모펀드, 벤처 캐피털, 첨단 기술 등의 분야로 진출하는 학생 수는 점차 증가하고 있다.[57] 실제로 대다수 미국 명문 MBA 과정의 경우, 전통적인 은행이나 컨설팅 업체, 소규모 금융 부티크 회사 같은 금융기관이 교내 채용 박람회를 여전히 장악하고 있다고 학생들은 입을 모은다.

이런 현상은 금융화의 심각한 문제 하나를 드러내 준다. 우수한 인재들이 좀 더 생산적인 영역에서 빠져나가는 것이다. 금융은 이제 미국에서 가장 똑똑한 사람들을 싹쓸이하면서, 경제를 더욱 생산적인 방향으로 이끌어 갈 분야에 진입하지 못하게 한다. 1980년대 이전만 해도 은행업은 지루한 업종이었고 보수 또한 그리 짭짤하지 않았다. 그러나 요즘에는 예전 같으면 보잉Boeing에서 신형 항공기 엔진을 제작하거나 다우Dow에서 신형 중합체를 개발했을 법한 박사 인력들이 헤지펀드에 가서 초고차원 컴퓨터 트레이딩 모델을 짜면 네다섯 배의 초봉을 받을 수 있다. 예를 들면, 현재 MIT 학부생의 11퍼센트는 월가로 진출하며, 2008년 금융 위기에도 불구하고 금융공학은 미국 최고의 공과대학 대다수에서 가장 빠르게 성장하는 전공 분야다.[58] 사직서를 『뉴욕 타임스』에 게재한 것으로 유명한 전직 골드만 삭스 계량 트레이더 그레그 스미스는 다음과 같이 말했다. "이런 친구들은 과학의 진보에 아무런 기여도 하고 있지 않습니다. 더 큰 문제는 이들이 만들어 내는 복잡한 파생 상품들이 〔전문적 지식이 없는〕 공공 연금 펀드나 투자자에게 별 의심 없이 팔리고 있다는 점이죠. 따라서 이런 주장도 해 볼 수 있습니다. 최고로 똑똑한 박사 인력을 금융권이 대거 끌어가는 것은 아무리 좋게 봐도 낭비이고, 최악의 경우에는 〔전반적인 경제 성장에〕 해를 끼칩니다."[59]

이는 몇몇 금융공학자들조차 동의할 만한 주장이다. 컬럼비아대에서 금융공학 과정을 맡고 있는 더먼의 말로는, 2008년 금융 위기가 월가의 위험한 금융 상품 거래에 경종을 울렸음에도 불구하고 자기 수업의 인기는 식을 줄 모른다고 한다. 바뀐 것이라고는 "요즘 학생들은 은행에서 트레이더로 일하기보다는 아예 자신이 직접 헤지펀드를 운용하고 싶어 한다는 것" 정도다. 더구나 이런 식의 경력 준비가 금융 위기 전에 비해 훨씬 빨리 시작된다고 한다. "예전에는 물리학이나 수학 학위를 받은 뒤에 금융권에 들어가곤 했습니다. 그런데 요즘에는 〔학부에서〕 경제학에 초점을 맞춘 수학 과정을 마치고 곧바로 뛰어듭니다. 맞춤형 과정이 생겨난 것이죠."

더먼 자신도 돈을 더 벌기 위해 벨 연구소Bell Labs를 그만두고 월가에 투신한 바 있기에, 대학에서 대학원을 거치면서 수십만 달러의 학자금 대출을 떠안는 학생들에게 알고리듬 트레이딩 업무가 약속하는 고액 연봉이 얼마나 매력적인지 충분히 이해한다. 월가 진출이 돈 문제를 빨리 해결할 유일한 방법인 경우가 많다. 그러나 대다수 금융 전공 교수들과 달리, 더먼은 학생들에게 알고리듬 트레이딩 모델은 은행가가 활용하는 여러 수단 가운데 하나일 뿐이기에 과도하게 의존해서는 안 된다는 생각을 심어 주려고 한다. 물론 학생들이 이런 가르침에 귀를 기울이고 있는지는 또 다른 문제다. 더먼이 지도하고 있는 학생 가운데 약 80퍼센트가 아시아권, 특히 중국 학생이라는 사실은 시사하는 바가 크다. 미국의 금융 투기 기법이 아시아로 그대로 옮겨지는 것이다. 최근 들어 상품시장에서 나타나는 변동성 가운데 상당 부분은 중국계 헤지펀드에서 비롯되었다. 상하이 카오스Shanghai Chaos는 2015년에 구리 가격 폭락을 유도한 뒤 시세 변동을 통해 큰 이익을 봤으며, 중국의 그림자 은행들은 세계 대두 시장을 왜곡시키고 있다.[60]

돈보다 인적 자본이 우선이다

미국의 경영대학원들은 여전히 금융과 수학 중심의 기존 사고방식을 학생들에게 가르치고 있는데, 정작 기업에 절실히 필요한 인재는 대차대조표뿐만 아니라 사람을 잘 이해하는 이들이다. 건강보험 대기업 애트나Aetna의 CEO 마크 버톨리니는 다음과 같이 말한다. "경영대학원들은 아직도 수십 년 전과 똑같은 방식으로 회사를 경영해야 한다고 가르치고 있습니다. 자본은 소중히 여기고, 노동은 소모 비용처럼 다루면 된다는 식이죠. 그런데 세상이 완전히 바뀌었습니다. 자본은 넘쳐 나지만 숙련된 노동력은 모자랍니다. 이런데도 경영대학원들은 아직도 예전과 똑같은 구식 학습 모델을 고집하죠. 하지만 우리는 이제 모델화할 수 없을 만큼 복잡한 세상에 살고 있습니다."[61]

실제로 버톨리니는 2015년 초에 그 어떤 경영대학원 과정도 추천하지 않을 법한 일을 했다. 자발적으로 애트나의 최저 임금을 시간당 16달러로 인상한 것이다. 연방정부 측 최저 임금의 두 배 이상일 뿐만 아니라, 당시 의회의 진보 진영에서 요구하던 가장 후한 수준에 비해서도 1달러가량 높았다. 그 결정은 애트나 사내에서 자체적으로 이루어진 치밀한 데이터 작업의 결과였다. 버톨리니는 우선 사내 블로그를 개설하여 직원들과 소통하기 시작했다(이 역시 경영대학원에서는 가르치지 않는 것이다. 임원이란 무릇 자기 사일로 안에 틀어박혀 있어야 한다). 이내 직원들에게서 당시 받고 있던 임금이나 혜택으로는 가정과 일을 동시에 꾸려 가기가 힘들다는 불만이 밀려들었다. 버톨리니가 담당 간부들에게 이 직원들에 대한 추가 정보를 요구했더니, 그중 상당수가 콜 센터에서 고객 서비스를 담당하고 있었다. 직원들에 대한 기초 경제 데이터의 수집이나 정리가 이루어지지 않고 있음을 목격한 그는 충격을 받았다. 비용과 수익 계산에는 온갖 스프레드시트가 쓰이고 있었지만, 정작 애트나의 뼈대를 이루는 사람들의 문제에 정통한 이는 아무도 없었다. 그래서 애트나는 1년에 걸쳐 데이터 수집에 전념했다. 데이터를 통해 버톨리니는 날마다 고객과 접촉하는 직원 7000명 가운데 여성이 81퍼센트이고 이들 대다수가 싱글맘이며, 게다가 많은 경우 자녀들이 저소득층 대상의 메디케이드Medicaid 의료 보험에 의존하고 있음을 알게 되었다. 즉시 그는 임금 인상을 추진하기 시작했고, 이사회의 반대가 있었지만 결국 해내고야 말았다. 버톨리니는 이렇게 말한다. "CEO가 되려면 느릿느릿

한 아둔함이 필요하죠. 넘쳐 나는 수치와 스프레드시트 등 경영대학원에서 살펴보아야 한다고 배운 각종 정보의 이면을 봐야 합니다. 회사의 문제에 인간적으로 접근해야 합니다."

임금 인상은 기존의 경제학적, 경영학적 입장과 맞지 않았음에도 버톨리니가 보기에는 꽤 괜찮은 사업적 판단이었다. 버톨리니는 여느 업종과 마찬가지로 건강 산업도 장차 지금보다 훨씬 복잡한 기술을 활용하면서 점차 고객과 직접 대면하는 방향으로 나아가리라는 것을 잘 알고 있다. 따라서 모든 직원이 신입 시절부터 오늘날보다 더 뛰어난 기량과 사고력을 지녀야 한다. 기업들은 날이 갈수록 최고의 직원을 확보하기 위해 경쟁할 텐데, 버톨리니는 직원들에게 매력적인 임금과 승진 기회를 제공하여 경쟁에 대비하고자 했다. 애트나는 돈이라면 이미 충분히 손에 쥐고 있었다. 문제는 점점 더 복잡해지는 세상 속에서 애트나를 성공으로 이끌 인재를 찾는 것이었다. 버톨리니는 말을 이어 갔다. "모든 사정이 『월 스트리트 저널』을 통해 알려진 바로 그날부터 수많은 CEO들이 전화를 했습니다. 어떻게 그런 일을 했느냐, 어떻게 성공했느냐는 것이었죠." 버톨리니는 요즘 다른 CEO, 학자들과 함께 '원대한 포부를 위한 리더십 센터Center for Higher Ambition Leadership'를 꾸려가고 있다. 이 센터는 경영 교육 커리큘럼을 좀 더 인간적으로 만드는 길을 모색하고, 경제적으로 포용적이며 지속 가능한 경영 방식에 관한 사례 연구를 하고 있다.

이런 일은 생각보다 큰 변화다. 버톨리니가 정기적으로 자문을 구하던 하버드 경영대학원 교수들에게 임금을 인상하겠다는 구상을 처음 밝혔을 때 부정적인 반응을 얻었기 때문이다. 디트로이트에서 노동 계급으로 성장하여 수년간 용접공으로 일하다가 장학금으로 대학에 진학

했던 버톨리니는 애트나에서 자신의 계획을 계속 밀어붙여 왔다. 2015년에는 경영진 모두에게 책을 한 권씩 나누어 주었다. 경영대학원의 권장 도서 목록에는 없는 토마 피케티의 『21세기 자본』이었다. 버톨리니는 기업이 단지 돈벌이 기계에 머물러서는 안 된다고 역설한다. 기업이 장기적으로 성공하려거든 사람과 실물 경제, 나아가 사회 전체에 투자를 해야 한다고 강조한다. "자본은 우리가 제법 잘 다루는 자원입니다. 그런데 제가 보기에 정작 희소한 자원은 바로 유능하고 헌신적인 인력입니다." 이를 위해서는 더욱 폭넓게 사고하고, 사람을 단순히 재무제표상의 비용이 아니라 자산으로 볼 필요가 있다. 분기 단위를 넘어 생각하는 법도 알아야 한다. "CEO로서 제 목표 중 하나는 미국 기업들에 대한 신뢰를 다시 세우는 것입니다. 그러려면 경제 회복에 힘쓰는 것은 물론, 소수가 아니라 모두 함께 나아가야 합니다." 버톨리니의 말이다.

경영 교육의 미래

MIT 경영대학원 교수 앤드루 로가 제약업계의 비즈니스 모델에 대한 연구를 시작했을 때 가장 분개했던 점은, 기업들이 숭고한 도덕적, 사회적 목적의식 없이 경제적 가치만을 따진다는 것이었다. 다행히도 자신이 마침 경영대학원 교수였기 때문에 로는 문제를 고치기 위해 무언가를 해 볼 수 있었다. 대다수 경제학자들은, 기업의 주가에는 모든 공개된 정보가 반영되어 있으며 투자자는 합리적 존재라고 주장하는 효율적 시장 가설을 여전히 신봉한다. 그러나 로는 시장이 규칙을 기반으로 하는 물리학보다는 복잡다단한 생물학적 시스템에 가깝다고 본다. 로는 금융을 가르칠 새로운 방법을 고안해 냈다. 바로 적응적 시장 가설adaptive-markets hypothesis이다. 로의 이론에 따르면, 시장 참가자들은 냉철하게 합리적인 존재라기보다는 돈의 진흙탕 속에서 다른 사람들과 상호작용하며 꿈틀꿈틀 진화하는 종이다.

이런 다윈식 진화 과정을 거치며 인간이 남긴 자취를 따라가다 보면, 우리는 시장이 실제로 어떻게 작동하는지 더 잘 이해할 수 있을지도 모른다. 로의 교수법은 단순히 추상적인 모델링에 그치는 것이 아니라 실제 세상에 대한 분석을 동반한다. 메인가에서 사람과 기업, 규제 당국, 시장 참가자들이 실제로 어떻게 행동하는지 살펴보는 것이다. 로 역시 연구 과정에서 수리 금융 분야의 여러 방법론을 활용하기는 하지만, 결코 시장이 합리적이라고 가정하지는 않는다. 로는 자신의 입장을 이렇게 밝힌다. "이론 없는 실천은 그리 효과적이지 못합니다. 그리고 실천 없는 이론은 위험할 수 있습니다. 그동안 경제학은 물리학을 선망해 왔죠. 그러나 궁극적으로 경제학은 바로 인간 행위를 다루는 학문입니다." 어떤 행위는 모델링할 수도 있다. 그러나 대부분의 경우 시장과 참가자들이 어디로 튈지는 예측하기가 전혀 불가능하다. 로는 학생들에게 이 점을 가르치면서, 기업이 어떻게 움직이고, 왜 그렇게 움직이는지 궁금해하도록 독려한다. 이를 통해 경영 교육은 물론이고 시장 자체의 작동 방식을 변화시킬 수 있기를 기대한다. "금융 입문 강의를 할 때 저는 언제나 제가 주장하는 적응적 시장 가설을 포함시킵니다. 10년 전만 하더라도 그 내용을 커리큘럼에 넣었다면 격렬한 반발에 직면했을 겁니다."

점점 더 미국 전역에 전파되고 있는 적응적 시장 가설은 학문 간의 장벽을 허물고 있기도 하다. 경제경영 교육은 느리지만 착실하게 심리학, 생물학, 신경과학, 인류학, 사회학 등 다양한 학문으로부터 아이디어를 차용하여 통합하고 있다. 로 본인도 미국 재무부에서 금융 범죄를 분석하기 위해 설치한 금융조사국의 출범을 거들었다. 금융조사국은 로의 새로운 방법론과 통찰을 금융 위기 연구에 접목하고 있으며, 이를 통해 우리는 금융 위기를 더 잘 이해하고 이를 방지할 규제와 시장 구조를 수립할 수 있을 것이다. 로 자신에게 가장 중요한 일을 꼽자면, 정부와 제약업계가 첨단 신약 개발을 더욱 효과적으로 지원하는 방안에 자기가 일종의 신선한 발상을 제공했다는 것이다. "우리는 아주 편협한 판단에 따라 금융에 몰입하는 경향이 있죠. 사업적 결정이란 그보다 훨씬 넓은 사회적, 경제적 맥락에서 이루어진다는 사실을 사람들은 망각하고 있습니다." 병중인 어머니의 치료제를 찾는 과정에서, 로는 제약업체들이 엄청난 현금을 보유하고 있으나 금융시장의 압력은 거세고 획기적인 신약을 개발할 가능성은 미미하기 때문에 섣불리 투자하지 못하고 있음을 알게 되었다. 로는 이 리스크를 분산시킬 길만 찾아낼 수 있다면 초기 단계 연구개발을 진작할 수 있으리라고 생각했다.

그렇다면 과연 해결책은 무엇일까? 바로 제약업체들을 포트폴리오 관리 회사로 둔갑시키는 대신, 신약 연구를 지원할 거대 펀드를 조성하는 것이다. 로는 마치 뮤추얼 펀드처럼 개인 투자자들의 재원을 모아 신약 개발 자금을 확충하는 방안을 내놓았다. 신약을 하나씩 개발하는 것이 아니라 150건의 프로젝트를 동시에 돌려 리스크를 분산시킨다는 구상이다. 이 정도의 자금 조달이 가능해지면, 신약 개발 성공률은 5퍼센트에 그치는 게 아니라 현저히 증가하게 된다. 로는 최근 국립보건원 연구자들과 함께, 현재 개발 중인 희귀 난치병 치료제들의 포트폴리오를 구성하여 자신의 모델을 적용해 보는 공동 연구를 마쳤다. 이를 통해 단 몇억 달러 규모의 투자 펀드를 조성하기만 해도, 개인 투자자들

(기관투자자뿐만 아니라 수천 달러씩 소액을 부은 일반 투자자까지 포함)이 21.6 퍼센트의 수익률을 올릴 수 있다는 것을 밝혔다. 그리고 추가 자금 조달로 신약 개발 기간을 몇 년씩 앞당길 수 있다는 것도 알아냈다.

로의 발상은 경영 교육자와 경영 교육이 기존의 관점에서 벗어난다면 진정으로 경제적, 사회적 가치가 있는 아이디어를 실제로 창출할 수도 있음을 보여 주는 한 가지 사례다. 안타깝게도 로는 이 사실을 너무 늦게 알아냈다. 어머니는 2011년에 암으로 세상을 떠났다. 그러나 그의 생각은 다른 사람들에게 도움이 될 것이다. 로의 새로운 패러다임은 최근 의회로 들어가 입법이 추진되고 있다. 하원의원 후안 바가스가 미국의 기초 과학 연구를 지원할 방안으로 로의 구상을 들고나온 것이다. 또한 이 새로운 자금 조달 모델에 관심이 많은 다수의 민간 기업도 활용을 고려하고 있다. 로에 따르면, 일단 금융과 기업의 작동 방식에 관한 기존의 경직된 관념과 결별하면 "갖가지 새로운 사고와 방법론"이 가능해진다.[62] 미국의 경영 교육자와 장차 미국 최고의 기업들을 이끌 MBA 학생들이 적극적으로 수용할 만한 생각이다.

문 앞의 야만인들

애플과 칼 아이칸, 그리고 주주 행동주의

월가 최고의 부자이자 사람들이 몹시 두려워하는 기업 사냥꾼 칼 아이칸에게는 의외의 재주가 있다. 성대모사를 기가 막히게 잘한다. 소싯적 옵션 딜러로 일하던 자기를 물먹이려 한 캔자스 석유 거물이라든가, 대량의 텍사코Texaco 주식을 처분하여 자금난을 해결하는 일을 자기가 도와준 바 있는 명사의 말투를 똑같이 따라 한다. 그뿐 아니라 햄프턴스의 대저택에 모인 손님들 앞에서 생활 보호 대상자들을 향한 불만을 늘어놓는 젊은 마나님이며, 심지어 자기 어머니까지 온갖 사람을 흉내 낸다. 하지만 애플의 CEO 팀 쿡 목소리를 내 달라는 요청은 거절했다. "에이, 쿡은 안 돼요. 난 비정상적인 사람 흉내만 낼 수 있거든요."[1]

물론 어떤 사람은 아이칸의 요구를 들어준 쿡 또한 정상이 아니라고 할 것이다. 지난 몇 년간 아이칸은 애플이 쌓아 둔 2000억 달러의 현금 더미를 연구나 제품 개발에 쓰지 말고 대규모 자사주 매입의 형태로 투자자들에게 돌려주라고 쿡을 설득해 왔다. 쿡은 그 말을 들었고, 그 결과 애플의 주가가 치솟아 올랐다. 70억 달러 상당의 애플 주식을 보유하고 있던 아이칸을 비롯한 모든 애플 투자자들은 손쉽게 그 혜택을 누렸다. 2015년 4월 아이칸은 자신이 상상하던 수준을 훌쩍 뛰어넘는 수익을 챙겼다. 중국에서 아이폰 판매에 불이 붙으면서 애플은 배당금을 10.6퍼센트 인상했다. 비금융권 회사가 기록한 사상 최대의 배당 증가율이었다. 나아가 역대 최대 규모의 기업 배당 계획을 발표했다. 2015년부터 2017년까지 현금 배당과 자사주 매입 방식으로 아이칸 같은 투자자들에게 2000억 달러 이상을 풀어 준다는 계획이었다. 금융시장은 당연히 어깨춤을 추었고, 애플 주식을 일곱 번째로 많이 보유한 아이칸도 쾌재를 불렀다. 이 뉴스가 나온 후 저녁 사이 불과 몇 시간 동안의 거래로 아이칸은 무려 1억 1200만 달러를 벌어들였다. 낮에 정상 거래로 벌었던 1억 2500만 달러에 추가된 돈이었다. 물론 2015년 1월 기준으로 애플 주식 95만 767주를 보유하고 있던 애플의 CEO 팀 쿡도 꽤 짭짤한 목돈을 만질 수 있었다.[2]

아이칸은 스스로를 '주주 행동주의자shareholder activist'라 칭하는 목소리 큰 투자자 중 하나로, 이들은 점점 힘을 키워 가고 있다. 이 사람들이 1980년대만 해도 기업 사냥꾼이라고 불렸던 것을 생각하면 나름 영리한 작명이라 하겠다. 애초부터 이 일에 몸담아 온 아이칸 외에도, 요즘 이름을 날리고 있는 행동주의자로는 빌 애크먼, 대니얼 로브, 데이비드 아인혼, 넬슨 펠츠 등이 있다. 이들이 개입한 회사의 주가를 띄우는 방법과 스타일은 제각각이다. 그러나 미국의 대표적 기업을 표적으로 삼는다는 점은 한결같다. 지난 몇 년간 이들은 애플 외에도 델Dell, 야후, 다우, JC페니, GM, 듀폰DuPont, 시어스Sears, 휴렛-팩커드처럼 실적 좋은 대기업들을 집중 공략해 왔다. 이들 행동주의자가 점점 더 왕성하게 활동하면서 자사주 매입과 배당 지급이 기록적인 수치를 찍고 있다는 사실은 결코 우연의 일치가 아니다.

아이칸과 같은 행동주의 투자자들은, 경영진을 신뢰하지 못하고 그 기업이 다른 전략 방향으로 나아가기를 원하는 경우 직접 개입할 때가 많다. 그러나 애플의 경우는 다르다. 아이칸은 자사주를 매입하라는 압박이나 그에 따른 배당은 결코 쿡을 향한 공격이 아니었다고 말한다. 그는 2013년에 내게 이렇게 얘기했다. "팀 쿡은 경영을 잘하고 있습니다. 내가 원하는 대로 하든 말든 간에 사업은 잘 꾸려 간다고 봅니다. 저는 애플의 경영진을 반대하지 않아요. (…) 다만 대차대조표에 현금이 지나치게 많이 있을 뿐입니다. 하지만 애플은 은행이 아니잖아요."

아이칸의 마지막 언급은 자신이 생각하는 것보다도 더 큰 진실과 울림을 담고 있다. 맞다. 회사 이름만 봐도 애플은 은행이 아니다. 그런데 여러 가지 면에서 애플은 마치 은행처럼 행동하고 있다. 역사상 가장 수익성 좋은 기업인 애플은 지난 몇 년간 투자은행처럼 회사채 시장을 통해 다른 기업에 돈을 빌려주는가 하면, 막대한 현금 보유고를 바탕으로 암암리에 신규 회사채 발행을 지원하기도 했다.[3] 그러나 정작 은행처럼 '규제'를 받지는 않는다. 이는 애플이 저런 거래를, 특히 공개 시장이 아니라 회사 간 사적 계약을 통해 수행하는 경우에는 투명성이 훨씬 떨어진다는 것을 의미한다. 사실 공개 시장을 거치건 말건 문제의 성격은 크게 달라지지 않는다. 미국 재무부가 2008년 금융 위기 이후 금융 안정성을 확보하기 위해 설립한 금융조사국의 한 경제학자는 내게 공시된 자료를 통해서는 애플이 어떤 회사채를 보유하고 있는지 파악하기가 거의 불가능하다고 말했다. 애플이 사들였던 회사채를 대거 투매하는 경우 시장에 충격이 올 것임을 감안하면 우려하지 않을 수 없는 문제다.[4]

애플은 또 자국 내 은행과의 거래는 더 이상 내키지 않는다는 듯이 다수의 해외 은행 계좌를 개설하여 엄청난 현금을 비축했으며, 실제적인 투자를 위해서가 아니라(애플은 1980년 기업공개를 통해 9700만 달러를 확보한 이래 위험성 있는 자본을 필요로 한 적이 없다) 금융 기법들을 써먹기 위해 공개 시장에 개입한다.[5] 2012년 8월에서 2015년 3월 사이에 애플은 무려 1120억 달러 이상을 투자자, 그러니까 아이칸과 쿡, 경영진 같은 사람들에게 '돌려주었다'. 그 현금 가운데 일부가 연금 펀드와 일반 투자자들에게도 돌아간 것은 사실이다. 그러나 그런 수익의 상당 부분은 미국 전체 주식의 91퍼센트를 소유한 미국 상위 10퍼센트가 거둬 간다.[6]

여기서 잊지 말아야 할 것 하나는 부유한 투자자들 대부분, 즉 대형 헤지펀드나 사모펀드는 애플의 원천 기술이나 생산적 자산에 한 푼도 기여한 적이 없다는 점이다. 이들은 애플의 성공을 이끈 혁신에 아무런 투자도 하지 않았다. 혁신의 발판을 마련해 준 것은 미국 연방정부였다. 터치스크린, GPS, 음성 명령, 인터넷 등 스마트폰을 스마트하게 만든 기술 상당수가 연방정부의 손을 거쳐 갔다.[7] 그렇다고 궁극적 기술의 상징이 된 최종 기기의 설계나 조립에 행동주의 투자자들이 도움을 준 것도 아니다. 이런 작업은 실리콘밸리에 있는 엔지니어와 아시아의 저임금 공장 노동자들이 했다. 그럼에도 행동주의 투자자들은 세계에서 가장 수익성 좋은 기업이 베푸는 보상의 상당 부분을 가져간다. 2013년 애플은 자본 투자 수익을 두 배로 올려 1000억 달러로 만들겠다고 발표했는데, 여기에는 사상 최대의 일회성 자사주 매입 승인안이 포함됐다. 그리고 2014년에 그 규모를 1300억 달러로 올렸으며, 2015년 4월에는 다시 2000억 달러로 키웠다. 만약 아이칸이 앞으로도 자기 멋대로 한다면, 이 수치는 계속 치솟을 것이다.

현재 애플은 미국 기업들의 유동자산 가운데 10퍼센트를 보유하고 있다. 그런데도 투자자에게 대규모 배당을 하는 데 필요한 돈 대부분을 기업 역사상 최저 이자율로 '빌려서' 마련하고 있다. 역외 조세 피난처에 쌓아 놓은 돈을 미국 내로 들여왔을 때 적용받게 될 법인세율을 피하기 위함이다. 이처럼 부채 발행을 통해 투자자들에게 현금을 안겨 주면 애플은 수십억 달러를 아낄 수 있을 뿐 아니라, 거의 예외 없이 자사의 주가까지 띄울 수 있다. 자사주 매입은 시장에 유통되는 애플의 주식 총량을 인위적으로 감소시키므로, 주가가 오를 수밖에 없기 때문이다. 장기적 전망 개선에 필요한 연구개발이나 직원 교육 등의 진정한 전략적 투자를 통해 회사의 진짜 가치를 변화시키지 않고서도 주가를 부양하는 것이다.

이런 금융공학에 뛰어든 기업이 당연히 애플만은 아니다. 2004년 이래 미국 기업들은 무려 7조 달러를 쏟아부어 자사주를 사들였다. 이들이 거둔 수익의 절반에 해당하는 규모다.[8] 역사를 되돌아볼 때, 자사주 매입이 정점에 달하면 저성장이 뒤따랐으므로, 현재 경제에 적신호가 켜졌다고 볼 수 있다. 그런데 자사주 매입이라는 묘수는 기업들의 역설적인 상황도 드러내 준다. 미국의 초우량 대기업들은 그 어느 때보다 투자자와 자본시장에 밀접하게 이어져 있지만, 사실 이런 곳은 자본이 별로 필요 없다.

이런 역설을 반영하듯, 세계에서 가장 선망받는 기업인 애플은 요즘 실제적 기업 활동에 쏟는 만큼의 시간과 정력을 금융공학적 기법 개발과 이를 이용한 가치 창출에 쓰고 있다. 많은 경제학자들은 바로 이런 행태가 미국 경제의 장기 저성장과 깊은 관련이 있다고 생각한다. 노벨 경제학상 수상자 조지프 스티글리츠는 내게 이렇게 말했다. "아이칸과 애플의 상황은 금융시장이 이제 투자 자금을 조성하는 통로가 아니라 차익거래의 수단이 되었음을 아주 잘 보여 주는 사례입니다."[9] 돈이 온갖 엉뚱한 곳에 물려 있을 뿐만 아니라 온갖 엉뚱한 사람과 기관으로 흘러들고 있다. 애플처럼 성공한 기업은 엄청난 양의 현금을 비축하고 있지만, 세금을 내거나 직원의 임금을 올려 주기보다는(임금이 오르면 소비 중심의 미국 경제에 큰 도움이 될 것이다), 그저 투자자에게 현금을 넘겨 줄 뿐이다. 이렇게 넘어간 돈은 실질적 경제 성장을 창출하는 방향으로는 좀처럼 쓰이지 않는다. 최상위 1퍼센트가 아무리 많이 사 봐야 결국 최고급 청바지와 명품 핸드백 정도나 꽤 많이 팔릴 뿐이다. 자사주 매입으로 주가는 오르지만, 실물 경제는 침체된다.

이 문제가 요즘 정치 토론의 쟁점으로 떠오른 것은 다행스러운 일이다. 상원의원 엘리자베스 워런이나 힐러리 클린턴 같은 정치가들은 자사주 매입이 미국의 경쟁력에 해악을 끼친다며 목소리를 높이고 있다. 2015년의 한 연설에서 클린턴은 기업들이 자사주 매입에 쏟아붓고 있는 엄청난 돈을 "엄정하게 살펴보고" 싶다고 말하면서, 이런 경향 때문에 "공장과 연구소를 세우거나 직원을 교육하거나 임금을 인상할 여유 자금이 부족해진다"고 비판했다.[10] 워런 의원은 한발 더 나아가, 1982년까지만 하더라도 자사주 매입이 불법적인 시장 조작이었음을 지적했다. 현재 미국에서는 기업이 자사주 매입 사실을 한 분기 내내 발표할 필요가 없다(홍콩과 영국에서는 하루 내에 공개해야 한다). 따라서 주식을 보유한 경영진이 자사주 매입을 이용해 주가를 인위적으로 부양하면서, 시장의 일반 투자자들이 상황을 파악하지 못하는 사이 목돈을 챙겨 떠날 시간을 충분히 벌 수 있다. 게다가 자사주 매입에는 조세 특례가 따른다. 매입 시기 또한 아주 좋지 않은 경우가 많다. 상황이 나쁠 때가 아니라 좋을 때 이루어지면서, 좀 더 생산적인 용도로 투입될 수 있었을 자금이 헛되이 낭비되는 것이다.[11] 무엇보다 중요한 사실은, 자사주 매입으로 형성된 부가 금융시장과 미국 부유층의 자산 포트폴리오라는 폐쇄된 순환 고리 내에만 머문다는 점이다. 다시 말해, 자사주 매입은 경제 전반의 부를 키워 주지 않는다. 그저 금융 시스템 내에서만 기업 가치를 올려 줄 뿐이다. 자사주 매입은 대부분의 경우 금융화 그 자체이다.

물론 거대 기업이 잘나가면 가치가 창출된다고 주장하는 사람도 있을 것이다. 일자리를 창출하는 회사를 이런 부자 기업이 직접 설립하거나 그곳에 투자한다고 보기 때문이다. 그러나 금융가와 (혁신적 사업가를 제외한) 경영자가 진정한 '만드는 자'라는 생각은 그저 신화일 뿐이다. 서론에서 언급한 연구가 그 증거다. 애플을 비롯한 수출 중심 대기업들은 엄청난 수익을 올리고 있다. 그러나 미국 외교협회Council on Foreign Relations에 제출되어 반향을 일으킨 한 연구에 따르면, 이들을 하나의 그룹으로 볼 때 적어도 1990년부터는 순 고용 성장을 이끌어 내지 못했다.[12] 지난 십몇 년 동안 미국의 경제 성장과 기업 수익, 신용 환경이 부침을 겪었음에도, 대기업들 전체로 따지면 실질적인 일자리, 재화, 서비스에 대한 연간 투자액이 총자산의 1~2퍼센트에 불과했기 때문이다.[13]

은행 대출, GDP 수치, 중국의 부상, 유럽의 실패, 정부 규제 증가, 미국 내 정쟁 같은 문제는 이런 생산적 투자의 결여와 전혀 관계가 없다. 이 시대의 가장 큰 경제적 난제는 바로 기업들이 대차대조표에 쌓아 둔 2조 달러의 현금(대부분은 해외 계좌에 존재한다)을 공장과 직원, 임금 등에 투자하고 있지 않다는 것이다. 왜 그럴까? 답은 의외로 쉽다. 그 돈을 금융시장 부양에 쓰면서 최상위 1퍼센트의 주머니를 채워 주고 있는 것이다.

이는 단순히 사회적 정의 차원의 문제에 그치지 않는다. 이런 부의 집중화가 경제 성장에 좋지 않다는 것을 올바로 인식하기 위해 불평등을 도덕의 문제로 볼 필요까지도 없다. 기업 등의 부유한 경제 주체들이 현금을 쓰기보다는 은행 계좌, 주식, 채권 등에 묻어 둔다는 사실을 보여 주는 데이터는 수없이 많다. 일단 최상위 1퍼센트에 집중된 돈은 앞에서 서술한 것처럼 극히 폐쇄적인 금융시장 안에서만 맴돌게 된다. 낙수 효과 옹호자들의 주장과는 달리, 이런 돈은 실질적 경제 성장을 이끄는 사업, 공장, 일자리에 대한 '새로운' 투자로 결코 흘러내려가지 않는다. 이는 애초에 금융시장에 기대했던 역할이 아니다. 본래의 목적은 '새로운' 자산과 도전에 자금을 공급하는 것이었다. 금융화의 커다란 역설은 바로 금융화 자체가 나쁜 금융을 낳는다는 것이다.

　도대체 왜 미국의 금융시장은 주로 부유층만을 살찌우는 폐쇄적 시스템이 돼 버렸을까? 이유는 다른 데 있지 않다. 예전에는 기업이 소득을 유보하면서 재투자했지만, 이제는 수익을 거의 전적으로 주주들에게만 배분하면서 사람, 급여, 성장 촉진형 자본 투자, 조세 납부 등의 다른 요소는 무조건 줄이는 시스템으로 탈바꿈했기 때문이다. 이런 변환의 원인으로 일자리를 대체하는 기술이라든가 세계화를 들 수도 있겠지만, 근본적으로는 미국 경제 전반에 걸쳐 재무제표 중심의 단기적 사고가 만연해 왔다는 점을 지적할 수밖에 없다. 금융화라는 주제로 깊은 고민에 빠져 있는 영란은행의 수석 경제학자 앤드루 홀데인은 이렇게 말한다. "금융화는 투자 과정 전체와 노동시장, 그리고 기업의 혁신 순환을 오염시켜 버렸습니다. 금융화가 [공장과 같은] 실물 자본이며 [직원과 같은] 인적 자본의 투자에 끼친 해악은 엄청나게 중대합니다. 경제 성장이 부진한 이유가 바로 그것이기 때문이죠."[14]

창의적 회계 기법의 등장

아이칸 등이 주도하는 주주 행동주의와 애플 같은 상장 대기업의 자사주 매입은 현재 진행 중인 금융화를 가장 잘 들여다보게 해 주는 통로다. 1960~1970년대만 해도 미국 기업들은 벌어들이거나 빌려서 마련한 자금 가운데 40퍼센트가량을 실물 경제에 투자했다.[15] 그러나 모든 것이 레이건 대통령 시대에 변했다. 자사주 매입을 폭넓게 연구해 온 매사추세츠대 로웰 캠퍼스 교수 윌리엄 라조닉에 따르면, "전체적으로 볼 때, 1980년대 중반부터 주식시장이 기업들에 자금을 대는 것이 아니라 그 반대가 되었다."[16] 이런 파괴적 전환의 단초가 된 법규 변경은 1982년에 일어났다. 1982년은 갖가지 시장 탈규제가 이루어진 해이기도 하다. 미국 연방대법원은 일리노이주의 핵심 반기업인수법 하나에 철퇴를 내렸으며, 이로 말미암아 나머지 모든 주의 유사한 법령도 된서리를 맞았다. 법무부는 산업 내 집중화에 대한 규제를 완화함으로써 독점적 대기업이 등장할 토대를 마련해 주었다. 후일 '문 앞의 야만인들'이라 불리게 되는 기업 사냥꾼이 활동할 판이 깔린 것이다. '문 앞의 야만인들'은 1988년에 이루어진 RJR 나비스코의 차입 매수leveraged buyout• 과정을 짚어 본 브라이언 버로와 존 헬리아의 저작 제목에서 따온 표현이다.[17] 이 매수는 초대형 부채가 동원된 초대형 거래였으며, 이 시대를 상징하는 사건이 되었다. 아이칸은 바로 그런 현장의 주역이었다. 트랜스 월드 항공Trans World Airlines 같은 노쇠 기업의 적대적 인수에 뛰어드는가 하면(아이칸은 거래 대금을 지불하기 위해 이 회사의 자산을 조

• 자금이 부족한 기업이 대상 기업의 자산과 수익을 담보로 금융기관으로부터 매수에 필요한 자금을 빌려서 합병하는 것.

각조각 팔아 치웠다), 자신이 대주주였던 텍사코를 향해 수십억 달러어치 배당과 자사주 매입을 위해 자산을 매각하라는 압력을 가했다.

1981년에는 자사주 매입을 위한 무대가 펼쳐졌다. 주식 중개 업체 E.F. 허튼E.F. Hutton의 부회장 존 섀드가 미국 증권거래위원회 사령탑에 임명된 것이다. 섀드는 대통령 선거에서 월가 중역급 인사 중 레이건을 초기부터 지지한 인물로, 뉴욕에서 레이건 캠프의 선거비 모금 운동을 주도했다. 1934년 조지프 P. 케네디가 증권거래위원회 수장이 된 이래 월가 출신이 그 자리에 앉은 것은 처음이었다. 섀드의 임기 동안 또 다른 중대 변화가 일어났다. 이전에는 시장 조작으로 간주되던 기업의 자사주 매입에 대한 규제가 급격히 완화된 것이다. 1982년 11월 10일 증권거래위원회는 한 회사의 이전 4주간 평균 일일 거래량의 25퍼센트까지 대량 자사주 매입을 할 수 있도록 허가했다. 증권거래위원회 위원으로 오랫동안 활동한 존 에번스가 이 조치는 사실상 금융시장 조작을 합법화하는 것이라고 비판했지만 소용없었다. 규정이 바뀌면서 금융시장의 변동성이 더욱 커졌지만, 위원회는 신경 쓰지 않았다. 섀드는 자사주 매입이 주가 부양으로 이어질 것을 잘 알고 있었고, 이는 주주들에게 좋은 일이라고 생각했다. 그리고 주주들에게 좋은 일은 미국에도 좋을 것이라고 보았다. 시카고대식 기업 지배구조 모델을 향한 전환이 실제로 시작되었고, 이제 회사는 노골적으로 '주주가치 극대화'를 위해 운영될 터였다.[18]

자사주 매입을 합법화한 것은 섀드였다. 그러나 경영진의 보수는 천정부지로 오르는데도 잘못된 의사 결정이 남발되는 오늘날의 기형적 시스템에 자사주 매입이 핵심 역할을 하게 된 것은 바로 빌 클린턴 정부 시절 이루어진 조치들 덕분이다(참으로 역설적이게도, 힐러리 클린턴은 자사주 매입에 반대하고 있다). 금융시장이 일종의 카지노가 된 것은 클린턴 시대의 입법이 실물 경제보다 금융시장에 유리한 쪽으로 치우쳤기 때문이며, 이런 편애는 월가와 워싱턴 정계 사이의 회전문 인사에서 비롯되곤 했다. 스톡옵션 부여와 자사주 매입은 1980년대부터 계속 늘어났지만 결정적으로 확산된 것은 1990년대의 일이다. 당시 이른바 '신경제' 기술 기업들은 스톡옵션의 가치를 장부에 반영하두록 강제하는 회계 기준의 도입에 반대하여 로비를 펼치기 시작했다. 스티글리츠의 날카로운 지적대로, 자사주 매입이 기승을 부린 이유는 기업들이 최고 경영진이 "시장가 이하로 회사 주식을 사들이도록 놔두고, 주식 자체의 소유권에 아무런 변동이 없는 것처럼 가장해 왔기" 때문이다. 기술 기업들과 금융권의 로비가 얼마나 강력한지는, 대부분의 보수 정치인은 물론이고 두 캘리포니아주 상원의원 바버라 복서와 다이앤 파인스타인 같은 주요 민주당 정치인까지 그들을 지원했다는 사실에서 드러난다.[19]

클린턴 행정부 역시 협조적이었다. 특히 재무장관과 국가경제위원회 수장을 지낸 로버트 루빈과 그의 차관이었다가 후임자가 된 로런스 서머스가 그랬다. 두 사람이 기업의 성과 보상이며 부유층 대상의 세제 혜택을 확대해 주는 여러 규정을 지지했던 일은 유명하다. 물론 1990년대 초만 해도 많은 클린턴 정부 관료들이 소득 불평등을 우려했던 것 또한 사실이다. 당시 CEO와 대다수 미국 노동자 사이의 보수 차이가 현저히 벌어지기 시작하면서 정치권 내에서 논쟁이 격화되었다. 결국 정부는 세금 공제가 가능한 CEO 보수의 상한선을 100만 달러로 하는 규정을 도입하기는 했으나, '성과급형' 보수는 예외였다. 대통령 경제자문회의 의장으로 클린턴 행정부에 참여했던 스티글리츠는 이것이 빌 클린턴 집권기가 남긴 문제적 유산이었다고 평가한다.

그는 이렇게 설명한다. 스톡옵션 형태의 보너스 지급을 확산시킨 "성과급에 대한 세금 공제 조치를 밀어붙이던 정부는 주가 상승을 경영 성과와 어떻게든 결부시키려는 노력은 전혀 하지 않았습니다. 주가 상승이 경영자의 노력 덕분이든, 저금리나 유가 변동 덕분이든 상관없이 이런 특별 대우가 제공됐죠." 주식보다 부채 발행을 부추기는 쪽으로 느슨해진 세법 조항은 상황을 악화시켰다(현재 미국 기업들의 한계 부채는 차입에 대한 세금 우대 조치 때문에 기록적으로 높은 상태다). 이 세제 혜택은 기업들에게 자사주 매입을 통한 주가 조작에 나설 동기를 부여했다. 이런 정책은 루빈 같은 인사들에게 엄청난 이득을 안겨 주었다. 루빈은 공직을 떠난 뒤 시티그룹을 경영하면서 현금으로 1억 1500만 달러, 스톡옵션으로는 더 많은 돈을 챙겼다. 그러니 재무장관 재직 시절 루빈이 스톡옵션의 투명성 강화 방안을 지지하지 않았던 것도 어쩌면 당연한 일이다. 스티글리츠는 다음과 같이 주장한다. "스톡옵션 열풍은 갖가지 나쁜 행위라든가 〔기업을〕 실제보다 좋아 보이게 만드는 행태에 수많은 동기를 제공했습니다. 이 모든 것이 바로 제가 '창조적 회계 기법'이라고 일컫는 악습을 불러왔죠. 이 악습이야말로 우리 경제를 망치는 주범입니다." 또한 이는 미국의 빈부 격차 확대를 부채질했다. 그런데 스티글리츠가 이런 문제를 루빈과 서머스, 당시 연준 의장 앨런 그린스펀 같은 사람들에게 제기했을 때 돌아온 대답은 "시장에 개입해서는 안 됩니다"였다.[20]

그 사람들의 논리는 정부의 시장 개입이 혁신을 파괴한다는 입장을 정당화하는 데도 이용된다. 그러나 그 반대가 사실에 가깝다. 규제가 훨씬 강했던 1950~1970년대에는 오히려 미국의 경제 성장률이 호조를 보였다. 그뿐 아니라 정부가 직접 나서서 기반 자원에 필요한 자금을 지원함으로써 애플 같은 민간 기업이 오늘날 높은 수익을 거둘 발판을 마련해 주기도 했다. 왜 애플이 번 돈이 투자자보다 납세자에게 훨씬 많이 돌아가야 하는지 그 이유를 설명한 논문 속에서 윌리엄 라조닉과 마리아나 마추카토, 외네르 툴룸이 주장한 대로, 미국 자본주의의 핵심 동력은 정부의 혁신 활동이었다.

세 사람은 이렇게 서술했다. "애플은 집적 회로를 직접 발명할 필요가 없었다. 그래픽 사용자 인터페이스를 발명할 필요도 없었다. 인터넷을 발명할 필요도 없었다. 더욱이 엔지니어를 양성할 대학을 설립할 필요도, 석사나 박사급 엔지니어들이 출퇴근할 도로를 놓을 필요도, 인력과 물자를 세계 곳곳으로 실어 나를 비행기를 만들 필요도 없었다. 성장하는 시장에 제품을 팔기 위해 1980년대에는 일본 정부와, 1990년대에는 중국 정부와 무역 협상을 할 필요도 없었다."[21] 미국 정부가 이 모든 것을 처리해 주었기 때문이다. 그런데도 애플의 주가 상승으로 이득을 보는 것은 경영진과 투자자들이다. 바로 이들이 기업들이 쌓아 올린 부의 가장 큰 수혜자다. 하지만 그 부는 수십 년에 걸쳐 '수많은' 이해당사자들의 손으로 형성된 것이다.

줄이고 배분하라

자사주 매입 열풍은 메인가에 투자되어야 할 수익을 월가로 넘겨주었다. 그로 인한 불행한 결과 한 가지는 미국 경제의 글로벌 경쟁력이 잠식되어 버렸다는 것이다. 이제 미국 기업은, 자본시장의 압력은 훨씬 적게 받으면서 장기적 투자에 좀 더 집중하는 외국 기업들과 경쟁해야 한다. 라조닉은 기업 모델이 '유보하고 재투자하라'에서 '줄이고 배분하라'로 이행하는 바람에 "미국 경제가 소득 불평등, 고용 불안, 위축된 혁신 역량 등의 특성을 띠게 됐다"고 진단한다.[22]

이를 입증하는 연구는 점점 늘어나고 있다. 지난 30여 년 동안 자사주 매입은 기업의 주력 '전략'으로 자리를 굳혀 왔다. 1920년대 말의 증시 열풍이라든가 1990년대 말의 기술주 버블과 같이 집중적이고 투기적인 금융시장 활동이 두드러지던 몇 차례 시기를 제외하면, 오랫동안 미국 기업들은 투자 자금을 주식시장을 통해 조달하지 않았다. 대신 자신의 주가를 끌어올리기 위해 자사주를 사들였다. 2005~2015년에 S&P 500대 기업들이 자사주 매입에 쏟아부은 돈은 전체 순익의 52.5퍼센트인 4조 달러이며, 이에 더하여 현금 배당으로 주주들에게 푼 돈은 37.5퍼센트에 해당하는 2조 5000억 달러다.[23] 2014년의 자사주 매입과 현금 배당은 미국의 모든 상장 기업이 거둔 순익의 105퍼센트에 달했고, 2015년에는 115퍼센트를 넘어섰다.[24]

자사주 매입 추세를 옹호하는 이들은 워런 버핏 같은 구루를 인용하곤 한다. 버핏은 기업이 사업에 필요한 현금을 충분히 보유하고 있으며 주가가 저평가된 상황이라면 자사주 매입을 해도 괜찮다고 말했다. (이 기준으로 애플의 사례를 살펴보면, 일단 첫 번째 조건은 만족시킨다. 그러나 두 번째 조건까지 충족하는지 여부는 애플의 미래를 보는 관점에 따라 달라진다.) 그러나 통계 자료를 들여다보면, 두 가지 조건을 모두 충족하는 경우는 무척 드물다. 일례로 2001년 이래의 대규모 자사주 매입은 증시가 정점일 때 이루어졌다. 이런 매입이 자사의 주가 상승에 대한 확신을 보여 준다는 관념에 위배되는 일이었다.[25]

그렇다면 왜 경영진은 이처럼 부적절한 시점에 자사주를 매입할까? 많은 전문가들은 진정한 성장세가 끝나는 시점이나, 기업에 유리한 통화 정책이 막을 내릴 즈음에 자사주 매입이 이루어진다고 본다. 자사주 매입은 호시절이 끝나 갈 때 이를 조금이라도 더 연장하기 위한 수단이라는 것이다. 그러나 기업 경쟁력에는 아무런 도움이 되지 않는다. 사실은 기업 활동에 쓸 자금을 허비하는 행위다. 주가가 낮을 때가 아니라 높을 때에 사들이기 때문이다. 다만 경영진의 배는 불려 준다. 2006~2012년에 이들은 보수의 66~82퍼센트를 주식으로 받았다.[26] 영국의 경제학자이자 금융 컨설턴트인 앤드루 스미더스는 다음과 같은 견해를 피력한다. "자사주 매입이 이처럼 불리한 시점에 이루어지는 경우, 주주 입장에서도 마냥 좋아할 수 없다는 것은 분명하다. 고평가된 자사주를 매입하는 것은 기업의 가치를 파괴하는 길이며, 시장이 극도로 고평가된 상황에서 돈을 더 쓰는 것은 특히나 터무니없는 행위다."[27] 스미더스는 저서 『회복으로의 길』에서 자사주 매입과 성과급 문화가 미국을 비롯한 여러 부국의 저성장을 초래했음을 설득력 있게 주장한다. 그런 문화는 경영진으로 하여금 회사의 수익성을 실제로 증대시킬 활동에 투자하기보다 자신의 주머니를 채우도록 부추기기 때문이다.

스미더스의 비판은 또한 기업 리더들이 자주 내세우는 주장, 즉 깐깐한 신용 조건, 소비 수요의 부족, 불확실한 규제 환경 등으로 인해 자사의 보유 현금을 실물 경제에 투자하기가 어렵다는 말이 기껏해야 반쪽짜리 진실임을 의미한다. 금융시장을 통해 상장 기업으로 들어가는 돈은 미국 기업 투자의 80퍼센트를 차지하는데, 통계에 따르면 2008년 금융 위기 이후에 이 수치에는 변화가 없었다. 2008년 이전의 호황기에는 대출이 증가했고 그 이후의 침체기에는 격감했음에도, 기업들은 붕괴 전에도 그 5년 후에도 똑같은 비율로 투자를 했다. 1000원을 빌렸다고 하면 그중 100원만 투자되었고, 나머지 900원(물론 신용 및 성장 여건

에 따라 달라지겠지만)은 주로 주주들에게 배당되었다.[28]

다시 말해, 미국 주식시장은 보통 사람들이 삶과 일을 영위하는 실물 경제에 돈을 대기보다는 부유층에 돌아가는 배당에 자금을 공급하고 있는 셈이다. 주주가치 극대화가 바로 미국 기업의 목적이라는 시카고 학파의 견해에 기초한 '주주 혁명'이야말로, 높은 이윤과 전례 없는 현금 보유고가 일자리 증대와 임금 상승, 혁신으로 전이되지 못하는 가장 중대한 이유다.

이 모든 것은 우리에게 한 가지 근원적 질문을 던진다. 기업은 무엇을 위해 존재하는가? 우리는 기업이란 자본을 생산적인 목적으로 사람, 공장, 새로운 발상, 사업 등에 투자하여 사회 전체의 부를 창출하기 위해 존재한다고 생각했다. 그러나 오늘날의 기업은 마치 은행처럼 자기들만의 폐쇄적인 자금 순환 속에 부를 쌓아 둘 뿐이다. 사회 다수가 치르는 비용에는 눈을 감은 채 오직 소수의 배만 불려 주고 있다. 미국의 시장 시스템은 심각한 오작동 상태에 빠져 있으며, 이는 성장을 파괴하는 갖가지 해악을 낳고 있다.

기업공개의 변질

행동주의 투자자들의 압력이 초래한 파괴적 결과 한 가지는, 공개 자본시장은 이제 과거에 비해 혁신에 필요한 자본을 유치하는 통로로서의 매력이 떨어져 버렸다는 점이다. 행동주의자들이 기업의 장기 목표보다는 단기 실적만을 요구하기 때문이다. 오늘날 자본시장은 기업들이 참신한 발상에 필요한 자금을 수혈하는 장소가 아니다. 성공한 창업주와 그 후원자들이 기업공개를 통해 지분을 팔아 목돈을 챙기거나, 상장 대기업이 투자자들을 만족시키려고 자사주 매입을 통해 자사 주가를 조작하는 장소로 변해 버렸다. 어느 쪽이든 혁신을 위협한다. 예를 들어, 스탠퍼드대에서 수행한 연구에 따르면 기술 기업들은 기업공개 후에 혁신 활동이 40퍼센트가량 감소했다. 일단 기업이 상장되면 미래에 대한 투자보다는 주주들을 만족시키는 일에 골몰할 수밖에 없기 때문이다.[29]

금융화가 미국 경제를 고질적인 저성장에 빠뜨리고 있지만, 가족 소유의 비상장 기업들은 여러 가지 측면에서 그 예외를 보여 준다. 한 연구에 따르면, 비상장 기업은 동종업계에 있는 유사한 규모의 상장 기업에 비해 실물 경제에 두 배 이상 투자를 한다.[30] 그뿐 아니라 상장 기업에 비해 2008년 금융 위기를 잘 견뎌 냈고, 요즘 들어 더 잘나가고 있다. 수많은 상장 대기업의 매출 이익이 정체되거나 감소한 반면, 2015년의 조사 결과 비상장 대기업의 31퍼센트가 수익이 증대했고, 과반수는 이듬해에 동종업계 평균의 두 배에 달하는 성장률을 보일 것으로 예측되었다.[31]

한때 대형 배터리 제조업체 엑사이드Exide의 CEO로 일한 적도 있는 전 GM 부회장 밥 러츠는, 비상장 기업이 월가의 간섭을 무시하고 장기적 성장에 전념할 수 있는 방법을 보여 주는 대표적 사례로 배터리 회사인 이스트 펜 제조East Penn Manufacturing를 든다. "[몇 년 전에] 이스트 펜을 방문했던 기억이 납니다. 그 당시 [상장] 배터리 제조업체들은 한국 기업들과의 경쟁에 촉각을 곤두세웠죠." 이 경쟁은 아웃소싱과 비용 절감으로 이어졌다. 반면 1946년 설립된 이래 지금도 가족 소유를 유지하는 이스트 펜은 지속적으로 사업에 자금을 재투입한 결과, 오늘날 세계 최대의 단일 독립 배터리 제조사로 자리매김했다. 이 사례는 미국도 제대로 된 인센티브 구조를 갖추면 상품 제조업 분야에서 실제로 시장을 선도할 수 있음을 증명해 준다. 러츠는 이렇게 말한다. "그 가문은 잘살았습니다. 그렇다고 타지마할 같은 집을 짓지는 않았어요. 그 사람들은 괜찮은 삶을 살아갈 돈은 충분하니 나머지는 사업에 다시 써야 한다고 했습니다. 투자를 아주 크게 하느라 한두 분기 정도 수익을 못 내도 개의치 않더군요."[32]

이와 달리 월가는 상장 기업이 장기적 관점에서 자신의 전략적 가치를 높이기 위한 결정을 내리면 적극적으로 '응징'한다. 그 사례는 넘칠 정도로 많지만, 특히 주목할 만한 경우가 하나 있다. 애플이 아이팟을 출시한 지 1년도 지나지 않아 회사의 주가는 서서히 떨어지기 시작했다.[33] 역사상 가장 극적인 기업 회생의 단초가 되는 아이팟이 첫해에는 판매량이 40만 대를 밑돌며 실망스러운 성적을 거두었기 때문이다. 다행히도 당시 스티브 잡스는 눈곱만큼도 신경 쓰지 않았다. 잡스는 초심을 잃지 않았고, 그 결과 현재까지 19억 대가 넘는 애플 기기가 판매되었다. 반면에 팀 쿡이 이끄는 애플이 훗날 동일한 평가를 받을지는 의심스럽다. 엄청난 규모로 배당을 하고 있지만, 쿡의 전략은 '줄이고 배분하라'는 식으로 수익을 투자자들에게 대거 나누어 주면서 부진한 주가에 대한 우려를 누그러뜨리려는 것이기 때문이다. (이 책을 쓰는 시점에) 쿡이 이끄는 애플이 그야말로 판도를 바꿀 만한 신기술을 선보이지 못한 것은 결코 우연이 아니다(사실 아이폰 6는 조금 업그레이드한 정도고, 애플 워치도 신기술이라기보다는 고급 장난감에 가깝다).

다른 여러 대기업 또한 고객보다 월가의 요구를 먼저 고려하라는 압력을 받아 왔다. 그리고 대다수 CEO들이 토로하듯, 기업이 이에 저항하기란 무척 힘든 일이다. 압력에 굴하지 않는 기업 리더는 보통 전문 경영인이 아니라 스타트업을 엄청나게 성공적인 기업으로 성장시킨 창업자나 혁신가들이다. 잡스가 이끌었던 애플 외에도 하워드 슐츠의 스타벅스가 이런 경우에 해당한다. 물론 스타벅스도 자사주 매입을 하기는 했다. 그러나 월가가 그리 탐탁잖아하는 실물 경제 투자도 굉장히 많이 했다. 슐츠가 리스크를 기꺼이 감수했기 때문이다. 예를 들어, 스타벅스는 합리적인 종합 건강보험을 정규 직원과 일정 요건을 갖춘 파트타임 식원 빚 그 가족들에게 처음으로 제공한 미국 소매업체 가운데하나다. 또한 직원 교육, 채용, 제대 군인 교육(스타벅스는 제대 군인 1만명을 고용하겠다고 약속했다) 등에 상당한 투자를 했다. 그리고 직원들의 대학 진학을 지원하고 학자금 대출 상환도 돕고 있다. 2015년 스타벅스는 직원들이 학사 학위를 취득할 수 있도록 지원하겠다고 천명했는데, 이 프로그램에 수천만 달러가 들어갈 것으로 보인다. 슐츠는 이 비용 때문에 투자자들의 엄청난 반발에 직면했다. 이 문제를 그는 이렇게 말한다. "스타벅스가 종합 건강보험을 제공하기 시작한 20여 년 전에 맞닥뜨렸던 반발과 동일합니다. 누구든 이 결정이 기업 가치를 훼손할 것이라 생각하죠. 그러나 그렇지 않습니다."

슐츠가 이런 일에 깊이 매진하는 이유는 사회적으로 옳을 뿐만 아니라 장기적으로 기업 경영에 도움이 되리라 보기 때문이다. 이런 프로그램을 도입하여 스타벅스를 호감 가는 고용주로 만들면, 이직에 따른 비용을 동종업계 평균에 비해 낮추고 서비스 품질도 높일 수 있다. 슐츠야말로 이런 투자가 장차 스타벅스의 장기적 생존에 필수 불가결하다고 믿는 진정한 '만드는 자'다. 미국은 이제 라테 소비자이자 라테 공급자가 되었는데, 슐츠는 미국 기업들이 번영하기를 바란다면 전자에 좀 더 초점을 맞춰야 한다고 강조한다. 이 말은 주주뿐만 아니라 더욱 광범위한 경제 주체들을 고려해야 한다는 것을 의미한다. 슐츠는 이렇게 이야기한다. "민간 부문이 과거에 비해 [메인가의 경제 성장을 지원하는 데서] 더 큰 역할을 담당해야 합니다. 우리의 책무는 손익계산서나 주가 관리를 뛰어넘는 것입니다. 기업은 자신이 서비스를 제공하는 지역의 사람들을 돌봐야 합니다. 한 나라의 반절 내지 3분의 1 정도가 다른 사람들과 동등한 기회를 얻지 못하면, 그 나라는 살아남지 못합니다. 사회주의를 하자는 말이 아닙니다." 슐츠가 보기에 이는 지극히 현실적인 행동이다.[34]

그런데 안타깝게도 대부분의 기업 리더들은 주가 부양에 즉각 도움이 되지 않는 무언가를 하는 순간 바로 쫓겨난다. 설령 장기적으로 기업 가치를 증대시키는 일이라 해도 소용없다. 이것이 S&P 500대 기업 CEO의 평균 재임 기간이 10년에 못 미치는 한 가지 이유다. 전 IBM CEO 새 뮤얼 팔미사노는 2004년 개인용 컴퓨터 사업 부문을 접고 회사를 서비스 기업으로 탈바꿈시키겠다는 구상을 밝혔다. 당시 행동주의자와 기관투자자 양측에서 쏟아진 격한 반발을 그는 다음과 같이 회상한다. "엄청난 압력이 들어왔습니다. 사람들이 제 목을 직접 겨냥할 정도였죠." IBM은 이 전환을 실행하면서 주주들에게 700억 달러에 달하는 현금을 배당으로 돌려주고 있었지만, 월가는 그걸로 만족하지 않았다. "[700억 달러가 과연 적정한지 의구심을 품고 있던 기관투자자와의] 어떤 미팅 자리에서 이렇게 말했던 기억이 나는군요. '저는 700억 달러면 적절하다고 생각했는데, 아닌가 봅니다. 도대체 얼마가 적당하다고 생각하시죠?'"[35] 결국 팔미사노는 일을 성사하려면 분기 실적 전망 보고서 제출을 중단할 수밖에 없다는 판단을 내렸다. IBM의 전략이 마음에 들지 않는 투자자들에게 그러면 주식을 팔고 떠나라고 말하고, 장기적 성장에 집중하는 것이다. 팔미사노는 자신의 판단을 그대로 이행했고, IBM은 기업 역사상 손꼽힐 만한 회생 성공을 거두어 주가가 두 배로 뛰어올랐다. 이런 경험에도 불구하고 시장은 IBM에 현금을 '뱉어 내라며' 다시 압력을 가했다. 결국 IBM은 2000년부터 2014년까지 자사주 매입과 현금 배당을 통해 약 1380억 달러를 풀었다. 반면 같은 기간 동안 기업 활동을 위한 자본 지출은 590억 달러에 불과했다(그리고 기업 인수에 320억 달러가 더 들었다).[36]

거저먹는 자들이 장악한 경제 속에 있는 수많은 기업들처럼 IBM 또한 참신하고 기발한 것을 찾기보다는 투자자를 만족시키는 데 돈을 훨씬 많이 쓰고 있다. 물론 IBM의 자본 지출 590억 달러도 적은 돈은 아니라고 할 사람도 있을 것이다. 충분히 일리 있는 주장이다. 그러나 기술 기업들의 경쟁 환경은 워낙 변화무쌍해서, 성장을 하려면 혁신이 필요한 애플이나 IBM 같은 기업은 당장 쓸 일이 없는 돈도 투자자들에게 대거 쏟아 주기보다는 예기치 못한 경쟁자보다 앞서기 위해 가급적 아껴 두어야 한다. 불과 몇 년 전만 하더라도 페이스북이나 스냅챗, 왓츠앱WhatsApp 같은 회사가 부상하리라고 그 누가 예측할 수 있었겠는가? 특히 기술 업계라든가 나날이 디지털과 정보의 비중이 커져 가는 경제 속에서, 업계 판도를 완전히 뒤집는 기업은 하룻밤 새에 등장할 수도 있다. 비즈니스 모델이 그야말로 눈 깜짝할 사이에 변할 수 있다. 산업이 수년에 걸쳐서가 아니라 몇 달, 심지어는 몇 주 사이에 완전히 뒤바뀔 수도 있다. 이처럼 새로운 경제 환경을 감안할 때, 기술 기업들은 다각도의 연구개발과 인재 양성에 자금 여력을 남김없이 쏟아붓는 것이 합리적이다. 또한 세금을 충실히 납부해야 한다. 연방정부의 기초 과학 및 기술에 대한 투자가 실리콘밸리의 성장 잠재력을 만들었다고 볼 수 있기 때문이다.

이제는 모두가 행동주의 투자자

금융화의 잔인한 역설 가운데 하나는, 버핏의 표현을 빌리자면 자본시장이 '레스토랑'에서 '카지노'로 변하는 과정이 평범한 미국인들에 의해 가속화되었다는 것이다. 연금 펀드나 401(k) 퇴직연금 계획 등을 통해 직접 자본시장에 발을 담그는 미국인은 날이 갈수록 늘고 있다. 1980년대에 퇴직연금이 민영화되고(이는 세법 조항 때문에 우연히 벌어진 일로, 8장에서 상세히 다룰 것이다), 그때부터 일반인들도 주식을 보유하는 경향이 퍼지면서 대부분의 미국인이 주가 상승을 원하게 되었다. 주가 상승이 그릇된 이유로 촉발되거나, 정부와 기업의 주가 상승 노력이 오히려 평범한 미국인의 삶을 더욱 윤택하게 할 주택시장 개혁이나 임금 인상 같은 정책을 방해하더라도 신경 쓰지 않았다.

지난 30여 년에 걸쳐, 미국인의 은퇴 자금을 관리하는 피델리티와 아메리칸 펀드American Funds 같은 대형 운용사들은 미국에서 기업 주식을 가장 많이 보유한 업체로 올라섰다. 이론적으로 보면, 이 회사들은 메인가에 도움이 될 변화를 이끌어 내는 훌륭한 장기 투자자가 되어야 한다. 메인가 구성원들의 돈을 책임지고 관리하고 있기 때문이다. 그러나 황당하게도 이들은 기업 연금 펀드의 최대 운용사이기 '때문에' 오히려, 기업들이 좀 더 현명한 지배구조를 갖추도록 적극적으로 요구하지 못한다. 이 운용사들의 고객사와 투자처가 동일한 경우가 많기에 이해관계의 충돌이 발생하고, 경영진의 심기가 불편해질 정도로 회사를 닦달하는 능력도 둔해진다. 이에 대해 앤드루 스미더스는 다음과 같이 말한다. "펀드 운용사와 401(k) 시스템이 성장하면서 시장 내에 단기 실적주의가 퍼졌고, 성장을 창출하는 혁신은 위축됐습니다. 펀드 업체들이 고객과 시장 사이에 갇혔기 때문이죠."[37]

여러 자금 운용사와 뮤추얼 펀드 업체가 고액의 수수료를 부과한다는 것은, 자신들의 존재를 정당화해 줄 만한 수익을 창출하는 대폭적 주가 상승이 필요하다는 뜻이기도 하다. 뱅가드 그룹Vanguard Group 설립자이며 뮤추얼 펀드 업계에서 보기 드문 개혁적 성향 인사인 존 보글이 비판해 온 왜곡된 순환 고리가 바로 이것이다. 2014년 이 주제를 다룬 상원 재무위원회 청문회에서 증언을 하기도 했던 보글은 오늘날 미국의 주식시장이 폰지 사기Ponzi scheme •와 다르지 않다고 말한다. 그의 추산에 따르면, 미국의 비대해진 금융 시스템은 일반인들이 은퇴 자금을 다르게 사용했다면 벌어들였을 법한 수익의 60퍼센트가량을 빨아먹고 있다. "뮤추얼 펀드 마케터가 제시하는 과거 주식시장 수익률을 믿고 돈을 맡기는 개인 투자자들은 정작 자신의 은퇴 구좌에 쌓인 금액이 쥐꼬리만 하다는 사실을 알면 대경실색할 것이다. 기업들 역시 연금 플랜에 쌓인 돈이 부족하여 자사의 재정 상태가 심각한 타격을 입으리라는 사실을 알면 충격에 휩싸일 것이다."[38]

이런 비판이 제기되자, 주정부가 운영하는 대형 연금 펀드 몇 곳(지급액을 삭감하라는 정치적 압력을 받고 있다)은 결국 문제 해결에 나서고 있다. 그런데 그런 노력은 문제를 더 꼬이게 하는 경우가 많다. 연금 펀드 자신들이 단기 수익에 몸이 달아 있기 때문이다. 경기가 호황일 때 상당

• 실제로는 아무런 수익을 창출하지 않으면서 신규 투자자들의 투자금을 이용해 기존 투자자들에게 수익을 지급하는 돌려 막기식 투자 사기 기법. 1920년대 초 우표와 국제회신우표권 간의 차익을 이용하면 상당한 수익을 낼 수 있다며 사기 행각을 벌였던 찰스 폰지(Charles Ponzi)의 이름을 딴 것이다.

수 연금 펀드들은 은퇴자들에게 요즘 같은 저성장 국면에서는 더 이상 보장할 수 없는 수준의 수익률을 약속해 버렸다.[39] 그 결과, 많은 펀드가 행동주의 투자자에게 자금을 맡겼다. 행동주의 펀드들이 운용하는 자금의 규모는 2008년 320억 달러에서 2015년 전반기에 1300억 달러로 불어났는데, 그 주된 이유는 연금 펀드, 대학 기금을 비롯한 대형 기관들이 이 펀드들을 밀어주고 있기 때문이다.[40] 전혀 이상한 일이 아니다. 지난 수년간 행동주의 펀드들이 거둔 수익은 다른 펀드를 앞질렀다. 행동주의 헤지펀드들은 2012년 중반에서 2015년 중반 사이에 14퍼센트의 연간 수익률을 기록했다. 주로 주식에 투자하는 다른 헤지펀드들이 보인 7퍼센트와 비교하면 놀라운 실적이다.[41]

아이칸의 펀드인 아이칸 파트너스Icahn Partners가 그중에서도 특히 돋보인다. 2011년 외부 투자자들에 대한 서비스를 중단하기 전까지 이 업체는 27퍼센트에 달하는 연간 수익률을 기록했다. 현재는 80달러만 있으면 누구나 아이칸의 나스닥 상장 회사 IEP의 주식을 사서 아이칸과 함께 투자할 수 있다. 미국의 경영 연구기관인 콘퍼런스 보드 거버넌스 센터Conference Board Governance Center의 상임이사를 지낸 도나 대브니는 이를 두고 다음과 같이 말한다. "이런 펀드들이 지난 수년간에 걸쳐 괜찮은 실적을 보이면서 악순환을 낳고 있습니다. 실적이 좋으니 더 많은 기관투자자들이 돈을 맡기고, 그 돈으로 행동주의 펀드들은 더 많은 '행동'을 하여 실적이 더 좋아집니다."

그러나 행동주의 펀드들이 자사주 매입이나 합병 같은 단기적 잔재주로 얻은 수익은 신기루에 불과할지도 모른다. 이런 식의 주가 부양 전략은 시장 측에 그럴싸해 보이는 것과는 달리 실제로 해당 기업의 근본적인 가치를 끌어올리지 못하는 경우가 상당히 많다. 게다가 '매수 후

보유' 전략을 구사하는 워런 버핏 같은 투자자라면, 몇 년의 좋은 실적은 아무것도 아니며, 기업은 단기 수익이 아니라 오랫동안 곁에 붙어 있는 주주들을 위해 경영되어야 한다고 말할 것이다. 실제로 버핏은 팀 쿡에게 자사주 매입을 늘리라는 행동주의자들의 요구를 무시하라고 조언했다. 물론 아이칸도 1998년부터 보유 중인 산업 폐기물 처리 업체 필립 서비스Philip Services의 경우처럼 장기 투자를 한 적이 몇 번 있지만, 많지는 않다. 그리고 아이칸 개인이 큰 성공을 거둔 것은 사실이지만, 행동주의가 서류상으로 그토록 대단해 보이는 것은 단 몇 건의 대기업 거래 때문이다. 이런 거래가 실제로 주가를 크게 끌어올리면서 아이칸은 명성을 얻었다. 시티그룹의 금융전략 및 해결책 그룹Financial Strategy and Solutions Group이 2013년에 발표한 보고서에는 이렇게 적혀 있다. "평균 실적의 커다란 호전은 비교적 소수의 행동주의자들의 노력으로 주가가 대폭 상승한 데서 비롯되었다." 반면에 2009년부터 행동주의자들이 목표로 삼은 기업 가운데 절반 남짓은 투자가 이루어진 지 1년 내의 수익률이 평균에 미치지 못했다.[42]

하지만 이 정도 실적만 올려도, 연금을 지급할 의무가 있는 연금 펀드들을 끌어들이기에는 충분하다. 캘리포니아주 교사 연금 펀드인 칼스터스CalSTRS는 1800억 달러 이상을 운용하면서 수익률 향상을 위해 기업들의 경영 방향에 더욱 적극적으로 개입하고 있는데, 이곳의 기업 지배구조 책임자 앤 시핸은 이렇게 말한다. "경제 상황이 행동주의 투자 전략에 큰 관심을 쏟게 만들고 있다는 것은 분명하다." 2퍼센트의 경제 성장도 힘겨운 가운데 장기간에 걸쳐 6퍼센트 수익률을 달성하기란 대단히 어렵다는 사실을 감안하면 칼스터스도 행동주의에 가담할 수밖에 없다는 것이다.

일례로 칼스터스는 2013년에 팀켄Timken을 강제로 분할시켰다. 오하이오주에 소재한 팀켄은 114년 된 철강 및 베어링 제조업체로, 상당한 지분을 보유한 설립자 가문이 (일부 투자자들이 보기에는) 이사회 내에서 과도한 권한을 휘두르고 있었다. 칼스터스와 함께 이 회사의 분할을 주장한 것은 릴레이셔널 인베스터스Relational Investors라는 행동주의 펀드였다. 이곳의 수장 랠프 V. 휘트워스는 일찍이 기업 사냥꾼 T. 분 피컨스 밑에서 일하며 이름을 알린 사람이었다. 팀켄 측은 회사를 이대로 함께 두는 편이 훨씬 낫다고 반박했지만, 두 기관투자자는 기업 분할이 회사의 가치를 더 높일 것이라고 주장했다.[43] 기관투자자들의 견해가 단기적으로는 옳았다. 이 분할 소식이 전해지자 시장은 쾌재를 불렀고, 거래가 종결되자마자 팀켄의 주가가 치솟아 올라 릴레이셔널 인베스터스는 짭짤한 수익을 거두었다. 그렇지만 3장에서 이미 설명했던 것처럼, 기업의 주가 자체는 장기적 성장을 담보하는 지표가 아니며, 더 많은 이들에게 분배될 만큼의 부를 창출할지도 알 수 없다. 팀켄 역시 기업 분할 뒤 2년 만에 주가가 폭락했다. 분할의 결과로 만들어진 두 회사가 규모가 작고 경쟁력이 떨어져 기업 인수의 먹잇감이 되리라는 전망 때문이었다. 5대에 걸쳐 회사를 경영해 왔던 팀켄가는 탄탄한 재무 구조를 유지했을 뿐 아니라 직원 연금 프로그램도 풍족하게 갖추어 놓고 수중에 현금도 넉넉히 남겨 두었다. 하지만 오히려 이런 사실이 분할된 새 회사들을 좋은 먹잇감으로 만들어 버렸다. (이런 자산이야말로 사모펀드 투자자들이 기업을 인수할 때 뽑아 먹으려고 하는 재산이다.) 기업 분할로 생겨난 두 기업은 첫발을 내딛기가 무섭게 자본 지출과 연금 분담금을 삭감하면서 자사주 매입은 늘리기 시작했다. 자사주 매입은 과거 팀켄가가 금융공학적 술수에 지나지 않는다며 손사래를 쳤던 행위다.

한편 팀켄가가 골수 진보였던 것도 아니다. CEO 워드 J. '팀' 팀켄 주니어는 공화당원으로, 팀켄이 분할되기 전에 3년간 2500만 달러에 가까운 급여를 챙겼다. 이 막대한 급여는 기업의 과도한 보수 지급을 억제하려고 안달이 나 있던 칼스터스에게 공격의 빌미를 제공했다.[44] 그러나 팀켄은 지역 노조들과 협력하고, 직원들에게 투자하며, 가능한 한 아웃소싱을 하지 않는 것으로도 유명했다. 이는 지역사회에 깊이 뿌리 내린 기업의 특징이다. 지역 학교 건물에 가문의 이름이 걸려 있으면 월가만을 위한 결정을 내리기 힘들어진다. 이런 '지역경제학localnomics'이 주식의 저평가를 초래했는지는 몰라도, 팀켄의 근거지인 오하이오주 캔턴 지역 전반의 부를 키워 준 것만은 분명하다. 미국 정부 자료에 따르면, 팀켄과 같은 기업의 생산이 1달러어치 늘면 지역사회에서 1.37달러의 소비 증가가 나타난다.[45]

팀켄의 사례는 상장 기업과 비상장 기업의 행위와 태도, 성장 궤도가 얼마나 다른지를 보여 준다. 이를 통해, 상장 기업과 그 경영진이 단기 수익을 극대화하라는 전방위적 압력에 얼마나 시달리는지도 가늠할 수 있다. 기관투자자, 퇴직연금을 붓는 개인 투자자, 행동주의 투자자는 물론이고, 자산 가치를 실제보다 더 부풀려서 유권자들이 (급여는 오르지 않았는데도) 마치 부자가 된 듯한 착각에 빠지도록 만들려는 정치인들도 압력을 가한다. 미국 기업들의 경쟁 상대가 단기적 압박에 시달리지 않는 가족 소유의 신흥시장 대기업들이나, 독일 같은 나라에 근거지를 둔 비상장 회사들이라는 점을 생각하면, 이는 심각한 문제가 아닐 수 없다. 실제로 이 두 집단은 근래에 미국 기업들의 세계 시장 점유율을 앗아 가고 있다. 이를 두고 스미더스는 이렇게 말한다. "주주들을 위한 것이 곧 지역 경제에 가장 좋은 것이라는 발상은 완전히 틀렸습니다. 그리고 제가 보기에 이 문제는 제대로 논의되고 있지 않습니다. 토론이 벌어지는 순간 손해를 볼 사람이 많기 때문이죠."

야만인들이 경기 부양책을 강탈하다

이 책의 1장과 10장에서도 설명하고 있듯, 정부와 정치인들은 이런 토론을 거부할 뿐만 아니라, 한술 더 떠 토론을 회피할 요량으로 (소비자 부채와 신용을 증가시키는) 금융의 성장을 적극적으로 부추기곤 한다. 1970년대 말 시작된 탈규제와 금융화는 유한한 국가 자원의 배분을 둘러싼 이른바 '총이냐 버터냐' 논쟁을 회피하기 위한 전략이었다. 마찬가지로, 2008년 금융 위기 당시 4조 5000억 달러를 쏟아부은 연준의 조치 또한 메인가가 아니라 월가를 살찌우는 성장 모델을 놓고 제대로 토론하는 것을 회피하기 위한 방법이었다. 연준이 시장을 인위적으로 조정하면, 미국 경제가 실제보다 괜찮아 보일 수 있기 때문이다.

많은 전문가들은 2008년 이래 대출 비용이 전례 없는 수준으로 떨어진 지금이야말로 교량을 건설하고, 최신 기초 과학 연구에 투자하며, 공교육을 개선할 최적의 시기라고 주장해 왔다. 그러나 이 주장은 의회에서 막히면서 실현되지 못했다. 연준이 홀로 저금리와 양적 완화를 이용해 경제를 살려야 했다. 그러나 놀랍고도 불편한 진실 한 가지를 들추자면, 애초에 경제적 약자를 도우려는 취지로 실행된 통화 정책은 오늘날의 주주 행동주의 열풍에 사실상 불을 지피고 말았다. 금융 위기 이후 연준은 이자율을 사상 최저 수준으로 낮추고, 엄청난 규모의 채권과 주택담보대출증권을 사들였다. 연준이 이처럼 자산을 대량 매입한 것은 다른 투자자들을 주식이나 회사채 같은 다소 위험한 영역으로 유도하려는 생각에서였다. 그리되면 자산 가격이 상승해 사람들이 좀 더 부유해졌다고 느끼게 될 터였다. 여기까지는 문제가 없었다. 실제로 미국의 일반 가정들이 보유한 주식과 뮤추얼 펀드의 가치는 2008년 금융시장 붕괴 이후 수조 달러가 올랐다. 이 괄목할 만한 성공을 목격한 유럽중앙은행European Central Bank을 비롯한 각국 중앙은행들도 연준을 따라 자산을 사들이고 이자율을 낮추고 주가를 띄웠다.

문제는 시장에 풀린 돈의 혜택을 본 것은 주로 전체 주식의 90퍼센트가량을 보유한 상위 10퍼센트 부유층이라는 사실이다. 이 장 앞부분에서도 언급했지만, 이것은 사회적 정의의 문제일 뿐만 아니라 경제적 문제이기도 하다. 부유층은 돈을 가지고 새로운 사업을 시작하거나 새로운 물건을 구입하기보다는 은행에 쌓아 두거나 기존의 주식과 채권을 산다. 다시 말해, 이런 돈은 우리가 삶을 영위하는 실물 경제에 투자되지 않고 금융업계 안에만 머물게 된다. 연준은 자산 가치가 상승하면 소비 심리가 살아나고, 이것이 실물 경제에서의 투자로 이어져 노동에 대한 수요가 늘어나는 식으로 일자리 창출의 선순환이 일어나리라 기대했다. 그러나 현실은 그렇지 않았다. 양적 완화가 최하위 사회경제 계층의 노동시장을 살리는 데 기여하기는 했지만(일례로 월마트 같은 기업들이 시급을 1~2달러 인상한 것도 양적 완화에 힘입은 바 크다), 중산층은 아무런 혜택도 보지 못했다.

여기에는 두 가지 이유가 있다. 우선 위에서 설명한 것처럼, 기업들이 낮은 이자율을 메인가에 투자할 기회로 삼지 않았다. 또 다른 이유는 미국 중산층이 주로 자산을 주택의 형태로 가지고 있다는 데 있다. 진정한 주택시장 개혁 프로그램이 시행된다면 기대할 수 있는 주택 가치 상승 폭과 비교해 본다면, 연준의 정책이 일으킨 부양 효과는 그에 미치지 못했다. 더구나 지난 몇 년간 부동산 가격이 상승함에 따라 발생한 수익의 60퍼센트는 미국 최상위 부동산시장 10곳에 집중되었다. 맨해튼과 브루클린, 그리고 로스앤젤레스, 샌프란시스코, 오스틴 일부 지역 같은 부자 동네다. 부동산으로 쉽게 번 돈 덕분에 이리저리 굴릴 자금이 부자들에게만 더 생겼을 뿐, 대부분의 사람들이 애초에 주택을 사기 힘들다는 근본적 문제는 해결되지 않았다. 그 결과 현금이 풍부한 투자자, 특히 그림자 금융 영역에 있는 투자자들이 주택시장을 장악하게 되었다(이 주제는 7장에서 다시 살펴본다). 주택 가격의 30퍼센트에 해당하는 자기 자금이 없는 이들은 주택담보대출 기회를 얻는 것 자체가 힘든 실정이다. 여기에 미국의 소액 예금주들이 2008~2013년 사이에 유지된 저금리 때문에 소득이 무려 4700억 달러나 깎였다는 사실도 더해야 한다.[46] 결국 메인가를 구하려고 했던 정책은 월가를 꽃피워 주는 것으로 끝났다.

이는 연준의 노력이 비난받아 마땅하다는 말이 아니다. 연준은 그 나름대로 통화 정책을 통해 경제가 더 심하게 추락하지 않도록 막아 주었다. 다만 평범한 시민의 살림살이 개선에 실제로 유용했을 법한 조치는 오직 정부가 직접 시행하는 '진정한' 경기 부양책(기간 시설 확충, 노동자 재교육, 교육 개선, 공공 근로 프로그램, 핵심 과학 연구에 대한 투자 등)뿐이라는 것도 사실이다. 그 대신 연준이 조성한 주식시장 호황은 부자를 더 부유하게 만들어 불평등을 증가시켰을 뿐만 아니라, 기업들이 가급적 빨리 최대한 많은 돈을 빌려 사회의 최상층에게 넘겨주도록 부추겼다. 이상하게 들릴지 모르지만, 부채 위기를 더 많은 부채, 특히 기업 부채를 부추김으로써 해결하려 한 것이다. (은행들이 쥐고 있는 부채를 제외한) 미국의 총 기업 부채는 2006년 5조 7000억 달러에서 현재 7조 4000억

달러로 불어난 상태다.[47]

그 결과 자본시장의 규모는 세 배가량 커졌지만 실제 기업 경쟁력은 떨어졌다. 월가를 옹호하는 이들은 주가가 오른 이유가 2010~2014년에 기업들의 수익이 좋았기 때문이라고 주장할 것이다. 그러나 금융조사국의 2015년 보고서에서도 지적하듯, 진실은 그리 간단하지 않다. 미국 기업들의 수익이 오른 것도 맞고, 그에 따라 주가가 오른 것도 맞다. 그러나 이는 경기가 호전되어 물건을 더 많이 팔고 있기 때문이 아니라, 비용을 줄이고 임금을 동결하며 공장 신설과 연구개발에 대한 투자를 회피해 왔기 때문이다. 현재 미국 회사들은 고임금 경제 속의 저임금 기업처럼 운영되고 있는데, 이는 일시적으로 실적을 좋아 보이게 하지만 결국에는 공유지의 비극으로 귀결된다. 모두가 저임금 기업이 되어 버리면, 아무도 소비하기에 충분한 돈을 벌지 못한다. 위에서 언급한 금융조사국 보고서의 표현을 빌리면, "이러한 금융공학적 기법은 단기적으로는 주가 부양에 기여하지만, 장기적인 유기적 성장을 뒷받침하는 자본 투자 기회는 앗아 간다."[48] 이미 그 효과가 나타나고 있다. 2015년에 자사주 매입 규모가 사상 최고치를 찍었지만, 미국 기업의 전체 수익은 정체했다가 추락하기 시작했다.

이 모든 것이 의미하는 바는 무엇일까? 지금 미국이 겪고 있는 경기 '회복'은 제대로 된 회복이 아니라는 것이다. 이 회복은 연준에 의해 억지로 조성된 것이며, 주로 투자자들이 그 열매를 따먹고 있다.

주주 행동주의와 기업의 미래

그렇다면 지금의 경제 회복은 어떤 방향으로 갈까? 나는 금융시장을 띄

우려는 충동은 강해져만 갈 것이고, 그에 따라 기업 수익이 하락하고 결국 주가도 떨어질 것이라고 본다. 그러나 연준이 서서히 이자율을 조이기 시작하여 기업들이 배당이나 조세 회피에 필요한 돈을 빌리는 비용이 증가하면, 행동주의자들의 전술은 달라질 것이다. 실제로 이제 양적 완화의 시대가 끝나고 이자율은 오르는 길만 남으면서 일부 투자자들은 벌써부터 안절부절못하고 있다. 자산 운용사 블랙록의 CEO 래리 핑크는 2014년 S&P 500대 기업 중역들에게 다음과 같은 공개편지를 보냈다. "자본 지출을 삭감하고 심지어는 배당과 자사주 매입을 대폭 늘리기 위해 빚을 늘린 기업들이 너무도 많습니다. 물론 저희는 균형 잡힌 자본 전략에서라면 주주들에게 현금을 돌려주는 것이 마땅하다고 생각합니다. 그러나 이것이 그릇된 이유로 실행된다면 (…) 기업의 지속적이고 장기적인 수익 창출 능력을 훼손할 수도 있습니다."[49]

자사주 매입이 이제는 조금 진정되고 있지만, 기업 간 인수합병은 기록적으로 많이 이루어지고 있다. 2015년 초의 전 세계 인수합병 규모는 9000억 달러를 상회했는데, 이는 2007년 이후 가장 높은 수준이다.[50] 인수합병은 항상 즉각적인 주가 상승을 낳기 때문에 행동주의 투자자들이 무척 좋아한다. 투자은행들 또한 기업들을 합칠 때도, 그리고 결과가 신통치 않아 다시 쪼갤 때도 거액의 수수료를 챙기기 때문에 좋아한다. 그러나 인수합병 시장의 양상도 이제 변했다. 문 앞의 야만인들은 1980년대에 악명 높은 권모술수를 부린 이후 더욱 교묘하게 압력을 가하는 쪽으로 진화했다. 요즘 아이칸, 아인혼, 애크먼 같은 행동주의자들은 (돈은 물론이고) 기업 전략을 더욱 강력히 주무르기 위해 이사회 자리를 직접 노리고 있다. 행동주의자들이 이런 개입을 정당화하는 논리는 간단하다. 자기들보다 더 똑똑한 사람은 없다는 것이다. 아이칸은

CEO와 이사진을 식도락 모임 회장과 그 회장을 돋보이게 하도록 모집된 약간 덜떨어진 친구들에 비유하면서 이렇게 말한다. "이사회 회의석상에 직접 앉아 보면 충격을 받을 겁니다." 수많은 행동주의 투자자 역시 자기들이 표방하는 행동주의야말로 미국을 경제적, 사회적으로 병들게 하는 요인을 치유할 방법이라고 믿는다. 이를테면 아이칸은 "소득 불평등 확산과 저성장의 근본 원인은 형편없는 기업 지배구조"라고 비난하며, "우리가 더 나은 기업 지배구조를 갖추지 못하면 헤게모니를 잃어버릴 것"이라고 말한다.[51]

참으로 놀라운 논리의 전도다. 대부분의 행동주의자들은 자신이 투자하는 기업과 깊은 관계를 맺지 않는다. 체질이 허약하거나 주식이 저평가된 회사를 찾기 위해 증권거래위원회에 제출된 각종 재무제표를 훑어보다가 표적이 발견되면 덤벼들 뿐이다. 릴레이셔널 인베스터스가 팀켄을 이렇게 찾아냈고, 아이칸이 노리는 기업도 이런 식으로 결정된다. 아이칸은 애플에서 넷플릭스Netflix, 모토로라Motorola에 이르는 여러 회사를 표적으로 삼는 행위를 변호하면서, 자신의 계획은 자사주 매입 규모를 늘릴 뿐만 아니라 이사회 의석을 더 많이 확보하는 것이라고 말한다. 가끔은 이사회 자리를 알아서 내주는 경우도 있다. 최근 몇 년간 대기업 몇 곳이 아이칸에게 이사회 의석수를 채워 달라고 요청했다. 아이칸의 말처럼 "전쟁보다는 평화가 낫다"는 생각에서였을 것이다. 팀 쿡은 아이칸이 애플에 공세를 가하기 시작한 이래 정기적으로 그와 만났다. 뉴욕에 있는 아이칸의 옛 재벌풍 호화 복층 아파트에서 그들은 록펠러 플라자 꼭대기의 빛나는 GE 간판을 내려다보며 저녁을 같이한다. 늦은 밤에 통화하면서 전략을 논의하기도 한다. 아이칸은 애플을 공략하기 시작한 2013년에 내게 이렇게 말했다. "많은 사람들이 아마 스티브 잡스라면 나와 이야기를 하지 않았을 거라고 합니다. 아마 맞는 말이겠죠. 그런데 쿡은 저와의 대화가 재미있는 것 같습니다. '아이칸 당신은 지금까지 많은 것을 이뤄 냈잖아요. 그러니 우리 애플은 당신 이야기를 듣고 싶어요'라고 한 적도 있죠."[52]

쿡의 결정은 그리 좋은 생각이 아닐지도 모른다. 헤지펀드 수익률을 광범위하게 조사한 컬럼비아대 로스쿨의 연구 데이터에 따르면, 행동주의 투자자들에게 시달린 기업은 대체로 장기 실적이 좋지 않다.[53] 행동주의가 역사상 가장 크게 기승을 부리는 와중에, 미국 기업 전체의 수익성은 점점 가파르게 떨어지고 있다. 시티그룹의 보고서에 따르면, 2013년 행동주의 투자자들이 공격을 벌인 S&P 1500대 기업 가운데 57퍼센트는 '이미 다른 기업들보다 실적이 좋은 상태'였다.[54] 결국 행동주의자들은 나쁜 CEO를 도태시키는 것보다는 건실한 기업에 대한 통제권을 확보하여 가치를 쥐어짜내는 것에 더 관심이 있다. 새로운 시대에 걸려 있는 상금은 바로 미국 기업들이 보유한 2조 달러의 현금이다. (이 돈의 대부분은 현재 역외에 머물러 있다. 미국 기업의 글로벌 경쟁력이 강화되도록 법인세율을 조정하는 동시에 기업 자금의 역외 비축에 이용되는 구멍을 막아 줄 세제 개혁안이 의회에서 아직 통과되지 않았기 때문이다.) 그리고 이 정도의 돈이 식탁에 올라 있다면, 더욱 많은 사람들이 한입 먹어 보자고 달려들 것은 불 보듯 뻔하다.

어떻게 바로잡을 것인가

세제, 자본시장, 기업 지배구조 등의 개혁이 이루어지기 전까지는 이런 식의 금융 마술이 계속될 것이다. 경제학자 조지프 스티글리츠 등이 지적했다시피, 자사주 매입의 딜레마 같은 문제를 해결하는 일은 무척 어렵다. 한 방에 모든 문제를 일소할 수 있는 해결책은 없다. 이 장에서 죽 살펴본 것처럼, 자사주 매입 열풍으로 대변되는 금융시장의 오작동 현상은 30여 년에 걸쳐 여러 가지 정책 결정과 시장 변화가 쌓인 끝에 빚어진 산물이다. 법규 변경, 금융 탈규제, 퇴직연금의 민영화, 양적 완화 통화 정책이라든가 기업 경영진의 끔찍한 인센티브 구조 등이 지금의 괴물을 만들었다. 그렇기에 한 번에 모든 것을 고칠 수는 없다. 그러나 변화를 향해 나아갈 수 있는 현명한 방법은 몇 가지 있다.

우선 기업의 부를 좀 더 공평하게 배분할 수 있는 방법으로, 럿거스대 경영 및 노사관계대학원 교수 조지프 블라지가 제안한 현금 이익 공유제cash profit sharing가 있다. 블라지가 두 동료와 함께 저술한 『시민 배당』은 이 정책이 사우스웨스트 항공사Southwest Airlines와 프록터 앤드 갬블 Procter & Gamble 같은 기업에서 어떤 결과를 낳았는지 살피고 있다.[55] 저자들의 주장을 간단히 정리하면, 기업은 투자자뿐만 아니라 자사 노동자들에게도 보유한 현금을 풀어야 한다는 것이다. 이 구상은 장점이 꽤 있어 힐러리 클린턴을 비롯한 여러 사람의 호응을 받고 있다. 그러나 블라지 자신도 인정하다시피, "연구 결과에 따르면, 이익 공유제는 생산성을 높이고 기업 실적을 향상시키며, 매출을 키움으로써 그 제도에 드는 비용을 스스로 마련한다. 하지만 참여적 기업 문화와 노동자 훈련이 활성화되지 않으면 이는 불가능하다."[56]

미국에는 상당히 긴 종업원 지주제share-ownership scheme의 역사가 있으며, 이미 수백만 노동자가 여기에 참여하고 있다. 그럼에도 노동계가 이런 종류의 프로그램을 보는 시각은 복합적이다. 이익 공유제에 따르는 세제 혜택이 노동자보다는 경영진과 대주주들의 배를 채우는 데만

악용되기 십상이라는 점을 우려하는 목소리도 있다. 그런가 하면 이런 제도가 상여금 제도와 별반 다를 것이 없지 않느냐는 의견도 있다. 맞는 말이지만 더 중요한 점이 있다. 연구 결과에 따르면, 노동자들에게 주식을 준다고 해서, 의사 결정 회의에 참여하여 회사의 운영 방향을 바꿀 수 있는 권한까지 부여된다고는 볼 수 없다.[57]

이익 공유제에다 기업의 폭넓은 이해관계자들이 경영에 참여하는 방식이 결합된 모델도 여러 가지 있다. 어떤 기업은 협동조합으로 운영된다. 크랜베리 재배 농부들이 설립한 오션 스프레이Ocean Spray와 노동자들이 회사 지분 100퍼센트를 소유하고 경영하는 고어텍스 섬유 제조업체 W.L. 고어W.L. Gore가 대표적이다. 이들 기업 상당수는 수익성이 좋고 투명성과 기업 지배구조 수준이 높을 뿐만 아니라 선망받는 문화까지 보유하고 있다. 고어의 경우는 맬컴 글래드웰의 『티핑 포인트』를 통해 널리 알려졌다. 고어의 각종 제품은 150명 이하로 이루어진 팀에서 생산하는데, 각 구성원은 생산 과정뿐만 아니라 기업 전략에도 관여한다.[58]

다른 모델로는 공동 의사결정co-determination 모델을 들 수 있다. 여러 독일 기업에서 성공적으로 시행되는 제도로, 노조 대표부가 이사회에 참여한다. 상당수 독일 대기업에는 경영진과 노동자에 시민사회 지도자까지 참여하는 직장평의회works council가 있다. 여기서는 경영 일정, 일시 해고, 급여, 확장 계획은 물론이고 공장이 생산할 제품까지 결정된다. 이 제도의 취지는, 나중에 문제가 될 만한 사안을 미리 경영진과 노동자가 합심해서 다루어 보자는 것이다. 이와 같은 노사 협력을 통해, 독일 루트비히스하펜에 위치한 세계 최대의 화학제품 생산업체 바스프BASF는 2008년 수요가 격감했을 때 대량 해고 사태를 피할 수 있었다. 당시 바스프 경영진은 인원을 삭감하는 대신 정부 보조금을 활용하여 잉여 인력을 재생 공정에 재배치했다. 그럼으로써 조직의 핵심 기술을 보존하고 장차 수요가 회복되었을 때 기회를 살릴 체력을 유지할 수 있었다. 이런 노사 협력 문화 덕분에 오늘날에도 독일이 수출 강국으로 남을 수 있었다. 다른 나라들이 금융 위기 이후 과거의 영광을 회복하느라 어려움을 겪은 반면, 독일은 금융 위기 당시에도 실업률이 '하락' 했다. 그리고 2010년에 독일 경제는 유로존 GDP 성장분의 60퍼센트를 차지했다.[59]

오랫동안 미국의 노사 관계에 드리워 온 갈등 구도를 생각하면, 독일식 모델을 미국에서 실현하기는 어려울 것이다. 그러나 세법 규정을 활용하는 것도 기업 통제권을 지금보다 더 폭넓은 이해관계자들에게 나눠 줄 수 있는 방안이다. 현재 자사주 매입 비용은 세금 공제가 가능하지 않다. 하지만 그와 관련된 조치, 가령 부채를 통해 매입 자금을 조달하는 행위라든가(이때 발생한 이자 비용이 공제 가능하다), 경영진에게 부여되는 스톡옵션에도 앞에서 살펴본 것처럼 세제 혜택이 있다. 그러므로 세법 규정을 변경하여 지금처럼 부채에 주어지는 특혜를 없애면 기업들의 자사주 매입 풍조에도 일대 변화가 일어날 것이다. 이 주제는 9장에서 더 자세히 다루려고 한다.

더불어 역외 조세 피난처에 대한 단속을 강화하고 관련 규정의 맹점을 바로잡는 것도 늦은 감은 있지만 도움이 될 만한 방안이다. 절세를 위해 수단과 방법을 가리지 않는 기업들의 행태를 근절하려는 다른 대부분의 G8 국가들 또한 유사한 대응을 고려하고 있음을 생각하면 더욱 설득력이 있다. 그리고 이것의 연장선상에서 자본 소득에 과세하는 방식에 차등을 두어, 단기 보유의 경우 고세율을, 장기 보유의 경우 저세율을 적용하는 방법도 있다. 그러면 단기 수익을 좇아 시장을 왜곡하는 투자자들을 견제할 수 있을 것이다. 또한 상여금도 장기적 추이에 맞춰 지급되고, 주가가 아니라 실제 기업 성과에 연동될 것이다. 이미 이런 방법이 여러 기업에서 시도되고 있다.

공개 시장에서 이루어지는 자사주 매입을 완전히 금지하고, 스톡옵션 지급도 규제하는 한편, 노조뿐만 아니라 납세자도 기업 이사회에 참여하게 해 줄 것을 증권거래위원회에 요구하는 목소리도 높다. 그리 황당한 주장도 아니다. 따져 보면 애플, GE, 엑슨모빌ExxonMobil, 인텔, 머크 Merck 등 자사주 매입을 가장 많이 한 기업 대다수는 에너지, 나노기술, 건강의료 부문에 대한 정부의 연구개발 투자에 크게 의존해 온 곳이다. 미국 특유의 자본주의라는 신화가 기업을 털어먹는 야만인들을 '행동주의자'로 분칠하는 데 이용되어서는 안 된다. 이제는 지속 가능한 성장 모델 속에서 정부가 사악한 짓을 멈추고, 노동자들의 목소리가 경영에 반영되며, 기업은 금융공학이 아니라 진짜 공학에 집중하는 세상을 꿈꾸어야 할 때다. 이 일이 어떻게 하면 가능한지 알려 주는 기업과 공동체가 이미 미국을 비롯한 세계 곳곳에 있다. 이 주제는 11장에서 좀 더 상세히 다룰 것이다.

이런 제도가 실현되기 전까지 미국의 시장 시스템은 단기 전망에만 갇혀 있을 것이고, 초우량 기업들도 거둬들인 수익을 초부유층에게 퍼주는 일을 멈추지 않을 것이다. 애플이 쌓아 놓은 유보금을 투자자들에게 쏟아 내기 시작한 이래 주가는 50퍼센트 이상 치솟아 올랐다(2015년 봄에 130달러 선이었다). 쿡은 투자자들에게 퍼 줄 돈을 거의 전부 빌려서 충당하는 것을 정당화하면서 "우리는 필요 없는 현금을 쌓아 놓는 기업이 아닙니다"라고 했다.[60] 아이칸은 트위터를 통해 쿡의 발언을 지지하면서, 다음 요구 사항을 덧붙였다. 애플은 거기서 멈추지 말고 새로운 목표치인 주당 216달러를 달성하기 위해 더 많은 현금을 투자자에게 안겨 주어야 한다는 것이었다. 아이칸은 무엇으로 이 요구를 정당화했을까? 놀랍게도 그는 애플이 납부하는 세금이 보기보다 상당히 적다는 것을 논거로 삼았다. 월가의 추정치인 26퍼센트가 아니라 20퍼센트 정도밖에 내지 않는다는 것이다. 다시 말해, 국제 조세 체제의 맹점을 교묘하게 이용하는 애플의 수법이 아이칸 같은 투자자가 협상에 써먹는 구실이 되어 버린 셈이다. 이 사실 한 가지만 보더라도 미국인들이 가장 사랑하는 기업 애플이 스티브 잡스 시절과 얼마나 많이 달라졌는지 알 수 있다. 생전의 잡스는 자신의 경영 철학을 단순 명료하게 정리했다. "기둥, 즉 경영 전략을 관리하라. 사람, 즉 재능을 관리하라. 그리고 제품을 관리하라. 이 세 가지를 모두 제대로 하면 수익은 저절로 따라온다." 팀 쿡은 아마 반대로 생각할 것이다. 우리 모두에게 참으로 유감스러운 일이다.

Makers
and
Takers

5장

이제 우리는 모두 은행가다

GE 같은 기업은 왜 은행을 흉내 내게 되었는가

2015년 4월 초, 규모로 보나 명성으로 보나 미국 최고의 복합기업으로 손색이 없는 GE의 CEO 제프리 이멀트가 미국 경제의 이정표가 될 만한 선언을 했다. 소비자 금융 대출에서부터 신용카드, 상업용 부동산 거래에 이르기까지 수십 년에 걸쳐 키워 온 금융 부문을 완전히 정리한 다는 것이었다. 이 선언을 그저 한 시대의 종언이라 평하는 것은 적절치 않다. GE는 120년 전 다우 존스 산업평균지수Dow Jones Industrial Average 가 등장한 이래 지수를 산정하는 표본 기업에서 빠져 본 적이 없는 유일한 미국 기업으로 언제나 미국 경제의 지표 역할을 해 왔기 때문이다.

토머스 앨바 에디슨이 창립한 GE는 수십 년 동안 혁신 기업의 원류이 자 가장 넓은 의미에서 '만드는 자'였다. 그러나 지금의 GE는 좀 다르 다. 대부분의 사람들은 여전히 GE를 전구와 전자레인지를 만드는 회사 로 생각할 뿐, 1980년대 들어 금융 부문을 급격히 확장하면서 미국 제 조업체의 성격 자체를 재설정했다는 사실은 잘 모른다. 2008년 금융 위 기가 닥치기 전까지 GE는 세계 최대의 금융 서비스 업체 가운데 하나

• 『월 스트리트 저널』의 편집인이자 다우 존스 앤드 컴퍼니(Dow Jones & Company)의 공 동 창업자인 찰스 다우(Charles Dow)가 1896년 창안한 주가지수. 현재 미국 증시에 상 장된 30개 대기업의 주가 추이를 보여 준다.

로 성장해 갔다. 미국 최대의 대마불사형 비은행 금융기업이었지만, 월가 은행 같은 공식 금융기관에 적용되는 규제와 감독은 받지 않았다. GE의 금융 부문인 GE 캐피털은 2008년 서브프라임 모기지 사태의 한 주역이기도 했다. 이멀트는 바로 이 GE 캐피털을 완전히 분사하겠다고 선언한 것이었다. 본연의 산업계 자리로 돌아가, 금융 활동을 완전히 청산하고 오로지 제조업에만 몰두하겠다는 말이었다. 이멀트는 GE가 금융업에 깊이 몸담는 것은 "정말 사리에 맞지 않다"고 덧붙였다.[1] 그는 가장 높은 인수가를 쳐주는 상대를 물색해 GE 캐피털의 분리를 가능한 한 빨리 매듭지을 것이라 공언했다. 미국 기업계에서 보기 힘들었던 급진적인 전략 전환이었다.

이는 회사 자체로서도 180도 방향 전환을 한 셈이었다. 전임 CEO 잭 웰치가 이끌던 GE는 미국 기업의 금융화를 대표하는 곳이었다. 훗날 『포춘』지에서 '세기의 경영자'라는 칭송까지 받게 되는 웰치는 1981년 GE의 CEO 자리에 올랐다. 그 당시만 해도 GE의 매출 대부분은 제트 터빈, 핵발전소 원자로, 채굴 장비, 복합 재료, 전자 제품 등에서 나왔다. GE는 엑스레이 기기, 전구, 강화 플라스틱 등을 개발한 혁신 기업으로 이름이 높았다.[2] GE는 거대했고, 1970년대를 거치며 순익을 세 배로 키울 만큼 성장도 빨랐으나, 정작 증시에는 이것이 제대로 반영되지 않았다. 당시는 풍요로웠던 1980년대의 초입이었고, 월가는 대기업들에게 연 성장률 7~8퍼센트를 넘어 두 자릿수 성장을 보여 달라고 요구했다.

웰치가 바로 그 일을 해냈다. 재임 중 그는 주가를 부양하기 위해 마치 포트폴리오 매니저가 증권을 사고팔듯이 GE의 사업 부문들을 가지고 수백 차례나 기업 인수와 매각을 했다. 금융업, 특히 시티뱅크의 전

CEO 월터 리스턴이 개척한 도매 자금 융통은 GE의 주요 업무가 되었다. 부채는 매일매일의 업무가 원활하게 돌아가기 위한 필수 요소가 되었다. 소비자 신용과 대출 부문은 두 배로 커진 반면, 제조 부문은 정체되었다. GE 캐피털은 일종의 단기 차용증서라 할 수 있는 기업 어음의 세계 최대 발행자로 등극하여, 2008년에는 정상적 기업 활동을 꾸려 가기 위해 무려 880억 달러를 빌려야 하는 지경에 이르렀다.

2008년 이전, 월가는 무언가를 만들기보다는 돈을 이리저리 굴려서 수익을 얻는 GE 같은 기업을 좋아했다. 물론 여전히 GE는 전구부터 기관차까지 온갖 제품을 생산했다. 그러나 GE의 엄청난 수익 성장은 제조업에서 비롯된 것이 아니었다. GE의 금융 부문은 1932년 고객의 편의를 위해 출범했지만, 점차 시간이 지나면서 GE 자체가 은행처럼 행동하기 시작했다. 일상적인 기업 활동을 위해 대출을 일삼고, 진정한 혁신적 제품과 서비스를 창출하기보다는 자본을 교묘하게 처리하는 일에 집중했다.

그리고 당연히 일자리를 창출하는 일도 그만두었다. 리먼 브러더스가 무너졌을 무렵, GE는 미국의 일류 공학 박사들을 평생 고용하는 기업에서 악명 높은 구조조정 기업으로 바뀌어 있었다. 취임 후 5년 동안 웰치는 주가를 띄우기 위한 비용 절감책의 일환으로 11만 2000명을 해고했다.[3] 덕분에 그는 중성자탄 잭Neutron Jack이라는 별명을 얻었다. 중성자탄이 사람 목숨은 쓸어 가 버리지만 건물은 고스란히 남겨 둔다는 것에 착안한 별명이었다. 웰치가 이끄는 GE는 투자자들을 만족시키기 위해 혁신적인 기술 개발이 아니라 금융 수완에 기댔다. GE가 거두는 수익의 주요 거점인 GE 캐피털은 만들기보다는 거저먹기에 집중했고, 장비 대여와 차입 매수, 심지어는 서브프라임 모기지 거래에 이르기까지

금융업 전반에 손을 댔다.

그런데 바로 이 서브프라임 모기지가 2008년 금융 위기 때 시원하게 망해 버렸다. 물론 GE 캐피털이 서브프라임 모기지 사태에 어떤 역할을 했는지 패니 메이Fannie Mae나 프레디 맥Freddie Mac, 골드만 삭스, 리먼 브러더스만큼 잘 알려져 있지는 않지만, 분명 엄청나게 큰 역할을 했다. 2001년 3710억 달러였던 GE 캐피털의 총자산 규모는 금융 위기 즈음에 7000억 달러에 육박할 정도로 부풀어 올랐지만, 미국 부동산시장의 붕괴와 함께 무너져 내렸다. 결국 GE는 납세자들의 돈으로 구제를 받아야 했다. 미국 연방예금보험공사는 GE에 1390억 달러에 달하는 보증 대출을 해 주었다.[4] 심각한 상황이었다. 금융 위기 몇 년 전에 웰치에게서 CEO 자리를 물려받은 이멀트가 네브래스카주 오마하로 달려가 워런 버핏에게 공손한 태도로 30억 달러를 빌려달라고 간청해야 했다. 버핏은 당시 투자할 만한 여력과 의지가 남아 있던 극소수 민간 투자자 중 하나였다.

버핏은 당시를 회상하며 이렇게 말한다. "공포는 전염됩니다. 그리고 모든 이를 마비시키죠. GE는 30억 달러를 빌려달라고 하면서 정말 급하다고, 당장 필요하다고 말했습니다. 그런데 GE가 그 정도로 겁에 질려 있었다면, 주택담보대출을 갚을 능력은 없지만 집값이 오르면 상황을 타개할 수 있으리라 믿었던 1800만 명의 일반인은 어떤 심경이었을까요? [자본주의 체제에서는] 직면하고 있는 여러 문제를 영원히 막는다든가, 또 다른 끔찍한 문제들이 터져 나오는 것을 막을 길이란 없습니다."[5] 버핏은 이멀트의 부탁을 GE의 주식을 싸게 사는 기회로 활용했다. GE를 구해 준 버핏에게 이멀트는 그 대가로 GE를 재정비하여 복잡한 금융 거래와 결별하고 제조업으로 돌아가겠다는 약조를 했다. 다시 말해 GE는 미국 전체가 해야 할 일, 즉 경제의 균형을 바로잡고 근본으로 돌아가는 일을 하겠다고 나선 것이다. 2014년 말, GE의 CFO 제프 본스틴은 당시의 상황을 내게 이렇게 정리해 주었다. "우리는 세계가 당면한 난제들을 풀어 가는 기술 기업이 될 것인지, 아니면 만드는 것이 몇 가지 없는 금융회사가 될 것인지 결정해야 했습니다."

만들지 않는 기업들

결국 스스로 재탄생하는 길을 택한 GE는 탄광 안이 안전하게 숨 쉴 만한지 확인해 주는 카나리아가 되었다. 기업 금융화의 미래는 비즈니스 모델을 실물 경제에 이바지하는 쪽으로 되돌리려 하는 GE의 노력이 성공할지 여부에 달려 있다. 성공한다면, 기업들이 갈수록 금융기관처럼 굴어 왔던 지난 40여 년의 궤적을 뒤집는 하나의 변곡점이 될 것이다. GE 캐피털이 금융화 추세 속에서도 가장 크고 눈에 띄는 사례인 것은 맞지만, 결코 유일한 사례는 아니다. 거의 모든 부문의 기업들이 금융화로 나아간 것은 초대형 은행과 자산 운용사의 성장이라는 더욱 거대한 금융화 역사의 한 단편에 불과하다.

지난 수십 년 동안, 소매업 및 소비자 제품 생산에 주력하는 시어스, GM, 포드 같은 대기업은 별도의 대부 담당 부서를 설립해 왔다. 『위기의 자본화』를 통해 기업 금융화에 대한 최고의 계량 분석을 선보인 미시간대 교수 그레타 크리프너는, 이런 부서들이 "원래는 소비자들의 할부 구매를 돕기 위한 목적으로 설립되었지만, 결국에는 모기업의 제조업이나 소매업 활동을 무색하게 만드는 거대한 금융 괴물이 되어 버렸다"고 비판한다.[6] 크리프너는 비금융 기업들이 전통적인 생산 활동이 아니라 금융 투자를 통해 매출을 창출하고 있음을 계량적으로 꼼꼼히 짚어 가다가 위험한 경향성을 발견한다. 금융 활동이 창출하는 매출을 기타 모든 기업 활동의 매출과 비교해 볼 때 그 비율은 1950~1960년 대만 해도 안정적이었으나, 1970년대 들어 조금씩 높아지기 시작하더니 1980년대에는 급격히 치솟았다. 결국 1980년대 말에 접어들자 이 비율은 제2차 세계대전 이후 시기의 다섯 배에 이르렀다. 그 후 시장의 호황과 불황을 몇 차례 거치면서 잠시 줄어든 적도 있으나, 1990년대 후반에 다시 오르기 시작하여 지금도 상승 중이다.[7]

오늘날의 기업들이 이 추세의 정점을 보여 주고 있다. 기업 차입에서 부터 자사주 매입, 배당, 아웃소싱, 조세 최적화에 이르기까지 기업 매출 중 금융 부문의 비중을 늘리는 요소들의 규모는 그 어느 때보다도 크다. 반면에 일자리, 공장, 혁신에 대한 투자는 최저에 가깝다.[8]

이러한 격변을 입증해 주는 사례는 어디서든 찾아볼 수 있다. 자동차 제조사가 차량 판매를 통해서가 아니라 차량 구입에 필요한 소비자 대출 상품을 팔아 대규모 수익을 창출하기도 한다.[9] 에너지 기업은 정기적으로 투기성 원유 선물 거래를 통해 수익 증대를 꾀한다. 사실 이런 행각은 원유 시장의 변동성을 더욱 키우는 바람에 에너지 기업의 핵심 비즈니스 모델 자체를 약화시키고 있다. 그리고 항공사는 항공권 판매보다 유가 헤지로 더 큰 수익을 거두는 경우가 비일비재하다.[10] 물론 이 전략이 예기치 못한 악수가 되기도 한다. 실제로 2014년에서 2015년까지 유가가 50퍼센트 추락할 때 항공업계는 잘못된 베팅으로 10억 달러가 넘는 손실을 입었다.[11] 2009년 벌링턴 노던 샌타페이Burlington Northern Santa Fe 철도를 인수하면서 연료 가격 헤지를 제한했던 워런 버핏은 이렇게 말한다. "제가 만약 〔대형 항공사의〕 이사회에 있다면 유가 헤지를 하지 않을 겁니다. 제가 보기에는 전혀 사리에 맞지 않습니다." 그러고는 원유 선물 가격을 예견하는 능력이 특출하다고 자신하는 사람만 그쪽 업계에 투신하라고 권한다. 그렇지 않다면, 현물 시장에서 필요한 연료를 구입하고 그에 따르는 비용이 얼마일지 가늠하면서 경영을 하라는 말이다.[12]

기업들이 물품 필요량을 확보하려는 합당한 이유로 헤지를 하건 금융시장에서 수익을 거두려는 의도로 헤지를 하건(아니면 양쪽 모두건), 실은 상품시장의 금융화에 일조하면서 자신들에게 상당한 고통을 안겨 주는 셈이다. 모건 스탠리 투자운용의 신흥시장 부문 책임자인 루치르 샤르마 같은 전문가에 따르면, 2014년 중반의 국제 유가 폭락은 중국의 원유 상품에 대한 수요 정체라든가 이란처럼 고유가를 유지하는 경쟁국들에 압력을 가하기 위한 사우디아라비아의 원유 증산 정책만 가지고는 충분히 설명할 수 없다. 물론 이 두 가지가 유가 변동에 중요한 요소이기는 했지만, 어디까지나 중장기적 현상이기 때문에 유가가 급격히 폭락한 것을 설명하기는 힘들다는 것이다. 유가 폭락에 불을 댕긴 것은 바로 원유 시장의 금융화였다. 특히 헤지펀드와 대형 은행 같은 투기적 투자자들의 역할이 결정적이었다.[13] 2008년 금융 위기 이후 연준이 미국 경제에 돈을 쏟아붓기 시작하자, 투기 세력은 넘치는 돈의 상당량을 상품시장에 몰아넣었다. 하지만 연준이 결국 유동성 지원 프로그램에서 한발 물러나기로 결정하자, 상품시장에 몰려들었던 투기 자금이 순식간에 빠져나가면서 유가가 떨어지기 시작했다. 이는 자금의 상당 부분이 기본적인 수요와 공급에 따라서가 아니라 차익거래를 위해 이동했음을 명백히 보여 준다.[14]

그렇다면 요즘 이러한 거래를 주로 하는 이들은 누구일까? 바로 은행업과는 무관한 원유 및 기타 원자재를 취급하는 회사들이다. 이런 투기 행각은 시장의 공정성을 해칠 뿐만 아니라, 원래는 국제 원자재의 안정적 공급을 책임져야 할 회사들이 자기네 이익을 위해 시장을 왜곡하고 악용하도록 부추긴다. 3년 전, 미니애폴리스에 소재한 농업 기업 카길 Cargill은 J.P. 모건이나 골드만 삭스 같은 대형 금융기관과 똑같이 미국 정부에 스와프 거래 기관으로 등록한 뒤, 이미 제네바에 근무하고 있던 1000명의 트레이더 인력을 더 충원하고자 휴스턴 지사를 확장하여 100명 이상을 고용할 채비를 마쳤다. 우익 인사로 이름 높은 코크 형제 둘이 소유한 거대 기업 코크 산업Koch Industries의 자회사 코크 서플라이 앤드 트레이딩Koch Supply & Trading 역시 원유 스와프 거래에 몸담고 있다. 코크 산업은 건설, 화학, 부동산으로 가장 잘 알려져 있지만, 사실 30년 전에 세계 최초로 원유 스와프 거래를 시작한 곳이기도 하다.[15]

그러나 원유 파생상품 시장에서 가장 덩치가 큰 비금융업계 참가자는 바로 석유회사 자신들이다. 그중 어떤 곳은 파생상품 거래를 본업인 석유 개발업에 버금가는 핵심 사업으로 삼고 있을 정도다. 에너지 기업들이 주기적으로 겪는 곤경이 원유와 기타 원자재 가격의 등락에서 비롯된다는 점을 생각하면, 슬프도록 아이러니한 일이다. 유가가 상승하면 석유회사들은 앞다투어 가급적 많이 채굴하려 들고, 그 덕에 굴착 장비 가격도 오르게 된다. 일례로 2011~2012년 마지막으로 유가가 크게 올랐을 때, 심해 시추선의 일일 사용료는 40만 달러에서 70만 달러로 치솟았다. 그러나 나중에 유가가 하락하면 인력과 자금이 재빨리 업계를 빠져나가고, 회사들은 비용 및 설비 가동률을 낮출 수밖에 없는 지경에 몰린다. 롤러코스터를 타는 상황을 본인들이 자초하고 있는 것이다.

세계적인 석유회사라면 모두 원유 상품 거래를 하고 있지만, 규모가 가장 큰 곳은 바로 BP다. BP는 런던에 본사를 둔 다국적 회사로, BP 아메리카BP America를 통해 사업의 4분의 1을 미국에서 벌이고 있기도 하다. BP는 금융 업무가 기업의 전체 활동에서 차지하는 비중이 얼마나 비대해졌는지를 보여 주는 완벽한 사례로서, 금융화가 기업 문화에 끼치는 악영향을 고스란히 드러내 준다. 선물 거래에 집중하다 보면 과도한 리스크를 감수하게 마련이고, 단기 실적을 지나치게 강조하는 행태는 기업의 미래 재정을 갉아먹기 십상이다. 1995년부터 2007년까지 CEO로 재임한 존 브라운 경의 지휘 아래 BP는 선물 거래업에 뛰어들었다. 박식한 브라운은 석유업계의 분위기가 달라지고 있음을 눈치챘고, 엑슨모빌 같은 경쟁사와 달리 기품 있는 기업의 외양을 갖추기 시작했다. (하지만 BP가 채택한 친환경 기술이 BP의 사업에서 차지한 비중은 매우 작았다.) 와인과 예술을 음미하고 고급 정장을 입는 세련된 취향의 브라운은, 경쟁사 엑슨모빌의 CEO 리 레이먼드처럼 입이 거칠기로 유명한 석유업계의 전형적 인물들과는 아주 딴판이었다.

브라운은 대중의 사랑에 환경론자들의 찬사까지 한 몸에 받았지만, 업계 내부에서는 수치 분석만을 중시하면서 리스크를 지는 것으로 유명했다. CEO 자리에 오르고 나서 브라운이 몹시 공격적으로 비용을 절감하는 바람에, 회사가 설비 유지보수 및 안전에 지나치게 돈을 아끼면서 구식 장비를 사용한다는 내부 고발자들의 비난이 속출할 정도였다. 이런 와중에도 BP는 당시 급성장하고 있던 미국 지사의 트레이더들에게 선물 거래에서 수익을 창출할 기회가 있다면 공격적으로 더 큰 리스크를 떠안으라고 독려했다. 결국 이 전략은 2005~2006년 BP에 대형 사고가 잇따르면서 파열음을 내고 말았다. 텍사스주 텍사스시티에서 정유공장 폭발 사고가, 알래스카주 프루도베이에서 원유 유출 사고가 터졌으며, 미국 지사의 선물 거래 부서를 통해 에너지 시장을 조작하고 있다는 비난이 휘몰아쳤다. 당시 휴스턴에서 일하던 BP 아메리카의 트레이더들은 수년 전 자행된 캘리포니아주 에너지 시장의 교란 수법을 따라 했다. 회사의 풍족한 재원을 십분 활용하여 프로판가스를 대량 매입한 뒤 후일 뻥튀기한 가격으로 다른 업체에 되팔았던 것이다. 그에 따라 소비자들은 5300만 달러의 추가 비용을 떠안아야 했다. BP는 결국 이 금액을 고스란히 물어 주었음은 물론, 1억 달러의 벌금에 덧붙여 민사상 책임에 따라 미국 상품선물거래위원회에도 1억 2500만 달러를 지급해야 했다. (정유공장 폭발과 알래스카 원유 유출로 인한 환경 참사 역시 수천만 달러에 달하는 벌금과 민사상 비용이 뒤따랐다.) 당시 판결이 내려지기 전에 브라운은 내게 다음과 같이 말했다. "우리 BP는 일반적이라고 보기 힘든 상황에 들어서고 있습니다." 그러나 내부자들은 브라운의 발언과 정확히 반대되는 의견을 내놓았다. 프루도베이 원유 유출 사고 조사에 컨설턴트로 참여한 어느 노련한 업계 종사자가 다음과 같이 말했을 정도다. "단기적 수익에만 초점을 맞추고 투자에는 소홀한 BP의 방식은 결국 안전 문제로 이어질 것임을 모두가 이미 알고 있었습니다. 전장의 참호 속에서 누군가와 함께 있어야 한다면, BP와 같은 이를 전우로 삼고자 하는 군인은 아마 없을 겁니다."[16]

2010년에는 멕시코만에서 BP의 시추선 딥워터 허라이즌Deepwater Horizon이 폭발했다. 이 참사는 세계 역사상 최악의 해양 기름 유출 사고로 기록되었고, BP는 소송 비용과 벌금, 정화 부담금으로 500억 달러 이상을 냈다. 그럼에도 불구하고 방향을 돌려 핵심 사업에 전념하기는커녕, BP는 선물 거래에 더욱 진력한 끝에 이 분야에서 가장 규모가 큰 비금융 기업의 반열에 올랐다. (카길과 마찬가지로 BP도 상품선물거래위원회에 스와프 거래 기관으로 등록되어 있다.)

워런 버핏의 견해와 달리, 다국적 에너지 기업이 원유 헤지에 나서는 것이 사리에 맞는다는 주장도 충분히 나올 수 있다. 유가야말로 이런 회사의 비즈니스 모델에서 핵심 요소라는 점을 감안하면 더욱 일리가 있다. 여러 나라에서 동시다발적으로 활동하는 기업이 환율 변동에 대응하여 외환 헤지를 하는 것이 합리적인 것과 마찬가지다. 그러나 초대형 에너지 기업들이 기록하는 선물 거래 규모는 이들의 실물 부문에 대한 투자 규모를 훨씬 웃돌고 있다. 전문가들이 보기에는, 이 기업들이 정작 실물 경제에는 무심하면서도 금융시장에서는 경악할 만한 거래량을 유지하는 것은 선물 거래가 사회적 가치를 잃고 시장 안정성을 훼손하는 지경에 이르렀다는 증거다. 예를 들면 BP는 현재 순익의 최소한 20퍼센트를 스와프와 선물을 비롯한 금융 상품 거래에서 창출하고 있는데, BP가 트레이딩 부문에서 거둔 수익 통계를 마지막으로 공개했던 2005년만 해도 10퍼센트에 불과했다. BP를 비롯한 거대 석유회사들의 금융 상품 거래는 원유에만 국한되지 않고 천연가스, 전력, 석유화학, 외환, 금속까지 아우른다.[17] 이들의 거래 규모가 커지면서 해당 상품시장의 변동성이 커진 것은 물론이다. 이 악순환의 고리는 해당 기업의 경영도 어렵게 만들고 있지만, 세계에서 가장 중요한 천연자원의 안정성까지 흔들어 놓고 있다(이는 6장에서 더 자세히 다룬다).

기술 기업들 역시 금융화의 대가를 치렀다. 코닥, 휴렛-팩커드, RCA, 마이크로소프트, 인텔 같은 기업들도 모두 제대로 된 경영이 아니라 금융공학에 몰두하기 시작하면서 시장 점유율과 혁신성은 물론이고 주가까지 떨어졌다. 실제로 이런 회사에서 자사주 매입이 시작되면서 연구개발 투자가 정체된 시기를 살피면, 주가가 가장 높았던 시점을 짚어 낼 수도 있다. 이미 서론에서도 보았다시피 이 두 추세선은 교차하면서 정확히 X 자를 그리곤 하기 때문이다.[18] 금융 중심의 사고, 특히 헤지와 레버리지를 이용하여 허약한 시장 참가자에게 리스크를 전가하는 방식은 이제 세계적인 기술 기업들의 핵심 요소가 되었다. 게다가 월가를 떠나 실리콘밸리로 들어가는 사람들이 나날이 증가하면서, 지난 수십 년간 미국의 혁신과 일자리 창출을 이끌었던 초대형 기술 기업들이 본모습을 잃고 조만간 은행처럼 변해 버리지 않을까 우려하는 사람들이 많다.

일례로, 그동안 야후는 보유 중인 중국의 거대 전자상거래 업체 알리바바의 지분이나 핵심 광고 부문의 매각을 통해 주가를 부양하여 투자자 배당을 늘리라는 주주 행동주의자들의 압박을 받아 왔다. 구글도 마찬가지다. 이곳의 재무 책임자로 영입된 루스 포랏은 전에도 모건 스탠리에서 동일한 업무를 맡았던 인물로, 혹독한 비용 절감에 나설 것이며 구글이 무척 야심 차게 추진하는 몇 가지 '문샷moonshot' 프로젝트*에 소요되는 자금도 대폭 줄일 것임을 공언했다. 하지만 이런 연구는 거대한 기술 혁신을 낳을 수도 있기에 구글처럼 현금이 풍족한 회사라면 해야만 하는 일이다.[19] 역사상 가장 성공적인 기술 기업으로 이름 높은 애플의 사정도 별반 다르지 않다. 오늘날 애플은 차세대 혁신 제품을 내놓는 데 어려움을 겪는 와중에도, 이자 소득, 조세 특례를 활용한 차입 거래, 역외 조세 피난처에 쌓아 놓은 수십억 달러의 현금 보유고를 통해 돈이 돈을 버는 방식으로 엄청난 수익을 거두고 있다.

● 구글이 사내 조직인 X를 통해 도전하고 있는 여러 혁신 과제를 통칭하는 표현. 이 과제들은 상용화나 현실화가 어렵긴 하지만 성공하면 세상을 획기적으로 바꿀 만하다는 평가를 받는다. 구글 글래스, 스마트 콘택트렌즈, 무인 자동차, 머신 비전 등이 있다.

돈 놓고 돈 먹기

그렇다면 지금까지 언급한 미국 대기업들은 왜, 어떻게 금융을 최고의 사업이라 판단하게 된 것일까? 이유는 무수히 많다. 우선 기업이 금융에 사로잡힌 것은 지난 수십 년간 미국 경제의 중심이 제조업에서 서비스업으로 바뀐 것을 반영하는 현상이다. 그렇다면 그런 전환이 일어난 이유는 진짜 이유는 무엇일까? 한편으로는 미국 기업들이 더 높은 수익을 올릴 수 있는 경제 분야에 집중하기 시작한 탓도 있다. 부대 비용이 적게 들고 잠재 수요가 많은 서비스업은 제조업에 비해 돈을 벌기가 훨씬 쉽다. 그리고 이미 살펴보았던 것처럼 수익을 좇기에 가장 쉬운 영역이 금융이다. 사업을 꾸리는 과정에서 투자를 많이 할 필요가 없다. 보통 소수의 아주 영리한 사람들과 최신 컴퓨터 여러 대만 있으면 된다.

물론 한 가지가 더 필요하다. 안전한 실물 경제 투자가 리스크와 변동성이 더 큰 금융 투자로 전환될 수 있는 느슨한 규제 환경이 있어야 한다. 1970년대 말에서 1980년대에 걸쳐 미국을 비롯한 세계 여러 나라의 정책 입안자들이 기꺼이 나서서 이런 환경을 조성해 준 것은 참으로 안타까운 일이다. 이자율 규제를 풀고 신용 증가를 정치적으로 용인하자 금융업계의 덩치만 커진 것이 아니었다. '수익'도 커졌다. 왜냐하면 신용 팽창은 언제나 금융 거래량을 증대시키고 금융 자산의 가치를 다른 자산에 비해 증폭시키기 때문이다. GE 같은 기업들이 제조를 멀리하고 금융을 만지작거리기 시작한 것도 어찌 보면 당연했다. 간단히 말하면 그 일이 가장 수익이 좋았던 것이다.

전통적으로 미국 중산층의 일자리를 만들고 지속 가능한 경제 성장을 견인했던 제조업은, 다른 어떤 업종보다도 신속하게 금융으로 돌아섰다. 사실 제조업은 이미 1970년대부터 미국 경제의 금융화를 주도하고 있었다. 이런 전환이 일어난 것은 훨씬 많은 수익과 월등히 높은 주가가 보장되리라는 믿음 때문만은 아니었다. (역설적이게도) 금융의 성장으로 말미암아 미국 경제의 변동성이 커지면서 공장과 설비에 대한 투자를 장기적으로 계획하기가 더 힘들어진 탓도 있었다. 물론 미국 기업들이 금융으로 돌아서면서 리스크는 더 커져만 갔고, 기업들이 대차대조표 수치를 요령껏 뜯어 맞추면서 변동성을 제거하려고 애쓰는 파괴적 악순환이 자리 잡았다. 그러자 기업들은 핵심 사업에 자금을 보태 줄 금융 매출에 더욱 의존하게 되었고, 동시에 본연의 사업보다 금융 자산에 집중했다.

"볼트 사업을 하면 볼트 사업의 리스크만 감당하면 된다는 것은 옛날 관점입니다. 현금을 굴리면 리스크를 지지 않죠." 1986년 『비즈니스위크』지에 실린 한 투자은행가의 말이다.[20] 새로운 관점에 따르면, 현금이란 금융시장에 부어 넣으라고 존재하는 것이었다. 그러면 틀림없이 볼트를 파는 것보다 돈을 더 많이 벌리라. 이내 기업은 포트폴리오와 다를 바 없는 존재가 되어 버렸다. 기업이 주식처럼 취급되는 자산 묶음 정도로 격하된 것이다. 결국 동화에서 지푸라기로 금실을 짜내듯, 돈 놓고 돈 먹기를 해야겠다는 생각이 팽배해졌다. CFO들은 실물 부문 투자에 퇴짜를 놓고서는 그 돈을 단기금융시장 뮤추얼 펀드money market mutual fund,• 스트립 국채stripped Treasury,•• 역외 미 달러 표시 계좌, 외환 헤지 같은 금융 상품에 투자했다. 고위험 고수익 성향이 가장 강한

• 만기 1년 미만의 단기 자금이 유통되는 시장에 참여하는 투자자를 대상으로 운용되는 펀드.
•• 미국 재무부 발행 국채에서 원금과 이자 지급분을 각각 분리하여 유통하는 채권.

선물 계약 등의 파생상품에도 손을 댔다.

이런 문화는 기업 활동 전반을 파고들었다. 생산 자산조차 거래 가능한 상품으로 전락해 버렸고, 분기 수익이 그 무엇보다 중요해졌다. 코닥의 사례를 보면, 이런 사고방식이 한때 뛰어난 경쟁력을 보유했던 기업을 어떻게 망가뜨리는지 뼈저리게 실감할 수 있다. 코닥은 디지털 필름 기술에 투자하지 않겠다고 결정했는데, 그 결과는 참담했다. 1990년만 해도 직원이 14만 5000명에 매출은 190억 달러에 달했으나, 2013년에 파산을 벗어난 코닥의 현재 임직원 수는 8000명에 불과하며 연 매출은 20억 달러다.[21]

그 외에도 사례는 수없이 많다. 웨스팅하우스Westinghouse는 1886년 창립된 이래 피츠버그 지역 경제를 이끌어 온 탄탄한 제조업체였다. 그러나 1980년대 이후 경영 컨설턴트들의 조언에 따라 주가 부양을 위해 자산을 조각조각 팔아 치우면서 1997년에는 그저 그런 미디어 회사로 전락해 버렸다. 한때 발전기, 가전제품, 라디오, 방송 장비, 사무용 가구를 생산했던 웨스팅하우스의 손에는 이제 고전을 면치 못하고 있는 CBS 방송국밖에 없다. 그마저도 가까운 미래에 매각될지도 모른다.

제조업에서 브랜드 관리업으로 전환하면서 일자리가 줄고 시장 점유율도 잃어버린 세라 리Sara Lee도 같은 사례에 해당한다. 세라 리의 CEO는 당시의 상황을 이렇게 정리했다. "월가는 당신을 쓸어버릴 수 있습니다. 규칙을 설정하는 자들이죠. 월가에는 고유의 관행이 있는데 (…) 최소 자산으로 최대 수익을 올리는 기업에게 후한 대접을 해줘 왔습니다. 이 점에는 이견의 여지가 없습니다."[22]

가능한 한 적은 자산으로 가장 많은 돈을 벌어들이는 방법에 관한 한 잭 웰치를 따라갈 자가 없다. 그는 자서전에서 다음과 같이 회고했다.

"내가 예전에 알았던 산업에 비해 이 사업[즉 대출이나 신용 같은 금융업]이 돈을 더 쉽게 버는 길이라는 감이 왔다. 꼭 연구개발에 대규모로 투자하고, 공장을 지으며, 날마다 쇠를 구부리라는 법은 없었다."[23] 이전의 GE 경영진이 초과 수익을 회사에 아낌없이 쏟아부으면서 임금 인상 형태로 직원들과 공유하거나 가격 인하를 통해 고객들에게 나누어 주었던 것과는 달리, 웰치는 주주가치 창출을 우선시하는 시카고 학파의 사고방식을 통째로 받아들였다. 웰치가 보기에 주주들이야말로 왕이었기에, CEO 자리에 오르자마자 주당 수익률을 해마다 15퍼센트씩 올려주겠다고 약속했고, 재임하는 동안 그 약속을 지켰다. 다만 그 과정에서 수만 개에 달하는 일자리를 감축하고, 매출액 대비 연구개발비 비중을 반토막 냈으며,[24] GE의 이름을 알렸던 텔레비전과 토스터 등을 만드는 소형 가전제품 부문을 매각했다. 그는 경영 수뇌부에 단 하나의 규칙을 강제했다. 생산 제품이 시장에서 1, 2등을 차지하게 만들고, 매 분기 수익을 향상시켜라. 올라가든가 나가라는 말이었다.

이는 또 다른 악순환으로 이어졌다. 수익 상승에 대한 기대가 커지고 급여와 스톡옵션으로 구성된 경영진 연봉이 수백만 달러에 달하는 경우가 흔해지면서(일반적인 기업의 급여가 아니라 월가 은행가의 보수 체계를 본떴다), 결국 금융으로의 전환은 '필수'가 되었다. 짧은 기간 안에 그만한 수익을 낼 길은 금융업밖에 없었다. 그런데 GE가 금융업으로 진출하면서 월가의 비즈니스 모델뿐만 아니라 문화까지 흉내 내기 시작하자 온갖 스캔들에 시달리게 되었다. 무기 공급 계약을 이행하는 과정에서 근무 카드를 조작하여 부당한 비용을 청구했는가 하면, 조세 포탈을 저질렀고, 이스라엘 공군과의 거래에서 미국 정부를 속여 이득을 취했으며, 막대한 유해 폐기물을 몰래 내다 버리기도 했다. GE의 투자은행 부문이 허위 거래를 꾸며 3억 5000만 달러의 위장 이익을 장부에 기입했다는 폭로까지 터졌다.[25] 게다가 내부자 거래며 사기에 공갈 등 스캔들 목록은 끝이 없다.

당시 동원된 수법은 바로 일상적인 회계 장부 조작이었는데, 이는 엔론 사태가 터지기 전까지만 해도 놀라울 정도로 업계에 만연해 있었다. 해마다 15퍼센트씩 주당 수익률을 끌어올리겠다는 약속을 지키기 위해 웰치는 수시로 (일자리는 물론이고) 자금을 역외로 내보냈다. 또 엄밀히 따지면 합법적이지만 각 사업 부문의 실제 상황을 교묘히 은폐하는 기법을 동원하여 법인 소득과 비용을 기재했다. 기업 친화적인 『이코노미스트』지조차, 그 덕분에 웰치가 "GE의 수익을 날조할 수 있었다"고 비판했을 정도다.[26] 웰치의 재임 기간 중에서 마지막 5년에 해당하는 1996~2001년에 GE의 주당 수익률은 90.2퍼센트 증가했다. 대기업치고는 유례없는 수치였다. 그런데 당시 GE의 재보험 부문이 보유한 지급준비금이 턱없이 모자랐다는 것, 즉 보험금 지급 요청을 동시다발적으로 받을 가능성에 대비해 남겨 두어야 하는 자금이 너무나 적었음을 고려하면 이야기는 달라진다. 지급준비금을 정상적으로 남겨 놓았다는 가정 아래 다시 계산해 보면, 주당 수익률 성장률은 고작 5.6퍼센트에 불과하다.[27] 한편, GE는 GE 캐피털 덕에 정기적으로 분기 재무제표를 조작할 수 있었다. GE 캐피털이 보고일 직전에 대량 거래를 진행하여 GE의 순익을 인위적으로 끌어올렸던 것이다. 이런 숫자 장난질은 기업 지배구조 감시 기구에서 금지하고 있었지만, GE의 행각을 알 만한 사람은 다 알고 있었다. GE 역시 그 사실을 애써 숨기려고 하지도 않았다. 어차피 월가는 자기들이 가져갈 몫이 중요했지, 수익이 어떻게 만들어지든 신경 쓰지 않았다.[28]

리스크에 시달리는 기업들

이런 식의 금융공학이 월가나 일반 투자자들에게 주가 상승이라는 선물을 주었을지는 몰라도, 기업들에게는 전례 없는 리스크를 안겨 주었다. 교묘한 회계 기법, 숫자 놀음, 주주가치 우선 정책에 몰두하는 것은 회사 구석구석에 언제 터질지 모를 폭탄을 심어 놓는 행위나 다름없었다. 투자자들을 위해 효율성과 수익 극대화를 추구하는 과정에서 많은 기업이 자기 명성에 먹칠을 했다. 자동차 대기업들이 서브프라임 자동차 대출을 가지고 장난치는 것을 보면 문제는 여전히 진행 중이다. 1990년대 말에는 정보통신 및 인터넷 회사들이 이런 행태를 보였는데, 그중 상당수는 엔론과 월드컴처럼 가공의 이익을 꾸며 과분한 평가를 이끌어 냈다.[29] GE도 마찬가지였다. GE는 2008년 금융 위기 전까지만 해도 연준의 규제를 받고 있지 않았기에, 창의적인 회계 기법과 'AAA'에 이르는 최고 신용 등급을 이용하여 경쟁사들, 심지어 대형 은행보다도 낮은 이자율로 자금을 조달할 수 있었다. GE의 부채가 얼마나 많았던지, 그 부채를 돌려 막느라 수십억 달러에 달하는 기업 어음을 발행하지 않고서는 단 하루도 버틸 재간이 없을 지경이었다.

이런 위험한 리스크 떠안기가 초래하는 고통스러운 결과는 단지 수익 저하나 구제금융의 형태로만 나타나지는 않는다. 비극적인 인명 피해를 야기하기도 한다. 앞에서 본 BP의 참사들도 그 예가 될 수 있지만, 최근에는 더욱 비극적인 사건도 있었다. 2013년, 방글라데시의 라나 플라자 의류 제조 공단에서 사고가 터졌다. 조잡하게 건설된 공장이 붕괴되는 바람에, 월마트 같은 회사에 납품되는 값싼 의류를 생산하던 노동자 3500명 가운데 1100명 이상이 목숨을 잃었다.

나중에 밝혀진 바에 따르면, 사고 원인은 단순히 방글라데시의 안전 기준이 불충분했던 것뿐만이 아니었다(물론 이것 역시 문제였던 것은 맞다). 아웃소싱이 증가하면서 글로벌 공급망에 가중되던 복잡성도 사태를 키웠다. 사고를 수습하는 과정에서 월마트 측은 판매 계획 중이던 여자 아동복 바지가 라나 플라자에서 생산되고 있었다는 사실을 몰랐다고 주장했다. 월마트의 캐나다 공급업체가 라나 플라자에 그 바지를 주문했다는 문건이 공개되자, 그 업체는 '나쁜 직원' 하나가 그 주문을 한 것이라며 책임을 전가했다.[30] 그러나 이 참사가 사람들을 더욱 심란하게 만들었던 이유는, 불과 8개월 전에도 다른 방글라데시 공장에서 화재로 120명이 목숨을 잃은 뒤 그 현장에서 월마트행 의류가 발견된 적이 있기 때문이다. 당시에도 월마트 공급업체가 더 저렴한 무허가 업체에 일을 맡겼음이 드러났다. 결국 월마트는 책임지고 수백만 달러에 달하는 보상금을 지급하는 한편, 기업의 명예를 회복하고 소송을 피하느라 진땀을 흘렸다.

이런 비극은 금융화와 저임금 국가로의 아웃소싱 사이의 밀접한 관련성을 여실히 보여 준다. 왜냐하면 금융의 핵심 목표는 임금과 공장 시설 같은 '부채'를 대차대조표에서 덜어 내는 것이기 때문이다. 지난 수십 년간 활발히 이루어진 아웃소싱 덕에 미국 기업들은 상당한 비용을 절감하여 이윤을 기록적인 수준으로 끌어올릴 수 있었지만, 동시에 글로벌 공급망이 복잡해지고 그로 인한 리스크도 커졌다. 기업들은 이제야 이런 문제들에 직면하여 골머리를 앓고 있다.

엄청난 인명 손실은 말할 것도 없고, 아웃소싱으로 인한 참사 때문에 다국적 기업 입장에서는 수십억 달러에 달하는 비용을 치르는 것은 물론 명성에도 금이 간다. 중국의 애플 공급업체들이 이용하는 공장에서 불안전한 노동 조건을 둘러싼 스캔들이 끊임없이 터지는 현실을 보라. 2010년 컨설팅 회사 매킨지가 전 세계 경영자들을 대상으로 진행한 조사에 따르면, 응답자 가운데 3분의 2가 2008년 이래 공급망 관련 리스크가 점점 커졌다고 답했다. 특히 아시아 국가의 경영자들이 걱정을 많이 했는데, 82퍼센트가 향후 5년간 이 리스크가 계속 증가할 것이라고 봤다.[31] 방글라데시 참사 등을 목격하고 나서, 공급망 구조를 짤 때 생산비만을 따지는 것을 재고하고 생산 기지를 본사와 가까운 곳으로 이전하는 것을 고려하는 회사들도 생기고 있다. 단기적으로는 비용이 증가하겠지만, 장기적으로는 리스크가 줄어드는 한편 기업 홍보 효과와 소비자 만족도 상승으로 매출이 늘어나리라 기대하는 것이다. 해외 공급망에서 연달아 발생하는 참사들이 여실히 보여 주는 것처럼, 설령 다국적 기업이 제아무리 직접 계약을 맺고 공급자들을 감시한다 해도, 멀리 떨어진 소규모 하도급 업체들의 현장 실태를 세세하게 살피기는 불가능하다. 아웃소싱을 토대로 하는 복잡한 제조업 패러다임 속에는 제거할 수 없는 리스크가 내장되어 있다.

　기업이 어디서 무슨 일이 일어나고 있는지 정확히 파악하고 있는 경우에도 아웃소싱의 확대는 큰 문제를 가져온다. 보잉의 787 드림라이너 항공기 사례를 한번 보자. 당시 제작 과정에서 온갖 유형의 납품 지연이라든가 비용 초과 사태가 발생했는데, 그 원인은 미친 듯이 복잡한 공급망을 통해 드림라이너 부품의 70퍼센트를 전 세계 수많은 국가로 아웃소싱한 데 있었다. 이 결정은 보잉이 1997년 맥도널 더글러스 McDonnell Douglas와 합병한 뒤에 이루어졌다. 맥도널 더글러스는 훨씬 더 금융에 경도된 기업으로, 최고의 기술력보다는 비용 삭감과 금융 리스크 최소화에 몰두하고 있었다. 합병이 성사된 뒤, 보잉은 85년간이나 시애틀에 있던 본사를 시카고로 옮겼다. 말하자면 엔지니어링 기반을 떠나 금융시장과 가까운 곳으로 간 셈인데, 새로 취임한 경영진도 이전 결정을 흔쾌히 받아들였다. 보잉 엔지니어들의 항의에도 불구하고, 드림라이너 생산 공급망은 합병 법인의 순자산 수익률을 극대화해야 한다는 압력이 반영되어 짜였다. 순자산 수익률은 월가에서 적정 주가를 따질 때 사용하는 지표 가운데 하나다.

합병 이후 의사 결정권을 가지게 된 맥노널 더글러스 출신 인사들은, 실력은 검증되었지만 더 비싼 미국의 엔지니어와 디자이너에게 투자하기를 원치 않았기에 해외로 눈을 돌렸다. 수많은 부품을 아웃소싱을 통해 조달하면 디자인 비용을 상당히 절감할 수 있다는 얘기가 월가의 귀에 들어가자, 보잉의 주가는 30달러에서 100달러로 뛰었다. 그러나 프로젝트를 개시한 지 몇 년 지나지 않아 갖가지 문제가 터져 나오기 시작했다. 우선, 공급자들이 서로 소통하지 못하고 안전성을 비롯한 세부 사항을 지키지 않는 데다 납기일을 어기는 통에 개발에 엄청난 차질이 빚어지자, 구매자들이 주문을 취소하기 시작했다. 또 프로젝트가 한창 진행되던 도중 2만 5000명이 넘는 직원들이 분노에 차서 파업에 돌입했다. 심지어 부품업체 한 곳은 기술적 문제가 너무 심각했던 나머지 보잉이 5억 8000만 달러에 인수하여 기존 부서에 통합하기도 했다. 결국 드림라이너는 돈을 빨아먹는 수렁으로 전락하여 현재까지 애초 계획보다 280억 달러가 더 들어갔고, 적어도 2020년대까지는 회사에 아무런 수익도 가져다주지 못할 것이다. 학생들에게 금융화의 부정적 측면을 이해시키려 애쓰고 있는 하버드 경영대학원의 가우탐 무쿤다 교수는 이를 두고 다음과 같이 말한다. 애석하게도 "정확히 월가가 원하는 대로 해 줌으로써 리스크를 증가시키고 말았습니다."[32] 주주가치 증

대를 위해 너무나 큰 대가를 치르는 셈이다.[33]

고용 문화의 붕괴

금융화가 단지 기업의 사업 방식과 장소를 바꾸는 역할만 하는 것은 아니다. 금융화는 기업 고유의 문화까지 바꿔 버려, 한결같은 품질과 소비자 중심의 관점보다는 위험스러운 도박과 빠르고 쉬운 성과를 더 중시하게 만든다. 금융업계에서는 트레이더가 먹이 사슬의 정점에 위치한다. 거의 다 남성이게 마련인 트레이더들은 자기가 살육한 곰을 집으로 가져와 누가 어느 부위를 먹을지까지 결정하는 알파맨alpha man에 해당한다. 이런 문화는 회사 전체보다 개인 트레이더를 더 떠받드는 풍조를 조장하여, 느리지만 꾸준한 성장보다는 대박 거래를 이끌어 내는 사람에게 보상이 돌아간다. 하지만 이들 사냥꾼은 자기가 불러들인 리스크 때문에 징계를 받지는 않는다.

그간 월가를 지배해 왔고 이제는 미국 기업계 전체로 퍼지고 있는 승자 독식형 보수 체계를 살펴보자. 지난 수십 년간 기업계에서는 터무니없으리만치 불공정한 보수 기준이 점점 힘을 얻어, CEO들이 일반 직원급여의 300배가 넘는 보수를 챙겨 간다. 또 최고가 아니면 나가라는 식의 인력 관리 체계는 팀플레이를 장려하기보다 가장 특출한 인재에게만 보상을 안겨 준다. 기업의 성공을 이끄는 요인은 개인이 아니라 성공적인 팀의 역량인 경우가 다반사라는 사실이 수많은 학술 연구로 증명되었음에도 아랑곳하지 않는다.[34]

물론 구글이라든가 크랜베리 재배 협동조합 오션 스프레이, 건설 엔지니어링 회사 아럽Arup 등 오늘날 가장 혁신적이고 경쟁력 있는 회사

몇 곳에서는 최고가 아니면 나가라는 식의 경영과 결별하고 팀 중심의 조직 운영에 초점을 맞추기도 한다. 그러나 이런 진보적 사고를 미국 기업계에서 찾아보기는 대단히 힘들다. 『사소한 결정이 회사를 바꾼다』라는 저서에서 한 명의 영웅을 숭앙하는 것이 아니라 협력적 경영 스타일을 뿌리내리려 노력하는 다양한 기업의 사례를 보여 준 조직 관리 컨설턴트 마거릿 헤퍼넌은 다음과 같이 지적한다. "조직은 일종의 시스템으로, 하나의 묘수가 아니라 구성원 모두가 공감할 수 있는 문화에 반응한다."[35]

GE의 잭 웰치는 당연히 최고가 아니면 나가라는 식의 경영을 대표하는 사람이었다. 1997년 『포춘』지는 기사를 통해 웰치가 조성한 GE의, 특히 GE 캐피털의 잔혹한 근무 환경을 이렇게 추어올렸다. "GE 캐피털의 문화는 혁신적일 뿐만 아니라 공격적이기까지 하다. 한 임원 채용 담당자는 이렇게 말한다. '강한 자신감이 없으면 여기서 일을 할 수가 없습니다. 회사는 나약함과 우유부단함을 귀신같이 알아채니까요.' 조직 전체는 늘 성장에 몸이 달아 있다. GE 캐피털과 함께 일하는 한 컨설턴트는 '사람들 모두 목표치를 달성하지 못하면 어쩌나 걱정합니다'라고 이야기한다. 1000억 달러 규모의 파생상품 '헤지' 거래는 물론 해마다 1조 5000억 달러가 넘는 기업 어음 발행까지 총괄하는 CFO 짐 파크 역시 마찬가지다. 파크에게 가장 큰 걱정거리는 무엇일까? 대답은 간단했다. '성장이죠.'"[36]

어쩌면 당연한 일이지만, 이런 독한 문화가 자리를 잡으면서 많은 일류 엔지니어 인력이 GE를 떠났다. 심지어 한 관리자는 웰치와 심하게 다투고 나서 정신병원에 자청해 입원했을 정도다. 웰치가 직원들을 지독히 닦달한 사례는 허다하지만, 많은 사람이 GE에 남는 쪽을 택했고 일을 잘해내면 상당한 스톡옵션을 챙길 수 있었다. GE는 1980년대부터 줄곧 중역 보수를 크게 올리는 데 앞장섰다.

웰치는 무자비하고 끊임없는 사내 경쟁을 조장하고, 큰 돈벌이를 위해 큰 리스크를 감수하는 이들에게 보상을 내렸다. 이는 회사 곳곳에 부채라는 폭탄을 심는 일보다도 더욱 심각했다. 또한 안정된 평생직장이라는 GE의 전통을 끝장내고, 최고위직 간부를 비롯한 누구라도 언제든 해고할 수 있는 이른바 '긱 이코노미gig economy'*를 조성하기도 했다. 사실상 모든 직원의 임시직화였다. 이런 조직 형태 역시 근속 연수가 짧고 소수의 사람이 높은 보수를 챙겨 가는 금융권을 모방한 것이었다. 1980년대부터 GE를 비롯한 대다수 포춘 500대 기업의 근속 연수는 급격히 줄어들었다. 웰치는 이를 찬양했다. 그는 하버드 경영대학원 졸업반 학생들을 대상으로 한 강연에서 "누구도 평생 고용을 보장해 줄 수 없습니다. 닷컴 회사들은 이미 이런 현실을 깨쳤습니다"라고 했다. 웰치가 보기에 나머지 모든 기업도 그래야 했다.[37] 고용 보장이 아니라 새로운 상황에 대한 업무 적응력이 중요하다는 것이었다.

어떻게 경쟁력을 회복할 것인가

웰치의 말이 맞았다고 치자. 그렇더라도 기업의 금융화로 말미암아 노동자들이 적응할 만한 일자리 자체가 줄어들고 있었다는 것이 문제다. 금융화로 촉진된 아웃소싱, 노동자를 대체하는 기술, 직원과 자산에 투

• 기업이 필요에 따라 단기 계약직이나 임시직으로 인력을 충원하여 조직을 운용하는 것이 일반화된 경제 체제. 1920년대 미국 재즈 공연장 주변에 있는 연주자를 즉석에서 섭외해 하룻밤 정도의 짧은 공연(gig)을 성사시키던 관행에서 따온 표현이다.

자하기보다는 투자자에게 배당하는 행태, 이사회와 경영진의 단기적 사고방식 등은 미국 기업의 경쟁력은 물론 안정적이며 보수도 괜찮은 일자리 창출 능력까지 크게 훼손했다. 1970년대 말에는 금융화의 이런 부작용이 경제 데이터로 나타나기 시작했다. 고수익을 노리던 기업들이 현금을 투기에 들이붓는 사이, 성장률이 떨어지고 실물 경제에 대한 투자도 줄어들었다. 족쇄 풀린 자본주의의 강력한 옹호자인 로널드 레이건조차 이런 현실을 알고 있었다. 레이건 임기 초기인 1982년 기업 인수합병에 관한 제반 규제가 개정되면서 초거대 기업들이 금융 기법으로 재미를 볼 수 있는 길이 활짝 열렸다. 1980~1990년 사이에 포춘 500대 기업에 속하는 대형 제조업체 가운데 28퍼센트가 기업 인수 제안을 받았으며, 그 대부분은 피컨스나 아이칸 같은 기업 사냥꾼이 주도하는 적대적 인수의 성격이 강했다. 기업들은 합쳐졌다 쪼개졌다 다시 합쳐졌고, 가장 높은 값을 부르는 인수자에게 팔려 나갔다. 인수자는 사들인 기업의 단물을 마를 때까지 뽑아 먹곤 했다. 그 결과 1990년 무렵에 이르자, 미국 초대형 기업의 3분의 1가량은 이미 더 이상 독립적인 회사가 아니었다.[38]

　레이건과 그 참모들은 금융화가 무르익을 만한 환경을 조성하는 데 일조하기는 했지만, 한편으로 그로 인해 어떤 결과가 나타날지 걱정하기도 했다. 특히 미국 제조업체들이 아시아와 유럽의 경쟁사들에게 시장을 잠식당하는 것이 문제였다. 1985년에 레이건의 산업경쟁력위원회에서 발표한 한 보고서는 흡사 오바마 대통령의 일자리 및 경쟁력 자문위원회에서 작성한 것 아닌가 하는 착각이 들 정도다. "1960년대에는 제조업 자산이 창출한 실수익률이 금융 자산의 실수익률보다 상당히 높았다. 그런데 현재 상황은 역전되었다. 금융 자산에 대한 패시브 투자를 통해 얻을 수 있는 세전 수익률은 제조업 자산의 수익률보다 높다. (…) 그 결과, 미국 경제의 중추인 제조업에 대한 투자의 매력은 상대적으로 약화되었다."[39]

잘 알려져 있지는 않지만, 레이건은 미국 경제의 금융화와 그것이 기업 경쟁력에 미칠 충격을 너무나 걱정한 나머지 미국 산업 정책을 개발할 비밀 프로젝트를 출범시키기도 했다. 당시만 해도 국가가 주도하는 산업 정책이라는 말 자체가 미국 대중에게는 소련을 연상시켰기에, 보수는 말할 것도 없고 진보 진영에서도 (부당하게) 금기시되던 주제였다. 프로젝트 소크라테스Project Socrates로 명명된 이 활동의 취지는, 왜 미국 기업들은 활력을 잃어 가고 있는데 해외 경쟁국들은 효율성 높고 잘나가는 기업을 키워 내는 데 성공하고 있는지 밝혀내는 것이었다. 연구팀은 일본, 프랑스, 독일을 비롯한 다른 선진국의 기업들은 정부 지원, 넉넉한 보조금, 정부가 주도하는 연구개발, 산업 정보 수집, 비공식적 차원의 비관세 장벽 등 상당히 폭넓은 이점을 누리고 있기에 미국 기업들을 압도할 수 있음을 알아냈다. 프로젝트의 다음 임무는 미국이 경쟁국들과의 격차를 좁힐 수 있는 산업 및 기술 발전 전략을 마련하는 것이었다.[40] 이 활동은 부시 행정부 때 중단되기는 했지만, 미국 기업의 경쟁력 회복을 위한 분투는 오늘날에도 여전히 진행 중이다. 역설적이지만 이 주제는 민주당과 공화당을 한데 모을 수 있는 사안이기도 하다. 예를 들면 엘리자베스 워런 같은 진보 정치인은 물론이고 일부 보수 정치인도 현재 논의 중인 유럽 및 아시아 태평양 무역 협상(범대서양 무역투자 동반자 협정TTIP과 환태평양 경제 동반자 협정TPP)에 우려를 표명하고 있다. 이 양대 협정으로 정부의 규제를 우회할 수 있는 길이 생기므로, 금융 부문을 억제하기 위해 제정한 도드-프랭크 법이 훼손될 수도 있기 때문이다.

　도드-프랭크 법은 GE가 금융업에서 손을 떼기로 결정한 중대 이유 중 하나였다. GE가 오랜 시간 키웠던 금융 부문을 접기로 한 이유를 묻는 질문에 잭 웰치는 아주 간명하게 대답했다. "두 단어로 요약할 수 있습니다. 도드-프랭크."[41] 2008년 금융 위기 전까지 GE는 사실상 대마불사형 금융업체였음에도 그에 걸맞은 규제를 받지는 않았다. 그런데 2013년에 GE가 '시스템적으로 중요한 금융기관systemically important financial institution, SIFI•'으로 지정되면서 월가의 심기는 불편해졌고, GE 역시 한층 강화된 규제를 받게 된 탓에 심란해질 수밖에 없었다. SIFI 지정으로 GE의 일상 업무였던 것들이 하루아침에 위법 행위가 될 수 있는 상황이었다. 투자자들은 이제 대형 은행 및 사실상 은행처럼 행동하는 기관이 대차대조표상에 더 많은 준비금을 쌓아 놓아야 하기에 수익성이 낮아질 수밖에 없음을 깨닫기 시작했고, 그에 따라 GE는 주가 하락 압력을 받았다. 실제로 예전에는 대형 제조업체 같은 '만드는 자들'의 주식은 은행에 비해 낮은 가격에 거래되었지만, 이제 상황이 점점 바뀌고 있다. GE 캐피털의 분사 결정도 실제로 GE의 사업에 도움이 될 뿐만 아니라 시장의 인식도 호전시킬 가능성이 크다. GE는 이제 완전히, 영원히 금융업에서 발을 뺄 것(다만 제조업 고객들의 자금 수급은 계속 도울 것이라고 언급했다. 메인가에 실제적인 도움이 된 금융 부문은 남긴 것이다) 이라고 이멀트가 선언한 바로 그날, GE의 주가는 10퍼센트 넘게 올랐다. GE의 CFO 제프 본스틴은 당시를 다음과 같이 회고한다. "GE가 금

• 규모가 크고 금융 시스템 내에서 중요성이 높아 파산할 경우 큰 충격을 일으킬 수 있는 금융기관. 글로벌 경제 차원에서는 2011년에 G20 산하의 금융안정위원회(Financial Stability Board)가 29개 대형 은행을 G-SIFI로 지정한 바 있고, 한 국가 차원에서는 각국 정부가 이런 금융기관을 D-SIFI로 지정한다.

융회사여서는 안 된다는 점은 분명했습니다. 그러라고 강요한 사람은 없습니다. 도드-프랭크 법이 상황을 완전히 바꿔 놓았을 뿐이죠."[42]

그뿐 아니라 회사채 시장 자체도 과거 GE 캐피털이 열중했던 금융 기법을 구사하기 힘든 방향으로 바뀌고 있다. 2008년 이전까지 GE가 참여했던 단기금융시장 대출업도 투자자들이 그에 따르는 리스크를 깨닫고 난 뒤 쪼그라들었다. 금융 위기 전에 GE는 회사채를 담보로 단기 차용증서를 발행하여 엄청난 규모의 자금을 쉽게 조달할 수 있었다. GE의 회사채를 인수할 이가 순식간에 모조리 사라질 수도 있다는 것을 금융시장이 패닉에 빠지기 전까지는 그 누구도 상상하지 못했다. 결국 2008년 금융 위기는 기업이 은행처럼 오로지 유동성을 유지하기 위해 날마다 수십억 달러씩 빌리는 행동이 얼마나 위험한지를 고스란히 보여 주었다.[43]

2014년 말 GE의 소비자 금융 사업부가 분사되자, 회사 전체에서 금융업 부문이 차지하던 수익 비중은 약 40퍼센트에서 28퍼센트로 격감했다.[44] 이 책을 쓰고 있는 현재 시점에도 계속 진행 중인 GE 캐피털 매각 작업이 완료되면, 2018년쯤에는 약 10퍼센트까지 떨어질 것이라고 한다.[45] 그렇다면 GE의 숙제는 금융공학에 의존하지 않고 수익을 확보할 방안을 찾아내는 것이다. 역설적인 사실은, GE가 이 숙제를 풀려면 과거와 같은 모습으로 돌아가야 할지도 모른다는 것이다. 다만 이번에는 해외 시장을 공략해야 할 것으로 보인다. 신흥시장은 바야흐로 소비 호황기를 구가하고 있는데, 마치 GE가 혁신 기업으로 전성기를 누렸던 제2차 세계대전 이후의 미국과 흡사하다. 중국, 인도, 터키, 남아프리카공화국 같은 나라들은 주택, 교량, 도로, 공항 등을 새로 갖추어야 하는 상황이며, 중산층이 성장하면서 갖가지 소비재에 대한 수요 역시 전례 없는 수준으로 폭증하고 있다. 매킨지 글로벌 연구소McKinsey Global Institute 는 신흥 경제 발전국들이 이런 수요를 채우기 위해 2025년까지 연간 30 조 달러를 쓸 것이라고 추정한다.[46] 이는 GE 같은 기업들이 미래의 성장 을 위해 다시 한 번 만드는 일에 열중해도 된다는 것을 의미한다. GE는 이미 현실 세계의 문제와 제품에 매진할 뜻을 세우면서 '만드는 자'로 전환하고 있다. 부스티에 따르면, 이제 GE는 번드르르한 금융 서비스업 부문을 줄이고 "전기, 깨끗한 물, 항공기 엔진, 고효율 기관과 같이 우리 곁에 없으면 곤란한 기본적 물품"을 만들어 팔 것이다. 그는 이렇게 덧 붙였다. "GE는 세계적인 난제를 해결하는 데 몰두하는 기술 기업이 되 고 싶습니다."[47] 이를 실현하기 위해 GE는 요즘 실리콘밸리의 경영 방 법론 일부를 도입하려 애쓰고 있다. 그리고 전 세계에 걸쳐 크라우드소 싱crowdsourcing• 활동을 전개하면서, 엔지니어링 문제를 온라인에 공개 한 뒤 누구든 해결책을 제시하게 하고 있다. 일례로 최근에 GE가 채택 한 항공기 엔진의 브래킷 디자인은 스물두 살의 인도네시아 청년이 제 시한 것이었다.

GE는 또 새로운 아이디어를 얻기 위해 다수의 첨단 기술 스타트업과 도 협업하고 있다. 그리고 스타트업의 업무 속도와 규모 향상에 기여한 신기술들을 활용하고자 지방 중소 공급업체와의 거래도 늘리고 있다. 예전에는 제품 디자인, 부품 제작과 구매, 완제품 조립 등의 단계가 각 각 별개로 진행되었지만, 적층 제조additive manufacturing••와 3D 프린팅

• '대중(crowd)'과 '아웃소싱(outsourcing)'의 합성어로, 문제 해결책을 전문가 대신 비 전문가인 고객과 일반 대중에게 아웃소싱하여 구하는 활동을 일컫는다. 그 결과로 창출된 수익을 참가자와 공유한다.
•• 플라스틱, 금속, 콘크리트 등의 원재료를 가공한 후 한층 한층 쌓아 3차원 물건을 만 들어 내는 기술의 총칭. 3D 프린팅 역시 적층 제조의 한 종류다.

같은 기술이 등장하면서 한데 통합되고 있다. 그 결과, 요즘은 생산 기지를 엔지니어와 디자이너들이 있는 곳 가까이에 두는 것을 선호한다. 미국은 여전히 고급 엔지니어링과 디자인을 선도하고 있기에, 이런 변화는 미국에 유리하게 작용하여 중소기업들이 다시금 제조업에 진입하게 만들 것이다. 여기에 모든 공정을 실시간으로 점검하는 능력까지 갖추면 완전히 새로운 제조업 생태계가 형성될 것이다. 그러면 제품 개발 과정을 단축하고, 더욱 다양하고 가치 있는 제품을 소비자에게 신속하게 선보이는 것도 가능해진다. 디트로이트는 여전히 세계 최고 수준의 풍부한 산업 엔지니어 인력을 십분 활용하여, 앞에서 언급한 형태의 선진적 제조 협업의 허브로 발돋움했다.

GE는 마치 사내 벤처 캐피털 회사처럼 운영되는 '성장위원회growth board'를 설립하여, 직원들이 제시한 새로운 구상을 심사한 뒤 약간의 연구 자금을 나눠 준다. 그 결과 신형 석유 채굴 장비나 LED 조명 시스템의 개발이 훨씬 빨라지고 있다. 예전 같으면 테스트하기까지 2년은 걸렸을 아이디어를 가지고 요즘에는 구상 단계에서 생산 돌입까지 45일 만에 해내는 것도 가능해졌다. 전 GE 최고기술책임자 마크 리틀에 따르면, GE의 매출 대비 연구개발비 지출도 약 2퍼센트에서 5퍼센트 이상으로 다시 증가하고 있다.[48]

이런 모든 변화의 결과 만들어지고 있는 새로운 패러다임 속에서 GE는 다시금 전 세계 소비자에게 판매할 제품을 미국에서 만들어 내고 있다. 케냐 나이로비 교외에서 수천 명의 주민에게 휴대전화 서비스를 제공하는 붉은 송수신탑은 GE의 새로운 역량을 보여 주는 사례다. 탑 내부에는 단순하지만 대단히 중요한 기능을 수행하는 최첨단 배터리가 들어 있다. 이 배터리는 주 전력망 가동이 중단될 때 전화가 불통되지 않도록 비상 전력을 공급한다. 이 제품은 쇠락한 공업 도시였던 뉴욕주 스키넥터디에 신설된 GE 공장에서 만든 것으로, 이 공장은 하루 24시간 배터리를 생산하고 있다. 1900년 GE의 첫 연구 시설이 들어섰던 곳이 다시금 GE의 연구개발 거점으로 성장하고 있는 것이다.

이 사례는 스키넥터디 지역 경제는 물론이고 미국 전역의 유사한 지역사회에도 큰 의미가 있다. 미국 제조업의 고용 규모는 공식 통계에 따르면 전체의 9퍼센트인 탓에 제조업의 중요성을 간과하기 쉽다. 그러나 제조업은 민간 부문 연구개발 지출의 무려 69퍼센트를, 그리고 미국 산업 생산성 성장분의 30퍼센트를 차지한다.[49] 또한 미국 정부 자료에 따르면, 제조업에 쓰이는 1달러는 1.37달러어치 경제 활동을 유발한다. 『번영의 제조: 미국은 왜 제조업을 부활시켜야 하는가』를 공동으로 저술한 하버드 경영대학원 교수 윌리 시는 다음과 같이 말한다. "장기적으로 보면 제조업 역량은 혁신 역량의 토대다. 제조업을 포기하는 순간 막대한 부가 가치를 잃어버린다." 다시 말해, 무엇을 만드는지가 그 경제의 운명을 결정한다는 것이다.[50] GE의 경영진 역시 뉴욕주 북부에 생산 시설을 되돌려 놓기로 결정할 때 이런 생각을 한 것이 분명하다. 리틀은 이렇게 말한다. "예전에는 무엇을 생산하든 간에 일단 〔해외에서〕하청업체를 찾느라 상당한 시간을 보낸 다음에야 가장 비용이 낮은 업체를 골랐죠. 그러나 이제는 우리가 직접 사안을 통제하고 제반 기업 활동을 미국 시장 내에서 수직적으로 통합할 수 있다면, 이전 같으면 공급업체에게 넘겨주었을 법한 일정 이윤을 우리가 챙길 수도 있다는 사실을 깨달았습니다." 더욱이 제품 생산 과정에서 창출되는 지적 재산권 역시 확보할 수 있게 된 것도 큰 소득이다.[51]

제조업 기반을 미국으로 옮기는 것은 기업 입장에서도 근사한 일이지만, 무엇보다 지역 경제에도 좋은 일이다. 다만 문제는 이런 변화가 얼마나 많은 양질의 일자리를 새로 만들어 낼 것인가이다. 보스턴 컨설팅 그룹Boston Consulting Group이 제조업체 중역들을 대상으로 실시한 2014년 연례 설문 조사에 따르면, 생산 시설을 중국에서 미국으로 다시 옮겨 왔다고 답한 응답자 수는 전해에 비해 20퍼센트 증가했다. 이 조사 결과가 고무적인 것은 사실이지만, 2008년 금융 위기에 이어 찾아온 경기 침체로 사라진 230만 개의 제조업 부문 일자리를 다시 채워 놓기에는 어림도 없다.

그 이유는 의료 연구 시설처럼 깨끗한 GE 스키넥터디 공장에 들어서면 깨달을 수 있다. 2만 제곱미터에 이르는 이곳 시설에 필요한 정규직 직원은 370명에 불과하며, 그중 현장에서 일하는 인원은 고작 210명이다. 공장 관리인은 조명과 난방은 물론이고 재고 관리에서 물품 구매와 시설 유지 등의 전체 관리 업무를 아이패드로 처리한다. 생산 라인을 따라 움직이는 각각의 제품에 장착된 무선 센서를 통해 실시간 데이터가 아이패드로 전송된다. 또한 이 센서는 공장에서 출고된 배터리의 상태를 인터넷을 통해 GE 측에 알려 준다. 조만간 배터리뿐만 아니라 설비와 운용 인력을 비롯한 공장 내부의 세밀한 정보까지도 인터넷을 통해 공유될 것이다. 이러한 데이터를 이용해 생산 공정을 실시간으로 모니터링할 수 있을 뿐만 아니라, 문제점을 사전에 예견할 수도 있다. 예를 들면, 방글라데시의 무더위와 몽골의 강추위 속에서 배터리 평균 수명이 얼마나 차이 나는지도 도식화할 수 있다. 획득한 데이터에 기초하여 실시간으로 제품 디자인을 변경할 수도 있다.

이런 기술들이 스키넥터디 배터리 공장을 돌리는 데 필요한 사람 수를 줄인 것은 사실이지만, 동시에 캘리포니아주 샌라몬에 있는 GE 글로벌 연구 센터의 설립을 촉진하기도 했다. 이 센터에서는 현재 이 같은 사물 인터넷용 소프트웨어를 개발하는 소프트웨어 엔지니어와 데이터 과학자, 사용자 경험 디자이너 등의 고임금 인력을 1000명 넘게 고용하고 있다. GE는 앞으로 5년 안에 이런 인력을 수천 명 더 채용할 계획이다. GE가 미국에서 다시 생산을 하기 시작한 것을 두고 CEO 제프리 이멀트는 "글로벌 기준으로 볼 때 GE는 지난 30년간을 통틀어 경쟁력이 가장 높은 상태입니다"라고 말했다. 그리고 일자리 문제에는 이렇게 답했다. "지금 9퍼센트인 미국 제조업의 고용 기여분이 30퍼센트까지 올라갈 수 있을까요? 아마 불가능할 겁니다. 그러나 중장기적으로 제조업 일자리가 꾸준히 증가할 것이냐고 묻는다면, 그렇다고 대답하겠습니다."[52]

이렇듯 이멀트는 낙관하고 있지만, 미국 제조업의 부활과 GE 자체의 회생은 아직 어떻게 될지 모른다. 두 가지 모두 노동력의 개편(오늘날 대다수 생산 현장직에는 최소한 2년제 전문학사 학위가 필요하다)과 기업 경영 모델의 개선이 필요하다. '메이드 인 USA'가 중심이 되는 새로운 경제를 구축하려면, 해외 경쟁사들에 앞서는 첨단 기술을 습득하고, 그 신기술을 자동화 생산 현장에서 더욱 효율적으로 제품을 만드는 데 사용해야 한다. 이는 미국 기업들이 장기적인 연구개발 투자에 더 힘을 쏟아야 함을 의미한다. 그리고 새로운 기술들이 결국에는 고급 일자리로 연결되기는 하겠지만, 단기적으로는 특히 중간급 일자리가 오히려 줄어들 수도 있다. 노동자들은 여전히 해외의 저렴한 노동력과 경쟁해야 할 것이기에, 일자리는 고도의 지식이 필요한 업무와 저임금 직종으로 양분될 것이다. 물론 제조업이 다시 미국으로 돌아오고 있는 것은 맞다. 그러나 오늘날의 제조업체는 과거와 다르며, 여전히 단기 실적을 올리라는 월가의 압력에 시달릴 것이다. 대개 가족이 운영하는 해외 경쟁사들은 이런 압력을 걱정할 필요가 없다.

이런 측면에서, GE 캐피털의 분사로 확보한 자금을 가지고 이멀트가 가장 먼저 한 일이 주주들에게 큰돈을 안겨 주겠다는 약속이었음은 시사하는 바가 크다. 이 분사 덕분에 GE는 앞으로 몇 년에 걸쳐 자사주 매입과 배당으로 900억 달러를 뿌려 줄 수 있게 되었다. 이멀트의 말마따나 이는 투자자들을 만족시킬 "전형적인 자본 배분 조치"였다. 이멀트가 투자자들에게 현금 더미를 건네주기로 결정할 때, 이미 자신이 근래의 S&P 500대 기업 CEO 평균 재임 기간보다 5년도 더 넘게 그 자리에 있었다는 사실과, GE를 환골탈태시키겠다는 이야기에 투자자들이 싫증을 느끼기 시작했음도 분명 고려했을 것이다. 따라서 투자자들에게 나눠 주는 돈은 미래를 향해 GE를 지속 가능한 성장 모델로 이끌어 가기 위한 비용이라고 봐야 한다. 이멀트의 배당 결정 뉴스가 전해지자 당연히 GE 주가는 반등했다.

향후 GE가 계속 이 길을 가면서 혁신 정신을 되찾더라도 월가가 여전히 환영할지는 지켜봐야 한다. 이를 통해, 금융이 아니라 제대로 된 엔지니어링을 우선시하는 기업을 금융시장이 과연 용인할지 여부를 가늠할 수 있을 것이다.

6장

금융발 대량살상무기

원자재와 파생상품, 그리고 식량 위기

조젯 시런은 2007년 유엔의 세계식량계획World Food Programme, WFP 책임자 자리에 오른 직후, 전 세계 지도자들과 만나는 자리마다 작은 붉은색 컵 하나를 들고 다니기 시작했다. 이들 앞에서 세계 식량 가격의 상승이 기아로 직결될 수 있음을 환기하기 위해, WFP가 세계 전역의 2000만 아동들에게 하루치 죽을 배급하는 데 사용하는 표준 용기를 꺼내 보이곤 했다. 시런의 컵 바닥에는 릴리라는 이름이 휘갈겨져 있었는데, 한때 그 컵을 사용했던 여자아이의 이름이었다. 시런은 각국의 재무장관, 대통령, 억만장자들에게 이 작은 물건을 보여 주며, WFP가 한 아이를 하루라도 더 살리는 데 필요한 식량의 양을 강조했다. 그다음에는 컵 용량의 절반 눈금을 가리키며, 식량 가격이 두 배로 상승할 경우 세계 전역에서 추가로 1억 4000만 명이 참혹한 기아에 빠지리라는 것을 일깨웠다.[1]

시런의 행동은 전 세계 대부분 지역에서 식량이 생존과 직결된 자원임을 상기시켜 준다. 그러나 월가에서 식량이란 거래 대상이자, 거래를 많이 거칠수록 가격이 올라가는 상품일 뿐이다. 2008년, 전 세계는 35년 만에 처음으로 심각하고 비정상적인 수준의 인플레이션을 동시다발적으로 맞았다. 그 가장 큰 요인은 식량과 에너지 원자재 가격의 급격한 상승이었다. 이런 상승의 한 가지 이유는 2008년 금융 위기 전까지 세계 경제가 크게 성장하고 있었기 때문이다. 신흥시장에서는 먹을 것이 풍부해지고 자동차가 늘어났다. 그런데 대침체가 도래하여 전 세계적으로 수요가 속절없이 추락하자, 상품 가격의 폭등에는 수요와 공급 외에도 무언가 다른 요인이 있음이 분명해졌다. 상품 가격이 품목과 국가를 불문하고 계속 상승했기 때문이다.[2] 그 다른 요인이 바로 금융화였다.

『이코노미스트』지에 따르면, 2008년의 식량 실거래가는 최소한 1845년 이후 최고점을 찍었다.[3] 2008년은 기록상 최초로 전 세계 10억 명이 기아에 처한 해이기도 했다. 미국의 경우, 이후 1년이 넘도록 식량과 연료 외에도 면화 같은 상품의 가격이 꾸준히 상승했다. 당시 미국인들은 주유소를 찾을 때마다 인플레이션의 고통을 느꼈으며(2009년 봄께 휘발유 가격이 54일간 하루도 쉬지 않고 오른 적도 있다. 1996년 이후 최장 기록이었다),[4] 음식점에 가거나 난방 요금을 납부하는 데도 어려움을 겪었다. 상품 가격 상승으로 인한 초인플레이션은 개발도상국 국민들에게 더욱 큰 시련을 안겨 주었다. 많은 이들이 배고픔에 시달렸고, 심지어 어떤 지역에서는 기아, 폭동, 정치적 불안까지 겪었다. 일례로 러시아에서는 인플레이션이 15퍼센트에 이르자, 소비자들이 몇 달이라도 버텨 볼 요량으로 밀가루, 파스타, 기름 등을 사재기했다. 마치 만성적인 생필품 부족에 시달리던 과거 공산주의 시절로 돌아간 듯했다. 한편 중국에서는 급상승한 석탄 가격과 정부가 못 박은 전기 요금으로 인해 소형 발전소들이 문을 닫는 통에 기록적 수준의 전력 부족 사태가 닥쳤다.

전 세계 22개국에서 식량 문제로 인한 폭동이 발발했다. 아이티에서는 식량과 연료 가격 폭등으로 대규모 폭동이 벌어진 끝에 정부가 무너졌다. 심지어는 미국에서도 가격 변동 폭이 커지면서 농업 부문이 심각한 곤경에 처했다. 2009년 3월에는 오바마 대통령에게 184개 인권 및 기아 구호 단체가 공동 서명한 서한이 전달되어, 상품 투기를 억제할 것을 촉구했다. 편지에는 급격한 식량 가격 상승으로 개발도상국 아동들이 목숨을 잃고 있으며, 나중에 가격이 폭락하면 "개발도상국과 미국의 농부들은 농장을 버릴 수밖에 없을 것"이라고 적혀 있었다.[5]

2008년 6월 발표된 모건 스탠리 보고서는 이런 상황을 다음과 같이 요약했다. "놀랍게도 전 세계 190여 개국 가운데 50개국이 현재 두 자릿수에 달하는 인플레이션을 겪고 있다." 다시 말해, 세계 인구의 절반가량이 두 자릿수 생필품 가격 상승률을 떠안고 있다는 사실에 모건 스탠리도 충격을 받은 것이다. 하지만 애초 이 사태에 월가가 한몫했음을 생각하면 모건 스탠리의 반응은 다소 역설적이다.

당시의 일은 이제 대부분 잊혀 버렸다. 비슷한 시기에 터진 1조 3000억 달러짜리 서브프라임 모기지 사태의 충격파가 식량 위기를 가볍게 압도해 버린 데다, 금융 위기가 세계 경제 대부분을 불황으로 몰아넣으면서 상품 가격이 폭락했기 때문이다. 그러나 사람이 주식을 먹고 살 수는 없는 노릇이다. 2008년 금융 위기가 잦아들자 전 세계 중앙은행들은 글로벌 대침체를 타개하기 위해 연준의 주도 아래 엄청난 규모의 유동성을 시장에 쏟아 냈고, 그에 따라 상품 가격은 다시 상승했다. 세계 경제는 여전히 저성장 상태에 있었지만, 전 세계 대다수 가계 예산의 60퍼센트 이상(미국의 경우 일반 가정 예산의 약 20퍼센트)을 차지하는 기본적 식량과 에너지의 가격은 급격히 오르기 시작했다.

왜 이런 일이 벌어졌을까? 굴릴 돈이 이전보다 더 많아진 투자자들이 그 돈을 상품 거래에 쏟아 넣었기 때문이다. 미국 헤지펀드계의 거물 마이클 매스터스가 지적했다시피, 오랫동안 상품 가격이 수요와 공급

원리에 따라 오르내리지 않았다는 것은 무언가 이상했다. 지난 2009년 상원 청문회에 출석한 매스터스는 상품시장 투기 문제에 관해 다음과 같이 증언했다. "미국의 경제 산출은 2008년 전반기에 하향세를 면치 못했습니다. 그 당시 전 세계 원유 공급은 증가한 반면 수요는 감소했습니다. (⋯) 하지만 아무도 찾지 않는 원유가 지천으로 널렸는데도 유가가 신기하게도 85퍼센트나 올랐습니다."[6]

불과 몇 년이 지나 2010년을 시작으로 훨씬 다양한 품목에 걸쳐 똑같은 현상이 나타났다. 고무, 밀, 옥수수에 원유 또한 가격이 급등하기 시작했다. 2011년 봄 무렵 미국 경기는 이제 막 회복되기 시작한 참이었다. 그럼에도 월마트 CEO 윌리엄 사이먼은 소비자들에게 '심각한' 인플레이션에 대비해야 한다고 경고했다. "가격 상승이 상당히 빠른 속도로 닥치기 시작하리라 예상합니다."[7] 같은 해, 상당수 중하위 소득층 미국인들이 여전히 금융 위기의 후유증에 시달리는 가운데 식량 가격 상승의 영향이 피부로 느껴지기 시작했다. 미국 농무부 자료에 따르면, 당시 아동이 있는 미국 가정의 21퍼센트가 먹을 것을 살 돈이 부족하거나, 금전적 이유로 끼니를 거른다든가 먹는 양을 줄여야 하는 '식량 불안' 상태에 처해 있었다.[8]

한편 튀니지에서는 격렬한 사회적 소요가 일었는데, 이는 이후에 '아랍의 봄'으로 이어져 중동 정세를 완전히 바꾸어 놓기에 이르렀다. 이 소요는 여느 혁명처럼 식량 폭동으로 시작되었다. 와튼 경영대학원의 리스크관리 및 의사결정과정센터Risk Management and Decision Processes Center 운영위원 에루안 미셸케르장은 당시 내게 이렇게 말했다. "식량 위기는 [여타 금융 위기와] 전혀 다른 위협입니다. 식량은 전 세계 빈곤층 상당수에게 지대한 영향을 끼치기 때문이죠." 식량은 여러 가지 리스크, 특히 정치적 리스크를 증폭시키기도 한다. 그리고 오늘날에는 세계가 점점 긴밀히 연결되는 한편 월가가 빵 한 덩이 가격에 미치는 영향력이 점점 커지는 탓에, 식량 위기의 파장이 훨씬 급속히 퍼져 나간다.[9]

2008년 이후, 월가가 상품시장에서 어떤 역할을 하는지를 둘러싸고 숱한 논쟁이 벌어졌다. 그럼에도 월가의 영향을 일목요연하게 파악하기가 어려운 것은, 금융 위기가 터지기 전 5년 동안 세계 경제가 그 어느 때보다 빠르게 성장했기 때문이다. 그러나 내가 만나 본 거의 모든 경제학자는 물론 상당수 은행가마저 금융 투기가 상품시장의 변동성 증가에 갈수록 큰 역할을 하고 있다고 본다. 유례없이 온갖 상품들의 가격이 서로 동조하며 오르내리기 시작했다는 사실은 이런 의혹을 더욱 증폭시킨다.

2011년 4월 저널리스트 프레더릭 코프먼은 『포린 폴리시』에 「골드만 삭스는 어떻게 해서 식량 위기를 유발했는가」라는 기사를 실으며 월가를 정면으로 비난했다.[10] 코프먼은 굵직한 통계 수치를 다수 거론하며 식량을 비롯한 갖가지 상품이 얼마나 금융화되어 있는지 보여 주었다. 2000년 이후 상품연계 인덱스 펀드에 투자된 자금 규모는 무려 50배나 늘었다. 여기에는 몇 가지 이유가 있다. 우선 1991년 골드만 삭스가 상품 인덱스 펀드를 창안하여, 투자자들이 원자재를 증권처럼 사고팔 수 있게 됐다. 2000년에는 상품시장의 규제가 풀려 이런 거래가 더욱 활성화되었다. 이어 2008년 금융 위기로 겁에 질린 투자자들이 주식시장을 빠져나와 '안전한' 원자재에 몰려들었다. 마지막으로 2009년 시작된 연준의 양적 완화 프로그램으로 4조 5000억 달러가 풀렸는데, 메인가를 돕겠다는 원래 취지와는 달리 월가의 돈놀이에 불을 붙이고 말았다. 이 돈의 상당량은 상품시장으로 흘러들어가, 일상적인 주택 난방, 자동차 주유, 가족 식사 등에 꼭 필요한 원자재의 가격을 죄다 급격히 끌어올렸다. 그 결과 수많은 전 세계 사람들이 먹는 일 같은 기본적인 일과조차 말 그대로 돈이 없어 못 꾸리게 되었다.

식량 가격을 주무르는 자들

사실 상품시장은 어떻게 보나 까다롭기 짝이 없다. 일단 상품시장은 러시아, 중동, 서아프리카 등 험난한 지역의 국영 기업에서 소유하고 채취하는 원자재를 취급한다. 옥수수, 밀, 원유, 철광석, 우라늄, 천연가스, 석탄, 희토류 광물 같은 원자재를 얻는 과정은 날씨와 정치 등 변동성이 큰 요인에 좌우된다. 원자재 상품은 인간의 생존에 필요한 것일 뿐만 아니라 기업 활동의 기본 구성 요소이기도 하다. 2008년에도 목격했다시피, 은행들 사이에서만 이루어지는 자산 이동조차 현실 세계에 분명히 영향을 미친다. 원자재의 경우에는 그 영향이 특히나 중요하다. 전 세계에서 날마다 이루어지는 경제 활동의 핵심 요소이기 때문이다. 쉽게 말해 인간은 원자재 없이 살 수 없다.

그뿐 아니라 원자재 상품은 현존하는 금융시장 가운데 가장 중대하고 문제의 소지도 많은 파생상품 시장과 불가분의 관계에 있다. 세계 전역에서 식량 폭동이 발발하고 휘발유 가격이 치솟는 데 일익을 담당했던 트레이더들이 간혹 고객이나 자기네 은행을 위해 원자재를 실제로 매입한 경우도 있지만, 대부분의 경우 이들이 실제로 매매한 것은 원자재의 미래 가격에 대한 '내기' 상품이었다. 파생상품은 수백 년, 아니 어쩌면 천 년 넘게 활용되어 온 금융 수단으로, 쌀이나 기름 같은 재물을 소유하는 데 따르는 리스크에 대비하기 위한 일종의 보험이다. 파생상품 구매는 손실이나 불리한 시장 변동 같은 위험을 헤지하는 데 도움이 되므로 유용하다. 예를 들어 농부는 수확 전에 농작물 가격이 하락할 경우에 대비해 미리 가격을 고정하는 거래를 해 둘 필요가 있다. 항공사나 트럭 운송업체도 유가 상승으로 문 닫는 일이 없도록 유가를 헤지할 필요가 있다.

그러나 1990년대를 넘어 2000년대를 지나면서 파생상품은 점점 폭증하면서 그 성격이 달라지기 시작했다. 파생상품 가운데 적어도 일부는 실물 경제의 사람이나 기업을 보호하는 것과 전혀 무관한 투기(도박이라 불러도 좋다)를 위해 거래되고 있다는 사실이 분명해졌다. 게다가 여기에는 금리 스와프interest rate swap,* 신용부도 스와프credit default swap** 같은 금융 수단들이 대단히 복잡하게 얽혀 있다. 심지어 하루하루의 날씨가 어떻게 변할지를 놓고 베팅을 하기도 한다. 대부분의 사람들에게 파생상품은 일찍이 워런 버핏이 경고한 바와 같이 '금융발 대량살상무기'로 알려져 있다. 금리 스와프건 외환 스와프건 곡물 선물이건 유형에 관계없이 파생상품은 뼛속까지 파고드는 충격파를 던진다. 그러나 파생상품을 거래하는 은행이나 헤지펀드를 비롯한 금융기관 입장에서는 차익거래를 가능하게 해 주는 한 가지 경제 요소에 지나지 않는다. 자신만의 이익을 위해 벌이는 이런 거래는 이 책의 서론에서 이미 설명했던 것처럼 폐쇄적 금융업계 내에서 돈을 굴리는 수단일 뿐이다. 이는 금융가의 배를 불려 주는 반면 기업과 소비자를 위험에 빠뜨린다.

* 금리 변동 리스크에 노출되어 있는 변동금리채권 보유자와 고정금리채권 보유자가 서로 일정 기간 동안 이자를 교환하는 거래.
** 채무자가 발행한 채권이나 금융기관으로부터 빌린 대출 자산이 부도나는 일에 대비하여 채권을 사거나 대출을 행한 채권자의 손실을 보전해 주는 파생상품.

월가는 곡물 또는 원유 선물을 마음껏 거래하며 고삐 풀린 인플레이션을 조장한 데서 멈추지 않고, 또 다른 골칫거리를 상품시장으로 들여왔다. 오늘날 금융업계는 상품 거래만 하는 것이 아니라 거래되는 원자재 자체를 사들일 수도 있다. 예를 들면, 골드만 삭스는 마음만 먹으면 경작지를 소유하고, 거기서 재배되는 곡물을 거래할 수 있다. 월가는 이미 오래전부터 상품선물 및 스와프 거래를 해 왔지만, 2000년 무렵에는 순수한 금융 거래에 실물 상품의 소유권을 결합하는 추세가 가속화되기 시작했다. 탈규제가 이루어지고, 연기금이 상품시장으로 쏟아져 들어온 덕분이었다. 오직 금융기관만이 시장을 만드는 동시에 시장 자체가 될 수도 있다. 그러니 소유한 상품을 거래하거나 쟁여 놓는가 하면, 심지어는 조작을 통해 멋대로 가격을 올리거나 내리기도 한다. 비유하자면 닭장 속의 여우인 셈인데, 다만 그 닭장을 설계하고 지은 장본인으로서 닭을 잡고 계란을 내다 파는 일까지 마음대로 한다. 금융기관은 이처럼 시장에서 독특한 지위를 점하고 있는 탓에 식량 가격을 올려 사람들을 굶주리게 할 뿐만 아니라, 제품과 서비스를 제공하기 위해 원자재를 필요로 하는 자동차회사, 병 제조업체, 주유소 체인, 항공사 같은 기업들과 직접적인 경쟁 관계에 놓이게 된다. 상품시장의 금융화는 곧 미국 기업들이 자신의 거래 은행과 경쟁해야 한다는 것을 의미한다. 이 뒤틀린 순환 고리가 미국 산업의 경쟁력을 파괴하고 있으니, 이제부터 그 실상을 알아보자.

상품시장 들쑤시기

대부분의 사람들은 코카콜라Coca-Cola 같은 초거대 다국적 기업들이 세상을 지배한다고 생각한다. 그러나 최근에 발생한 상품시장 스캔들에서 보았다시피, 저들도 골드만 삭스 같은 대마불사형 금융기관에 비하면 아무것도 아니다. 이런 점은 2011년 여름 코카콜라 경영진이 알루미늄 시장에 위험한 일이 일어나고 있다며 공개적으로 성토하면서 극명하게 드러났다. 당시 알루미늄 가격은 오르고 있었지만 수요는 그대로였다. 그뿐만이 아니었다. 코카콜라를 비롯해 맥주 회사 밀러쿠어스 MillerCoors 같은 소비재 대기업과 노벨리스Novelis 등의 금속 제조업체가 캔 같은 알루미늄 제품 생산에 필요한 원자재를 중서부 지역의 창고에서 가져오는 데 소요되는 시간도 이상할 정도로 늘어나기 시작했다. 결국 공급량이 달릴까 봐 노심초사하던 코카콜라 등의 제조업체들은 알루미늄 자체에는 물론 배송료에도 웃돈을 얹어 주어야 했다.[11] 이를 두고 코카콜라의 전략적 조달 부문 책임자 데이브 스미스는 2011년 6월에 열린 업계 콘퍼런스에서 다음과 같이 말했다. "지금 상황은 웃돈을 끌어올리려고 인위적으로 조성된 것입니다. 현재 알루미늄을 주문하는 데만도 2주, 내오는 데는 무려 6개월이 걸립니다."[12]

그렇다면 코카콜라와 쿠어스, 그리고 그 소비자들은 대체 누구에게 웃돈을 지불했던 것일까? 바로 골드만 삭스다. 이 놀라운 사례는 은행이 단순한 대출과 금융 중재 같은 전통적 업무에서 한참 벗어나 온갖 사업에 손을 대기 시작하면 결국 거액의 복잡한 협잡질에 빠진다는 것을 잘 보여 준다. 골드만 삭스의 알루미늄 사재기 스캔들은 2008년과 2010년의 식량 및 원료 가격 폭등에 비해서는 사람들에게 직접 전달된 충격이 작지만, 법적인 측면에서는 더 큰 관심을 받았다. 이 사건은 금융기관으로 하여금 시장을 만드는 동시에 시장 자체가 될 수 있도록 허용하면 어떤 사태가 초래되는지 이해하게 해 준다.

이 문제는 오랫동안 수면 밑에서 계속 커져 왔고, 학계 및 관련 매체에서도 관심을 두고 있었다. 하지만 대중의 눈길을 끌게 된 것은 2013년 7월 20일 『뉴욕 타임스』에서 머리기사로 골드만 삭스가 어떻게 1956년 은행지주회사법Bank Holding Company Act의 1999년 개정안에 내재된 조그만 허점을 이용했는지를 다루면서였다. 이 허점을 이용해 골드만 삭스는 수천 톤에 달하는 알루미늄을 사들여 디트로이트에 소재한 창고 27곳에 나누어 비축했다. 금속 거래 기준을 설정하는 글로벌 상품시장인 런던 금속거래소London Metal Exchange, LME가 마련해 둔 규제를 교묘히 피하기 위함이었다. 관점에 따라 해석이 달라질 수 있는 국가 간 거래 법률과 낡은 규정들을 이리저리 뒤튼 끝에 골드만 삭스는 그동안 금융권이 할 수 없었던 일을 가능하게 만들었다. 마음대로 알루미늄의 공급을 통제할 수 있게 된 것이다. 그 결과 알루미늄 가격이 치솟아 오르는 바람에 코카콜라나 쿠어스 같은 기업은 음료 포장에 훨씬 더 큰 비용을 치러야 했다.[13] 자연히 소비자 가격이 올라갈 수밖에 없었다. 업계 전문가들에 따르면, 2010~2013년에 이런 식으로 소비자들에게 전가된 초과 비용은 적게는 35억 달러[14]에서 많게는 50억 달러[15]에 이른다.

이렇게 해서 골드만 삭스가 챙긴 것은 무엇일까? 여러 가지다. 우선, 100퍼센트 지분을 보유한 메트로 인터내셔널 트레이드 서비스Metro International Trade Services를 통해 알루미늄 1톤당 하루 40센트씩 보관료를 받아 약 1억 달러의 연 매출을 올렸다.[16] 또 메트로 측은 고객들에게 기존의 알루미늄 계약을 해지한 뒤 다시 체결할 경우 인센티브를 부여했다. 계약이 취소되면 해당 알루미늄을 다른 창고로 옮김으로써, 일정량의 금속을 일정 시간 내에 특정 보관 장소에서 다른 곳으로 옮겨야 한다고 규정한 LME의 조항을 우회할 수 있었기 때문이다(이 규제는 원래 사재기 방지 목적으로 마련한 것이었다). 메트로는 알루미늄을 최종 소비자에게 판매할 필요가 없었기에 물건을 이리저리 돌리면서 보관료로 돈벌이를 계속할 수 있었다. LME의 규제를 어기지 않으면서 메트로는 하루에 최소 3000톤에 달하는 알루미늄을 이 창고에서 저 창고로 옮기고 있었다. 심지어 불과 몇 발자국 떨어진 창고로 건너간 경우도 있었다. 낭연히 알루미늄을 실제로 구입하여 사용하려는 고객에게는 공급이 지체될 수밖에 없었으며, 알루미늄에 웃돈이 붙고 메트로의 보관료 또한 늘어났다.

몇 가지 수치를 보면 이런 수작이 어떤 결과를 낳았는지 실감할 수 있다. 골드만 삭스가 2010년 메트로를 인수했을 당시에는 알루미늄을 창고에서 내오는 데 약 40일이 걸렸다. 그런데 2014년에는 대기 시간이 무려 674일로 늘어났다.[17] 2008년에 5만 톤이었던 메트로의 알루미늄 보관량은 2010년에 85만 톤, 2013년에는 무려 150만 톤으로 불어났다.[18] 2013년의 전체 알루미늄 유통량 가운데 4분의 1 이상이 메트로 창고에 들어 있었을 정도다.[19] 또 2011년 41센트였던 톤당 일일 알루미늄 보관료는 2012년에 45센트, 2013년에는 48센트로 올랐다.[20] 메트로의 순익이 2009년 6700만 달러에서 2012년에 2억 1100만 달러로 급증하고 대기 시간이 길어지기 시작하면서, 골드만 삭스는 수억 달러의 수익을 올렸다.[21]

이런 가격 상승이 수상쩍음에도 불구하고, 메트로의 규제 기관인 LME에게는 그 문제를 자세히 들여다보지 않을 만한 이유가 있었다. LME 자체가 규제 대상인 창고의 매출 중에서 1퍼센트를 받았기 때문이다. 이런 식의 관계는 금융시장에 커다란 시스템적 문제를 초래한다.

시스템 내부 사람들이 경제 전반에 해로운 일을 저지르도록 수시로 부추기기 때문이다. 당시 LME의 창고업 위원회는 규제 대상인 창고 회사 출신의 임원들로 구성되어 있었다. 믿기 힘들겠지만, 금융회사가 본질적으로나 실질적으로나 스스로를 규제하도록 방치하는 상황은 금융시장에서 결코 드물지 않다. 이 사례 속에는 또 하나의 불편한 사실이 있다. 세계 최대의 파생상품 거래 기관인 골드만 삭스는 원자재를 직접 소유함으로써 얻게 되는 '특권적 정보'를 이용하여, 상품연계 파생상품 거래로 막대한 돈을 벌었을 가능성이 높다.

골드만 삭스의 알루미늄 사재기 일화는 미국 기업들이 활동하는 시장 생태계를 망가뜨리는 요인을 몇 가지 드러낸다. 우선, 상품시장이 투기적 금융기관에게 어떻게 휘둘리는지 구체적으로 보여 준다. 둘째로, 투기적 금융기관이 벌이는 일 가운데 상당 부분은 실제로 합법적이라는 것을 알려 준다. 이는 금융업계의 엄청난 로비와 금융 친화적인 정치인들의 지원 덕분에, 금융과 산업 간의 경계를 다루는 법률이 변경되었기 때문이다. 골드만 삭스를 위시한 투자은행들이 필수 천연자원으로 장난을 쳐서 세계 최대급 기업 코카콜라는 물론 음료를 사 마시는 대중까지 벗겨 먹었다는 것은 무척 놀라운 일이다. 그리고 금융업계의 매수로 바뀐 법의 허점 덕분에 저런 행위가 사실상 합법적이 되었다는 점 또한 경악스럽다. 그러나 더욱 놀라운 것은, 상품선물거래위원회, 연준, 상원 상설조사소위원회, 법무부까지 나서서 수년간 사태를 조사했음에도 불구하고, 전문가들조차 누가 무엇을 언제 어떻게 했는지 그 전모를 아직 완전히 파악하지 못했다는 사실이다. 이런 식의 상황이 너무나 복잡하다는 것, 그리고 규제 기관 한 곳의 힘만으로는 이를 제대로 파악하기 힘들다는 사실은 분명 큰 문제다. 하지만 핵심 문제는, 압도적인 자산과 정보력을 보유한 은행들이 원래는 자기가 뒷받침해 주어야 할 산업의 강력한 경쟁자로 변신하여 시장을 왜곡하고 기업과 경제에 막대한 비용을 전가하고 있다는 점이다.

코넬대 로스쿨 교수 사울레 오마로바는 다음과 같이 말한다. (상품을 소유하는 동시에 거래도 하는 은행들의 문제점을 다룬 오마로바의 논문 「월가의 상인들: 은행업, 상업, 상품」은 이 주제에 대한 언론의 관심에 처음으로 불을 붙였다.) "저는 골드만 삭스가 자신들이 가지고 있던 알루미늄 관련 정보를 이용하여 2010년에서 2013년 사이에 시장을 왜곡했다고 확신합니다. 제가 증명할 수 있냐고요? 못합니다. 상품선물거래위원회가 할 수 있을까요? 아마 못할 겁니다. 하지만 상황이 그렇다고 해서 골드만 삭스가 이런 일을 해도 되는 걸까요? 절대 안 됩니다."[22]

파생상품 시장 일반과 마찬가지로, 상품연계 파생상품 시장 또한 꽤 최근까지 연방정부의 감시를 제대로 받지 않았다. 골드만 삭스에서 파생상품을 담당했던 전문가이자 상품선물거래위원회 위원장을 지낸 게리 겐슬러에 따르면, 2008년 금융 위기 이전에는 전체 파생상품 시장의 90퍼센트가량이 감독 밖의 영역에 있어 규제를 거의 받지 않았다.[23] 상품선물거래위원회를 이끌던 시절 파생상품 시장 개선에 공을 들였던 겐슬러는 이런 불투명성이 어떤 해악을 초래할 수 있는지 아주 잘 알고 있다. 1998년, 당시 클린턴 행정부의 재무장관 로버트 루빈 밑에서 일하던 겐슬러는 헤지펀드 롱텀 캐피털 매니지먼트LTCM의 붕괴가 야기할 잠재적 여파를 조사했다. 사태의 범인은 휴지 조각이 된 1조 2500억 달러어치 스와프 포트폴리오였다. 겐슬러는 조사를 위해 어느 일요일에 코네티컷주 그리니치의 LTCM 본사를 방문했던 경험을 다음과 같이 회고한다. "가서 보자자마 그 사태가 우리 금융 시스템 어디에 어떤 영향을 끼치게 될지 전혀 알 수 없다는 것을 분명히 깨달았습니다. LTCM 이 케이맨 제도에 포트폴리오를 등록해 놓고 운용했기 때문이죠. 정말 기분 나쁜 경험이었습니다."[24]

앞서 살펴본 것처럼, 파생상품은 금리 스와프든 외환 파생상품이든 에너지 선물이든 종목을 불문하고 현실 세계에 충격을 가한다. 그럼에도 투자은행과 헤지펀드 등의 금융기관 입장에서는 파생상품이 그저 사고팔 수 있는 한 가지 돈벌이 수단에 불과하다. 게다가 우리 일반 시민 대다수도 각종 연금 저축을 통해, 상품 가격을 끌어올리고 금융업계의 호주머니를 일방적으로 채워 주는 과정에 한몫하고 있다. 경기 침체의 여파로 기술주 버블이 터지자, 연기금과 교육기관 기금 등 기관투자자들은 물론이고 피델리티 같은 대형 자산 운용사들도 새로운 돈벌이를 찾아 나섰다. 물론 그전에도 상품시장은 일부 공격적인 투자자들에게 매력적이기는 했지만, 기관투자자들이 선뜻 자금 운용을 하던 곳은 아니었다.[25] 그런데 2004년 무렵 중국의 에너지 수요가 빠르게 늘어나고 상품 가격도 덩달아 오르기 시작하자, 예일대 교수 두 사람이 상품시장의 가능성을 조명하는 논문을 통해 상품시장 투자가 대형 포트폴리오의 균형을 맞추는 매력적인 수단이 될 수 있다고 지적했다. 금융시장의 역사를 보면 상품은 일반적으로 주식과 채권 같은 다른 자산과 동일한 주기로 오르내리지 않는다는 것이 이들의 논거였다. 이 논문을 기점으로 많은 대형 자산 운용사들이 상품시장으로 진입했다. 그러나 놀랍게도 이 논문의 저자들이 AIG 금융상품AIG Financial Products에서 연구비를 지원받았다는 점에는 아무도 신경 쓰지 않았는데, 당시 이 회사는 지수연계 파생상품 사업 부문을 확장하려 애쓰고 있었다.[26] 물론 AIG는 2008년 엄청난 규모의 부실 신용부도 스와프 거래로 미국을 비롯한 글로벌 경제를 무너뜨리는 데 일조하면서 뉴스의 중심에 자리했다. 그에 비하면, 금융업계의 돈으로 수행된 연구 한 건이 잠재적 리스크가 큰 시장을 안전해 보이도록 만들었다는 것은 비교적 사소한 일이긴 했다.

어쨌든 상품시장의 금융화는 이미 탄력을 받고 있었다. 기관투자자들은 천연자원 시장에 돈을 쏟아부었다. 2004~2007년 사이에 전 세계 상품선물 계약 건수는 거의 두 배로 급증했다. 상품선물 가격은 사람들이 일상적으로 사용하는 실제 상품 가격의 지표 역할을 하기 때문에, 투기 세력이 선물 가격을 끌어올리면 그 여파는 즉시 실물 경제에 미치게 된다. 2003년 대형 투자기관들이 상품지수 거래 전략에 사용한 자금은 총 130억 달러 정도였는데, 2008년 3월에는 2600억 달러로 불어났다.[27] 이 기간 동안 면화, 코코아, 소, 난방유, 알루미늄, 구리 등 25가지 상품의 가격은 무려 183퍼센트나 뛰어올랐다. 헤지펀드 포트폴리오 매니저 마이클 매스터스는 2008년 5월 이 문제를 다룬 상원 국토안보정무위원회 청문회에 출석하여 이렇게 증언했다. "기관투자자들이 식량 및 에너지 가격 상승에 기여하고 있느냐고요? 당연하죠! 지금 우리가 목도하는 것은 상품선물 시장에 새로운 유형의 행위자들이 진입한 데서 비롯된 일종의 수요 충격입니다. (…) 기업은 물론이고 정부 연기금, 국부 펀드, 대학 기금 등 여러 기관투자자들이 몰려들었습니다. 실제로 이 기관들을 하나로 묶어서 보면, 상품선물 시장 참가자 중에서 평균 계약 규모가 가장 큽니다."[28]

금융 위기 이후 연준이 경기 부양을 위해 시장에 투입한 4조 5000억 달러 가운데 상당액이 상품선물 시장 또는 상품시장의 큰손인 신흥시장으로 유입되면서, 이 추세는 계속 강화되기만 했다.[29] 연준이 양적 완화를 접자 단기성 투기 자금이 빠져나가 상품선물 시장이 추락했다는 사실은 그동안 상품시장이 얼마나 금융화되어 있었는지를 단적으로 보여 준다. 실제로 2015년 국제결제은행이 발표한 보고서에서는, 이 가격 추락의 규모와 변동 양상을 보면 오랫동안 필수 연료로 인식되어 온 석유가 이제는 일종의 '금융 자산'처럼 움직이기 시작했음을 알 수 있다고 결론을 내렸다.[30]

시장을 휘젓는 투기

현재 석유를 비롯한 상품 시장에 참가하고 있는 초대형 기관투자자 가운데 다수는 천연자원 선물 투자에 특화된 전담 부서를 운영하는 골드만 삭스나 모건 스탠리 같은 투자은행을 통해 발을 디뎠다. 2008년 전까지만 해도 이 두 곳은 상업은행에 적용되던 은행 건전성 규제를 받지 않았기 때문에, 1980년대 이래 줄곧 상품 거래를 휘어잡고 있었다. 상품시장에서 하고 싶은 일은 거의 무엇이든 할 수 있었다. 1991년 회사 이름을 딴 골드만 삭스 상품지수Goldman Sachs Commodity Index(이 지수는 엄청난 규모의 연기금이 상품시장으로 흘러들어오게 된 계기 중 하나였다)를 선보인 골드만 삭스는 이미 대규모 장외 파생상품 거래를 하고 있었다.[31] 그러나 이런 거래는 거래소가 아니라 장외에서 이루어졌기 때문에 그간 규제 대상이 아니었다.[32]

  그뿐 아니라 골드만 삭스는 상당한 규모의 '실물 상품'까지 보유했다. 어찌나 많이 가지고 있었던지 1994년에는 네덜란드 로테르담 일대에 야적 중이던 알루미늄에 대해 공항 공무원들이 불만을 제기할 정도였다. 알루미늄 더미가 상당히 커서 여기 반사된 햇빛이 항공 관제사들의 눈을 부시게 할 지경이었기 때문이다. 급기야 공항 공무원들은 골드만

삭스 측에 비행 안전을 위해서 부디 알루미늄을 방수포로 덮어 줄 것을 요청했다.[33]

모건 스탠리가 보유하고 거래하던 실물 상품의 규모는 골드만 삭스보다 더 컸다. 2002~2012년에 모건 스탠리의 상품 부문은 금융 계약과 실물 상품 거래를 통해 약 170억 달러의 매출을 올린 것으로 추산된다.[34] 1990년대 초 이곳의 수석 석유 트레이더 올라브 레프비크는 전 세계 석유 소비 기업들을 상대로 숱한 거래를 성사시켜 '뉴욕항의 왕'으로 불렸을 정도다.[35] 모건 스탠리는 자체적으로 석유 탱크, 연료 배송망, 발전소, 비료, 아스팔트, 화학제품, 송유관 등을 보유하고 있었기에, 이런 물품이 거래되는 시장에 대해 남다른 통찰력을 가지고 있었다.

이미 잘나가고 있던 상품 관련 사업은 1999년 글래스-스티걸 법이 폐지된 뒤 더욱 달아올랐다. 그 결과 규모가 훨씬 큰 상장 기업들이 업계로 진입하기 시작하면서 골드만 삭스와 모건 스탠리 같은 기존의 투자은행들은 갑작스레 경쟁에 직면했다. 투자은행들은 되도록 빨리 매출 규모를 키울 만한 길을 찾아야 했는데, 상품선물 거래야말로 가장 쉽고 수익성이 높은 방법이었다. 덧붙여 2000년에 상품선물현대화법 Commodity Futures Modernization Act이 제정되면서 투기성 상품 거래에 날개가 달렸다.[36] 이 법의 등장으로 장외나 미규제 거래소에서 이루어지는 파생상품 거래가 일거에 상품선물거래위원회나 증권거래위원회의 감독으로부터 자유로워졌다. 또한 이런 거래가 별문제 없다는 옛날의 관습법이 되살아나면서, 거래 당사자들이 실물 자산을 실제로 헤지하기 위해 해당 거래를 실시했다는 점을 증명하지 못하더라도 정부가 반드시 개입할 필요가 없어졌다. 결국 상품선물현대화법은 '설령 트레이더가 순전히 투기 목적으로 거래를 행하지 않았다는 것을 증명하지 못한다 해도' 투기적인 장외 파생상품 거래가 합법적으로 이루어지도록 만들어 준 셈이었다.[37] 이제 투기에 양껏 몰두하지 않을 이유가 없었다. 상품선물현대화법 등장 이후 오늘에 이르기까지 장외 파생상품 시장이 기하급수적으로 성장한 데에는 이런 배경이 있었다. 코넬대 로스쿨 교수이자 증권 전문가로 이 문제를 가지고 방대한 저술 활동을 펼쳐 온 린 스타우트는 이렇게 말한다. "기본적으로 상품선물현대화법은 영미법 역사상 처음으로 순전한 도박성 투기를 합법으로 만들었습니다. 저는 이를 두고 만약 의회가 살인을 합법화하기로 작정한다면 그 법을 살인현대화법으로 명명할 것이라고 농담을 합니다."[38]

상품시장은 이내 골드만 삭스와 모건 스탠리 같은 투자은행의 핵심 사업 영역이 되었다. 이들은, 에너지와 설비 등의 품목을 실물로 소유함과 동시에 거래하면서 '혁신적(이라 쓰고 투기적이라 읽는다)'인 시장을 개척한 바 있는 엔론 같은 기업을 따라 했다. (엔론이 망해 버렸다는 사실은 신경 쓰지 않았다. 금융업계는 엔론의 고수익 사업 모델을 베끼는 데 여념이 없었다.) 2006년에서 2008년 사이에 골드만 삭스 한 곳이 원자재 소유 및 상품연계 파생상품 거래를 병행하면서 거둔 수익만 해도 연간 30억~40억 달러였다.[39] 상품 거래량이 폭증하면서 가격 변동성도 심화되었으며, 결국 항공사와 제조업체처럼 원자재가 비용의 상당 부분을 차지하는 실물 기업들이 곤란을 겪었다. 델타 항공Delta Air Lines 같은 곳은 상품선물 거래를 통해 원자재 리스크를 헤지하는 수준을 넘어 아예 돈을 벌기 위해 직접 상품선물 시장에 깊숙이 몸을 담그기도 했다(5장에서 보았듯 이는 일반적인 관행이었다). 그러나 대체로 상품선물 시장에서 항공사나 트럭 운송업체 등 리스크 헤지를 위해 거래를 하는 '실물 헤지 기업physical hedger'들이 차지하는 비중은, 사업에 실제로 원자재가 필요하지 않은 기업들에 비해 떨어지기 시작했다. 2000년에는 석유 선물 시장에서 실물 헤지 기업이 차지하는 비중이 63퍼센트였던 반면, 투기 목적 참가자의 비중은 37퍼센트였다. 그러나 2008년 4월에는 29퍼센트 대 71퍼센트로 역전됐다.[40] 바야흐로 투기 세력이 시장을 장악한 것이다.

이기는 쪽은 언제나 도박장

금융기관들은 상품선물 거래를 키워 감에 따라, 고객사의 거래를 대행하는 일에 머무르지 않고 '도박장', 즉 은행 자신의 수익을 위한 거래를 늘려 나갔다.[41] 이런 활동은 규모가 크지는 않지만 수익성은 대단히 좋았다. 예를 들어 골드만 삭스가 자체 수익을 위해 벌인 상품 거래의 매출은 통상적으로 전체 상품 거래 부문 매출의 20퍼센트가량이었다.[42] 2010년 블룸버그의 조사에 따르면, 골드만 삭스는 유달리 까다로웠던 분기에 고객의 돈으로는 지속적인 손실을 보았지만, 같은 기간 동안 자체 수익을 위해 벌인 거래로는 단 하루도 빠짐없이 수익을 올렸다. 이는 대형 투자은행들이 유리한 정보를 틀어쥐고 있을 뿐만 아니라, 그 무엇보다도 자사의 이익을 우선시한다는 것을 여실히 보여 준다.[43]

한편 이제는 금융기관이 거래하는 상품 가운데 한 가지 특정 리스크나 상품에만 국한되어 설계되지 않는 것도 생겼다. 이런 상품은 여러 가지 리스크에 연계되면서 너무나 복잡하게 결합되고 쪼개진 통에, 매수자와 매도자조차 정확히 어떤 부분이 위태로운지 파악하기가 불가능할 지경이었다. 본래 파생상품 거래는 상당 부분이 장외에서 이루어졌기에 전통적으로 불투명성이 상당히 높았다. 따라서 현재 이루어지는 거래가 실물 경제와 얼마나 연결되어 있는지 명확히 짚기는 언제나 어려웠다. 그러나 주택시장을 무너뜨린 신용부도 스와프에 대한 통계는 많은 것을 시사한다. 2008년 신용부도 스와프의 총 명목가치는 67조 달러였던 반면, 이 시장을 떠받치고 있던 전체 미국 기업이 발행한 채권의 시장가치는 고작 15조 달러였다. 특정 자산을 기초로 설계된 금융상품의 가치가 그 자산의 네 배 이상이라면, 이런 시장에서 이루어지는 행위의 상당 부분은 순전히 투기적인 것이라고 보아도 무방하다.[44]

2008년 금융 위기 이후 신용부도 스와프를 비롯한 일부 파생상품 시장의 규모가 급격히 줄어든 것은 사실이나, 전체 파생상품 시장 규모는 여전히 엄청나다. 전 세계를 통틀어 신용부도 스와프, 금리 파생상품, 환율 파생상품, 상품연계 파생상품 등 발행된 전체 파생상품 계약의 가치는 2015년 초에 630조 달러였던 반면, 정작 이 계약들의 총 시장가치는 21조 달러에 불과했다.[45]

파생상품의 큰 문제점 한 가지는 실제 리스크를 헤지하기 위한 건전한 기업 활동과 투기 행위를 분간하기가 대개는 어렵다는 것이다. 구조가 복잡한 대형 금융기관이 개입된 경우에는 특히나 까다롭다. 나아가 각양각색의 참가자들이 원자재를 직접 소유하고 거래할 수 있는 상품 시장에서는 문제가 더욱 심각하다. 기본적으로 상품 거래는 네 가지 방식으로 이루어진다. 첫째, 순수한 헤지 목적의 거래가 있다. 이 경우 헤지를 하려는 개인이나 기업은 실제로 보유한 원자재의 미래 가격에 베팅을 한다. 이처럼 이미 보유한 원자재의 가치를 단순히 보전하기 위한 거래라면 아무런 문제가 없다.

둘째, 일반 고객이나 고객사를 대신해 헤지를 하는 거래가 있다. 투자은행들이 주로 하지만, 앞서 5장에서 살펴본 것처럼 BP나 카길 같은 대형 원자재 기업도 이런 거래를 한다. 셋째, 시장 조성market making•과

순수 트레이딩이 있다. 골드만 삭스라든가 마크 리치가 설립한 스위스 소재 상품 거래 회사 글렌코어Glencore 같은 기업이 주로 하지만, BP 같은 비금융회사도 스와프 거래 기관이라는 지위를 이용해 이 일을 한다. 여기서부터 이미 상품 거래가 사회적으로 유용한지 아닌지 판단하기가 쉽지 않지만, 네 번째 방식인 '자기자본 거래proprietary trading'•• 로 들어오면 더욱 따지기가 어려워진다. 이 마지막 유형이 바로 헤지의 목적은 거의 없이 순전히 자신의 수익을 위해 벌이는 거래다. 현재 자기자본 거래는 볼커 룰에 의해 불법화되어 있지만, 게리 겐슬러는 다음과 같은 지적을 했다. "무엇이 허용된 자기자본 거래인지, 무엇이 합법적인 시장 조성인지, 무엇이 순수한 투기인지 증명하는 것은 대단히 어렵습니다." 그것들 사이의 "경계는 대단히 모호하기에" 기업들은 "한 가지 거래 방식으로 시작했다가 다른 영역으로 넘어갈 수도 있습니다. 왜냐하면 이들은 시장 정보가 거쳐 가는 중핵에 위치해 있기 때문이죠."[46]

일부 학자와 규제 당국자들은 골드만 삭스의 알루미늄 사재기가 바로 모호한 경계를 이용한 사례라고 생각한다. 은행과 고객의 이익을 분간하기 어려웠고, 합법적인 사업으로 시작했던 일이 시장을 왜곡하는 투기로 귀결되었으니 말이다. 골드만 삭스는 2010년에 메트로를 인수하고 알루미늄 보유량을 늘린 이후, 알루미늄 거래량 역시 키우기 시작했다. 그러자 원래는 엄격하게 분리되어 있어야 하는 메트로와 골드만 삭

• 유가증권의 수급 균형을 유지하고 제반 위험을 감소시켜 시장 기능을 원활하게 하는 활동.

•• 은행이 고객의 예금이나 신탁 자산이 아니라 은행의 자기자본으로 주식, 채권, 파생 상품 등에 투자하는 행위. 투자 실패로 이어질 경우 해당 은행의 파산은 물론이고 금융 시스템 전체를 흔들어 금융 위기를 불러올 수 있다. 오바마 행정부 출범 뒤 주요 규제 대상이 되었으며, 도드-프랭크 법의 핵심 규제 사항 중 하나다.

스 트레이딩 부문 사이에 공모가 있는 것 아니냐는 우려가 제기되었다. 2013년 들어 법무부와 상품선물거래위원회, 그리고 상원의원 칼 레빈이 이끄는 상원 상설조사소위원회가 이 문제를 들여다보기 시작했다. 2014년 공개된 상원 보고서에 따르면, 상품 거래 부문 중역 2명을 비롯하여 50명에 달하는 골드만 삭스 임원들이 내부 메모와 이메일을 통해 메트로의 "상업적 가치가 있는" 비밀 정보를 접했다.[47] 그리고 공모 혐의를 받지 않을까 걱정하는 메트로 직원들의 이메일 역시 발견됐다.

이것이 전부가 아니었다. 상원 청문회 당시의 증언들은 골드만 삭스뿐만 아니라 다른 투자은행들 내에서도 말썽의 소지가 큰 시나리오가 여러 건 진행되고 있음을 시사했다. 예를 들면, 골드만 삭스가 본사 직원이 고용된 자회사를 통해 우라늄 거래 사업에 크게 개입했던 사실이 드러났다. 그리고 지금은 모건 스탠리에서 찬밥 신세가 된 천연가스 프로젝트가 본래는 모건 스탠리 상품 부문의 중역들이 세운 명의뿐인 회사였다는 점도 밝혀졌다. 이 밖에도 문제의 소지가 큰 상품 거래들이 수두룩하다. J.P. 모건은 구리와 전력 시장 조작 혐의를 받았으며, 이 중에서 전력 시장 건을 해결하기 위해 4억 1000만 달러의 벌금을 물었다.[48] 청문회를 주관했던 상원의원 레빈은 다음과 같은 결론을 내렸다. "투자은행들의 이런 사업은 경제를 위험에 빠뜨리고 시장을 조작할 가능성이 높기 때문에, 더 이상 여기 발붙이지 못하게 해야 합니다."[49]

골드만 삭스 측은 알루미늄 사태와 관련된 모든 혐의를 부인하는 한편, 상원 청문회와 공개 발언을 통해 자기들은 언제나 고객의 주문과 요구에 따라서만 거래를 했으며 언제든지 고객에게 물품을 팔고 공급할 의사가 있다고 주장했다. 결국 상원은 골드만 삭스의 공모 사실을 밝혀내지 못했다. 이 사례는 상품시장에 관한 씁쓸한 진실 하나를 드러내 준다. 실물 경제에 미치는 영향으로만 따지면 십중팔구 상품시장이 주식시장보다 훨씬 더 중요함에도 불구하고, 상품시장에서 시장 조작과 내부자 거래를 밝혀내기가 훨씬 더 어렵다는 사실이다. 이는 원자재를 보유한 대형 업체 역시 합법적으로 트레이딩을 벌일 수 있기 때문이다. 사실 실물 상품 트레이딩을 제대로 하기 위해서는 원자재 유통에 직접 가담할 의향이 있어야만 한다. 실물의 움직임을 밑바닥에서부터 파악하는 것이 트레이딩 시장을 이해하는 데 필수적이기 때문이다.

이런 정보력의 우위를 확보해야 했기에 대형 은행들은 1999년 그램-리치-블라일리 법Gramm-Leach-Bliley Act의 통과를 적극적으로 도왔던 것이다. 이 법을 통해 글래스-스티걸 법이 폐지되고, 금융기관들이 채굴과 석유 운송, 실물 상품의 소유와 저장 같은 사업에 쉽사리 뛰어들게 되었다. 그램-리치-블라일리 법의 허점을 이용하면, 금융 복합기업은 증권 거래와 보험 인수 같은 '금융스러운' 활동을 수행함으로써 트레이딩 사업의 확장을 도모할 수 있었다. 그뿐 아니라 은행이 순수하게 상업적인 업종에도 진출할 수 있도록 허용하는 중요한 신설 조항도 담겨 있었다. 본래 이 분야는 전통적으로 은행의 진출이 금지되어 있었지만, 이제는 주력 분야인 금융업에 '보완적'인 사업으로 간주되면 병행할 수 있었다. 당시 로비를 펼치던 은행들은 출판업이나 여행업처럼 거부감이 덜한 업종을 은행의 핵심 사업에 '보완적' 역할을 할 만한 분야로 거론했다.

당시 J.P. 모건의 부회장이던 마이클 패터슨은 1999년 의회 청문회에서 이렇게 말했다. "금융회사들은 (…) 비금융적으로 보일 만한 영역에서도 활동합니다. 그러나 그런 일도 금융 상품을 파는 데 도움이 됩니다. 일례로 신용카드 회사 아메리칸 엑스프레스American Express의 경우

『푸드 앤드 와인』과 『트래블 앤드 레저』같이 고객의 관심을 끄는 잡지를 발행합니다. 『트래블 앤드 레저』는 여행업에 보완적인데 (…) 여기서 여행 아이디어를 얻은 고객들이 아메리칸 엑스프레스 트래블 서비스 American Express Travel Services를 통해 항공권 구입이라든가 기타 여행 준비를 하리라 기대하는 것이죠."[50] 이처럼 산뜻한 사례가 제시되자 정치인들은 은행이 상업에 진출해도 별문제 없으리라 생각하게 되었다.

그러나 은행들의 진짜 목적은 잡지를 출판하는 것이 아니었다. 실리콘밸리 스타트업, 나아가 석유, 천연가스, 전력, 광물 사업 등에 진출하는 것이 목적이었다. 실제로 2000~2012년에 은행들이 그램-리치-블라일리 법의 허점을 이용해 진출을 도모했던 '보완적' 업종들은 단 하나를 빼고 전부 상품 소유 및 거래와 관련이 있었다.[51] 이 시기에 이루어진 골드만 삭스의 금속 창고 인수를 두고, 대형 알루미늄 제조업체 노벨리스의 최고공급망책임자 닉 매든은 이렇게 말한다. "아무리 봐도 시장을 쥐어짜려고 획책한 일입니다. 생각해 보세요. 도대체 왜 창고를 사겠어요? 차라리 아이스크림 가게는 어떤가요? 시장을 좌지우지할 도구로 쓸 생각이 아니라면 (…) 대체 무슨 소용이 있죠?"[52]

결국 '보완적'이라는 단어는 알루미늄 수백만 톤이 들락날락할 구멍이 되었을 뿐만 아니라, 지난 수십 년간 은행업과 상업을 분리해 왔던 1956년의 은행지주회사법을 우회할 합법적인 통로를 열어 주었다. 본래 은행지주회사법의 취지는 은행이 기업에 대출을 제공하면서 기업과 직접 경쟁하지 않아야 한다는 것이었다. 이것은 거의 모든 은행업 규제의 핵심적이며 근본적인 전제다.[53] 그러나 금융기관들은 그런 장벽을 요령껏 뛰어넘어, 고객의 이익을 위한 일이라는 명목으로 돈벌이가 쏠쏠한 상품 거래업에 진출했다. 은행이 단순 대출 외에도 증권 인수, 스와프 및 선물 거래, 송유관이나 유정 소유 등 다양한 일을 할 수 있도록 허용해야 한다고 금융인들은 주장했다. 그리되면 고객사들 입장에서는 일이 훨씬 수월하고 저렴하고 효율적으로 진행되며, 때로는 소비자에게까지 그 혜택이 돌아가리라는 이유에서였다.

그러나 사실은 그렇지 않다. 사람들의 일상생활에 필요한 실물 상품의 영역으로 은행이 진출하여 흔들어 놓으면 이득을 보는 집단은 언제나 단 하나다. 금융기관들 자신이다. 업계의 복잡성이 증가할수록, 은행이 보유 중인 막대한 자산과 정보의 우위를 활용하여 그 누구보다 많은 이득을 챙길 가능성이 커진다.

여기서 잠깐 이야기를 멈추고 짚고 넘어가야 할 것이 있다. 지금의 논의는 개별 은행가들이 부패했음을 지적하려는 것이 아니다(물론 그런 일이 없는 것은 아니다). 은행가를 비난하다 보면 논점을 일탈하여, 시장 시스템 전반의 문제에 대한 중요하고도 미묘한 논의를 놓치는 경우가 허다하다. J.P. 모건 회장 제이미 다이먼이나 골드만 삭스 회장 로이드 블랭크파인의 목을 베야 하고, 비행에 가담한 개인들도 반드시 책임을 져야 한다는 대중의 분노는 쉽게 이해할 수 있다. 그러나 그 내막을 들여다보면, 금융인들은 그저 법이 허용하는 한도 내에서 최대한 많은 돈을 벌려고 노력할 따름이다. 오히려 문제를 잘 일으키는 것은 미국 시장 '시스템'의 특정 규칙이다. 이런 규칙 덕분에 초대형 금융기관들은 거의 모든 산업 분야에 걸쳐 막대한 이점을 누리며, 다른 업계는 못 받는 연방정부 보조금을 타 간다. 그러면서도 실물 경제에 입히는 이차적 피해는 좀처럼 책임지지 않는다. 게리 겐슬러는 이에 대해 이렇게 말한다. "투자은행들은 자금과 리스크의 중심에 있습니다. 그렇게 정보의 중심에 있음으로써 그로부터 이득을 취할 수 있죠. 월가에는 '변동성은 우리의 친구'라는 말이 떠돕니다. 하지만 항공사에서도, 식품회사 제너럴 밀스General Mills에서도, 심지어 지역 은행에서도 그런 말은 못 들을 겁니다."[54]

골드만 삭스 같은 대마불사형 금융기관에 변동성이 이득이 된다는 것은 분명하다. 시장 변동성 덕분에 초대형 금융기관은 엄청난 자본력과 금융시장에 대한 최신 정보, 원자재 소유권 및 관련 정보 등을 동원하여 돈을 번다. 그런데 이들이 가져가는 돈은 원래 일반 소비자나 코카콜라, 쿠어스 같은 대기업을 비롯한 다른 시장 참가자의 몫이다. 사울레 오마로바가 지적했다시피, 저런 상품 거래 스캔들 속에는 커다란 역설이 하나 있다. 은행들이 실물 상품을 소유하고 거래할 권리를 옹호하면서 동원하는 논리가, 소유를 통해 얻는 내부자 정보로 부당한 이점을 누린다는 것을 명백히 입증하는 논리가 되기도 한다는 것이다.

오마로바는 이렇게 말한다. "금융기관에서는 '석유 파생상품을 좀 더 효율적으로 거래하여 고객에게 더 나은 서비스를 제공하려면 석유 실물에도 정통할 필요가 있다'고 주장할 것입니다." 두 가지는 그램-리치-블라일리 법에 따르면 보완적 업종이므로 문제가 없다. "그런데 상품선물거래위원회에서 금융기관들에게 자체 창고를 이용하여 인위적으로 품귀 현상을 만들어 내 파생상품 거래에서 부당 이득을 취한 것 아니냐고 물으면, 대답은 천편일률적입니다. '아, 그 두 부문 간에는 엄격한 정보 장벽이 존재합니다. 그러니 서로 대화도 못하죠.' 그런데 '정보 접근권'이 바로 실물 상품 거래와 파생상품 거래를 서로 보완적으로 만드는 토대라면, 이 정보가 기업의 각 부문 사이에서 당연히 공유되지 않겠어요? 다양한 원자재 거래에 뛰어드는 목적이 바로, 이를테면 대형 금속 창고의 예상 배송 잔량과 같이 가치 있는 시장 정보를 얻고 이를 파생상품 가격 산정에 이용하려는 것 아닌가요? 이처럼 은행들이 내세우는 논리에 모순이 있지만, 어찌 된 영문인지 규제 당국자들은 이 점을 모르는 것 같습니다. 그 와중에 대형 은행들은 늘 승리를 거두죠."[55]

그런데 글래스-스티걸 법 폐지와 대마불사형 은행의 탄생을 위해 로비를 펼친 은행가와 관료들이 동원한 논리가 이와 똑같았다는 점에 주목할 필요가 있다. 글래스-스티걸 법 폐지가 준비되던 중 클린턴 행정부의 경제자문회의 의장을 지낸 경제학자 조지프 스티글리츠는 이 문제로 재무부 관료들과 벌였던 논쟁을 다음과 같이 회고한다. "그 사람들은 은행 내 여러 사업부 간의 '시너지'를 창출한다는 이유로 그 법을 폐지하기를 원했습니다. 그래서 제가 '그러면 이해관계의 충돌 문제는 어떻게 할 건가요?'라고 물었죠. 그랬더니 돌아오는 답이 '걱정할 필요 없습니다. 만리장성을 쌓아 두었으니까요'였습니다. 저는 다시 물었습니다. '정말로 만리장성을 쌓아 놨다면, 시너지는 어디서 나오는 겁니까?'"[56]

2008년 금융 위기로 인해 골드만 삭스와 모건 스탠리는 구제금융을 받는 조건으로 연준이 규제하는 대마불사형 은행지주회사로 변했다. 그런데 재미있게도 바로 이 조치 덕분에 두 업체는 합법적으로 알루미늄 시장에 개입할 수 있게 되었다. 스티글리츠 등의 반대에도 불구하고 그램-리치-블라일리 법에 삽입된 세부 조항 하나가, 법 제정 이후에 은행지주회사로 전환한 업체는 실물 상품 거래를 할 수 있도록 허용했기 때문이다. 유일한 조건은 1997년 이전에 상품 거래를 시작했어야 한다는 것이었다.

결국 2008년 금융 위기 이후 골드만 삭스와 모건 스탠리는 단일 투자은행에서 연준의 규제를 받는 은행 소유의 금융지주회사로 바뀌었다.[57]

이제 연방정부를 등에 업은 금융기관으로 변모한 이들은 원하는 만큼 다양한 시장에 관여할 자유에다 정부의 보조금과 보증을 누릴 값진 기회까지 얻었다. 당시 이미 은행지주회사였던 J.P. 모건 역시 혜택을 봤다. 베어 스턴스와 RBS 셈프라RBS Sempra(스코틀랜드 왕립은행Royal Bank of Scotland에서 공동 소유했던 에너지 거래 사업 부문)의 막대한 상품 자산을 최저가에 사들이게 된 것이다. 2008년 이후 J.P. 모건은 더 크고 더 시스템적으로 중요한 은행으로 부상했을 뿐 아니라, 170억 달러어치가 넘는 실물 상품 보유고를 기록하여 상품 거래 시장에서도 엄청난 괴물이 되었다.[58] 심지어 파산한 선물 거래 회사 MF 글로벌MF Global이 보유하고 있던 런던 금속거래소의 지분까지 인수하여, 이곳의 최대 주주로 등극했다.[59]

그런데 이 모든 일은, 애초에 J.P. 모건으로 하여금 실물 상품 거래를 하도록 허가한 규제 예외 조치가 실물 상품의 획득, 저장, 운송, 처리 등은 딱히 허용하지 않았는데도 이루어졌다. 결국 J.P. 모건은 규제 당국이 세세한 사항을 유심히 살펴보지 않는 요행에 기댈 수밖에 없었다. 규제를 연준, 상품선물거래위원회, 증권거래위원회, 연방에너지규제위원회Federal Energy Regulatory Commission 등 여러 곳에서 담당하고 있던 탓에 그 요행은 실현되었다. 각각의 기관은 개별 규제 영역을 맡고 있지만, 복잡한 거래들을 전체적으로 들여다볼 정도로 규모가 큰 곳은 없기 때문이다. 예를 들면 상품선물거래위원회에서는 약 650명이 일하고 있다. 얼핏 보면 상당히 많은 것 같지만 1990년대에 비해 고작 8퍼센트 늘어난 인원으로, 그때 선물 시장 규모는 40조 달러인 오늘날의 5분의 1에 불과했다. 그리고 당시에는 이 위원회에서 감독하지도 않았던 400조 달러 규모의 스와프 시장은 아직 계산에 넣지도 않았다.[60]

지금껏 언급한 여러 상품 거래에는 당연히 상당한 리스크가 따르는데, 특히 골드만 삭스, 모건 스탠리, J.P. 모건 같은 곳이 개입됐을 때는 더더욱 심하다. 왜냐하면 세금으로 이 대마불사형 금융기관들을 보증하고 있기에 일이 잘못되면 결국 미국 시민 모두가 그 비용을 떠안아야 하기 때문이다. 도드-프랭크 법이 다시는 납세자들이 비용을 부담할 일이 없을 거라고 약속하고는 있지만, 이 은행들이 2008년 이전에 비해 규모와 시스템적 중요성이 더 커진 상황에서 또다시 위기가 닥치면 정부로서는 구제금융 외에 별다른 선택지가 없다. 게다가 금융업계가 로비를 통해 2015년 세출법안에 끼워 넣은 교묘한 우회 조항에 따라, 이 은행들은 리스크가 큰 상품 거래 부문에 세금이 들어가지 않도록 이를 따로 떼어 신설 법인으로 독립시킬 필요도 없다. 이 모든 것은 이런 금융기관에게 다른 시장 참가자들은 꿈도 꿀 수 없는 엄청난 우위를 안겨주었다. 이들은 상품시장뿐만 아니라 '보완적'이라는 단어를 적용할 수 있는 어떤 시장에든 진입할 수 있는 특권을 누리게 되었다. 게다가 오직 대형 은행만이 간직하고 있는 정보에 대한 접근권에, 대마불사형 금융기관에만 주어지는 보조금까지 있다. 이는 불공정한 혜택인 데다가, 미국 경제의 건전성과 안전성을 위험에 노출시키는 일이다. 1999년 그램-리치-블라일리 법 제정에 참여하여 규제의 맹점을 만들어 낸 입법 당사자들조차 마음이 편치 않을 정도로 문제는 심각하다. 법안 발의자 3인 가운데 하나였던 전 하원의원 짐 리치는 2013년 상품 조작에 관한 상원 소위원회 청문회가 열리던 즈음에 이렇게 말했다. "법안 제정 당시에는 어느 누구도 장차 그 법이 요즘 보도되고 있는 상품시장의 혼란에 일조하리라 생각하지 못했을 겁니다."[61]

단순화가 답이다

독자 여러분이 이 시점에 상품시장 문제의 크기와 복잡성에 놀라움을 금치 못하고 있다면, 내 의도가 제대로 전달된 것이다. 이 장의 목적은, 알루미늄이든 밀이든 상품시장에서 벌어지는 가격 상승과 변동의 배후에는 망가진 시장 생태계 전체가 놓여 있음을 밝히고 이해시키는 것이다. 골드만 삭스의 알루미늄 사재기 같은 스캔들이 터졌을 때 나타나는 일반적인 반응은, 언론 매체와 일반 대중은 물론이고 심지어 규제 당국까지 숲은 보지 않고 나무에만 집착한다는 것이다. 내가 지금껏 다룬 이야기의 핵심은, 디트로이트 창고의 알루미늄 사재기는 바로 입법적 결정, 법 비틀기, 기업 문화의 변화, 워싱턴과 월가가 공유하는 기득권 등이 오랜 시간 축적된 끝에 발생한 사건이라는 것이다. 이런 긴 역사가 회사에 유해한 인센티브 구조와 결합되면서, 은행이 자신에게 전혀 필요 없는 천연자원을 보유할 수 있게 된 것은 물론이고, 천연자원을 실제로 필요로 하는 기업들이 손에 넣지 못하도록 사재기까지 할 수 있는 환경이 형성되었다. 이는 결국 상품 가격과 변동성을 올려 소비자들이 더 많은 비용을 치르게 만들었다.

짐 콜루라는 뉴잉글랜드 연료연구소New England Fuel Institute의 대정부 업무 담당 부사장이자, 상품시장감시연맹Commodity Markets Oversight Coalition의 창립자 가운데 하나다. 이 상품시장감시연맹은 중소 난방유 배급업체와 주유소들로 구성된 기업 모임으로, 점점 심해지는 상품시장의 변동성에 대응하기 위해 2007년 설립되었다. 콜루라는 상품시장 시스템의 엄청난 복잡성을 맞닥뜨리고, 관련 중소업체들이 자신과 경쟁 관계가 되어 버린 은행들에게 목매고 있음을 알았을 때 무척 참담했다고 한다. "상품시장의 변동성을 증폭시킨 금융기관들은 바로 우리에게 리스크 관리 서비스나 퇴직금 운용 서비스를 제공하거나 우리의 자산인 석유를 옮기는 송유관을 직접 소유한 곳이기도 했습니다." 이 지경이면 아무리 잘 봐줘야 시장 왜곡이요 나쁘게 보면 시장 조작이다.

원래 상품시장의 설립 취지는 이것이 아니었다. 대부분의 사람들이 여기에 동의할 것이다. 그렇다면 입법자들과 규제 당국이 이 문제를 고치지 못한 이유는 무엇일까? 우선 이들이 세세한 문제에 너무 집착한 탓도 있다. 이를테면 이런 질문들에 매달린다. 송유관의 5퍼센트를 소유한 은행과 15퍼센트를 소유한 은행이 리스크를 상쇄하기 위해 보유해야 할 정확한 자기자본 비율은 얼마씩인가? 각각의 금융기관은 자체 리스크를 상쇄하기에 충분한 보험을 들어 놨는가? 물론 이런 미시적인 문제도 중요하지만, 개별 조각에 너무 많은 관심을 쏟다 보면 정작 주의를 기울여야 할 큰 문제, 즉 금융 시스템에 실제적 변화를 가져올 만한 문제는 놓칠 수 있다. 예를 들면 다음과 같은 문제가 있을 것이다. 은행들이 우월한 정보와 자원을 이용해 가며 원래는 도움을 주어야 할 고객들과 경쟁하는 현재 시스템은 건강한가? 우리는 금융이 그러기를 원하는가?

당연히 아닐 것이다. 이런 상황에서 벗어나기 위해서는 무엇보다 복잡성이 공익의 적임을 이해해야 한다. 우선 복잡성은 차익거래의 기회를 제공하는데, 금융업계는 그 누구보다 이 일을 잘한다. 금융업을 실물 경제에 이바지하는 본래의 위치로 되돌려놓으려거든 시스템을 단순화하고 단순화하고 또 단순화해야 한다. 그러려면 우선 무슨 일이 일어나고 있는지 알 수 있도록 투명성을 높여야 한다. 게리 겐슬러의 경우 상품선물거래위원회 위원장 시절 파생상품에 대한 엄격한 규제를 도입하여 스와프 시장의 불투명성을 상당 부분 걷어 내고, 규제하기 쉬운 중앙청산소를 거쳐 거래가 이루어지도록 했다. 그 덕에 이제 미국에서는 상품연계 장외 파생상품 거래가 대부분 중앙청산소를 거치게 되어 있다. 그뿐 아니라 상품선물거래위원회는 실시간 보고와 브로커 규제 면에서도 큰 진전을 이루어, 이제 시장 참가자들은 트레이딩 담당자가 실제로 누구인지 파악할 수 있게 되었다.

그러나 이 정도 수준의 규제를 이루어 내는 것도 지난하고 어려웠다. 월가는 미국 의회와 행정부, 그리고 미국과 해외의 규제 당국에 맹렬히 로비를 벌인 끝에 도드-프랭크 법의 파생상품 규정에 구멍을 몇 개 뚫었다. 이 구멍들을 통해, 이를테면 은행과 헤지펀드들은 국제 외환시장에서 불투명성과 리스크가 높은 외환 파생상품 거래를 계속할 수 있게 되었다(이는 전 재무장관 티머시 가이트너가 승인했다). 그러니 이다음 글로벌 금융 스캔들은 바로 이 외환 파생상품 시장에서 터질 가능성이 높다. 실제로 2015년 JP모건 체이스와 시티그룹 등 글로벌 은행 6곳은 외환시장 조작 혐의를 수습하기 위해 총 56억 달러에 이르는 벌금을 납부했다.[62] 이 사건이 터지기 불과 몇 년 전에도 이와 유사한 가격 담합이 은행 간 거래 금리 시장, 즉 리보 시장에서 적발되기도 했다. 이런 일이 꼬리를 물면서 겐슬러 등의 인사들은 과연 은행들이 이전의 금융 스캔들에서 뭔가를 배우기는 한 것인지 의심하고 있다(아니면 은행들은 토해 내야 했던 막대한 벌금에도 콧방귀를 뀌지 않았을까. 사실 이들의 연 수익에 비하면 벌금은 그리 큰 돈이 아닐 것이다).

상품선물거래위원회가 미국 금융기관들이 카리브해 지역에서 벌이는 지저분한 거래에 족쇄를 채우려고 최선을 다한 것은 사실이다. 그러나 이 위원회가 그 지역에 미치는 영향력은 무척 제한적이다. 지금도 전체 장외 선물 및 스와프 시장의 약 70퍼센트는 불투명하기 때문에, 금융기관들이 시스템을 농락할 만한 여지는 아직도 많다.[63] 게다가 반규제 로비도 계속되고 있다. 금융업계는 2014년, 고위험 신용부도 스와프 사업 부문을 연방정부의 보증을 받지 않는 별개 법인으로 독립시키려 했던 도드-프랭크 법 조항을 폐지시키는 데 성공했다. 이 사례는 2008년 금융 위기를 낳은 문제점들이 여전히 남아 있음을 시사한다.

그렇다면 이런 문제를 어떻게 해결해야 할까? 우선 거의 아무런 제약 없이 상품시장을 조작할 수 있는 대마불사형 금융기관들의 최고 감독기관인 연준이 고삐를 더 바짝 조이는 방법이 있다. 연준에는 은행이 벌이는 활동이 본래의 금융 업무에 '보완적'인지 여부를 결정할 권한이 있기 때문이다. 그뿐 아니라 은행의 활동이 그 은행이나 전체 금융 시스템에 과도한 리스크를 발생시키는 것은 아닌지 판단할 권한도 있다.

심지어는 연준이 개혁을 하겠다고 위협만 해도 효과가 있다. 골드만삭스의 알루미늄 사재기 스캔들이 터졌을 때, 연준 의장 재닛 옐런은 연준이 상품시장에서의 은행 활동을 일부 제약하는 가이드라인의 마련을 고려할 것이라고 말했다. 이 발언이 나오자마자 골드만 삭스와 J.P.모건, 모건 스탠리는 대규모 상품 거래 가운데 일부를 축소하기 시작했다. 골드만 삭스는 메트로를 매각했다. 모건 스탠리는 석유 운송 및 보관 업체 트랜스몬테인TransMontaigne을 팔았는데, 덴버에 소재한 이 회사는 미국 전역에 걸친 방대한 송유관과 집하장 망을 소유하고 운영한다. 두 투자은행이 이렇게 행동한 이유는 연준의 조사에서 벗어나기 위해서였을 것이다. 매각을 통해 상품 거래 부문이 점유하는 자본 규모를 줄일 수 있기 때문이다. (이들의 황급한 매각 조치를 보면 그 전까지 재무제표상에 제대로 반영하지 않은 채 숨기고 있던 음침한 사업이 얼마나 많았을지 의구심을 품지 않을 수 없다.) 하지만 대형 은행들이 상품 거래를 지속하려면 발생 가능한 리스크를 상회하는 자본금을 보유하도록 강제하는 새로운 규제를 연준이 제안하고 있음에도, 아직 이들이 상품 거래에서 완전히 발을 뺐다고 볼 수는 없다.[64] 일례로 최근에 모건 스탠리 트레이딩 부문 책임자는 앞으로도 계속해서 "석유, 전력과 가스, 금속 분야에 걸쳐 고객들의 공급과 리스크 관리 요구에 부응하는 서비스를 제공할 것"이라고 말했다.[65]

사실 두 은행이 매각을 단행한 시점은 나쁘지 않았다. 연준이 시장에 유동성을 공급하는 속도를 늦추면서 상품 가격이 떨어지기 시작했기 때문이다. 그렇기에 사울레 오마로바 같은 전문가들은 투자은행들이 상품시장에서 나가기 시작한 것이 실물 경제의 승리를 의미하는 변화라기보다는 자신의 수익을 감안해서 내린 영리한 결정일 뿐이라고 본다. 결국 이들은 적시에 상품시장에 진입했듯이 적시에 발을 빼고 있는 것이다. 앞으로 더 강력하고 분명한 규제가 마련되지 않는다면 언제든지 되돌아올 수 있다.

그렇다면 그런 규제가 빠른 시일 내에 자리를 잡을 수 있을까? 또한 그렇게 된다 해도, 상품시장 같은 고위험 영역에서 은행업과 실물 상업을 명확하게 분리할 수 있을까? 현재까지 제안된 규제들로는 불가능하다. 개혁론자 대다수는 업종 분리가 잘 이루어질 것이라는 주장에 회의적이다. 월가에 대한 강력한 규제를 주창하는 연대체인 금융개혁을 위한 미국인 모임Americans for Financial Reform의 상임이사 리사 도너는 "저는 이 움직임에 그리 큰 기대를 품고 있지 않습니다"라고 말했다.[66] 도너는 연준을 비롯한 규제 당국 어느 곳도 다음과 같은 근본적 질문을 던지는 것 같지 않다는 점을 한 가지 이유로 꼽았다. 왜 미국에는 금융이 실물 경제의 윤활유가 아니라 훼방꾼 역할을 하는 시스템이 들어섰을까? 은행들이 원자재 품귀 현상을 조장한 뒤 수익을 챙기면서 고객사의 몫을 빼앗아 가는 일이 어떻게 가능한 것인가? 어떻게 하면 이런 일이 벌어지지 않도록 금융시장을 체계적으로 재편성할 수 있을까? 이런 질문을 하는 대신 규제 당국은 여태껏 기존 법의 행정적인 문제만 손질하는 데 골몰하면서, 시스템을 감독하기 힘들게 만드는 사일로들은 방치해 왔다. 물론 좋은 의도로 그랬는지는 모르지만, 적어도 고장 난 금융 시스템을 고치는 데는 실패하고 있다.

"금융시장을 실물 경제에 이바지하는 본래의 자리로 돌려놓기 위해서는 포괄적 접근이 반드시 필요하며, 제가 보기에 연준은 그런 대응을할 수 있는 법적 권한과 규제 역량을 가지고 있습니다." 오마로바는 이렇게 말하며, 더 큰 위기를 당해 봐야 은행의 실물 상업 분야 개입과 관련된 법을 근본적으로 뜯어고칠 수 있는 것은 아닐까 우려했다. 상품시장에 대한 은행권의 영향력을 다룬 2014년 상원 보고서의 발표 도중 상원의원 존 매케인 역시 똑같은 심경을 피력했다. 매케인은 피해 수습과정에서 수십억 달러가 들어간 딥워터 허라이즌 원유 유출 사고를 거론하면서 다음과 같이 지적했다. "BP가 에너지 기업이 아니라 은행이었다고 생각해 봅시다. 만약 그랬다면, 그 사태로 말미암아 붕괴 위기를 맞았을 테고 또다시 구제금융이 필요했을 겁니다."[67]

아쉽게도 규제 당국은 요지부동이다. 이에 대해 오마로바는 다음과같이 말한다. "규제 당국은 추가 자본 확충과 보증 장치 등 상대적으로 중요도가 떨어지는 기술적인 문제에 집중하느라 큰 질문을 놓치고 있습니다. 대형 은행들로 하여금 금융 분야를 넘어 식량과 연료 같은 원자재에 이르기까지 그토록 강력한 지배력을 가지도록 허용하는 것이 과연 좋은 정책일까요? 몇 안 되는 초대형 은행들이 미국의 에너지, 금속, 농산물 공급망을 장악하면 과연 우리 사회는 어떻게 될까요?" 연준이 어떤 활동이 '보완적'인지 여부는 물론이고, 이 활동이 "예금 취급 금융기관의 안전성이나 건전성에 상당한 리스크를 가져올 수 있는지" 여부를 판단할 법적 권한을 보유하고 있다는 것은 큰 의미가 있다. 그러나 그 법이 금융기관의 그런 활동이 실물 기업과 소비자, 미국의 각 가정에 어떤 영향을 끼칠 수 있는지 말해 주지는 않는다.

사실 이 법적 문제는 상품시장 영역을 훌쩍 뛰어넘는 것이다. (안타깝게도 그램-리치-블라일리 법으로 인해 누더기가 되어 버린) 1956년의 은행지주회사법은 사실 권력의 배분, 즉 은행들이 다른 경제 및 사회 분야에 비해 지나치게 많은 권력을 손에 넣지 못하도록 하는 것에 신경 쓴 법률이었음을 기억해야 한다. 그런데 알루미늄 사재기 사태는 현재 권력의 균형이 어그러져 있음을 보여 주었다. 알루미늄 사재기의 유탄을 맞은 기업들 가운데 상당수가 그 문제를 공개적으로 발언하기를 꺼렸다는 것은 여러모로 시사하는 바가 많다. 이 책을 집필하기 위해 인터뷰 요청을 했을 때 피해 기업인 밀러쿠어스의 모기업 SAB밀러SABMiller는 달랑 한 줄짜리 답신을 했다. "인터뷰 기회는 정중히 사양합니다만, 연락과 문의를 해 주신 데에 감사드립니다." 이후에도 알루미늄 사건에 대해 발언을 꺼리는 이유가 무엇인지 묻는 이메일을 여러 차례 더 보냈지만 아무런 답장이 없었다.

코카콜라는 그에 비해 꽤 목소리를 냈다. 경영진이 직접 블로그를 통해 런던 금속거래소가 알루미늄 사재기를 중단시키려는 노력을 제대로 하고 있지 않아서 우려된다고 밝혔다. 심지어 2015년 6월에는 알루미늄 출하 대기 시간이 가장 길었던 650일에 비하면 '고작' 400일로 줄어들었다며 냉소적인 포스팅을 하기도 했다. 그러나 흥미로운 사실은 이 문제와 관련된 공개 발언 가운데 골드만 삭스를 비롯한 투자은행의 이름을 거론한 경우는 전혀 없었다는 것이다. 내가 이 책의 집필을 위해 접촉했던 관련 기업들의 홍보 책임자는 모두 투자은행들이 알루미늄 사재기에 연루되어 있다는 점을 언급하지 않았다. 전혀 놀라운 일이 아니다. 코카콜라는 오랫동안 골드만 삭스의 고객이었으며, LME 측에 불만을 토로했을 당시에도 바로 그 은행에 120억 달러짜리 기업 인수 건에 대해 자문 의뢰를 해 두었던 참이었다.[68] 이를 두고 오마로바는 이렇게 말한다. "제가 만약 코카콜라의 자문위원이더라도 골드만 삭스와 큰 싸움을 벌이지 말라고 할 겁니다. 당장 내일 자금시장을 통해 차입할 일이 생겨서 골드만 삭스 같은 채권 인수 기관이 필요하게 될 수도 있잖아요? 합병을 준비 중이어서 자문기관이 필요한 상황이 닥치면요? 만약 골드만 삭스와 관계가 틀어진다면 그곳 애널리스트들은 코카콜라의 주가를 평가할 때 어떤 식으로 나올까요? 결국 코카콜라는 골드만 삭스가 필요합니다. 온갖 일에 다 필요해요."

물론 코카콜라 등의 미국 기업들도 투자은행처럼 자신의 이익을 위해 정부와 정치권을 대상으로 적극적인 로비에 나서면 되지 않을까 생각할 수도 있다. 싫든 좋든 다양한 이익집단이 서로 경쟁하며 특정 세력이 과도한 권력을 가지지 않도록 만드는 것이 바로 미국의 정치 시스템이다. 그러나 알루미늄 스캔들에서도 확인했다시피, 그 어떤 개인이나 법인, 심지어 세계 최대의 기업조차 최강 금융기관들의 손아귀에서 벗어나기 힘들다. 금융기관은 시장을 조성할 뿐만 아니라 그 시장 자체이기 때문이다. 금융기관은 시장에서 상품을 거래할 뿐만 아니라 시장에서 거래되는 상품을 직접 소유할 수도 있다. 이것이 과점이 아니라면 대체 무엇이 과점이란 말인가? 이는 바로 현대판 글래스-스티걸 법을 되살려 내고, 은행이 상업에 진출하도록 허용하는 법의 허점을 메워야 한다는 주장의 가장 설득력 있는 논거이기도 하다. 미국 산업체가 자신의 핵심 사업 영역에서 자신이 거래하는 은행과 경쟁하는 일이 있어서는 안 된다.

그렇다면 월가의 투기 등으로 인해 아직도 하루하루를 연명하기도 힘든 10억 명에 달하는 세계의 최빈곤층 문제는 어떻게 해야 할까? 지난 한두 해 동안 상품 가격이 하락하면서 이들도 어느 정도 숨통이 트였다. 그러나 이는 상품 거래 기관들의 선의 때문이 아니라, 신흥시장의 성장률이 떨어지고 중앙은행이 시장에 유동성을 공급해 주던 시기가 지나갔기 때문이다. 이런 상황은 언젠가 다시 바뀔 것이고, 그렇게 되면 정책 입안자들이(또는 가능성은 낮지만 은행들 스스로가) 상품시장에서의 투기를 단속하기 위한 조치를 취하지 않는 한 월가가 또 다른 식량 버블을 일으키는 것을 막기 힘들 것이다.

조젯 시런은 세계식량계획을 떠나기 전에 TED 강연에서 세계 기아 문제에 대해 감동적인 연설을 했다. "경제적 측면에서 바라보면, 이것은 그저 동정 차원의 문제가 아닙니다. 여러 연구 결과에 따르면, 영양실조와 기아에 따르는 비용, 즉 그로 인해 사회가 감당해야 할 부담은 평균 잡아 연간 GDP의 6퍼센트에 달하며, 어떤 나라에서는 11퍼센트에 이르기도 합니다. 영양실조가 가장 심각한 36개국을 살펴보면, 이 때문에 생산적 경제 활동에 발생하는 손실이 연 2600억 달러에 달합니다. 세계은행은 이 국가들의 영양실조를 해결하는 데 약 103억 달러가 들 것이라 추산하고 있습니다. 여러분은 비용편익 분석을 들여다봅니다. 하지만 제 꿈은 이런 이슈를 단지 동정심의 차원에 두지 않고 전 세계 재무장관들의 눈앞에 놓는 것입니다. 우리는 모든 인류가 적절하고 충분한 영양을 섭취하지 못하는 상황을 두고 봐서는 안 됩니다."[69]

실로 감탄할 만한 목표다. 그렇지만 기아 문제를 해결하기 위해서는 우선 세계 지도자들의 동정심에 호소하는 동시에, 월가의 사업 모델까지 바꿔야 한다.

Makers
and
Takers

7장

월가가 메인가를 장악하다

사모펀드는 어떻게 주택시장 회복의 열매를 빼앗아 갔는가

몇 년 전 주택시장 위기와 대침체가 한창일 무렵, 나는 남부 캘리포니아주 중간쯤에 위치한 대도시권 인랜드엠파이어를 돌아다니는 데 꽤 많은 시간을 할애했다. 이 지역은 로스앤젤레스와 오렌지 카운티 동쪽으로 한두 시간 거리만큼 펼쳐져 있다. 그러나 드라마 속의 세련된 모습과는 거리가 멀다. 주로 샌버너디노와 리버사이드 카운티로 구성된 인랜드엠파이어는 서브프라임 모기지 사태 때 직격탄을 맞았고 여전히 회복하지 못한 상태다.

2000년대 초, 약탈적인 대부업자들이 이 지역에 몰려와 주로 소수 인종과 중하층 백인 가구를 대상으로 위험천만한 대출 상품을 제공했다. 이 사람들은 서부 연안의 비싼 집을 구할 여력은 없었지만 내 집 마련이라는 꿈에 부풀어 있었다. 하지만 미국 전역의 수많은 지역과 마찬가지로, 인랜드엠파이어에서도 서브프라임 모기지 광풍은 눈물과 대규모 압류만을 남기고 말았다. 온 도시들은 버려진 부동산으로 가득한 유령 마을로 돌변했다.

2012년쯤 나는 샌버너디노의 델로사 지역을 방문했다. 이곳은 주택시장 위기 당시 막대한 타격을 받았는데, 집을 지키려 안간힘을 쓰던 소유주들은 이리저리 휘둘리다 제풀에 지쳐 쓰러지곤 했다. 길모퉁이 잡화점 앞에는 사나운 개를 끄는 젊은이와 청소년들이 대낮부터 서성이고 있었다. 잔디가 산뜻하게 관리되고 현관에 나무 화분이 놓인 단층 주택 주변에는 예외 없이 버려진 건물들이 있었다. 이런 건물에는 폭력적인 낙서가 스프레이로 칠해져 있거나 더러운 침대 매트리스와 빈 술병이 널려 있었다. 고속도로 주변 광고판에서는 주로 신용 상담, 대형 교회, 이동식 주택 등을 선전하고 있었다.[1]

물론 주택시장은 회복되고 있지만, 샌버너디노 같은 지역을 보면 그런 분위기를 느낄 수 없을 것이다. 그 배경에는 바로 금융이 있다. 위기를 발생시킨 주역이었던 금융이 주택시장이 회복되는 상황에서도 문제를 일으키고 있기 때문이다. 이 장에서는 바로 이 문제를 다룰 것이다. 타격을 입은 지역들은 느리게 치유되고 있지만, 여전히 위기의 여파에 시달리고 있다. 실업률은 전국 평균 이상이고, 신용담보대출을 받기도 어렵다. 가까스로 집을 지킨 소수의 사람들은 주택 가격이 위기 이전에 지불한 값 정도로 회복되기를 학수고대하고 있다.

그런데 이상하게도 월세는 상승 중이다. 인랜드엠파이어 내 상당수 지역의 월세는 이곳 경제 상황이 그리 좋지 않음에도 전국 평균보다 높다. 2014년 샌버너디노에 이웃한 리버사이드의 세입자 일부를 대상으로 조사한 결과, 그중 63퍼센트가 월 소득의 최소 30퍼센트를 집세로 내고 있었다. 미국 주택도시개발부 기준에 따르면, 이는 감당하기 힘든 수준이다. 심지어 조사 대상자의 33퍼센트는 소득의 절반 이상을 집주인에게 지불하고 있었다. 그다지 선호되는 경제권이 아닌데도 집세가 노동 계급 사람들이 응당 내야 할 수준보다 높은 셈이다. 이상한 일이다. 그런데 집주인이 누군지 알고 나면 왜 그런지 이해할 수 있게 된다. 바로 세계 최대의 사모펀드 회사인 블랙스톤 그룹Blackstone Group의 부동산 부문 자회사 인비테이션 홈스Invitation Homes로, 최근 들어 미국 최대의 단독주택 매입자로 자리매김한 곳이다.[2] 이 업체는 막대한 자금과 규모의 경제, 창조적 회계 기법 덕분에 지난 수년간 가격 경쟁력을 앞세워 개인 주택 구매자들을 시장에서 쫓아냈으며, 그 결과 주택시장 회복기에 편승해 돈을 긁어모았다. 위기 이전에도, 이후에도 돈을 버는 것이다.

초대형 금융기관인 블랙스톤 같은 사모펀드 회사에는 정부 규제가 잘 미치지 않는다. 이들은 공식적으로 '비은행non-bank' 또는 '그림자 은행shadow bank'이기 때문이다. 하지만 그중 상당수는 규제 대상인 유명 금융기관보다 오히려 규모가 크다. 사람들은 흔히 사모펀드라 하면 역외 은행 계좌(밋 롬니와 베인 캐피털Bain Capital을 기억하는가?•), 대형 기업 인수를 통해 건실했던 회사에 부채를 잔뜩 안기고 자산을 거덜 내는 수법, 대규모 해고, 불투명성 등을 떠올린다. 그러나 요즘은 사모펀드가 미국 주택시장의 회복세에 깊이 관련되어 있다는 점에 더 주목해야 한다.

사모펀드 투자자들은 거주 목적 주택시장의 큰손으로 떠올라 있다. 이들은 2012~2014년에만도 엄청나게 저평가되어 있는 부동산을 200억 달러어치나 사들였고,[3] 바닥을 친 주택 가격이 서서히 오르면서 어마어마한 수익을 거두고 있다. 운용 자산 규모가 3300억 달러를 넘는 초대형 사모펀드 회사 블랙스톤은[4] 미국 최대의 투자 목적 임대주가 되었으며, 2014년에는 주택 4만 6000채와 기타 부동산으로 구성된 포트폴리오를 운용하면서 19억 달러에 달하는 수입을 올렸다. 현재 부동산 사업은 블랙스톤의 최대 수익원이다. 악명 높은 월가 거물인 블랙스톤 CEO 스티븐 슈워츠먼은 인랜드엠파이어 같은 지역의 임대 사업에 진

• 2012년 미국 대선에 공화당 후보로 출마한 밋 롬니는 사모펀드 회사 베인 캐피털을 통해 거둔 소득의 상당 부분을 역외 계좌에 은닉했다는 비판을 받았다.

출한 것을 일컬어 "미국에 거는 베팅"이라고 했다.[5]

그러나 좀 더 정확히 말해, 블랙스톤은 금융 위기의 여파로 집을 소유할 여력이 있는 사람이 줄었다는 사실에 베팅한 것이다. 앞으로도 블랙스톤 같은 월가 투자자로부터 주택을 임대할 수밖에 없는 사람이 점점 더 많아질 것이다. 이 상황은 대답하기가 지극히 까다로운 경제 문제 한 가지에 답을 제시해 준다. 주택시장이 회복되고 있다면, 대체 왜 주택 보유율은 20년 만에 최저를 기록 중일까? 주택 가격은 2012년 초에 반등하기 시작했고, 2015년 7월에는 주택 판매가 8년 반 만에 최고 활황세를 보였다.[6] 그러나 미국의 주택 소유자 비율은 2004년에 정점을 찍은 이후 여전히 감소하고 있으며, 앞으로도 계속 그럴 것이라고 보는 전문가들이 많다. 돈을 빌리기는 어려워졌고, 평균치를 넘는 실업률이 젊은 세대를 옥죄고 있으며, 베이비 붐 세대가 노인복지주택으로 옮겨가고 있기 때문이다.[7]

언젠가 워런 버핏도 내게 말했듯, 주택 문제 해결은 미국 경제를 바로잡기 위한 선결 조건이다. 2008년 금융 위기가 터진 이후 8년여가 지났지만 문제는 여전히 남아 있다. 전국 주택시장은 회복 단계에 있지만, 미국 전체의 경제 회복 양상과 마찬가지로 심각하게 양극화되어 있다. 워싱턴 DC와 로스앤젤레스 등은 호황인 반면, 디트로이트, 애틀랜타, 인랜드엠파이어 등은 여전히 주택 압류와 악성 담보대출로 힘겨워하고 있다. 전국 주택시장 현황을 살펴본 한 연구 결과에 따르면, 총 자가 주택 가치로 순위를 매겼을 때 상위 10퍼센트에 해당하는 부촌들은 4조 4000억 달러로 미국 전체 주택 가치의 52퍼센트를 점한다. 반면에 하위 40퍼센트 지역들은 고작 8퍼센트를 차지한다. 이 조사 결과는 주택시장 회복의 수혜를 입은 쪽과 그러지 못한 쪽이 어디인지 석나라하게 드러낸다.[8] 연방정부는 각종 주정부 보조 프로그램과 연방정부 보증 채권 등을 활용하여 여전히 대부분의 신규 주택담보대출을 보증해 주고 있다. 건강한 주택시장의 조건이 안정성, 적정한 비용, 폭넓은 접근성, 정부 지원에 과하게 의존하지 않는 것 등이라면, 현재 우리는 주택시장 전문가인 예일대 교수 로버트 실러의 말마따나 "갈 길이 멀다."

정말로 건강한 주택시장을 조성하는 일은 집을 장만하지 못한 이들뿐만 아니라 모두에게 중요한 과제다. 현재 미국 소비자들은 해마다 2조 달러를 주택에 지출하고 있다. 주택시장은 연관 산업에 미치는 영향도 크다. 이를테면 소비재, 정보통신 및 기술, 자동차, 건설, 소매 금융업 등에 걸쳐 수십억 달러에 달하는 부가적 경제 효과를 낳는다. 연구 결과에 따르면, 보유 주택 가치의 상승은 주식 가치의 상승에 비해 소비자 지출을 끌어올리는 효과가 훨씬 더 크다. 2008년 금융 위기 이후에도, 주택을 보유한 사람들은 더 큰 경제적 안정감을 느꼈다. 미국처럼 소비자 지출이 GDP의 70퍼센트를 차지하는 경우, 사람들이 경제적 안정감을 느끼며 소비에 나서는 것이야말로 지속 가능한 경제 성장의 필수 요소다.[9]

사람들에게 주택을 소유해야 한다는 강박에서 벗어날 것을 촉구하는 경제학자들도 존재한다. 주택을 임차하는 것이 이동을 용이하게 만들고 투자 리스크 다변화에도 도움이 되기에 훨씬 합리적이라는 이유에서다. 일부 계층과 특정 지역에는 맞는 말일 수도 있다. 사실 2008년 금융 위기를 통해 깨달은 교훈 하나는 모든 사람이 막대한 주택담보대출을 짊어질 수는 없다는 사실이었다. 그러나 내 집 마련의 꿈은 사람들의 마음 깊숙이 자리해 있다. 싫든 좋든 지금도 대부분의 사람들에게 첫째가는 자산은 증권이나 예금이 아니라 주택이다. 그리고 당분간은 계속 그럴 것이다. 이미 앞에서도 보았듯이, 증권시장이 위기 이전의 수익성을 회복하기는 쉽지 않아 보이기 때문이다. 더욱이 주택 소유가 지역사회의 경제적, 사회적 안정성을 진작한다는 증거도 상당히 많다. 주택 소유자가 임차인에 비해 학교와 공원, 놀이터의 질과 같은 공공 문제에 훨씬 적극적으로 참여하는 경향이 있기 때문이다.[10]

그러나 애석하게도, 2008년 금융 위기 이후 도입된 경제 환경이나 정책은 일반 가정이 아니라 소수의 부유한 투자자들이 미국 부동산시장을 주무르며 대부분의 수익을 챙겨 가는 결과를 낳고 말았다. 블랙스톤 같은 사모펀드나 고액 자산가처럼 부동산에 선제적으로 투자할 여유가 있는 이들이 대표적이다. 부동산 경제학자 폴 디글은 두어 해 전 내게 "투자자들이 주택 가격 회복의 가장 강력한 동력"이라고 말한 바 있다. 소수의 투자자들이 주택 가격을 끌어올리는 바람에 많은 개인 투자자들이 주택 구입을 포기할 지경이 됐다. 이런 상황에 주목한 신용 평가사 피치Fitch는 2013년 보고서에서 "최근 여러 주택시장에서 나타나고 있는 가격 상승은 미국 경제 펀더멘털의 개선 추이를 앞지르고 있다"고 밝혔을 정도다.[11] 피치의 한 애널리스트는 이 내용을 언급하면서 "주택시장 상승세를 촉진하는 것은 기관투자자들의 돈"이라고 덧붙였다. 일반 가계의 형편이 나아져서 그런 것은 아니라는 말이었다.[12]

이는 주택 보유율의 하락뿐만 아니라 임차 인구의 폭증에서도 잘 드러난다. 도저히 주택을 소유할 형편이 안 되는 이들이 늘어나면서 임대 시장 상황은 크게 악화되었다. 1986년 이래 지금처럼 임대용 주택 가운데 빈집이 적었던 적이 없었고, 그 결과 수많은 도시에서 임차료가 급격히 상승하고 있다. 하버드대 주택연구센터Joint Center for Housing Studies에 따르면, 집세 부담이 상당하거나 심각한 수준에 이른 임차인(소득의 최소 30

퍼센트를 월세로 지출하는 이들을 말한다)의 비중은 2000년의 38퍼센트에서 2013년에는 50퍼센트로 뛰어올랐다.[13] 비영리 단체인 도시시민권연대 Right to the City Alliance에서는 그간 사모펀드 자본이 주택시장에 진입하면서 무슨 일이 발생했는지 연구해 왔는데, 이곳의 조직 책임자로서 애틀랜타에서 활동 중인 토니 로마노는 다음과 같이 말한다. "우리를 찾아와서는, 집을 사고는 싶었지만 적당한 가격대의 주택은 이미 다 팔려 버린 상황이라 블랙스톤 소유의 주택에서 담보대출 이자보다 비싼 월세를 부담하며 살고 있다고 호소하는 이들이 상당히 많습니다."[14]

마을의 새로운 주인, 사모펀드

서브프라임 사태 이후 한 가지 우려스러운 점은, 현금을 두둑이 가지고 있지 않거나 신용 상태가 썩 괜찮지 않은 이들은(사실 대부분의 미국인들이 그렇다) 주택을 소유할 길이 없어진 반면, 월가는 공공의 이익에 아랑곳없이 주택시장을 좌지우지할 수 있게 되었다는 것이다. 이는 곳곳에 포터즈빌Pottersville•을 만들어 낼 것이다. 즉 주민들이야 어떻게 되건 집세만 받으면 그만이라 생각하는 투자자들이 장악한 영혼 없는 마을들이 급증할 것이다. 대부분의 일반 시민은 부동산을 구입하려면 담보대출을 받아야 한다. 그런데 현재의 주택 가격과 소득 수준을 감안하면, 평범한 가정이 집값의 10퍼센트인 첫 주택 할부금과 각종 비용을 치르기 위해서는 20년 이상을 저축해야 한다.[15] 하지만 2008년 금융 위기

• 이 책 1장에서 언급했던 영화 〈멋진 인생〉에 등장한 가상의 마을. 극중에서 냉혹한 은행가 포터(Potter)는 형편이 어려운 지역민들의 주택을 압류한 뒤 마을에 자신의 이름을 붙인다.

이후 은행들이 신용 평가를 여전히 엄격하게 하기 때문에 대출조차 여의치 않다. (은행들은 규제 때문에 그렇다고 주장하겠지만, 많은 전문가들은 그저 소매 금융 서비스가 이윤은 적고 리스크는 크기 때문이라고 본다.) 무엇보다 요즘에는 주택담보대출 자격을 얻는 데 필요한 안정적 직장, 벌어 둔 자금, 상당한 수준의 신용 점수 등을 모두 갖춘 사람이 그리 많지 않다. 요즘 개인이 주택담보대출 자격을 충족하기 위해서는 총 대출금의 20~30퍼센트를 지불할 능력과 700점 이상의 신용 점수를 갖춰야 한다는 것이 업계 표준이다. 미국인의 3분의 2는 신용 점수가 750점에 미치지 못한다.

이 문제는 근본적인 부분에서부터 해결해야 한다. 시민들에게 실질적으로 도움이 되는 주택시장을 조성하기 위해서는 좀 더 합리적인 담보대출 관행을 확립하는 한편, 지속 가능한 성장을 도모하고 중산층을 위한 좋은 일자리를 대규모로 창출해야 한다. 그래야만 소비자들이 주택시장으로 진입할 만한 재정적 안정성을 갖출 수 있다. "손쉬운 해결책은 없습니다. 주택 소비를 떠받치고 소비자 신용 경색을 타개하기 위해서는 고용률과 임금을 높여야 합니다." 뉴욕의 부동산 평가 회사 밀러 새뮤얼Miller Samuel의 CEO 조너선 밀러의 주문이다.

하지만 그러려면 투자자가 아니라 주택 소유자를 우대하는 정책도 도입해야 한다. 2008년 이후 이런 정책은 늘 빈약하기만 했다. 사실 나를 비롯한 여러 사람들은 전 재무장관 티머시 가이트너 같은 관료들이 서브프라임 위기 이후 은행이 아니라 주택 소유자들을 더 신속하게 전력을 다해 구제했어야 한다는 입장이다. 만약 그랬다면 메인가가 경제 회복 과정에 힘을 보탤 여지가 더 커졌을 것이다. 주택시장이 미국 경제에서 차지하는 몫은 상당히 크기 때문이다. 직접적으로 따지면 15퍼센트이고 간접적인 것까지 포함하면 더 클 것이다.[16] 그러나 현실은 달랐다. 구제금융은 은행권에 집중됐고, 개별 주택 소유자의 대출을 위한 지원책은 없었다. 그 결과 주택시장 전반에 걸쳐 주택담보대출 자격이 더 엄격해졌다. (그런데 예외도 있다. 단독주택을 위한 41만 7000달러 이상의 고액 담보대출을 얻기는 더욱 쉬워졌다. 대출 기관들이 이런 최상위 경제 계층을 주 고객으로 삼으려 하기 때문이다.)[17]

상원의원 엘리자베스 워런은 2014년에 펴낸 회고록 『싸울 기회』에서, 이 문제로 가이트너와 나눴던 대화 중 특히 인상적이었던 대목을 되짚었다. 2009년 가을께 워런은 가이트너에게 주택 압류가 증가하고 있는데도 왜 주택 소유자들을 위한 조치를 좀 더 취하고 있지 않는지 그 이유를 물었다. 가이트너의 답은 놀라웠다. 그는 은행이 한 번에 처리할 수 있는 압류 물량에 한계가 있기 때문에, 그동안 재무부는 은행들이 "충격을 흡수하기에" 충분할 정도로만 구제금융을 제공하는 데 초점을 맞춰 왔다고 했다. 은행에 과부하가 걸리지 않는 것에 신경을 썼다는 말이었다. 워런은 이를 두고, "수백만 미국인들이 거리에 나앉게 된 상황에서도, 재무장관은 정부의 가장 중요한 업무가 연약한 은행들의 연착륙을 돕는 것이라고 생각했다"며 비판했다.[18] 나도 가이트너 장관과 대화할 때마다 같은 생각을 했다.

어쨌든 이 혼탁하고 망가진 주택시장으로 사모펀드 회사들이 몰려들었다. 금융업계가 만들어 낸 위기를 기회로 삼아 돈을 벌겠다는 심보였다. 사실 오바마 행정부도 이를 반기면서, 사모펀드 투자자들이 주택시장 안정에 도움이 되리라 기대했다.[19] 그 생각은 어떤 면에서 보면 적중했다. 무디스의 경제 분석가 마크 잔디와 애덤 카민스는 주택시장 폭락으로 초토화된 일부 지역에서 사모펀드들이 최저 가격선을 설정하는 역할을 했다는 점에 주목한다. "이처럼 경제가 암울한 시점에 집을 사들이는 일은 강심장만이 할 수 있었다." 두 사람은 당장 돈줄 마련이 급했던 매도자 중에는 기관이 아닌 개인 매입자들이 나설 때까지 기다릴 수 없었던 경우도 아마 있었으리라고 본다.[20]

그러나 사모펀드들은 주택시장에 상당한 리스크를 초래했을 뿐만 아니라 금융화를 압축해 놓은 듯한 비즈니스 모델을 이식했다. 이 모델에서는 오직 자신의 이윤만 챙길 뿐 경제 전반에 유익한 부를 창출하지 않는다. 사모펀드는 은행 업무 중 레버리지 비율이 가장 높은 부문과 흡사하게 운용된다. 하지만 더 공격적이다. 40여 년 전 처음 출현한 이래 사모펀드들은 최소한의 자본과 리스크로 목표 기업에서 최대한 돈을 뽑아내는 특유의 비즈니스 모델을 확립했다. 이 모델은 "1970~1980년대의 주주가치 혁명과 차입 매수 운동을 발판으로 출현했다." 워싱턴에 있는 경제정책연구센터Center for Economic and Policy Research의 선임 경제학자 아일린 애펄바움과 코넬대 교수 로즈메리 뱃이 공동 저작『사모펀드의 실체』에서 한 말이다.[21] 이 주장은 이 책의 3~5장에서 살펴본 바와 정확히 일치한다. 두 사람의 말처럼, "사모펀드의 부상은 미국의 기업 개념에 근본적인 변화가 일어났음을 시사한다. 과거에는 기업을 폭넓은 이해관계자들의 필요에 이바지하는 생산적이고 안정적인 산업 조직으로 보았다면, 이제는 주주가치 극대화를 위해 사고팔 수 있는 자산 뭉치 정도로 여기기에 이른 것이다."

시장을 넓은 바다로 본다면, 블랙스톤 같은 사모펀드들은 백상아리 떼라 할 수 있다. 이들은 부채, 레버리지, 매입 기업의 자산 분리, 조세 회피, 법망 우회 등 온갖 수법을 동원하여 투자자, 유한책임 파트너사, 포트폴리오 회사 및 그곳에 있는 인력, 나아가서는 사회 전체를 약탈한다.[22] 2012년 미국 대통령 선거전 당시 밋 롬니가 후보에 오르자, 사모펀드 회사들이 과연 일자리를 늘리는지 줄이는지 여부를 놓고 격렬한 논전이 벌어졌다. 다양한 방식으로 연구를 해 볼 수 있겠지만, 결론만 말하자면 사모펀드에 경영권을 오랫동안 장악당한 기업은 대체로 고용이 줄어든다. 일자리 파괴는 특히 소매업 부문에서 심각하다. 설령 사모펀드가 일자리에 기여하는 경우가 있다 해도 기껏해야 미미한 수준에 그친다.[23] 한 가지 분명한 것은 사모펀드의 비즈니스 모델이 월가의 그 어떤 관행보다도 심하게 다른 이들의 몫을 빼앗아 소수 투자자들의 배를 불려 준다는 점이다. 여기서 잊지 말아야 할 점이 있는데, 사모펀드가 실소유주로 활동하는 경우도 있지만(물론 그에 걸맞은 규제나 과세는 좀처럼 받지 않는다) 이들의 본질은 금융 중개 기관이라는 사실이다. 그들은 파이를 키워서 돈을 벌지 않는다. 더욱 큰 조각을 떼어 갈 뿐이다.

그들이 돈을 버는 법

대부분의 사람들은 사모펀드 모델이 실제로 어떻게 작동하는지 전혀 모른다. 그러나 사모펀드는 의외로 가까운 곳에 있다. 최근에 나온 몇 가지 조사에 따르면, 미국 노동자 14명 중 1명은 사모펀드가 적어도 일부나마 지분을 보유한 기업에서 일하고 있다.[24] 더 놀라운 사실은 미국인 가운데 상당수가 연금 펀드와 뮤추얼 펀드를 통해 이 회사들에 돈을 대 주고 있다는 것이다. 요 몇 년간 사모펀드들은 대부분의 자금을 연금 펀드(총자본의 44퍼센트를 공급한다)라든가 뮤추얼 펀드, 국부 펀드, 부유한 자산가 등을 통해 조달한 뒤 투자 대상 기업들로 구성된 포트폴리오에 투자, 운용해 왔다. 생각하면 할수록 입이 다물어지지 않는 시스템이다. 미국 시민들의 소중한 은퇴용 목돈이 이들 자신의 일자리를 없애고 내 집 마련을 어렵게 만드는 바로 그 회사들의 돈줄이라니. 그러면서 사모펀드는 자금 여력이 없는 일반 소비자가 참여할 수 없는 영역에서 막대한 이윤을 챙긴다. 바로 금융화의 폐쇄적 순환 고리다.

그렇다면 왜 대형 기관투자자들은 이 월가의 늑대들에게 돈을 맡길까? 약속한 수익률을 달성해야 한다는 압력이 점점 커지고 있기 때문이다. 이를테면 연금 생활자는 달마다 연금을 받아야 하고, 대학은 운영 기금이 필요하며, 독재 정권은 국민들에게 정치적 자유 대신 경제적 이득을 안겨 주기 위해 국부 펀드를 키워야 한다. 그런데 많은 경우 기관 투자자들이 고객들에게 해 주었던 약속은 애초에 실현 가능성이 떨어졌다. 예를 들면, 다수의 연금 펀드가 연 수익률 8퍼센트를 약속한다. 최근의 경제 상황을 감안하면 불가능한 수치다. 어쨌든 이런 목표치를 달성하기 위해 기관투자자는 대형 사모펀드에게 달려간다. 이들은 단기간에 큰 수익을 창출하는 것으로 명성이 높기 때문이다. 이때 사모펀드는 기업의 몸집을 줄이고 자산을 매각하는 방법을 구사하는가 하면, 금융업계 내부자가 아니면 모르는 비상장 영역에 접근할 수 있는 독점적 능력을 활용하기도 한다.

그런 영역 가운데 하나가 바로 기술 산업이다. (이미 4장에서 상세히 설명했듯) 증시로부터 가해지는 단기적이고 근시안적인 압력 때문에, 현재 미국에서 고속 성장 중인 실리콘밸리 기업들은 불가피한 경우가 아니라면 상장하지 않는 쪽을 택하는 추세다. 우버Uber나 에어비앤비Airbnb 같은 기업들을 떠올려 보자. 이 회사들은 수십억 달러의 자금을 증시 밖에서 조달해야 했지만 기업공개는 한사코 거부해 왔다. 사실 그 정도 자금을 모으려면 으레 증시 상장을 거치곤 하지만, 이들은 어지간하면 상장을 하지 않으려 한다. 상장하는 순간 행동주의 투자자 등의 손쉬운 먹잇감이 되어 장기 전략을 실행하기가 어려워지기 때문이다. 결국 이 말은 이런 회사가 부를 창출하려면 그 시장에 투자하는 헤지펀드나 사모펀드와 손을 잡을 수밖에 없다는 뜻이다.

이 투자 영역을 이른바 '성장 투자growth investing'라 부른다. 성장 투자는 비교적 새로운 분야로, 기업 인수, 인수 기업의 부채 확대, 최고 호가에 매각 등의 과정을 거쳤던 과거 모델이 거의 한계에 도달하면서 등장했다. 지금처럼 기업 가치 평가액이 높은 상황에서, 사모펀드들은 머지않아 옛 모델로 고수익을 얻기 힘들어질 가능성이 높다. 사모펀드들은 그 대안으로 잘나가는 기술 스타트업의 소수 지분을 인수하는 쪽으로 방향을 틀었다.[25] 스타트업의 전형적인 자금 유치 방식이 이렇게 흘러가면서 여러 가지 불안한 양상이 나타나고 있다. 미국에서 가장 혁신적인 기업들이 창출한 부가 소수의 손에 독점되는 현상이 심해지고 있을 뿐만 아니라, 이 회사들이 비상장 기업으로 머무르면서 재무적 투명성 역시 떨어지고 있다.

사모펀드들이 이렇듯 새로운 투자 전략을 도입했음에도 이것이 장기적으로 기대만큼 수익을 낳을지는 아직 분명치 않다. 일례로 2009년의 한 연구 결과에 따르면, 사모펀드에 투자한 사람들은 거액의 펀드 수수료를 제하고 나면 S&P 500 지수 수익률에 미치지 못하는 수익을 거두었다.[26] 심지어 IMF는 연금 펀드들이 사모펀드 및 기타 고위험 '대체 투자'에 깊이 발을 담그면서 그 자체가 대마불사형 금융기관처럼 변해 간다고 경고했을 정도다. OECD 역시, 사모펀드와 밀접한 관계를 맺고 있는 연금 펀드들은 시장 상황이 돌변했을 때 자체 상환 능력에 "심각한 위기"가 닥칠 수도 있다고 지적했다.[27]

캘리포니아주 교사, 소방관, 경찰관 등 주정부 공무원들의 퇴직연금 계좌를 운용하는 칼퍼스CalPERS처럼 대단히 복잡하고 규모가 큰 연금 펀드조차 사모펀드 회사에 건넨 투자금이 어떻게 쓰이는지, 수수료는 어떤 기준으로 책정되는지 그 상세한 내역을 보기가 힘든 형편이다. 2015년에 캘리포니아주 재무장관 존 장은 자신은 물론이고 칼퍼스 임원들도 지난 25년 동안 사모펀드 측이 수수료를 도대체 얼마나 떼어 갔는지 전혀 모른다며 불만을 터뜨렸다. 운용사에서 보내온 서류가 너무나 복잡하고 불명료해서 알아먹기가 불가능했기 때문이다. 한 가지 분명한 사실은 수수료가 엄청나다는 점이다. 사모펀드 전문가인 옥스퍼드대 사이드 경영대학원 교수 뤼도비크 팔리푸는 이렇게 말했다. "칼퍼스가 제시받은 총 청구액은 천문학적일 겁니다. 정확한 액수를 알게 되면 숨이 넘어가겠죠."[28] 이러니 최근 칼퍼스가 고비용과 복잡성으로 말미암아 리스크가 너무 높다는 이유로 40억 달러에 이르는 헤지펀드 투자금을 줄여 나가기로 결정한 것도 당연한 일이다.

많은 사람들이 칼퍼스의 결정을 기점으로 다른 연금 펀드들도 그 뒤를 따를 것이라 기대했다. 그러나 이런 바람과는 달리, 복잡하고 수수료가 높은 상품에 투자하는 관행은 여전히 계속되고 있다.[29] 사실 사모펀드 업계의 거물들은 월가에서도 단연 부유한 축에 속한다. 이들의 활약은 그보다 한 단계 아래에 있는 금융업자들에게 할 수 있다는 영감을 불어넣을 정도다. 맨해튼을 사방으로 조망하는 자리에 근사하게 꾸며 놓은 사무실, 세계적인 예술품이 곳곳에 진열된 대궐 같은 저택, 유명 연예인들이 공연을 펼치는 생일 파티 등을 상상해 보라. 사모펀드 같은 그림자 은행업계의 거물들은 똑똑하고 카리스마가 넘치며 신뢰감을 준다. 그리고 무자비하다. 내가 경영 기자로 보낸 20년 세월 가운데 가장 기억에 남는 사무실 장식품은 정성스레 관리된 고색창연한 사출좌석이었다. 제2차 세계대전 당시의 전투기에 실려 있었을 그 조종석은 억만장자 행동주의 투자자 빌 애크먼의 회의실에 놓여 있었다. 애크먼은 백화점 체인 JC페니의 경영 개선에 손댔다 실패하고 건강보조식품 업체 허벌라이프Herbalife를 날려 버리려 한 장본인이다.

한편 사모펀드에 자금을 대는 기관투자자와 고액 자산가들은 이런 업체의 '유한책임 파트너limited partner'•로 간주되지만 사실 행사할 수 있는 권리는 제한적이다. 반면에 블랙스톤의 슈워츠먼 같은 무한책임 파트너general partner는 마음껏 자금을 동원할 수 있다. 이들은 사모펀드에 가장 빠르게 수익을 안겨 줄 만한 회사를 찾아다닌다. 상장 기업을 인수하여 비상장 기업으로 전환한 뒤 되팔기도 하고(이때 매각가를 높이기 위해 기업을 쪼개는 경우도 많다), 가족 소유 기업을 설립자로부터 사들이기도 한다. 대기업이 몸집을 줄이려고 내놓은 사업 부문을 매입하는 경우도 있다(블랙스톤은 GE의 상업 부동산 부문을 인수했다). 그리고 다른 사모펀드 업체나 비상장 기업을 직접 인수하기도 한다. 사모펀드 포트폴리오에 속한 기업들은 서로 별 상관이 없는 경우가 많다. 이 회사들이 서로 성장을 촉진케 하려는 목적에서가 아니라 펀드 자체의 돈을 불릴 생각으로 투자한 것에 불과하기 때문이다. 이런 점에서 보면 이 기업들은 그저 필요에 따라 사고팔 수 있는 자산 묶음인 셈이다. 심혈을 기울여 성장시킨다든가, 서로 도움을 주게끔 체계적으로 관리할 대상이 아

• 사모펀드는 무한책임 파트너와 유한책임 파트너로 구성되는 합자조합(limited partnership) 형태를 띤다. 그 이유는 세제상의 이익 때문이다. 합자조합은 도관 법인 (pass-through entity)이므로 법인세가 부과되지 않고, 파트너들은 올린 소득에 대해 소득세보다 세율이 낮은 자본이득세를 납부한다. 정보 접근권과 운용 능력이 나은 무한책임 파트너가 자기 책임하에 유한책임 파트너를 모집하여 투자, 운용, 배당을 시행한다.

닌 것이다.

사모펀드 회사는 이런 구조를 택함으로써 포트폴리오 구성 기업들의 지주회사처럼 행동하고, 그에 따라 법적 책임이 줄어든다. 일례로 2006년에 있었던 티슈먼 스파이어Tishman Speyer와 블랙록의 투자 실패 사례를 살펴보자. 이들은 당시 사모펀드를 모집하여 맨해튼의 임대료 규제 아파트 단지인 스타이버선트 타운Stuyvesant Town과 피터 쿠퍼 빌리지 Peter Cooper Village를 매입하려 했다. 이 54억 달러짜리 사업은 20퍼센트의 자기자본과 80퍼센트의 부채로 추진됐다(다음 장에서 살펴보겠지만, 미국의 세제는 자기자본보다 부채를 우대한다. 이들 역시 이런 이점을 극대화하기 위해 부채를 졌다). 펀드 파트너들은 기존 세입자를 내쫓고 임대료 규제 아파트를 고급 아파트로 전환하고 싶었다. 그러나 끊임없는 시위와 법원의 판결로 이 계획은 수포로 돌아갔고, 급기야 파트너들은 담보대출 상환금을 체납하기에 이르렀다. 잉글랜드 성공회, 싱가포르 정부, 칼퍼스, 그리고 캘리포니아주와 플로리다주의 공공 연기금 두 곳을 비롯한 투자자들은 그 바람에 총 8억 5000만 달러의 손실을 입었다. 그러나 티슈먼 스파이어와 블랙록은 이 목표를 위해 따로 설립한 투자기구에 책임을 전가해 놓은 상태였기 때문에 각각 최초 투자금인 1억 1200만 달러 외에는 손실을 보지 않았다. 그뿐 아니라 월세를 불법적으로 인상했기에 세입자들에게 환불해 주어야 할 2억 1500만 달러에 대한 책임도 지지 않았다. 이 비용은 결국 새로운 집주인들이 해결했다. 이처럼 엄청난 낭패를 겪었음에도 티슈먼 스파이어의 연간 수익은 거의 아무런 타격을 입지 않았다.[30]

왜 부동산을 노리는가

사모펀드들이 부동산이 포함된 거래를 선호하는 이유는 무엇일까? 우선 고정 자산을 확보하여 여기서 임대료 수입을 짜내거나, 쪼개서 최고 가를 부르는 이에게 매각할 수도 있기 때문이다. 실은 이것이야말로 사모펀드들이 실물 부동산을 보유한 레스토랑과 소매업체를 노리는 주된 이유다. 밋 롬니와 베인 캐피털이 바로 이 전략을 거의 처음으로 구사한 주인공이다. 이들은 도미노 피자Domino's Pizza 같은 레스토랑 체인을 매입한 뒤 안정적인 현금 흐름을 활용하여 엄청난 배당 수익을 챙겼다. 최근에는 주시 쿠튀르Juicy Couture 같은 의류업체도 인수 표적이 된 바 있다. 백화점 체인 업체 머빈스Mervyn's도 같은 신세였는데, 이 사례는 사모펀드의 포트폴리오 기업이 얼마나 빨리 빈껍데기만 남을 수 있는지 극명하게 보여 준다.

대형 유통업체 타깃Target의 자회사였던 머빈스는 매장 257곳을 보유한 중견 소매업체로, 그리 유명하지는 않았지만 수익성은 꽤 좋았다. 2004년 서버러스 캐피털 매니지먼트Cerberus Capital Management, 선 캐피털 파트너스Sun Capital Partners, 루버트–애들러 매니지먼트Lubert-Adler Management, 클래프 부동산Klaff Realty 등이 참여한 사모펀드 컨소시엄이 머빈스를 인수했다. 즉각 이들은 머빈스에서 부동산 자산을 분리한 뒤 담보물로 활용하여 뱅크 오브 아메리카Bank of America로부터 8억 달러를 차입했다. 이 대출금은 타깃 측에 인수 대금을 치르는 데 쓰였다. 머빈스는 이 거래를 통해 아무것도 얻지 못했다. 뱅크 오브 아메리카는 이 대출 약정을 다른 약정과 이어 붙이고 쪼갠 뒤 다시 팔아 넘겼다. 머빈스는 이미 쓰고 있던 매장을 실제로 소유했을 때보다 더 높은 가격에 임차해야만 했다. 이런 추가 비용을 들이면서도 이윤을 유지하고 싶었던 사모펀드 측은 종업원 해고를 요구했다. 해고를 피한 직원들은 하루에 14~15시간을 근무해야 했다. 그 결과 당연히 서비스 품질과 매출이 떨어졌다. 인수 이전에는 한 해에 1억 6000만 달러를 벌어들이던 머빈스는 2007년 6400만 달러의 손실을 기록했다(그런데 애펄바움과 뱃이 지적했듯, 이 액수는 머빈스가 추가로 지불한 매장 임대료 8000만 달러에 미치지 못했다. 순전히 컨소시엄이 위험천만한 부동산 거래를 통해 머빈스 측에 비용을 떠넘겼기 때문에 발생한 손실인 셈이다). 자연히 납품업체들은 머빈스가 과연 물품 대금을 제대로 지급할 수 있을지 근심이 깊어졌고, 그에 따라 진열 상품들도 빈약해져 갔다. 결국 2008년 최악의 상황이 벌어졌다. 연중 가장 중요한 판매철 가운데 하나인 학기 초에 필요한 의류와 상품들을 제대로 확보할 수 없게 된 것이다. 결국 그해 7월 머빈스는 파산했고, 납품업체들은 1억 200만 달러의 미수금을 받아 내려고 아우성을 쳤다. 그러나 사모펀드는 파산 시점에도 돈을 벌었다. 부동산으로 거둔 수익이 손실을 채우고도 남았기 때문이다.

머빈스 사태는 사모펀드가 불러오는 전형적인 비극이다. 그런데 한 가지 반전도 있었다. 2008년 9월 납품업체들의 지지를 등에 업은 머빈스가 타깃과 사모펀드 컨소시엄 등을 고소한 것이다. 이들이 부동산을 매각하면서 의도적으로 머빈스의 신용 상태를 위험에 빠뜨리는 등 사기 거래를 행했다는 주장이었다. 법원은 머빈스의 손을 들어 주었고, 컨소시엄은 납품업체들에 1억 6600만 달러를 지급해야 했다. 이는 사모펀드 회사를 상대로 받아 낸 가장 큰 규모의 합의금이었다.[31]

물론 월가에 떠도는 말처럼, 과거의 행적이 미래의 결과를 결정하지는 않는다. 그러나 사모펀드의 이력이나 미국 기업계를 뒤흔든 거래들을 돌아보면, 미국 주택시장의 미래를 우려할 수밖에 없는 이유가 너무도 많다. 사모펀드들이 단독주택 시장에 무려 200억 달러를 쏟아부으며 여러 주요 대도시권에서 큰손으로 등극한 상황에서는 더더욱 걱정스럽다.[32] 주택 산업은 이런 투자자를 선호한다. 이들이 엄청난 현금 동원력을 갖추고 있기 때문이다. 사모펀드 회사 때문에 개인뿐만 아니라 비영리 조직과 지역사회 단체까지 주택을 구입할 기회를 빼앗겼다. 이 단체들은 압류 주택을 매입하여 원소유주가 자립할 때까지 임차권을 주거나, 새로운 매입자에게 넘겨 지역 내 다양성과 포용성을 보존할 길을 모색하고 있었던 것이다.[33] 이에 대해 도시시민권연대의 로마노는 다음과 같이 말한다. "우리의 목표는 안정적이고 가격도 적당한 양질의 주택이 공급되는 시장을 지역사회에 구축하는 것입니다. 사모펀드들의 목표는 하납니다. 돈벌이죠."

더욱 심각한 문제는 사모펀드 회사들은 그림자 은행업 부문에 속해 있기 때문에 다른 여러 주택시장 참여자보다 훨씬 규제를 덜 받는다는 사실이다. 이들은 별다른 감독을 받지 않고 부채와 레버리지를 자유로이 활용할 수 있다. 저 두 요소가 금융 위기의 중대한 원인이었음을 감안하면 우려스러울 수밖에 없다. 그뿐 아니라 사모펀드 회사들의 비즈니스 모델 역시 면밀히 점검된 바 없이 여전히 불투명한 상태다. 이를 두고, 미국진보센터Center for American Progress의 주택 정책 책임자로 사모펀드의 주택시장 진출에 대한 상세 보고서를 작성한 바 있는 세라 에덜먼은 이렇게 말한다. "이 친구들은 일반 은행처럼 보고 의무를 꼬박꼬박 이행하지 않습니다. 저들이 대체 어떻게 운영을 하는지 알 만한 정보가 부족한 상황이죠."[34]

저소득층 지역에서조차도 사모펀드 회사 입장에서는 적당한 가격대의 주택을 공급해야 할 이유가 없다. 이들은 높은 가격을 불러 현지의 다른 경쟁자들을 물리치고, 최소한의 보수만 한 후(손을 많이 대면 재산 가액이 높아져 고액의 세금을 맞을 수도 있다), 평균보다 높은 임대료에 집을 내놓는다. 그러면 기존 세입자는 쫓겨나고 마을의 성격 자체가 바뀐다. 최근 캘리포니아주의 지역사회 비영리 단체들을 대상으로 수행된 조사에 따르면, 거의 하나같이 사모펀드가 각 지역에 침투하면서 정확히 이런 현상이 벌어졌다고 술회했다.[35]

더구나 이런 기업형 주택 소유주는 끔찍한 집주인이기 십상이다. 블랙스톤의 자회사 인비테이션 홈스가 소유한 주택의 세입자들을 대상으로 실시된 조사에서는, 시설 관리 태만, 과도한 임대료 책정, 부당한 퇴거 조치 등이 상당히 심각한 수준인 것으로 드러났다. 도시시민권연대에 따르면, 인비테이션 홈스 세입자 가운데 4분의 3이 임대인을 직접 만난 적이 한 번도 없으며, 상당수는 그저 온라인으로만 접촉했다고 한다. 그러니 바퀴벌레 따위에 시달린 가구가 39퍼센트에 달하고, 지붕 누수 문제를 겪은 집이 18퍼센트나 되는 것도 당연하다. 심지어 상당수는 주법에 어긋날 정도로 과도한 보증금을 요구받았다.[36] 로마노는 이를 다음과 같이 비판한다. "사람들은 저희에게 전화로 이렇게 호소합니다. '집주인이 저를 아파트에서 쫓아내려 하는데 정작 저는 집주인이 누군지 전혀 몰라요.' 지역사회의 주택시장 통제력이 떨어질수록 책임감이라는 것을 보기가 어려워지고, 이윤을 그 무엇보다 우선시하는 경향이 더욱 심해집니다."

그런데 정부가 이런 추세를 직접 조장하고 있다. 주택시장이 경색되기 시작하고 저렴한 주택을 찾기 힘들어지면서, 사모펀드와 헤지펀드들은 연방 주택도시개발부를 통해 패니 메이와 프레디 맥 같은 금융 공기업으로부터 악성 대출 포트폴리오를 사들이기 시작했다. 주택도시개발부가 현지의 주택 매입자들을 우선시하기 시작한 것은 저렴하고 좋은 주택들이 대부분 팔리고 나서 한참이 지난 최근의 일이다.[37] 게다가 블랙스톤 등은 이제 임대용 부동산 포트폴리오를 '증권화' 하고 있다. 그러니까 2008년 금융 위기를 초래한 주택담보대출유동화증권과 동일한 유형의 증권을 발행하고 있는 것이다. 다만 이번에는 매입 주택에서 나오는 임대료 매출 흐름을 증권화한다는 점이 다를 뿐이다. 이런 방식은 지난번 주택시장을 침몰시킨 기상천외한 금융 기법과 성격이 유사하다.

2012년 사모펀드 회사들이 단독주택을 활발하게 사들이기 시작한 이래, JP모건 체이스와 도이치 은행Deutsche Bank 같은 투자은행들은 수십억 달러에 달하는 신용을 공급하며 이를 뒷받침해 주었다. 블랙스톤, 콜로니 캐피털Colony Capital, 아메리칸 홈스 포 렌트American Homes 4 Rent 등은 투자은행 측으로부터 확보한 대출금으로 주택을 매입한 뒤 이를 다시 묶어서 뮤추얼 펀드 같은 다른 시장 참가자들에게 되팔고 있다. 주택시장이 호황인 여러 지역에서는 작은 업체들, 특히 새롭게 등장한 주택 임대 회사들도 이런 투자 행각에 동참하고 있다. 대형 사모펀드들은 이들에게 일괄 저당 방식으로 자금을 공급하기 시작했다. 물론 일괄 저당 약정 역시 이리저리 결합되고 쪼개지고 묶여 연쇄적으로 팔려 가다 보면, 언제 터질지 모르는 폭탄이 누구 손에 들려 있는지 모를 지경이 된다. 그리고 이자율이 인상되는 동시에 현금에 목마른 임대 회사들이 이런 대출을 얻기가 어려워지면서, 일부 회사들은 증시 상장을 통해 주택 매입 잔치를 다시 벌일 자금원을 확보하기 시작했다.[38]

이 모든 일은 현실 세계의 부와 금융 리스크에 상당한 여파를 미친다.

사모펀드가 임대 수익을 활용하여 엄청난 규모의 대출을 일으킨 후 그 돈으로 주택을 더 사들이는 것만이 문제가 아니다. 이들이 발행한 채권을 산 사람들이 시장 붕괴로 보유 채권을 일거에 매도하는 상황이 닥치면, 수백만에 이르는 세입자들이 팔려 나간 주택에서 쫓겨날 처지에 몰릴 수도 있다. 결국 2008년 금융 위기 이전과 마찬가지로, 현재의 주택 시장에서도 극빈층이 가장 취약한 상태에 있다.

이렇게 임대료를 기초 자산으로 해서 만들어진 증권은 악성이 될 가능성이 크다고 전문가들은 경고한다. 그 중심에는 주택 소유자가 아니라 세입자들이 있기 때문이다. 세입자들은 비교적 젊고 경제적 여건이 좋지 않으며 긴급한 건강 문제나 실직 상황에 대처하기가 힘들다. 이에 대해 경제정책연구센터의 애펄바움은 다음과 같이 말한다. "임대 소득을 기초로 한 증권은 몹시 불안정한 매출 흐름을 기반으로 합니다. 주변 사람 중에서 젊은 친구를 떠올려 보세요. 시원찮은 직장에 다니면서 셋방살이를 하다가 언제 해고당할지 모르죠. 아니면 젊은 시절 자신의 모습을 생각해 봐도 좋습니다. 이런 세입자는 형편이 나빠지면 결국 부모네 지하실에 기어들어가겠죠. 그런데 이들이 월세를 못 내면 그 부담은 사모펀드가 아니라 사모펀드의 증권을 인수한 측이 집니다. 도무지 이런 증권을 왜 사는지 모르겠습니다."[39] 그러나 이미 그런 증권은 수십억 달러어치나 팔려 나갔고, 부동산시장 전문가들은 몇 년 후에는 1조 5000억 달러에 이를 것이라고 본다.[40]

2008년 주택시장 위기를 연상시키는 을씨년스러운 상황이 아닐 수 없다. 그 당시 위기를 초래했던 요인들, 즉 엄청난 규모의 부채와 레버리지, 불투명성, 미흡한 규제, 대출이나 책임성에 대한 점검 부족 등이 다시 맞물리며 위험천만한 버블이 잉태되고 있는 것이다. 그리되면 메인가는 초토화될 수도 있다. 그 와중에도 월가는 주머니를 불릴 것이다. 에덜먼은 이렇게 묻는다. "이런 상황이 서브프라임 사태의 열 배에 달하는 파국으로 치닫지 않으리라 과연 장담할 수 있을까요? 답은 간단합니다. 장담할 수 없어요. 사모펀드들은 완전히 새로운 시장을 만들어 내는 그림자 은행이기 때문입니다. 우리는 그들이 어떤 종류의 증권을 발행하는지 잘 알지 못합니다. 그들이 어떤 부동산 관리사가 될지도 알 수 없습니다. 지금 우리는 전혀 새로운 주택시장 패러다임의 초입에 서 있습니다. 이 패러다임이 장차 어디로 나아갈지는 아직 알 수 없습니다."[41]

그럼에도 한 가지는 분명하다. 현대 금융 시스템의 성장이 주택시장의 변화와 함께 이루어졌다는 것이다. 샌프란시스코 연방준비은행과 독일 본 대학교의 연구에 따르면, 20세기 초 산업화 국가들의 주택 금융은 연간 경제 활동의 20퍼센트 정도였으나 2010년에는 69퍼센트로 올랐다.[42] 미국 소비자들은 주택에 소득의 가장 큰 몫을 지출한다. 따라서 미국 경제의 향방은 주택시장에 달려 있다. 많은 경제학자들은 이런 추세가 더 가속될 것이라고 생각한다. 어데어 터너가 『부채의 늪과 악마의 유혹 사이에서』를 통해 지적했다시피, 기존 자산에 대해 이루어진 대출 가운데 가장 규모가 큰 돈이 이미 부동산으로 향하고 있다. 미국은 물론 다른 선진국에서도 마찬가지다. 사람들은 돈이 많아질수록 더 번듯한 집에서 살고 싶어 한다. 그러면 기존의 부동산 자산 가격이 오르는데, 특히 뉴욕, 런던, 홍콩 같은 주요 대도시에서 더욱 두드러진다. 이런 지역에서는 신규 부동산 개발이 거의 이루어지지 않지만, 기존 부동산 매매가 상당히 활발하다. 이는 자산 가치는 상승시키지만 일자리는 별로 늘리지 않는다. 부동산 매매 시장은 금융화의 양상에 특히 민감하다. 왜냐하면 돈이 금융이라는 폐쇄적 순환 고리 내에만 머물러 있기 때문이다.[43] 바로 이것이 부동산 규제를 더더욱 신중하게 설계해야 하는 이유다. 이 문제는 11장에서 다시 살펴보겠다.

앞에서 이미 살펴본 것처럼, 최근의 금융 탈규제는 주로 금융을 통해 주택시장을 살려야 한다는 논리에서 비롯되었다. 찰스 칼로미리스와 스티븐 헤이버가 함께 집필한 『설계부터 취약했다: 은행 위기와 신용 경색의 정치적 기원』에서도 진단했다시피, 서브프라임 사태 자체는 "은행가와 채무자 모두의 인센티브를 왜곡한 일련의 기상천외한 정치적 거래의 산물"이었다.[44] 그런데 불행하게도 그때의 패러다임은 그대로 남아 있다. 모르긴 몰라도 더 악화되었을 것이다. 주택시장의 큰손 가운데 일부는 정규 은행업 부문에서 벗어나 있음을 고려하면, 미국의 가장 중요한 산업인 주택 산업과 가장 빠르게 성장하고 있지만 가장 불투명한 금융 부문인 그림자 은행업이 한데 엮인 것이다. 그런데 지난 금융 위기와 달리 지금은 금융기관들이 그저 고위험 증권 거래만 하는 것이 아니다. 이들은 아예 실물 부동산을 직접 소유하고 운영까지 하고 있다. 보통 사람들의 삶에 더욱 직접적인 영향을 끼친다는 말이다. 다시 말하지만 사모펀드들은 이미 많은 사람들의 일자리를 좌지우지해 왔다. 이제는 집 지붕까지 틀어쥐고 있다.

기업형 집주인의 득세

최근 몇 년 동안 주택 문제 활동가들이 맞닥뜨린 가장 큰 난제는 베일에 가려진 기업형 집주인들의 정체를 파악하는 일이었다. 특히 2010년 도드-프랭크 금융개혁법이 통과되기 전까지 30년 동안 정치권의 그 누구도 사모펀드 회사들에 특별한 관심을 기울이지 않았기 때문에, 이 문제를 풀기가 더 힘들 수밖에 없다. 사람들은 사모펀드가 그림자 은행업 영역에 속해 있으므로 일반 소비자에게는 별 영향을 주지 않는 범위 내에서 활동할 것이라 짐작했다. 이 믿음은 여지없이 깨졌다. 헤지펀드 롱텀 캐피털 매니지먼트의 붕괴가 글로벌 시장에 일으킨 파장을 생각해 보면 잘 알 수 있다. 이 펀드의 몰락이 초래한 충격을 상쇄하기 위해 정부가 개입함으로써, 그림자 은행은 대마불사형 금융기관처럼 연방정부의 뒷받침을 누리지 못한다는 통념이 깨졌다. 물론 당시 지원은 노골적이라기보다 암암리에 이루어졌다.

2008년 금융 위기 이후 마치 칡넝쿨처럼 급속히 성장한 것은 연방정부가 보증하는 정규 은행이라기보다 그림자 은행이다. 그와 함께 리스크는 금융시장의 가장 어두운 영역으로 옮겨 가고 있다. 글로벌 금융 시스템의 총자산에서 정규 은행들이 차지하는 몫은 하락해 온 반면, 그림자 은행들의 비중은 2014년 한 해에만 10퍼센트 증가해서 무려 36조 달러에 이르렀다. 미국 경제 규모의 두 배가 넘는다.[45] 그림자 은행은 사모펀드뿐만 아니라 헤지펀드, 머니 마켓 펀드, 구조화금융기구, 부동산 투자신탁, 그 밖에 기이한 약자를 이름으로 쓰는 신종 투자 수단들을 모두 망라한다. 그동안 규제 당국이 정규 은행들의 투명성을 높이기 위해 애쓰면서 이런저런 성과를 거뒀다. 그런데 이렇게 규제가 가해지자 돈과 인재, 리스크가 비정규 부문으로 신속하게 이동하고 있다. 그중에서도 사모펀드 업계는 가장 각광받는 곳으로, 현재 젊은 금융 인력의 인기를 독차지하고 있다. 고급 인력의 행선지를 보면 미국 금융 시스템에서 리스크와 보상이 가장 큰 곳이 어디인지 알 수 있다.[46]

예전에는 사모펀드가 애틀랜타, 라스베이거스, 피닉스, 인랜드엠파이어 지역, 그리고 마이애미를 비롯한 플로리다주 일부 지역 주택시장의 1~2퍼센트만을 차지했다. 그러나 요즘 들어 어떤 지역에서는 10퍼센트까지 소유하고 있다. 시장 지배력이 상당해진 것이다. 사모펀드가 임대료와 부동산 가격을 상승시켰음은 분명하지만, 이들이 주택을 쓸어담으면서 발생한 구체적 효과는 지역에 따라 다르다. 예를 들어 애틀랜타의 경우, 사모펀드의 매입 덕택에 몇몇 중산층 지역에서는 주택 가격이 안정되었다고 말하는 전문가들도 있다. 귀넷 카운티가 대표적이다. 교육 환경이 좋고 주로 중산층이 거주하는 이곳에서 사모펀드들이 압류 주택을 대량으로 사들이면서 가격 폭락을 막아 주었다고 한다. 2013년 4월에는 블랙스톤 한 곳에서 단 하루 동안 애틀랜타의 주택 1380채를 매입했다.[47] 애틀랜타의 비영리 단체인 애틀랜타 지역개발 파트너십 Atlanta Neighborhood Development Partnership은 지난 25년간 지역 내 주택 문제를 다뤄 왔다. 이곳 CEO 존 오캘러핸은 다음과 같이 말한다. "사모펀드 자본이 대거 유입되지 않았다면 도저히 팔릴 수 없을 정도로 망가진 주택들이 있었습니다. 남는 빈집 가운데 일부를 주택시장에서 빼내는 데 사모펀드들이 도움이 된 것은 사실이라 생각합니다. 압류 속도를 늦추는 데 도움이 되었죠." 이 말은 사모펀드 회사의 자기 방어 논리를 그대로 따르고 있다. 자신들의 활동이 위기 상황에서 시급한 '유동성'을 공급하고 지역을 안정시킨다는 논리다. 이 책을 집필하면서 접촉한 인비테이션 홈스의 임원들은 인터뷰 요청을 받아들이지는 않았지만, 대신 무디스의 수석 경제학자 마크 잔디 등이 쓴 글을 살펴볼 것을 권했다. 여기에 자신들의 생각이 담겨 있다는 것이었다. 그러나 잔디 역시 최근에 공동으로 작성한 무디스 내부 보고서에서, 기관투자자들이 나쁜 집주인 노릇을 하거나 임대료를 너무 급하게 올리거나 임대주택을 제대로 관리하지 않는다는 등의 우려 가운데 상당수는 "일리가 있다"고 인정했다. 물론 이런 불만은 지방 영세 임대업체 측에도 이따금 제기된다.[48]

하지만 오캘러핸은 한 가지 옥의 티를 언급한다. 유독 사모펀드 집주인들은 손질한 주택을 개인에게 팔 생각이 별로 없다는 것이다. 이들은 세제 혜택을 극대화하기 위해 사모펀드끼리 매각하거나 부동산 투자신탁REIT을 만든다. 그런데 이런 행위는 도시의 세입 기반을 침해하는 부작용을 낳는다. 세무 당국에서는 개인의 매매를 위한 허가가 신청될 경우에만 감정 결과에 따라 새로이 가치를 매겨 과세를 할 수 있기 때문이다. 사모펀드 회사들은 부실 주택을 대거 사고팔면서 온갖 세제 혜택을 누리는 반면, 주변의 주택 거래 가격 상승을 통해 자신의 부동산 가치도 올라가기를 바라는 현지의 주택 소유주들은 소외당하고 있다. 부동산 거래로 창출되는 부가 메인가가 아니라 월가로 흘러들어가는 것이다. 이에 대해 미국진보센터의 세라 에덜먼은 다음과 같이 말한다. "부실 주택을 매입하는 회사나 개인은 (…) 투자하는 지역사회에 기반이 없는 경우가 많다. 따라서 투자자들이 나중에 이런 주택을 매각하면 그 부를 고스란히 챙겨서 떠날 가능성이 높다."[49]

지역사회를 붕괴시키는 주택 정책

사실 사모펀드 집주인들이 모두 똑같은 행동을 보이는 것은 아니다. 많은 주택 문제 활동가들은 이들 소유주가 지역에 밀착되어 있을수록 지역사회에 좋다고 말한다. 오캘러핸이 이끄는 조직은 키 프로퍼티스Key Properties처럼 애틀랜타에 소재한 사모펀드들과 힘을 합쳐, 이 투자자들이 보유한 자금과 자본 비용의 이점을 십분 활용하면서 실험적 프로그램을 진행한 바 있다. (사모펀드 회사가 자금을 조달하는 데 드는 비용은 애틀랜타 지역개발 파트너십 같은 비영리 조직의 3분의 1에 불과하다.) 프로젝트의 목표는 사회사업을 증진하는 것이다. 이를 통해 투자자들이 부동산에서 단물만 빨아먹지 못하게 하고, 임대주택과 개인 판매용 주택의 비중을 조화롭게 유지하며, 참전 군인처럼 도움이 절실한 계층에게 우선권을 주고자 한다. 오캘러핸은 다음과 같이 말한다. "유달리 회생시키기 힘든 지역도 있습니다. 그럼에도 지역사회에 밀착되어 추진되는 사모펀드 사업 모델은 성과가 아주 좋습니다." 이 의견에 대다수 주택시장 전문가들도 동의할 것이다. 의회에서는 캘리포니아주 하원의원 마크 다카노(그의 지역구에 인랜드엠파이어 지역 대부분이 포함된다)와 매사추세츠주 하원의원 마이클 카푸아노가 이미 주택도시개발부에 압력을 넣으면서, 부실 대출 채권을 빨리 털어 낼 수 있다는 이유로 이를 사모펀드에 대거 팔아 치우기보다 지역사회 단체에 매입 우선권을 부여할 것을 요구하고 있다.

2015년 이 주제로 열린 의회 청문회에서 카푸아노는 주택도시개발부 장관 훌리안 카스트로에게 다음과 같이 말했다. "우리는 부실 주택을 세계 최고의 부자들에게 무더기로 팔아 치워 왔습니다. 저는 주택도시개발부의 임무는 튼튼하고 지속 가능하며 포용적인 지역사회를 조성하고 모든 사람에게 양질의 저렴한 주택을 공급하는 것이라 생각했습니다. (…) 장관께서는 캘리포니아주 어구라힐스의 아름답고 근사한 저택에 사는 누군가가 샌안토니오의 압류 주택 42채에 대해 샌안토니오 시장보다 더 잘 알 것이라 생각하십니까?"[50] 지역사회 중심의 소유 구조가 주택시장 안정에 훨씬 좋다는 것을 강력하게 입증하는 일화가 있다.

카푸아노의 지역구에 있는 보스턴 록스베리의 더들리가 주변은 주로 중하층이 사는 동네임에도 불구하고 서브프라임 사태 당시 보스턴에서 거의 유일하게 별다른 시련을 겪지 않았다. 그 이유는 무엇이었을까? 바로 동네 주택 대다수가 지역사회 토지신탁을 통해 매매, 임대되기 때문이다. 이 기관은 안전하고 합리적인 신용을 공급하고, '임대 후 매입 rent-to-own'의 기회를 제공할 뿐만 아니라 약탈적 대출을 막아 준다.

반면에 주로 투자자들이 임대주인 시역사회의 선망은 상당히 암울하다. 사모펀드들이 주도하는 부동산시장이 붕괴한다고 가정해 보자. 많은 전문가들은 그러면 주택 투매가 일어나고 주택 가격이 널뛰기하며, 세입자와 개인 주택 소유자 모두의 운명이 월가 집주인의 변덕에 좌우될 것이라고 우려한다. 사모펀드의 주택시장 투자를 연구해 온 조지아 공대 교수 댄 이머글럭은 사모펀드 회사들이 그동안 금융 위기 이후 주택 가격이 하락한 지역뿐만 아니라 세입자 보호 법규가 미흡한 지역의 주택들도 사들였음에 주목한다. "이런 투자 집단들이 여러 지역에서 상당한 규모로 주택을 보유하고 있기 때문에 정책 수립에 영향력을 행사하려고 하지 않을까 우려됩니다. 세입자 권리 확대 운동을 억압한다든가, 토지 이용 권한을 더 얻어 내려고 분쟁을 벌일 수도 있죠." 아니나 다를까, 사모펀드 회사들은 전국적인 로비를 전개할 단체를 이미 조직했다. 이머글럭은 이렇게 덧붙인다. "이제 미국이 점점 더 임대 사회로 진입하고 있음을 감안하면, 안정적이고 안전한 임대 시장을 구축할 필요가 있습니다."[51]

이를 위해서는 사모펀드들이 어떻게 부동산시장을 재편하고 있는지 그 실태를 더 엄밀히 주시할 필요가 있다. 그에 따라 2010년 도드-프랭크 금융개혁법이 통과된 후 사모펀드는 더욱 철저한 감시 아래 놓이게 되었다. 대형 사모펀드 가운데 상당수는 이제 증권거래위원회에 등록해야 한다. 이 절차가 개시된 후, 부당한 운용 수수료 구조와 위험천만한 납세 꼼수를 비롯하여 사모펀드 비즈니스 모델의 온갖 문제점이 백일하에 드러났다. 2014년 5월, 전 증권거래위원회 준법 책임자 앤드루 보든은 그동안 위원회가 조사한 사모펀드 회사 가운데 무려 '절반 이상'이 심각한 법률 또는 규제 위반을 범했으며, 본래 펀드 투자자들에게 돌아가야 할 수수료 수입을 제대로 배분하지 않았다고 밝혔다. 훗날 '햇볕 발언sunshine speech'이라 불리게 된 이 발표에 따르면, "숨겨진 수수료 부과"를 일삼으면서 내역을 전혀 공개하지 않은 펀드도 다수였다. 맨해튼의 한 사모펀드 매니저는 이런 식으로 고객들에게서 900만 달러를 사취했다.[52] 최근 들어 금융 부정에 대한 법률 집행이 늘어나고, 증권거래위원회는 물론이고 대형 연금 펀드를 비롯한 투자자들의 압력이 커지면서, 결국 많은 사모펀드 회사들이 수수료 수입을 혼자 챙기지 않고 투자자들에게 지급하기 시작했다. 이제야 올바른 길로 나아가는 작은 발걸음을 뗀 셈이지만, 대부분의 사모펀드와 그림자 금융업계는 도드-프랭크 법에 반대하는 로비를 강력하게 전개하면서 보고 의무 기준을 예전처럼 완화시키기 위해 안간힘을 쓰고 있다.[53]

한편, 일부 사모펀드 회사들은 수수료 문제를 '운용 수수료 면제management fee waiver'로 알려진 일종의 세금 사기를 통해 피해 간다. 이것은 고정 운용 수수료로 얻은 수입을 자본 이익으로 슬쩍 계상하는 수법인데, 이렇게 하면 적용되는 세율이 훨씬 낮아지고 그 수익을 투자자들과 나누어야 할 필요도 없어진다. 베인 캐피털의 파트너들은 이 허점을 십분 활용하여 10년에 걸쳐 10억 달러 이상의 운용 수수료를 면제 처리했고, 2억 5000만 달러가 넘는 연방 소득세를 내지 않았다. 이를 두고 경제정책연구센터의 애펄바움은 "물을 포도주로 바꾸는 기적의 세금 버전"이라고 평한다.[54] 요즘 재무부와 국세청은 새로운 규정을 도입하여 모든 과정을 투명하게 만듦으로써 이런 수법을 불법화하려고 노력 중이다. 그러나 현재는 사모펀드 회사가 증권거래위원회에 보고한 내용을 투자자들과 공유할 의무가 없다. 이는 미국 시민들의 은퇴 자금을 운용하는 연금 펀드와 뮤추얼 펀드가 사모펀드라는 무법자에게 부지불식간에 계속 돈을 안겨 주고 있을지도 모른다는 것을 의미한다.

그렇다면 주택시장 자체의 상황은 어떨까? 일부 사모펀드 회사들은 부동산 수익을 현금화하기 시작했다. 이는 부동산 가격이 이미 정점을 찍었을 수도 있다는 신호일 뿐만 아니라, 메인가가 아니라 월가가 미국 주택시장 회복의 열매를 대부분 따 갈 것이라는 뜻이다. 지역 활동가들은 향후 대규모 기업형 주택 매입자가 과거에 집을 마구 사들였을 때처럼 한꺼번에 팔아 치우려고 나설 경우 벌어질 사태를 우려한다. 그러면 주택 가격은 추락하고, 지역의 세입 기반은 더욱 침식되며, 갖가지 부정적인 사회적 파장이 닥칠 것이다. 포터즈빌을 생각해 보라. 또 활동가들은 투자자들이 정부 소유의 부실 부동산을 대거 매입하여, 세입자로 전락한 옛 집주인에게서 임대료를 받는 동시에 압류 주택 보유에 따라 세제 혜택까지 챙기는 상황에 분개한다. 이를 두고 애펄바움은 "공공 정책의 완벽한 실패"라고 말한다. 만일 정부가 직접 이와 똑같은 일을 했다면, 세금과 수익으로 공공 재정을 뒷받침하는 동시에 임대주택 시장의 안정성도 확보할 수 있었기 때문이다. 물론 투자자에게는 이런 의무가 없다. 애펄바움의 지적이 이어진다. "사모펀드가 사람들을 집에서 몰아내고 더 높은 임대료로 새로운 세입자를 들이는 것을 막을 방법이 없습니다. 우리는 이미 과거에 사모펀드의 비즈니스 모델이 어떤지 보았습니다. 도대체 왜 이번에는 다를 거라고들 생각하는지 모르겠군요."

주택시장을 다시 생각하자

그렇다면 주택시장을 좀 더 건강하게 만들기 위해서는 어떤 일을 할 수 있을까? 기존의 주택 법률을 잘 활용하면 사모펀드의 그릇된 행각을 감시하고 제어할 수 있을까? 사모펀드 회사는 대출을 다양한 계층의 사람들에게 해 주어야 한다는 지역사회재투자법Community Reinvestment Act의 적용을 받지 않지만, 이들에게 신용을 제공하는 JP모건 체이스, 웰스 파고Wells Fargo, 시티그룹 같은 은행은 적용 대상이다. 캘리포니아 재투자연대California Reinvestment Coalition는 여기에 착안하여 연준을 상대로 로비를 하기 시작했다. 압류 주택의 매입과 임대, 이런 부동산의 증권화를 벌이는 사모펀드 회사에 자금을 융통해 주는 은행의 지역사회재투자법상 등급을 낮출 것을 연준에 요구함으로써, 사모펀드들에게 간접적으로 압력을 가하고 있다.

연방주택금융청Federal Housing Finance Agency, 연방주택청Federal Housing Administration, 주택도시개발부 등의 연방정부 기관이 연구를 통해 공공 데이터를 더욱 많이 발표하여, 현재까지 사모펀드 투자자들이 수많은 지역에 어떤 영향을 끼쳐 왔는지 정확히 알리는 방법도 있다. 이는 기업형 주택 소유주가 매입 부동산을 유지하지 않거나 불법적으로 세입자를 퇴거시키는 경우 그에 따르는 책임을 지게 하는 데도 도움이 될 것이다. 그동안 연방 기관들은 수많은 부실 주택 및 담보대출 약정을 투자자들에게 팔았지만, 일반 국민들은 그 결과가 어땠는지에 관한 후속 데이터를 받아 보지 못했다. 미국진보센터에 따르면, 세입자들은 심한 경우 퇴거가 진행될 때 짐을 뺄 기간을 며칠밖에 받지 못하며, 별다른 통보 없이 임대료가 오르는 경우도 많다.[55]

여기서 그치지 말고, 주택을 안전 자산으로 삼고 있거나 그럴 꿈을 꾸는 시민들에게 도움이 되는 방향으로 주택담보대출 시장을 개선해야 한다. 그러려면 여러 단계를 거쳐야 하는데, 특히 패니 메이와 프레디 맥처럼 여전히 담보대출 유통시장을 떠받치고 있는 주요 금융기관을 개혁하는 작업도 수반되어야 한다. 주류 대출 기관들은 주택담보대출 증권을 유통시장에서 팔기 힘들다고 생각하면 대출 자체를 꺼린다. 금융 위기가 발생한 지 7년이 지난 지금도 패니 메이와 프레디 맥은 여전히 '관리'를 받는 가운데, 수익이 서서히 재정 적자 감축에 동원되면서 지급준비금이 위험한 수준으로 낮아지고 있다. 이런 양상은 연방정부를 또 다른 어처구니없는 상황에 몰아넣었다. 헤지펀드들이 미국 정부가 구제금융을 통해 두 주택 대기업을 이용해 먹고 있다며 고소한 것이다. 이런 구제금융이 금융 산업 자체를 구해 냈다는 사실은 벌써 잊은 것일까.[56]

주택시장 문제를 해결하기 위해서는 누가 과연 주택을 소유해야 하는가라는 질문을 다시 생각해 볼 필요도 있다. 그러려면 현재 주택시장에 존재하는 편견에 도전해야 한다. 서브프라임 사태로 가장 큰 타격을 입은 사람들이 소수 인종이라는 사실은 익히 알려져 있다. 듀크대와 글로벌정책해결방안센터Center for Global Policy Solutions의 2014년 공동 연구에 따르면, 아프리카계 미국인 가정이 보유한 유동자산, 즉 쉽게 현금화할 수 있는 자산의 중간값은 200달러에 불과했다. 라틴계 가정은 340달러였다. 반면에 백인 가정의 중간값은 2만 3000달러에 달했다.[57] 이런 차이가 나타나는 한 가지 이유는, 비백인은 백인에 비해 정식 연금 저축 계좌를 접할 기회가 훨씬 적기 때문이다. 여성과 젊은 세대 노동자도 마찬가지다. 그런데 또 다른 중대한 이유는 비백인들이 모기지 사태 때 훨씬 더 큰 손해를 입었기 때문이다. 이들 가정이 약탈적 대출 기관의 먹잇감이 되기가 훨씬 쉬웠고, 백인 가정에 비해 주택에 묶어 둔 자금의 비중이 더 컸던 탓이다. 이렇게 본다면, 2008년 구제금융 당시 주택 소유자가 아니라 대출 기관을 우대하기로 한 정부의 결정은 결국 유색 인종보다 백인을 우대하는 처사였던 셈이다. 그런데 저소득 계층과 소수 인종을 비롯하여 대부분의 미국인이 자산의 상당 부분을 주택에 묶어 둔 상황이라면, 기존의 대출 관행을 재검토하여 현재 백인에게 편향된 신용 평가 기준을 더욱 확대해야 한다. 예를 들면 신용 평가사에서는 소수 인종이 훨씬 자주 사용하는 지방 백화점 카드의 대금 납부 실적도 유명 신용카드와 동등하게 취급해야 한다.

덧붙여 우량 대출자에게는 할부금 첫 지불액을 낮춰 주는 방안을 고려해야 한다. 물론 여기에는 논란의 여지가 있다. 첫 지불액 규모를 낮출 경우 지불 불능 상태에 처한 대출자들이 손쉽게 집을 포기할 가능성이 높아져 주택시장 위기가 더 크게 번질 것이라고 보는 전문가들이 있기 때문이다(그러나 이에 동의하지 않는 전문가도 많다). 서브프라임 사태 이후, 첫 지불액으로 총 대출액의 몇 퍼센트밖에 내지 못하는 저소득자들은 애초에 주택을 보유하지 말았어야 한다는 잘못된 믿음이 창궐했다. 그러나 연구 결과에 따르면, 실상은 그리 단순하지 않다. 주택담보대출 약정을 이행하지 못한 사람들의 사회경제적 배경은 실로 다양했음이 드러났다. 그뿐 아니라 적정한 가격대의 주택 공급 확대를 겨냥한 정책들은 투기성 대출과 연관이 적었음을 지적하는 연구 보고서들도 상당히 많다. 어차피 일어났을 일이었던 것이다.[58] 무엇보다 주택담보대출의 첫 할부금으로 얼마를 낼 수 있는지는 신용 위기를 가늠하는 척도로 적절하지 않다는 점도 유념해야 한다. 일례로 노스캐롤라이나대에서 10년에 걸쳐 연구한 결과에 따르면, 첫 할부금 규모를 총 대출액의 5퍼센트 이하로 책정한 빈곤층 주택 구입자는, 당장 보유한 현금이 아닌 다양한 평가 기준을 적용할 경우 신용 위험 측면에서 일반 대출자와 다르지 않았다. 이는 2008년 금융 위기 이전처럼 무분별한 대출을 허용해야 한다는 말이 아니다. 다만 일반인이 과거 평균치에 비해 여전히 대출을 받기 힘든 상황임을 알려 주려는 것뿐이다.

2014년에 전 연준 의장 벤 버냉키는 신용 평가 조건이 지나치게 까다로운 나머지 주택 재융자를 받지 못했다며 한탄하기도 했다. 물론 한 번 연설을 할 때마다 20만 달러씩 받는 버냉키가 적절한 예라고 보기는 힘들겠으나, 그마저 이런 일을 겪었다는 것은 주택시장 회복이 주택을 처음 구입하거나 더 나은 집으로 옮겨 가려는 실제 수요자들이 아니라 초부유층과 투자자들에 의해 추동되었음을 보여 준다. 주택시장을 바로잡아 그 열매가 더욱 널리 공유되게 할 방안을 찾아내지 못하면, 미국 경제 전반의 성장 전망에 다시 한 번 어둠이 드리울 수도 있다. 17조 달러 규모의 경제를 꾸리면서 최상위 1퍼센트, 아니 0.001퍼센트의 구미에만 맞추다 보면 한계에 다다를 수밖에 없을 테니까.

8장

은퇴의 종말

월가가 시민들의 노후를 삼키다

퇴직연금의 미래가 어떤 모습일지 궁금하다면 폴라 드로미의 사례를
한번 살펴보자. 드로미는 76세의 사회복지사로 로스앤젤레스 도심에 위
치한 방 세 개짜리 주택에서 두 아들 중 하나와 살고 있다. 아들은 직장
을 잃고 나서 돈을 아끼려고 집으로 돌아와 생활비를 나눠 내고 있다.
사회보장연금 수령액에다 시간제 프리랜서 치료사로 버는 약간의 돈이
드로미의 수입인데, 매달 들어가는 주택 보험료, 재산세, 주택담보대출
상환금 등을 제하면 남는 돈이 별로 없다. 저널리스트로 일하다 2000년
에 사망한 남편과 드로미 모두 은퇴에 대비해 돈을 모았다. 그러나 수년
간 남편의 뇌 질환 치료비를 대느라 남편의 개인퇴직계좌는 물론이고
쌓아 놓은 저축 예금 역시 바닥났다. 이제 드로미에게 남은 것은 자신의
개인퇴직계좌(드로미는 직장을 자주 옮기고 자녀 양육을 위해 일을 쉬었기에 이
계좌의 잔고는 생각보다 많지 않다)와 44만 2000달러 정도 나가는 집이 전
부다. 드로미는 언제든지 집을 팔 수 있지만, 그러면 로스앤젤레스 밖
으로 거처를 옮겨 일터는 물론이고 지인 모두와 멀리 떨어져야 한다.
이보다 싼 집을 구하기가 어렵기 때문이다. 결국 드로미는 아들과 집을
같이 쓰면서 시간제 일을 계속해 나가기로 했다. 드로미는 "능력만 된
다면 앞으로 20년 동안은 일을 해야 할 것 같네요"라고 말한다.

　어떤 면에서 보면 드로미는 운이 좋은 경우다. 아들과 함께 살 집도

있고, 적어도 지금은 일을 할 수 있을 정도로 건강하기 때문이다. 그러나 교육을 받고 전문직에 종사하면서 최선을 다해 저축해 온 사람조차 노후에는 하루하루 연명하는 처지에 놓일 수 있다는 사실을 보면, 미국의 퇴직연금 제도가 얼마나 취약한지 알 수 있다. 은퇴 이후에도 괜찮은 생활 수준을 유지하기 위해 몸부림치는 사람은 결코 드로미뿐만이 아니다. 통계를 보면, 일을 그만둔 뒤에도 현재의 생활 수준을 유지할 만큼 돈을 모아 둔 사람은 전체 미국인의 절반에 못 미친다. 55~64세의 일반 미국 가정이 은퇴에 대비해 마련해 둔 평균 저축 금액은 고작 10만 4000 달러로, 노후 수십 년을 괜찮게 살아가기에는 턱없이 모자라다.[1] 위기가 천천히 다가오고 있다. 퇴직연금 제도 개혁론자인 전 상원의원 톰 하킨 같은 정치 지도자는 이 위험을 두고 '쓰나미'라고까지 했다.

기후 변화, 보건의료, 교육의 질 같은 사안 속에서 서서히 피어오르는 여느 대형 위기와 마찬가지로, 퇴직연금 문제 역시 그 긴급함을 일깨우기가 쉽지 않다. 그러나 지난 몇 년 동안 금융 붕괴와 그 여파로 여러 부류의 사람들, 특히 여성과 소수 인종이 자산을 상당 부분 잃고 드로미처럼 궁여지책을 모색하고 미래를 걱정하며 살게 되면서, 이 문제가 더욱 첨예하게 두드러졌다. 드로미는 이렇게 심경을 토로한다. "제 옷은 중고품 가게에서 삽니다. 가급적 무엇이든 직접 만들어 쓰죠. 매사를 조심스럽고 신중하게 처리하고요. 저축도 계속하고 있죠. 그런데도 미래는 상당히 비관적이군요."

폴라 드로미 같은 사람들이 가진 것이 별로 없는 큰 이유는 금융이 미국의 퇴직연금 제도를 탈취했기 때문이다. 퇴직연금 민영화는 실패한 실험이며, 시민들의 돈이 투입되는 포트폴리오의 수익 가운데 상당 부분은 거의 아무런 노력도 하지 않은 금융기관의 수수료로 빠져나가고 있다. 이 문제는 그동안 계속 커져 오긴 했지만, 특히 요즘 들어서는 하루빨리 해결해야 할 필요성이 급격히 증가했다. 모든 사람이 피하고 싶어 하는 시나리오가 2030년에 펼쳐지기 때문이다. 2030년이면 미국 역사상 최대 규모의 인구통계학적 집단인 베이비 붐 세대가 사회보장신탁기금을 거의 고갈시킬 것이다. 바로 이 시기에 X 세대는 일을 그만두고 은퇴하기 시작할 것이다. 그러나 이들은 여유로운 황혼기를 결코 만끽하지 못할 것이다.

그러면 여기서 전형적인 2030년 은퇴자의 모습을 한번 그려 보자. 드로미와 마찬가지로 교육받은 여성이라고 하자. X 세대인 그녀는 65세쯤으로, 평생 동안 몇 군데 중소기업을 거치면서 일을 해 온 끝에 아무런 연금도 없이 은퇴할 것이다. (지난 50년 동안 새로운 일자리의 상당 부분은 중소기업들이 창출해 왔지만, 그 가운데 현재 회사 차원에서 퇴직연금 제도를 운영하는 곳은 14퍼센트에 불과하다.)[2] 이 은퇴자는 또 이런저런 저축에 들어 놨을 테지만, 중산층이기에 2008년 금융 위기 당시 큰 재정적 타격을 입었을 것이다. 이런 상황에다 향후 30년간 생계비는 지속적으로 오르지만 평균 실질 임금은 사실상 제자리걸음을 할 것이라는 추정까지 더하면, 이 사람의 저축액은 오늘날 은퇴하는 사람들이 보유한 평균 금액인 4만 2000달러에도 못 미치는 최소한의 수준일 것이다.

그녀의 소득 가운데 절반 이상은 사회보장연금 수령액일 것이다. 그런데 의료비 지출을 감안하면, 월급 받기를 중단하는 순간 평균 임금의 약 41퍼센트의 돈으로 생활해야 하는 처지가 된다.[3] 아마 그녀는 실제로 은퇴했다고 말할 수 없는 상태에 놓일 것이다. 최소한의 생활을 유지하기 위해 주변 사람들과 마찬가지로 동네 슈퍼마켓 계산원이나 청소 도우미, 육아 도우미 같은 시간제 일자리를 구해야 할 것이다. 아니,

활동적인 20대보다는 65세의 은퇴자를 기꺼이 채용하려는 곳이라면 어디든 찾아다녀야 할지도 모른다.

아니면 드로미처럼, 역시 형편이 좋지 못한 밀레니엄 세대 자식들과 함께 살면서 생활비를 분담할 수도 있다. 퓨 연구센터Pew Research Center에 따르면, 지금도 밀레니엄 세대는 1960년대 이후의 어느 세대보다도 부모와 같이 사는 경우가 많다. 금융 위기 이후 임금 정체와 실업률 문제가 심각했던 시기에 이 세대가 성년을 맞은 것이 그 이유 중 하나다. 이런 불황기에 노동시장에 진입한 경우 다른 세대의 임금 소득을 따라잡기는 불가능하다. 밀레니엄 세대는 힘겹게 학자금 대출을 갚고 독립할 자금을 저축하느라 주머니가 거의 비어 있으며, 그렇기에 부모 세대보다 더 불안정한 은퇴를 맞이할 공산이 크다.

지금 베이비 붐 세대는 적은 소득으로 생활을 꾸려 가느라 힘겨워하고 있다. X 세대는 일을 그만두기 힘든 상황이다. 그리고 밀레니엄 세대는 재정적 전망이 암울한 미래를 앞두고 있다. 이것이 바로 미국인들이 이제 막 목도하기 시작한 은퇴자의 지옥이다.[4]

그런데 대체 어쩌다 이 지경이 됐을까? 흔히들 미국의 문화와 개개인의 생활 습관이 저축과 검약이라는 전통적인 청교도적 가치에서 멀어졌다는 것을 탓하곤 한다. 물론 미국인의 가처분 소득 대비 저축률이 1950년대에 비해 떨어진 것은 사실이다. 그러나 이 저축률 하락은 두 가지 요인과 결부돼 있다. 첫째, 중산층이 기본적으로 지출하는 교육, 의료, 주거 비용이 불과 지난 몇십 년 사이에 급격히 상승했다. 둘째, 실물 경제 부문이 부진을 면치 못하자 금융업계가 신용 버블을 조장하는 바람에 소비자 부채 규모가 폭증했다. 경제 성장이 둔화되어 중산층이 더 이상 기존의 생활 수준을 지탱하지 못할 지경에 이르면, 금융이 혜성같이 나타나 부채라는 달콤한 임시방편을 선사한다. 이런 처방은 지역구민들에게 예전처럼 살지는 못할 것이라고 말하기를 꺼리는 정치인들이 잘 부추긴다. (정치인들이 성장에 정말 도움이 되는 경제 정책을 밀어붙일 용기가 없었다는 것도 한 가지 이유다.)

그러나 퇴직연금 위기가 이렇게 거대한 정치경제적 흐름에서만 비롯된 것은 아니다. 금융이, 특히 퇴직연금을 관리하는 자산 운용사들이 시민들이 모아 둔 돈의 상당 부분을 수수료로 챙겨 가면서, 증시를 그대로 따라가는 인덱스 펀드index fund•만도 못한 수익을 돌려준다는 사실 또한 중대한 요인이다. 실패한 퇴직연금 제도인 401(k)도 위기에 한몫했다. 우연의 산물로 만들어진 401(k)는 상위 계층에게는 좋았지만 대다수 미국인들에게는 도움이 되지 않았다. 민간 기업 연금의 파국과 주정부 연금 제도의 붕괴도 거론하지 않을 수 없는데, 월가는 여기서 돈을 뽑아 먹으면서 도시와 지역사회를 망가뜨리고 있다. 마지막으로, 정부와 기업들이 미국인들의 은퇴 자금 마련을 돕는 일에서 점차 발을 빼고 있다는 것도 큰 문제다. 이제 미국인들은 다가오는 쓰나미에 대처할 방도를 스스로 찾아야 하는 형편이다. 문제는 무책임한 소비자가 아니라 미국의 시스템이다. 도저히 안전망이라고는 볼 수 없는 미국의 퇴직연금 제도는 이제 사회의 심각한 위험 요인이 되어 미국인들의 삶에 직접 타격을 가하고 있다.

• 증권시장의 장기적 성장 추세를 전제로 하여, 특정 주가지수의 수익률과 유사한 수익률을 달성할 수 있도록 포트폴리오를 구성하고 운용하는 펀드. 지수 추종형 펀드 또는 패시브형 펀드라고도 한다.

퇴직연금 제도의 3요소가 무너지다

사회보장연금, 연금 펀드, 그리고 가장 중요한 역할을 수행하는 401(k) 같은 민간 운영 퇴직연금이라는 세 발로 지탱되는 솥 같은 미국의 퇴직연금 제도는 이미 망가진 채로 메인가가 아니라 월가의 배를 불려 주고 있다. 뱅가드 그룹 설립자이자 금융업계 내의 '만드는 자'로 불릴 만한 인물인 존 보글은 이 사안에 목소리를 내는 보기 드문 업계 내부자다. 보글의 저서 『문화 충돌: 투자 대 투기』는 바로 이 문제를 상세히 다루고 있다.[5] 한마디로 요약하자면, 퇴직연금 제도의 3요소가 모두 무너지고 있다는 것이다. 보글은 "미국의 퇴직연금 보장 시스템은 심각한 탈선 사고가 터질 위험에 처해 있다"고 진단한다.[6]

이제 흔들리는 요소들을 하나씩 살펴보자. 미국 역사상 가장 성공적인 정부 프로그램이라 할 수 있는 사회보장연금은 현재 수많은 노년층이 빈곤에 빠지지 않게 된 핵심 요인이다. 하지만 지금은 적립금이 부족한 데다가, 보수 진영은 물론이고 일부 진보 인사들에게서도 공격을 받고 있다. 정부가 이 일에서 손을 떼고 시장에 맡겨야 한다는 것이다.

많은 기업이 제공했던 종신 퇴직연금인 확정급여형 퇴직연금defined-benefit pension plan도 규모가 현격히 줄었다. 기업 CFO들은 회사의 수익성을 끌어올리기 위해 연금 제도를 점차 축소해 왔다(그런데 앞에서 보았던 것처럼 이런 수익은 대부분 부유층의 주머니만 채우며, 이는 경제 성장 동력을 약화시키고 있다). 연금 제도가 온전하게 남아 있는 곳은 대부분 공공 부문이지만, 여러 주정부와 지방정부가 연금 가입자들에게 지나치게 낙관적인 약속을 남발한 바람에 이제 붕괴하기 일보 직전이다. 현재 미국의 공공 연금 제도 가운데 대다수는 적립금이 부족한 상태이며,[7] 이를 이용해 월가는 정부와 연금 제도들에서 수익을 뽑아내고 있다.

마지막으로, 민간 영역의 제도인 개인퇴직계좌IRA와 기업이 운용하는 401(k) 같은 확정기여형 퇴직연금defined-contribution retirement plan을 살펴보자. 대부분의 미국인이 의지하고 있는 이런 제도들의 총자산 규모는 14조 2000억 달러에 이른다.[8] 그러나 엄청난 규모에 비해 투명하지 못하고 비용이 많이 든다. 게다가 여기서 혜택을 보는 계층은 미국 사회의 상위 3분의 1, 즉 근로자가 퇴직계좌에 납입하는 만큼 기업도 납입하는 프로그램을 갖춘 직장에 다니는 사람들이다. 그런데 이들조차 월가가 수십 년에 걸쳐 투자자들을 인덱스 펀드에서 뮤추얼 펀드로 갈아타도록 꾀어내면서 자기 몫을 야금야금 털리고 있다. 뮤추얼 펀드 수익률은 기본적으로 시장 수익률보다 떨어지는데, 이는 막무가내식 투자 탓이기도 하지만 뮤추얼 펀드가 고객 기업으로 하여금 장기보다는 단기 계획에 초점을 맞추도록 압박하기 때문이다. 이런 전략으로는 한 분기, 또는 운이 좋으면 한 해 정도밖에 실적을 거두지 못한다(이는 펀드 매니저들이 보수를 받는 주기와 정확히 일치한다).

그런데 더 큰 문제는 이런 단기 실적의 대가로 엄청난 수수료가 부과된다는 것이다. 노벨상 수상자인 스탠퍼드대 명예교수 윌리엄 샤프는 이 문제에 관한 연구를 통해, 기관이 운용하는 액티브 펀드active fund•보다 비용이 거의 들지 않는 인덱스 펀드에 투자하는 것이 은퇴 후의 생활 수준을 20퍼센트 높게 만들어 준다는 결과를 계산해 냈는데, 그 이유 중 하나는 수수료였다.[9] 보글 역시 이 문제를 계산해 보았는데, 액티브 펀드의 낮은 수익률뿐만 아니라 포트폴리오 재설정 비용으로 생

• 펀드 매니저가 적극적이고 과감한 종목 선정과 운용을 통해 초과 수익률 달성을 추구하는 펀드.

기는 숨은 수수료, 투자 자문료 등을 모두 감안했다. 보글은 2014년 상원 재무위원회에서 그 결과를 다음과 같이 밝혔다. "장기적으로 볼 때 뮤추얼 펀드 투자로 발생하는 높은 비용은 퇴직연금 투자자들이 다른 방식으로 쉽게 거둘 수 있는 수익의 '65퍼센트 이상'을 앗아 갈 공산이 큽니다." 그리고 이렇게 덧붙였다. "미국 퇴직연금 제도의 고질병 가운데 상당 부분은 비대한 금융업계가 엄청난 비용을 전가하고 있기 때문에 생긴 것입니다." 따라서 미국의 퇴직연금과 경제를 정상 궤도에 올려놓기 위해서는, 전체 미국 기업 수익의 거의 25퍼센트를 차지하면서도 정작 전체 일자리의 4퍼센트밖에 창출하지 못하는 금융업계의 버블을 꺼뜨려야 한다.[10] 이는 펀드 업계의 크기만큼이나 거대한 과업이다.

돌변한 자산 운용업

본래 자산 운용은 안정적이면서 고리타분하고 지루한 일이었다. 제2차 세계대전이 끝난 직후만 하더라도, 이 업계는 북적거리는 뉴욕이 아니라 청교도적 기풍이 어린 보스턴에 자리했다. 자산 관리자들도 대부분 가문의 재산을 돌보는 전통적인 청지기로, 장기적 관점에서 보수적으로 투자했다. 1949년 『포춘』지에는 이제 막 태동하기 시작한 뮤추얼 펀드 업계를 다룬 「보스턴의 큰손」이라는 기사가 실렸다. 수록된 사진 속 진중하고 말쑥한 차림의 다섯 사람은 바로 당시 최대 규모의 펀드로 자산이 2억 7700만 달러에 달했던 매사추세츠 투자자신탁Massachusetts Investors Trust의 신탁 관리자들이었다. 여느 펀드처럼 이곳 역시 각자의 위험자본capital at risk•을 가진 개인들이 파트너십이나 비공개 회사를 구성해 함께 일하는 형태로 운영되었다. 이 사람들과 이들이 만든 업체들은 미국적 검약 정신을 한껏 발휘했다. 좁은 업계였기 때문에 서로 모르는 사람이 없었고, 고객 돈을 위험하게 굴리는 자로 소문이 나는 순간 기피 인물로 낙인찍혔다. 당시만 하더라도 펀드 업계는 보글의 표현처럼 "사업의 여러 요소를 갖춘 전문 업계"였다.[11]

그러나 이내 전문성의 요소를 점차 잃어 가는 사업으로 변해 갔다. 이 변화는 미국의 성장하는 중산층이 저축을 주식과 채권에 쏟아붓기 시작함에 따라 새로운 돈줄이 밀려들면서 촉발되었다(1, 2장 참조). 1951년에 뮤추얼 펀드의 총자산 규모는 25억 달러였다. 현재는 약 16조 달러에 이른다. 이처럼 돈이 몰리자 펀드 회사들은 새로운 사업을 향해 성장과 확장을 거듭했다. 경쟁이 격화되면서 온갖 유형의 금융 상품이 쏟아졌고, 그럴수록 이들은 단기적으로나마 수익을 끌어올릴 수 있는 고위험 운용 전략을 채택할 수밖에 없게 되었다.

1960년대 말에 이르러 업체들은 '잘나가는' 펀드 매니저를 띄우면서 마치 할리우드 스타처럼 대접하기 시작했다. 펀드들의 실적은 요동쳤지만, 1970년대 들어 인플레이션이 심해지면서 투자자들은 괜찮은 수익을 거두는 데 혈안이 되었다. 이들은 결국 리스크를 무릅쓰고 은행 예금을 털어서 돈을 머니 마켓 펀드와 뮤추얼 펀드로 옮기기 시작했다. 이미 앞에서 보았던 것처럼 이런 변화는 도미노 효과를 불러와, 은행들로 하여금 소비자 금융시장에 더욱 쉽게 접근할 수 있도록 규제를 없애 달라는 로비를 벌이게 만들었다. 그리고 마침내 2008년 서브프라임 사태 같은 참사를 빚었다. 다음은 보글의 설명이다. "채권 펀드와 머니 마켓 펀드가 성장함에 따라, 거의 모든 주요 펀드 매니저들은 온갖 유형

• 펀드 운용에 따르는 위험을 흡수하는 데 필요한 자본.

의 투자 상품과 전략을 제공하는 '영업' 매니저로 탈바꿈했다. 하지만 본래 이들은 이전 반세기 동안 주로 한두 가지 주식 펀드를 맡아 관리하는 전문 '투자' 매니저였다."[12] 갑자기 펀드 운용사들의 최우선 목표가 고객을 위한 안정적 수익 창출에서 업체 자체의 이윤 확보로 돌변한 것이다. 펀드 매니저들은 자기가 채택한 투자 전략의 이모저모를 요란하게 광고하기 시작했고, 높은 운용 수수료를 책정했다.

지금도 마찬가지지만, 그 당시에도 액티브 펀드들의 수익률이 시장 수익률을 꾸준히 앞섰음을 입증하는 데이터는 거의 존재하지 않았다. 특히 수수료까지 감안하면 그런 결과는 더더욱 불가능했다. (권위 있는 뮤추얼 펀드 분석 서비스 기관인 모닝스타Morningstar에서도 2010년에 이 점을 인정했다.)[13] 최근 예일대와 버지니아대의 법학자들이 공동으로 수행한 연구 결과에 따르면, 비용을 감안했을 때 인덱스 펀드의 실적은 액티브 펀드 포트폴리오를 크게 능가했을 뿐만 아니라, 401(k)에 가입한 젊은 노동자들의 경우 직장에 다니는 동안 지불한 고액의 수수료가 세금 우대에 따른 혜택을 상쇄한 경우가 16퍼센트에 달했다.[14] 그때나 지금이나 투자자들은 보글 같은 사람들이 개척한 인덱스 펀드를 통해 훨씬 나은 결과를 받아 보았다. 그러나 업체 입장에서는 액티브 펀드 운용이 훨씬 더 수지맞는 일이었으며, 업계는 일반 투자자들을 상대로 투자라는 야생의 세계에서 전문적 조언을 받는 비용을 내야 한다며 끈질기게 설득했다. 어떤 이는 인덱스 펀드를 이렇게 비판했다. "'평범한' 뇌 전문 외과의에 만족하는 사람은 없을 겁니다. 그렇다면 '평범한' 뮤추얼 펀드에 만족해야 할 이유가 없잖아요?"[15] 또 다른 펀드 운용사 한 곳은 성난 표정의 사람이 인덱스 펀드에 고무도장을 찍는 포스터를 월가 전역에 붙였다. "인덱스 펀드는 비미국적입니다! 인덱스 펀드를 근절하도록 도와주십시오.”

신중했던 보스턴 사람들도 이 흐름에 동참했다. 내 시아버지 로버트 민턴 세지윅도 제2차 세계대전을 전후로 보스턴의 자산 운용사에서 일한 전통적 유형의 자산 관리자였다. 시아버지는 스커더, 스티븐스 앤드 클라크Scudder, Stevens & Clark에서 활동하던 당시 (보글 등 당대의 많은 사람들처럼) 액티브 펀드 운용업이 근본적으로 사기라는 생각을 가지게 되었다. 평범한 투자자들은 시아버지가 추린 미국 증시 대형주 20개로 구성된 펀드에 돈을 넣으면 훨씬 더 나은 수익을 올렸다. 이는 본질적으로 오늘날의 인덱스 펀드와 비슷했다. 그는 자신의 구상을 논문으로 정리하여 『하버드 비즈니스 리뷰』에 게재했으며, 몸담고 있던 회사를 통해 적극적으로 추진하기 시작했다. 그러나 스커더의 고위급 파트너들은 냉담한 반응을 보였다. 인덱스 펀드와 패시브 운용 상품을 주력으로 내세우면 결국 사업을 접게 될까 봐 두려워한 것이다. 시아버지는 돈을 많이 벌지도, 고위급 파트너가 되지도 못하고 좌절한 채 생을 마쳤지만, 끝까지 패시브 투자가 옳다는 신념을 놓지 않았다.[16] 한편 ‘20개 대형주’로 구성된 펀드의 실적이 1948년부터 1972년까지 모든 액티브 펀드를 압도했다는 내용을 담은 시아버지의 논문이 세상을 떠나기 3년 전인 1973년 『금융 애널리스트 저널』에 발표됐다. 논문에는 「전통적 투자 운용 기법의 실적: 더 나은 길은 없을까?」라는 다소 애처로운 제목이 달려 있었다.[17]

물론 더 나은 길은 있었다. 하지만 이것은 금융업계의 배를 불려 주는 길이 아니었다. 결국 1970년대에 이르러 대세는 기울어 버렸다. 펀드 운용사들은 기존의 무한책임 파트너십 구조를 버리고 상장 기업의 형태를 갖추기 시작했고, 그에 따라 고객의 필요와 회사 자체의 수익 극대화 사이의 간극이 더욱 벌어졌다. 투자자들이 안게 될 리스크는 중요치 않았다. 결국 펀드 회사에는 좋지만 투자자에게도 좋은지는 의심스러운, 복잡하기 짝이 없는 금융 기법들이 출현했다. 일찍이 19세기에 등장하여 1940년대에 펀드 사업에 진출한 아메리프라이즈 파이낸셜Ameriprise Financial의 사례를 살펴보자. 아메리칸 엑스프레스는 1984년 악명 높은 인수합병 전문가 샌디 와일의 주도하에 이 회사를 인수한 뒤, 2005년 기업공개를 통해 분사했다. 2010년 아메리프라이즈는 또 다른 대형 펀드 운용사 컬럼비아 매니지먼트Columbia Management를 인수하여, 6520억 달러짜리 공룡급 운용사를 탄생시켰다. 합병 이유를 묻는 질문에 아메리프라이즈의 CEO는 직설적으로 대답했다. "합병을 통해 회사 규모와 시장을 확대하는 동시에 펀드 상품군을 강화하고 다변화할 수 있습니다." 이러한 조치는 "장기적으로 자산 운용 수익률과 〔아메리프라이즈의 이윤〕 마진의 개선에 큰 역할을 할 것입니다."[18]

놀랍게도 이 합병이 은퇴 자금을 맡긴 사람들에게 어떤 효과가 있는지에 대해서는 아무런 언급이 없었다. 그러나 숫자가 말을 해 준다. 상품군 중에는 모닝스타의 평가에서 높은 순위를 기록한 펀드들도 있었지만, 실적이 부진한 펀드의 수효는 그 두 배에 이르렀다.[19]

이런 일들이 쌓인 끝에, 고리타분한 보스턴의 신탁 관리자 문화는 자유분방한 투기 전략에 자리를 내주었다. 오늘날의 펀드 매니저들은 연 단위, 심지어는 분기 단위의 실적에 따라 보수를 받으며, 실적이 좋지 않으면 바로 짐을 싸야 한다. 그러므로 이들은 목표 실적을 채우기 위해 점점 더 공격적으로 투자한다(여러 과학적 연구 결과에 따르면, 이는 점점 더 심한 리스크를 감수하게 만든다). 1960년대에는 액티브 펀드를 구성하는 유가증권의 회전율이 연간 30퍼센트에 그쳤지만, 최근에는 140퍼센트에 이르렀다. 하지만 매니저들이 목표치를 달성하려 안간힘을 쓸수록 성공 사례는 점점 줄어든다. 펀드 매니저뿐만 아니라 모든 사람에게 해당되는 이야기다. 잦은 거래는 곧 나쁜 거래임을 입증해 주는 연구 결과도 상당히 많다.[20] 1960년대만 하더라도 전체 뮤추얼 펀드 가운데 자본 잠식 상태에 빠진 경우는 어떤 해에든 약 1퍼센트에 불과했다. 그런데 2012년에는 7퍼센트로 급증했다. 이런 추세가 지속된다면 현존하는 주식 펀드 5000개 가운데 3500개가 2023년에 사라질 것이다.[21]

그런데 수수료는 계속 올랐다. 일반적인 경제 논리에 따르면 어떤 산업의 규모가 커질수록 소비자가 부담하는 비용은 하락해야 한다. 대부분의 산업에서 이런 규모의 경제가 구현된다. 월마트를 생각해 보자. 월마트가 표방하는 '날마다 저렴한 가격everyday low prices'은 물론 많은 노동자를 낮은 임금으로 고용하기에 가능한 것이지만, 납품업체로부터 대량으로 구매하여 도매가를 낮추는 것 또한 이에 기여한다. 그러나 소수의 내부자들이 정보와 돈의 흐름을 장악한 금융업계에서는 반대 양상이 나타난다. 뮤추얼 펀드들이 보유한 주식과 채권 자산 규모는 1999년 5조 2000억 달러에서 2014년 13조 달러로 늘었다. 그런데 업계의 자산 규모가 두 배 이상 불어나면서 제반 수수료 역시 480억 달러에서 870억 달러로 81퍼센트나 늘었다.[22] 보글은 이에 대해 다음과 같은 결론을 내린다. "자산 운용업의 엄청난 규모의 경제가 낳은 편익은 펀드 투자자들과 공유되기보다 대부분 펀드 매니저 자신들의 뱃속으로 들어갔습니다." 1967년에 경제학자 폴 새뮤얼슨은 이렇게 표현했다. "저는 뮤추얼 펀드 업계에서 돈을 벌 수 있는 곳은 단 하나밖에 없다고 결론 내렸습니다. 절제력 있는 남자가 술집에서 있을 곳은 바의 앞쪽이 아니라 그 뒤쪽 바텐더 자리밖에 없는 것과 같은 이치죠. 그래서 저는 (…)

자산 운용사에 투자했습니다."[23]

　피델리티나 블랙록에 자금을 쏟아붓는 대신 뱅가드처럼 수수료가 낮거나 없는 인덱스 펀드에 투자하는 편이 훨씬 실적이 좋다는 사실을 보여 주는 연구 결과도 넘쳐 난다. 세계에서 가장 똑똑하다는 투자자들도 그렇게 생각한다. 워런 버핏은 최근 내게 자신이 사망한 즉시 아내 몫의 유산 중 90퍼센트가 뱅가드의 S&P 500 인덱스 펀드에 투자될 것이라고 말했다.[24] 그렇다면 왜 미국인들은 이처럼 현명한 방식을 따르지 않는 것일까? 그 답은 행동경제학에서 찾을 수 있다. 바로 '합리적 인간'도 얼마든지 비합리적인 결정을 내릴 수 있다는 것이다. 『이코노미스트』지의 최근 기사가 이를 잘 요약하고 있다. "누구나 카지노에 가면 카지노 측이 돈을 딸 가능성이 높다는 것을 잘 알고 있다. 그럼에도 사람들은 여전히 일확천금을 꿈꾼다. 그런데 이와 동일한 심리적 기제가 펀드 운용에서도 작동하는 것으로 보인다. 투자자들은 자신에게 유리하지 않음을 알면서도 값비싼 뮤추얼 펀드에 돈을 싸 들고 몰려간다."[25] 대다수 사람들은 투자를 할 때 자신을 믿지 못하고, 운용사들은 일부러 투자 업무를 실제보다 훨씬 복잡해 보이도록 포장한다. 그래야 일감이 많아지니까. 앞에서도 보았듯, 금융업계가 동원하는 술수 중 하나는 전문가에 대한 숭배를 조장하는 것이다. 자산 운용사는 상당히 단순한 결정(인덱스 펀드에 돈을 넣은 뒤 65세가 될 때까지 잊어버리는 것)을 온갖 전문 용어를 동원하여 복잡한 것처럼 꾸며서, 사람들이 설명해 줄 전문가를 찾도록 만든다. 그러니 최근 한 조사에서 드러났듯, 부유한 사람 10명 중 7명이 자신의 금융 상담사, 즉 고액 수수료가 책정된 온갖 펀드를 판매하는 사람을 주치의만큼이나 중요하다고 생각하는 것도 당연한 일이다.[26]

줄어들고 사라지는 퇴직연금

개인은 최선의 투자 결정을 내리기 힘듦에도 불구하고, 은퇴 이후를 준비해야 하는 부담은 점차 개인에게 떠넘겨지고 있다. 이 상황은 1980년대에, 오늘날 미국인 절반이 의지하고 있는 401(k) 민간 퇴직연금 투자 시스템이 본격적으로 출범하면서 심해졌다. 놀랍게도 이 시스템은 순전히 우연의 산물이었다. 미국의 비대한 보건의료 시스템과 마찬가지로, 401(k) 퇴직연금 제도 역시 똑똑한 몇 사람이 세금을 회피하려고 애쓰던 와중에 우연히 만들어졌다.

1980년, 은행가들의 현금 보너스 절세 전략을 고민하던 한 컨설턴트는 2년 전에 통과된 세법의 불명료한 조항을 활용해 보려는 생각을 먹었다. 이 조항에 따르면 근로자들이 근로 소득의 일부를 퇴직연금에 불입하면 고용주 측도 그 금액의 일정 비율을 추가로 불입하며, 그 돈에는 세금 공제가 적용된다. 이 조항이 401(k)의 시작이었다. 근로자들이 급료로 받은 세전 소득을 불입하는(때로는 고용주 측도 여기에 일정액을 보태 준다) 401(k) 계좌는 하지만 전통적인 퇴직연금과 달리 은퇴하는 순간 정기적으로 받을 연금 수령액을 약속하지 않는다. 가입자들은 이 펀드가 몸집을 키우면 은퇴하고 나서 연금을 뽑아 쓸 수 있으리라고 기대한다. 그러나 401(k)는 아무것도 보장하지 않을 뿐만 아니라, 가입 여부를 대체로 개인이 결정해야 한다. 이것은 이 시스템이 안고 있는 또 하나의 큰 문제점이다.[27]

연구 결과에 따르면, 401(k) 가입 자격이 있는 사람 가운데 20퍼센트는 아예 가입을 하지 않는다고 한다. (사실 회사의 복잡하기 이를 데 없는 복지 혜택 웹사이트를 둘러보아야 하는 등 머리 아픈 절차에 질려 보지 않은 사람이 어디 있을까 싶다.)[28] 또한 상당수 가입자들은 60세 이전에 퇴직연금을 미리 당겨쓰거나 담보물로 활용하는 실정이다. 이는 막대한 추가 세금을 감수하는 것은 물론이고 연금 저축의 취지 자체를 훼손하는 행위인 셈이다. 2014년 이 문제로 열린 상원 청문회에서 증언을 한 바 있는 경제정책연구소Economic Policy Institute의 경제학자 모니크 모리시는 이렇게 말한다. "의회는 본래 401(k)를 기존의 전통적인 퇴직연금을 대체하는 새로운 수단으로 만들 생각이 없었습니다. 그렇기에 제대로 설계된 제도가 아닙니다. 수리적 능력과 정교한 금융 지식에, 앞뒤가 곧잘 맞지 않는 금융 상담사의 조언을 곰곰이 따지면서 현명한 투자 결정을 내릴 시간까지 갖춘 사람은 많지 않습니다." 401(k) 시스템 자체가 무척 복잡하기 때문에 많은 사람들은 연금을 조기에 헐어 돈을 당겨쓰다가, 이 프로그램이 제공하는 세제 혜택을 헛되이 날려 버리거나 형편없는 자산 배분 전략을 선택하고 만다.

최선의 결정을 내리고자 회사의 복지 혜택 웹사이트를 찬찬히 살펴보려 한 적이 있는(또는 그럴 리는 없겠지만 '상담사'에게 전화를 걸어 본) 사람이라면 모리시의 말을 이해할 것이다. 금융 지식을 갖춘 사람에게도 이 과정은 복잡하기 짝이 없는 선택의 연속이다. 행동경제학의 연구 결과에서도 보이듯, 선택 사항이 많을수록 잘못된 결정을 내리거나 심지어 아무런 결정도 하지 않는 경우가 많다.[29] 프리랜서와 401(k)에 가입할 수 없는 사람들이 이용하는 개인퇴직계좌는 상황이 더 나쁘다. 이 제도는 401(k)만큼도 가입자에게 보호막을 제공하지 못할 뿐만 아니라, 수수료도 더 비싸기 때문이다.[30]

잘못된 정책 결정이 이어지고 공공과 민간 부문 할 것 없이 퇴직연금 문제를 개인의 책임으로 미루려는 분위기가 팽배한 결과, 401(k) 같은 민간 퇴직연금 제도가 표준으로 자리 잡았다. 1983년 사회보장연금이 축소되고 기업들이 자체 연금 제도를 감축하기 시작하면서 401(k)는 날개를 달았다. 그 결과 미국의 퇴직연금 시스템은 경제적, 사회적 계층에 따라 심각한 양극화 양상을 띠기에 이르렀다. 연구 결과에 따르면, 401(k)는 사회경제적으로 상위 3분의 1에 속하는 사람들의 전유물이다. 그러나 정작 이 계층조차도 이전 세대에 비해 형편이 그다지 좋은 편은 아니다. 통계에 따르면, 전통적인 확정급여형 퇴직연금이 아니라 401(k)에 투자한 오늘날의 은퇴자들은 예전 사람들보다 누리는 것이 훨씬 적다.

그렇다면 401(k)에 발을 들이기 힘든 나머지 사람들은 어떨까? 어떤 형태든 정규 퇴직연금 제도를 이용할 수 있는 민간 부문 근로자는 전체의 66퍼센트밖에 되지 않으며, 그중 실제로 가입하는 사람은 절반에 미치지 못한다(이 역시 제도의 복잡성과 사람들의 결정 장애 때문이다). 그리고 앞에서 이미 지적했다시피, 작은 기업의 경우에는 현황이 훨씬 나쁘다. 이 중에서 401(k)나 개인퇴직계좌 같은 퇴직연금 제도를 지원하는 곳은 14퍼센트에 불과하다. 더구나 노동시장의 추세를 감안하면, 이런 제도를 이용하는 사람들의 수는 점점 감소할 것이다. 현재 새로운 일자리의 대부분을 창출하고 있는 수많은 중소기업은 퇴직연금 혜택을 제공할 형편이 못 된다. 또한 회사의 규모를 막론하고 대부분의 프리랜서나 시간제 노동자는 대개 가입 자격이 없다. 게다가 미국 노동시장이 이른바 '긱 이코노미'로 이행하면서 저렇게 혜택을 받지 못하는 계약직 노동자들이 늘어나고 있다. 401(k) 시스템이 결함투성이인 것은 사실이지만, 그래도 아예 없는 것보다는 낫지 않은가.

연금 생활자와 월가의 대결

401(k)의 실패는 퇴직연금 위기의 단편일 뿐이다. 수백만 미국인들이 의존하고 있는 확정급여형 퇴직연금(은퇴자가 매달 고정된 금액을 받는다)도 사면초가에 처해 있다. 물론 요즘에는 이것보다 401(k)를 많이 이용한다. 그러나 주정부와 지방정부의 근로자 가운데 약 75퍼센트는 여전히 확정급여형 퇴직연금에 의존하고 있는데, 지난 20여 년 동안 이들의 수는 급격히 증가했다. 총금액은 1995년 이후 세 배가 늘어 현재 3조 3000억 달러에 육박한다.[31]

공공 부문의 퇴직연금 제도가 망가질 경우, 여러 도시와 지역 경제 시스템이 함께 붕괴한다. 캘리포니아주의 샌버너디노와 스톡턴 같은 지역에서는 퇴직연금 문제가 파산으로 이어졌으며, 심지어 시 당국에 어마어마한 부채 문제를 해결하도록 수용권을 설정해 달라는 요구가 빗발쳤다. 이런 와중에 소방관은 100만 달러 상당의 연금을 가지고 은퇴한다는 식의 이야기는 대부분 현실 상황과 동떨어진 낭설에 불과하다. 진실을 밝히자면 대다수의 경우, 지방정부들이 파산하고 지역 경제 전반이 위기에 처한 이유는 퇴직연금 부담이 너무 커서가 아니라, 경제 위기 당시 월가가 주 및 지방 공무원들을 벗겨 먹었기 때문이다.

미국 역사상 최대 규모의 지방정부 파산 사례인 디트로이트의 경우를 살펴보자. 이 사태의 중심에는 격렬한 연금 투쟁이 자리했다. 전성기이던 1950년 이 도시에는 현재 인구 70만 명의 두 배가 넘는 사람들이 살았다. 디트로이트의 장기 침체에는 도시 행정의 실책, 정치적 부패, 뿌리 깊은 노동 문제 등 여러 요인이 작용했다. 1980년대부터 미국 제조업이 병들면서 디트로이트는 여러 대도시 중에서도 유독 막대한 타격을 입었다. 인재들이 떠났고, 부동산 값이 떨어졌으며, 저성장이 이어졌다. 2000년대 중반에 이르자 도시의 세입 기반은 사실상 초토화되었다. 결국 디트로이트는 기본적인 도시 행정 비용을 감당하기도 벅찬 처지에 빠졌다.

바로 그때 월가가 무대에 등장했다. 월가는 2005~2006년에 걸쳐 디트로이트시에 연금보증채권pension obligation bond의 일종인 참여증권certificate of participation과 같이 복잡한 고위험 증권을 14억 달러어치 팔았다. 즉 장차 시정부가 거둘 세입의 일정 몫을 받는 조건으로 자금을 지원해 준 셈인데, 문제는 깨알 같은 글씨로 적힌 각종 부대 조항에 따라 리스크 대부분을 시정부가 짊어졌다는 것이다. 금융 위기로 디트로이트시가 8억 달러의 부채를 감당할 수 없게 되자, 월가는 이를 전액 상환할 것을 요구했다. 사실 많은 전문가들은 이 부채의 발행 조건 자체가 사기에 가깝다고 보았다. 하지만 월가 입장에서는 통상적으로 계약서에 적어 넣는 권리를 행사했을 뿐이다. (월가에서는 대출 약정을 맺을 때 최우선적으로 상환받을 자격이 자신에게 있다는 점을 명시한다.) 그 결과 디트로이트시 공무원 연금 수급자들은, 월가에 수억 달러를 상환해야 하니 대폭적인 퇴직연금 소득 삭감을 받아들이라는 요구에 직면했다. 이들 부지런한 메인가 사람들은 버스 운전, 사무, 하수 처리, 쓰레기 수거처럼 남들이 알아주지 않는 작업을 묵묵히 수행한 일꾼이었다.[32] 심지어 어떤 채권자들은 시 미술관이 소장한 반 고흐, 휘슬러, 드가의 작품같이 값을 매기기 힘들 정도로 귀중한 미술품들을 담보로 경찰력과 구급차 운영 비용을 마련하라고 강권했다.

디트로이트시의 위기에 대한 보도를 접하는 사람들은 배부른 시 공무원들이 과거의 영화에 젖은 채 시대 변화를 받아들이지 못하고 고통 분담을 꺼렸으리라고 으레 생각한다. 아니면 시정부 자체가 회복 불가능할 정도로 부패한 나머지 건전한 재정은 꿈도 꾸지 못할 상황이었겠거니 짐작한다. 그러나 이는 잘못된 해석이며, 피해자에게 책임을 돌리는 전형적 사례다. 물론 디트로이트 시정부가 형편없는 지도자 밑에서 신음했던 적도 있다. 특히 6년 동안 시장을 지내다 2008년에 사임하여 현재는 부패 사범으로 28년형을 선고받아 복역 중인 콰미 킬패트릭 같은 인물도 있었다. 그러나 훌륭한 지도자도 얼마든지 있었고, 여러 통계 수치를 보면 디트로이트의 재정적 어려움은 지출보다 세입의 문제였다. 앞에서 말했듯 디트로이트의 경제는 점점 기울고 있었고, 그에 따라 세원이 줄면서 세출을 감당하기가 힘들어졌다. 디트로이트 같은 지방자치단체의 주 세입원인 부동산세, 소비세, 소득세가 대침체를 맞아 격감했으니 당연한 일이다. 디트로이트가 월가와 의심쩍은 채무 약정을 맺도록 떠밀린 이유가 바로 이것이다.

디트로이트시에서 예산을 감축하지 않으려고 버티는 바람에 저런 재앙이 닥친 것도 아니다. 금융 위기가 터졌을 때 시 지도자들은 경상 예산을 37퍼센트 삭감했다.[33] 그러나 이것도 세입 감소분을 상쇄하기에는 턱없이 모자랐다. 그러던 와중에 아무런 잘못도 없는 연금 생활자들은 수령액이 대폭 줄어든다는 통보를 받았고, 정작 디트로이트의 온갖 재정 문제를 심화시킨 월가의 금융기관들은 더 쏠쏠한 돈벌이를 찾아 줄을 섰다.

2013년 말 디트로이트 시정부가 파산하자, 곧바로 부채 청산 문제가 핵심 현안으로 떠올랐다. 그리고 골드만 삭스 출신으로 현재 비영리 싱크탱크 데모스의 선임 연구원으로 활동하는 월리스 터브빌의 말대로, 이 청산 문제는 "금융업계의 편에 서 있는 로펌의 비상관리인과 금융업계 간의 논의"로 진행되었다. "시민들(즉 연금 생활자들) 역시 협상 테이블에 참여해 보려 애썼지만, 비상관리인이 (시 재정) 정보를 독점했기 때문에 협상이 개시되고 나서 첫 4개월 동안 그의 말에 의존할 수밖에 없었다."[34] 터브빌에 따르면, 케빈 오어가 이끄는 비상관리팀은 관련 수치를 왜곡해서 퇴직연금 채무액을 과다 계상했으며, 그에 따라 비대한 연금 제도가 디트로이트의 붕괴를 초래했다는 믿음이 널리 퍼졌다. 그러나 터브빌은 디트로이트를 파산으로 몰아넣은 주범은 애초에 시성부와 미심쩍은 채권 약정을 체결한 월가라고 주장한다. 2013년 터브빌은 디트로이트의 붕괴에 한몫한 금융업계의 역할을 개괄한 보고서에서, 월가가 제공한 부채야말로 "디트로이트 시정부가 감당해야 할 비용을 증폭시킨 가장 큰 요인"이라고 지적했다.[35] 보고서 내용을 요약하면, 시정부를 대신해 부채 청산 협상에 나선 사람들은 금융업자들에게 완전히 농락당했다. 이들은 시정부의 신용 등급이 하락하는 경우 즉각 약정이 종료되는 수백만 달러 규모의 초장기 금리 스와프 계약을 맺었다. 그리고 기다렸다는 듯이 이런 사태가 닥쳤다. 스와프 약정이 종료되자 시정부 측은 약정이 종료되지 않았더라면 금융업계가 챙길 수 있었을 전체 예상 수익을 즉시 지급해야 했다. 즉 디트로이트시는 엄청난 돈을 일괄 지급해야 하는 상황에 맞닥뜨렸고, 그 결과 시정부의 현금 흐름은 지탱하기 힘들 정도로 악화되었다.

이 약정이 부조리하다는 생각이 드는가? 맞다. '앞면이 나오면 내가 이긴 것이고, 뒷면이 나오면 네가 진 것'이라는 식의 게임과 같기 때문이다. 그런데 이런 수작은 지방자치단체의 금융 협상에서 아주 흔하게 동원된다. 결국 월가는 메인가를 상대로 지극히 불공정한 게임을 벌이는 셈이며, 온갖 세제상의 허점을 이용하여 문제를 더욱 복잡하게 만든다.

디트로이트의 이야기는 그래도 일종의 해피엔드로 마무리된다. 활동가와 지역 정치인들이 힘을 합쳐 금융업계에 대항했고, 연방 판사 스티븐 로즈가 시정부의 파산 계획을 최종 승인하여 최초의 부채 청산액인 8억 달러짜리 약정은 효력을 잃었다. 결국 금융업계는 그 금액 가운데 단 일부만 챙기는 것으로 만족해야 했다. 이 일은 70억 달러에 달하는 부채를 해결해 나가는 과정의 일환이었다. 16개월간의 법적 분쟁과 싸움, 성찰이 끝난 후, 포드나 켈로그같이 명망 있는 가문 재단을 비롯한 여러 민간 기부자들이 지역 개발 기관, 대기업, 주정부 등과 힘을 모았다. 이들은 한때 미국 경제력의 상징이었던 도시가 더 이상 무너져서는 안 된다는 데에 뜻을 함께했다. 이들이 내놓은 8억 달러가 퇴직연금 문제를 얼마간 해결하고 디트로이트의 예술품을 지키는 데 쓰였다. 후일 '대타협grand bargain'으로 불리게 된 이들의 노력 덕분에 디트로이트는 다시 미래를 꿈꿀 수 있게 됐다. 그러자 시정부와 공무원, 디트로이트시 채권자들까지도 타협에 나섰다. 주민들도 창의적인 해법을 내놓았다. 금융기관들은 자산으로 대출금 상환을 갈음했다. 주택담보대출자들을 쥐어짜 당장 얼마간의 현금을 움켜쥐는 대신, 디트로이트가 회생하여 주택 가격이 다시 상승할 것이라는 쪽에 베팅을 한 셈이다. 노조 지도자들 역시 퇴직연금을 5~10퍼센트 삭감하는 조치를 받아들였다. 고통스럽고 논란의 여지가 큰 결정이었지만, 비상관리인이 애초에 제시한 안에 비하면 훨씬 덜 가혹한 것이었다.

결국에 가서는 주요 이해관계자들 가운데 채무 조정을 거부한 이는 아무도 없었고, 이로써 역사상 최대 규모의 지방정부 파산은 한고비를 넘겼다. 이 채무 조정은 도처에서 찬사를 받았다. 미시간주의 공화당 출신 주지사 릭 스나이더는 내게 이렇게 말했다. "대타협이 없었다면 불가능한 일이었습니다. 시민들이 이런 고통을 감내하려면, 우선 민간 부문과 주정부가 도움을 주고 있다는 사실을 체감할 수 있어야 합니다." 이런 타협은 요즘의 미국 시민사회에서 좀처럼 찾아보기 힘든 것이었다. 또한 이 타협을 이끈 주인공은 이 도시의 원조 '만드는 자들', 즉 한때 '민주주의의 병기창Arsenal of Democracy'으로 이름을 날렸던 디트로이트에서 부를 일군 산업가들이었다.[36]

디트로이트의 파산은 큰 교훈을 남겨 주었다. 시정부는 금융 문제를 다루거나 자본시장과 거래를 할 때 훨씬 더 신중히 대처해야 한다. 독점적 권력을 가진 금융이 보잘것없는 서비스에 비해 과도한 수수료를 챙기며 공공의 주머니를 털어 가는 도시는 디트로이트뿐만이 아니다. 예를 들어 로스앤젤레스의 경우 도로와 인도를 보수하는 비용보다 월가에 지불하는 수수료가 더 많다.[37] 수십여 곳에 달하는 다른 시정부들도 리보 금리(은행 간에 이루어지는 단기 자금 조달에 적용되는 이자율) 연동 채권 거래로 손실을 입었다. 이 유명한 조작 사건에는 전 세계에 위세를 떨치는 대형 은행 여러 곳이 가담했다. 현재까지 9개 금융기관이 이 사건을 매듭짓느라 90억 달러 이상을 썼다. 그러나 이 악질적 거래로 피해를 입은 시정부들은 여전히 비싼 대가를 치르고 있다. 캘리포니아 주 오클랜드시의 경우 위험한 채권 거래 한 건으로 골드만 삭스에 지급한 이자가 이미 5000만 달러를 넘어섰다. 오클랜드 시의회는 골드만 삭스를 보이콧하는 결의안을 통과시켰지만, 계속해서 돈을 내주어야 하는 법적 책임까지 벗지는 못했다.[38] 시카고에서는 공립학교 시스템이 발행한 고위험 채권이 심각한 공공 재정 문제를 초래하고 있다. 이미 어마어마한 채무에 허덕이고 있는 시카고 교육구는 이 때문에 향후 20년간 1억 달러에 달하는 부담을 추가로 짊어질 것으로 예상된다. 그리고 여러 주정부가 퇴직연금 가입자들에게 지급할 연금이 모자란 형편이라, 디트로이트시를 곤경에 빠뜨렸던 연금보증채권 같은 채권의 발행은 앞으로도 계속 늘어날 것이다. (현재 미국의 주정부 및 지방정부가 운용하는 퇴직연금 제도 가운데 상당수는 적립액이 기준에 못 미치는 실정이다. 그 결과 장차 연금 가입자들에게 내주어야 할 지급액이 무려 '1조 달러'나 부족한 사태가 닥칠 수도 있다.)[39]

정부의 재정이 악화될수록 월가 측에는 위험한 차익거래를 통한 돈벌이 기회가 많아진다는 것은 슬픈 일이 아닐 수 없다. 보스턴 칼리지의 은퇴연구센터Center for Retirement Research가 1992년 이후 발행된 270가지 연금보증채권을 살펴본 결과, 관련된 지방정부들은 대부분 시장의 호황을 믿고 돈을 빌렸던 것으로 드러났다. 잠재 수익률을 과대평가한 지방정부들은 자산 수익률이 높을 때 투자했다가 시장이 제자리를 찾으면서 큰 손실을 보았다.[40] 그러나 이런 위험한 거래의 결과가 나쁠 경우, 월가 역시 기대만큼 수익을 가져가지 못할 수도 있다. 물론 디트로이트 파산에 대한 법원의 판결이 금융업계가 시정부들을 상대로 벌이는 위험한 거래를 방지하지는 못한다. 그러나 터브빌의 표현을 빌리면, 그 판결은 "은행들에게 절박한 지방정부를 상대로 터무니없는 계약을 체결해서는 안 되며, 그러고도 무사히 빠져나갈 수 있으리라고 생각하지 말라는 일종의 경고 사격"이었다.[41] 디트로이트 사태의 해결 과정은 의지만 확고하다면 '만드는 자'들도 '거저먹는 자'들을 상대로 싸움을 하고 승리도 할 수 있음을 보여 준다. 또한 시정부가 월가와 거래할 때는 정신을 똑바로 차려야 하며, 나아가 연방 규제 당국은 사기에 가까운 거래를 더욱 제대로 단속해야 한다는 것을 일깨워 준다. (증권거래위원회와 연준이 중요하다!)

퇴직연금 보호하기

공공과 민간 부문 할 것 없이 퇴직연금 제도를 손볼 필요가 있다는 것은 분명하다. 고무적인 사실은 현재 미국이 이 힘난한 여정의 중요한 변곡점에 와 있다는 것이다. 여기에는 여러 이유가 있다. 첫째, 주식과 채권 수익률을 떠받쳐 온 수년간의 강세장이 주만간 막을 내릴 가능성이 상당히 크다. 내가 의견을 나눈 최고의 투자가들은 많은 미국인들이 지금까지 퇴직연금을 계산하면서 연 수익률을 7~9퍼센트로 상정해 왔으나 실제로는 4~5퍼센트도 힘들 것이라고 본다. 이는 투자자 입장에서는 나쁜 소식이겠지만, 제도 개선의 강력한 계기로 작용할 것이다.

둘째, 연방, 주, 지방 등 각급 정부가 재정적 곤란을 겪고 있다. 놀랍게도 현재 전 세계의 부채 총량은 2008년 금융 위기 전보다 오히려 많다. 그때와 다른 점이 있다면 지금은 정부의 부채가 금융 부문보다 많다는 것이다.[42] 이 말은 이제 정부가 시장의 충격을 흡수하여 시민들에게 은퇴 안전망을 제공하기가 쉽지 않을 것임을 의미한다. 미국뿐만 아니라 세계 각국 정부들은 사회보장 제도와 혜택을 강화하는 것이 아니라 감축하려고 들 것이다(유럽의 상황을 보라). 이런 추세는 퇴직연금 위기를 더욱 심화시킬 것이다.

마지막으로, 이제 소매 및 기관 투자자가 자기들이 자산 운용 업계에 얼마나 심하게 착취당해 왔는지 깨닫기 시작했다. 액티브 펀드 매니저들은 특히 2014년에 끔찍한 한 해를 보냈다. 지난 30년 중에서 시장 수익률에 미치지 못하는 실적을 거둔 펀드 매니저가 2014년처럼 많았던 해도 없다. 그런데 대중의 분노에 정신이 나가서인지, 아니면 곧 사라질 노다지판에서 마지막으로 이득 좀 챙겨야겠다고 생각해서인지, 이들은 투자자에게 별로 돌려주는 것도 없이 자기 몫을 더 가져가고 있다. 지난 10년간 펀드 매니저의 평균 보수는 두 배로 뛰어올랐으며, 2016년에는 투자은행가마저 넘어서리라는 추정도 나오고 있다. 이런 상황은 이들 매니저가 과연 기업의 보수와 지배구조 문제를 바람직하게 개선하는 원동력이 맞기는 한지 의문을 불러일으킨다. 자기 자신도 제대로 규율하지 못하는 형편이니 말이다.[43] 이 업계의 보수가 자산 운용 실적이 아니라 운용하는 자산의 규모에 따라 결정되는 양태는 점점 보건의료업계를 닮아 간다. 독점이 너무 심해지는 바람에 가격이 실적이나 수요와 완전히 동떨어지게 된 것이다. 그 결과 드디어 고객들이 등을 돌리고 있다. 2014년에 투자자들은 액티브 펀드에서 920억 달러를 빼낸 반면, 경쟁 상품인 패시브 인덱스 펀드에는 1560억 달러를 넣었다.[44] 뱅가드가 그 수혜를 입어, 설립 이후 처음으로 운용 자산 규모가 3조 달러를 넘었다.

이 문제에 대한 대중의 관심이 높아지고 있는 지금이야말로 다음 대통령이 퇴직연금 제도를 근본적으로 개혁하겠다고 선언하여 쓰나미에 대비할 가장 좋은 시점이다. 그러려면 어떻게 해야 할까? 먼저 사회보장연금을 현재 상태로 유지하려고 노력해야 한다. 사회보장연금은 대다수 노년층의 노후 안정에 한결같은 효과를 발휘해 온 유일한 퇴직연금 제도이기 때문이다. 사회보장연금의 지불 능력을 보호하기 위해서는, 납입금 산정의 기준이 되는 최고 구간 소득 수준을 근로소득세와 연동시켜 상향 조정하는 방법, 연금이 필요 없는 부유층에게는 지급액을 제한하는 방법, 지급액 산출 공식을 바꾸는 방법, 일부 직종의 은퇴 연령을 상향 조정하는 방법 등을 이용해 볼 만하다. (물론 마지막 방안은 신중한 검토가 필요하다. 특정 연령이 넘으면 지속하기 힘든 육체노동 종사자에게 과도한 부담을 줄 수 있기 때문이다.) 공공 연금 제도 역시 수익률을 지나치게 긍정적으로 예측했음을 솔직히 인정할 필요가 있다. 우선 예상 수익률을 연간 8퍼센트가 아니라 5퍼센트로 잡고, 연금 생활자뿐만 아니라 일반 대중에게도 목표치 달성 여부를 공개해야 한다. 부족 사태가 벌어지기 전에 미리 준비하는 시정부는 디트로이트와 같은 운명에 처하지 않을 것이다.

지금 401(k)나 개인퇴직계좌를 통해 저축하고 있는 미국인들에게는 훨씬 간단한 해결책이 하나 있다. 저축한 돈을, 수수료가 낮거나 전혀 없는 인덱스 펀드를 주로 활용하는 프로그램으로 옮기면 그만이다(그리고 개인이 다른 프로그램을 선택하지 않는 한, 인덱스 펀드 프로그램에 자동 가입되도록 해 두어도 좋을 것이다). 나아가 펀드 운용사들은 수수료와 수익률을 투명하게 공개하여, 개인 가입자들이 이를 알아내느라 헤맬 필요가 없게 만들어야 한다. 규제 당국은 퇴직연금을 조기에 해지하거나 불입금을 담보로 대출하는 것을 엄격하게 제한해야 한다. 이렇게 하면 시민의 노후를 보장해 주겠다는 401(k)의 도입 취지를 살릴 수 있을 것이다. 사실 지금까지 언급된 조치 가운데 상당수가 반영되어 있고, 따라하기도 쉬운 모델이 이미 존재한다. 바로 연방 공무원을 위한 저축계정제도Thrift Savings Plan다. 이 제도는 규모가 크고 비용이 저렴할 뿐만 아니라 효과적이다. 만약 의회에서 이 성공적인 저축 모델을 폭넓은 일반대중을 위해 퍼뜨리기를 탐탁잖아한다면, 유권자들이 나서서 과연 의원들이 월가와 메인가 중 어디를 대변하고 있는지 직접 물어야 한다.

주정부 차원에서는 이미 이러한 변화가 시작되었다. 예를 들면 캘리포니아 안심선택California Secure Choice, CSC 퇴직연금 저축 제도는 모든 민간 부문 근로자에게 은퇴 이후 생활 임금을 보장해 주는 것을 목표로 한다. CSC는 2012년 주지사 제리 브라운의 서명을 거쳐 입법화되었다. 이 제도는 전통적인 확정급여형 퇴직연금(은퇴 후 일정한 연간 소득 수준을 보장하는 연금)의 장점에 401(k)의 제도적 유연성과 유동성을 결합한 것이다. 현재 직장을 통해 정규 퇴직연금에 가입할 수 없는 캘리포니아주 근로자를 대상으로 한다. 캘리포니아주는 다른 주에 비해 이민자, 프리랜서, 연금 혜택이 없는 젊은 근로자가 많기에 가입 대상자가 상당히 많다. 경제정책연구소의 모니크 모리시는 이렇게 말한다. "저는 이 제도를 열렬히 응원합니다. 실질적인 실행 면에서 보면 퇴직연금 개혁 방안 가운데 가장 선진적이라고 생각합니다."

CSC의 구체적인 내용은 이르면 2016년쯤에 드러날 것으로 보이는데, 현재 다양한 업계 및 학계 전문가의 의견을 받아 가며 논의를 진행 중이다. 아마도 CSC는 가급적 많은 자격자를 가입시키기 위해 행동경제학적 원리를 활용할 것이다. 이를테면 가입을 위해 직접 서명해야 하는 대신, 포기하지 않으면 자동으로 가입되는 식이다.[45] 가입자들의 소득에서 최소 3퍼센트씩을 떼어 모은 적립금은 S&P 500 지수 펀드 같은 보수적인 인덱스 펀드에 투자될 것으로 전망된다. 인덱스 펀드는 투자자들이 주식시장 전체의 수익률과 동일한 수익률을 올리도록 해 주는 아주 단순한 투자 방식이다. 게다가 주식을 선별하는 잔재주를 부리지도 않으며 그런 일을 한답시고 수수료를 받지도 않기에 비용도 저렴하다.

개혁론자들은 정부가 더욱 많은 사람들이 퇴직연금에 가입하도록 뒷받침해야 한다고 주장한다. 또한 늘어난 가입자로 실현되는 규모의 경제를 십분 살려 이런 제도의 운영비를 공공 부문의 대형 연금 제도처럼 줄여야 한다고 말한다. 그러나 이러한 개혁은 정부의 역할이 커지는 것을 경계하는 보수주의자들의 공격을 받고 있다. 금융업계 역시 정부가 운영하는 연금 제도의 자금이 업계에 짭짤한 수수료 수입을 안겨 주는 액티브 펀드가 아니라 단순한 인덱스 펀드에 투입될 것이라 우려한다. 유감스럽게도 자산 운용 업계의 로비는 대형 은행 못지않게 강력하다. 어떤 경우에는 불량배같이 굴기도 한다. 액티브 펀드에서 자산을 운용한 퇴직연금 제도들의 수익률이 저조했다는 연구 결과를 발표한 예일대 교수 이언 에어스는 자산 운용사들의 빗발치는 항의에 몸살을 앓았다. 에어스의 윗사람이며 예일대 고위 인사들에게도 불평이 쏟아졌다. 나아가 자산 운용 업계는 퇴직연금 개혁 문제에 적극적으로 의견을 개진하는 여러 학자, 정치인, 정책 입안자에게도 협박조의 반대 운동을 펼치고 있다.

그런데 한 가지 역설적인 사실은, 자산 운용 업계의 규모 자체가 문젯거리인 동시에 퇴직연금의 위기와 미국 금융의 비대화 모두의 잠재적 '해결책'이기도 하다는 것이다. 현재 자산 운용 업체들은 증권업계에서 가장 빠르게 성장하는 행위자다.[46] 피델리티, 블랙록, 뱅가드 같은 초대형 운용사뿐만 아니라 기타 수많은 소규모 운용사들도 포진해 있는 이 부문은 미국 전체 유가증권의 65퍼센트를 보유하고 있다. 만약 이들 업체를 움직이는 사람들이 생각을 바꿔 단기 실적보다 장기 성장을 우선시한다면, 미국 경제 전반에 걸쳐 엄청나게 긍정적인 파장을 일으킬 수 있다. 금융업계 자체의 규모와 영향력은 줄어들겠지만, 늘어난 미국 기업계의 부가 다시 투자자들에게 돌아가며 미국 경제는 더욱 튼튼해질 것이다. 보글은 "자산 운용은 본래 실물 기업이 거둔 수익에서 가치를 뽑아내는 일"이라고 말한다.[47] 사실 대부분의 뮤추얼 펀드 매니저는 본질적으로 거저먹는 자이지 만드는 자가 아니다. 그러나 바람직한 기업 지배구조를 갖추고 실물 경제에 도움이 되는 경영 전략을 구사하는 회사의 주식을 사들여 보유하는 데 힘쓰는 펀드 매니저가 많아질수록, 금융은 성장의 훼방꾼이 아니라 오히려 후원자가 될 수 있다.

물론 이 목표가 다소 거창하기는 하지만, 보글처럼 진정한 부를 만드는 자들은 달성 가능하다고 본다. 보글은 현대 자본주의의 아버지 애덤 스미스도 살아 있다면 이런 생각을 환영할 것이라 믿는다. 그는 몇 년 전 다른 거물급 펀드 매니저들과 함께 기업 지배구조 개선에 업계가 어떤 역할을 할 수 있을지 이야기를 나눈 적이 있다. 그 자리에서 장차 뱅가드 같은 자산 운용사들이 행동주의 투자자(4장에서 다룬 바 있다)라든가 세계 각지의 고빈도 트레이더 퇴치에 중요한 역할을 할 수 있겠다는 느낌을 받았다고 한다. 대형 자산 운용사들은 막대한 보유 주식을 무기로, 장기적 성장을 중요시하는 경영자들을 지원할 수 있다는 것이다. 사업적 측면에서도 합당한 일이었다. 은퇴 자금 운용은 그 본래 성격을 고려하면 장기적인 안목에서 이루어져야 하니까 말이다. 그럼에도 아직은 상당히 민감한 주제다. 왜냐하면 자산 운용사는 자기들이 지배구조를 선도하고자 하는 바로 그 기업들의 의뢰를 받아 퇴직연금을 운용하고 있기 때문이다. 결국 보글의 제안은 다소 엇갈린 반응을 얻었다. "대형 운용사 사람이 했던 말이 기억납니다. '이봐 존, 여기 모인 사람들은 모두 자네가 무슨 일을 하려는지 잘 알고 있어. 그런데 그냥 시장에 맡겨 두면 안 될까? 애덤 스미스의 보이지 않는 손이 있잖아!' 그때 저는 이렇게 대답했습니다. '바로 우리가 애덤 스미스의 보이지 않는 손이란 걸 모르겠나?'"[48]

보글의 발언은 상당히 의미심장하다. 물론 금융의 지배력은 막강하다. 그런데 바로 그렇기 때문에 금융이 경제와 사회를 착취하는 것이 아니라 긍정적으로 변화시키는 동력으로 쓰일 수 있다. 하지만 그러려면 무엇보다 먼저 자산 운용 업계가 지난 수십 년 동안 믿기 어려울 정도로 쉽게 돈을 벌어다 준 사업 모델과 결별해야 한다.

물론 자산 운용 업계는 쏠쏠한 수익성을 위협하는 방안들에 사력을 다해 저항하고 있다. 일례로 캘리포니아 안심선택 프로그램은 증권회사와 자산 운용사들이 모여 만든 미국 증권산업 및 금융시장협회 Securities Industry and Financial Markets Association, SIFMA의 격렬한 저항에 부닥쳐 있다. 이 협회는 2013년 캘리포니아주 재무장관 앞으로 보낸 서신에서, CSC가 "광범위한 캘리포니아주 금융 서비스 업체들과 직접적인 경쟁 관계에 놓이게 될 것"이며, 주정부는 재정을 "은퇴에 대비하여 젊은 시절부터 규칙적으로 저축하는 습관을 기르는 것이 중요하다는 점"을 시민들에게 교육하는 데 투입해야지 보편적 퇴직연금 제도를 만드는 데 써서는 안 된다며 항의했다. 이처럼 금융업계는 금융 소비자 교육이 더 필요하다는 논리를 전가의 보도처럼 내세우고 있다. 그러나 정작 본인들은 이런 교육을 거의 하지 않고, 별로 새로울 것도 없는 상품들에 대한 정보만 뿌려 댄다. 무엇보다 금융 '교육'이 가장 절실히 필요한 사람들은 대부분 금융업계가 그다지 고객으로 생각하지 않는 이들이다. 그러니 폴라 드로미가 거주하는 로스앤젤레스의 다인종 동네에서 피델리티 지점을 찾아볼 수 없는 것도 당연하다. 대부분의 자산 운용사들은 투자할 여윳돈을 수만 달러 이상 보유한 사람이 많은 지역이 아니면 별로 관심을 보이지 않는다.

지금까지 다룬 내용들에서 퇴직연금 위기의 가장 중요한 교훈이 도출된다. 미국 시민들이 평생에 걸쳐 저축한 돈을 운용하는 금융기관들은 업계의 존재 목적 자체를 다시 생각해 봐야 한다는 것이다. 예일대 최고투자책임자로 1985년부터 대학 기금 운용을 맡아 빼어난 실적을 낸 데이비드 스웬슨은 이를 다음과 같이 간단명료하게 정리한다. "뮤추얼 펀드 업계가 실패하는 근본 이유는 약아빠진 이윤 추구형 금융 서비스 제공자와 순진한 수익 추구형 투자 상품 소비자가 만나기 때문입니다. 더 많은 이윤을 원하는 월가와 뮤추얼 펀드 업계의 열망은 '충실한 수탁관리자'라는 개념을 압도해 버립니다. 이는 뻔한 결과로 이어집니다. (…) 강력한 금융 서비스 업체가 연약한 개인 투자자를 착취하는 것이죠."[49] 스웬슨의 지적처럼 정보 비대칭성은 언제나 월가에 유리하게 작용한다. 그러나 의료 종사자가 히포크라테스 선서를 하듯, 자산 관리자도 수탁관리자 선서를 함으로써 자기 자신이 아니라 고객을 위해 일하도록 의무를 지우는 방법이 있다. 선서를 위반할 경우 엄정한 제재와 거액의 벌금이 뒤따를 것이다.

이런 방안은 보글 같은 업계 지도자들이 제시한 것이며, 워런 버핏과 스웬슨을 비롯한 여러 금융가와 기업인도 찬성했다. 이미 도드-프랭크 법에 따라, 투자 상담사, 증권 브로커, 증권 딜러 같은 대부분의 금융 전문가 직군은 이런 종류의 선서를 해야 한다. 이상한 점은 메인가를 최일선에서 상대하는 자산 관리자가 선서자 명단에서 빠져 있다는 것이다. 미국 노동부가 나서면 이들의 수탁관리자 선서가 시행되도록 손쓸 수 있을 것이다. 이곳에는 기업의 퇴직연금 제도를 규제할 권한이 있기 때문이다. 사실 노동부는 이미 개인퇴직계좌의 자금 관리자도 선서자에 포함할 것을 제안해 놓았다. 그런데 노동부는 증권거래위원회로부터 위원회가 '소매 투자 공동체'의 의견을 듣기 전에는 수탁관리자 의무에 대한 자체 방안을 실시하지 말라는 압력을 받고 있다. 여기서 소매 투자 공동체란 뮤추얼 펀드 업계를 지칭한다. 이 이상한 요구 말고도 증권거래위원회의 판단들은 의심스러운 것투성이다. 심지어 위원회는 여태껏 도드-프랭크 법에 있는 CEO와 근로자 급여 비율 같은 단순한 규정도 시행하지 못했다. (이 규정에 따르면, 기업들은 CEO가 평균 근로자에 비해 몇 배의 급여를 받고 있는지 투명하게 공개해야 한다. 이 책을 쓰고 있는 현재 그 비율은 미국의 대표 기업들의 경우 무려 300 대 1에 달한다. 1965년에는 20 대 1이었다.)[50] 증권거래위원회의 머뭇거림은 위원회가 금융업계의 로비에 휘둘린 나머지 '인지 포획'을 당한 것은 아닌지 의심을 불러일으킨다. 이 주제는 10장에서 다시 살펴볼 것이다. 그러나 한 가지는 분명하다. 도드-프랭크 법 제정 과정에서도 드러났듯, 금융업계가 규칙 수립에 개입하는 순간 그 절차는 자꾸 늘어지고 통과된 규칙 자체도 마치 스위스 치즈처럼 구멍이 숭숭 뚫리기 십상이라는 것이다.

만약 그랬다면 참으로 유감스러운 일이 아닐 수 없다. 왜냐하면 자산 운용 업계가 투자자들 앞에서 스스로 죄를 씻고, 규제 당국이나 일반 대중은 하기 힘든 방법을 동원하여 시장 시스템의 감시를 뒷받침할 황금 같은 기회를 날리는 꼴이기 때문이다. 만약 미국의 모든 자산 운용사가 의결권(경영진의 보수, 이사회 구성, 심지어 대기업의 결정 같은 사안에 대한 발언권이 부여된다)을 활용하여 기업 지배구조 개선 작업에 도움을 주도록 의무화한다면, 기업으로서는 월가의 단기적 압력에 저항할 원군을 얻는 셈이다. 이런 움직임이 성공하려면, 전체 시스템이 패시브 펀드에 초점을 맞춤으로써 펀드 매니저가 장기보다 분기에 집착할 동기를 아예 없애야 한다.

물론 어떤 펀드 매니저들은 이렇게 기업 지배구조에까지 관여하는 데드는 비용이 너무 크다고 비판한다. 그러나 대형 자산 운용사 TIAA-CREF는 실제로 이 과업을 수행하고 있다. 몇 해 전 TIAA-CREF는 매년 100만 달러 이상을 자체적인 기업 지배구조 개선 프로그램에 투입하기 시작했다. 이 금액은 전체 투자 자산의 0.3퍼센트에 불과하며,[51] 그만한 가치가 충분히 있을 것으로 보인다. 물론 TIAA-CREF가 이럴 수 있었던 이유는 기업형 퇴직연금 제도가 아니라 교육, 의료, 연구 분야 비영리 기관의 확정기여형 연금 제도를 운용하고 있었으므로, 기분이 상할 만한 대기업 고객이 없었기 때문이다. 미래를 위해 불입한 소중한 저축의 상당액이 금융업계로 흘러들어간다는 사실을 알아차린 소비자가 점점 늘어나고 있기 때문에 자산 운용 업계는 변화할 수밖에 없고, 줄어들 수밖에 없을 것이다. 보글 역시 퇴직연금 제도의 위기로 말미암아 금융 부문이 결국 미국 경제의 5~6퍼센트를 감당하는 수준으로 떨어지리라고 본다. 그렇게만 된다면 우리는 애덤 스미스가 희망했던 유형의 시장 시스템을 구현하는 데 한발 더 가까이 다가갈 것이다. 스미스는 "소비자의 이익이 모든 산업과 상업의 궁극적 목적이자 목표"인 시스템을 꿈꾸었다.[52]

Makers
and
Takers

9장

조세 회피의 달인들

거저먹는 자들을 거드는 세법

앞에서 이미 말했듯, 세계 최고의 부자 기업 애플은 정말이지 경탄스러우리만큼 기묘한 금융 기법을 동원하여 2000억 달러에 가까운 현금 보유고 거의 전부를 역외 은행 계좌에 쌓아 놓고 있다. 미국의 징세를 피하기 위해서다. 더 놀라운 점은, 이러면서 정작 자사주 매입과 배당에 쓸 돈은 미국 자본시장에서 부채를 발행하여 마련하고 있다는 것이다. 그러나 애플의 이런 행태도 요즘 벌어지는 법인세 비틀기치고는 그리 괴상한 사례가 아니다. 사실 최근 들어 조세 도치tax inversion라는 기상천외한 수법이 확산되고 있다. 이것은 미국 기업이 세율이 낮은 외국의 기업을 인수해 자신이 마땅히 내야 할 세금을 회피하는 복잡한 수법이다.

최근에 이 방법으로 세금을 회피하려 한 사례 중에서 가장 유명한 것은 미국의 거대 제약회사 화이자의 움직임이다. 화이자는 당시 신약 개발이 부진하여 매출이 지속적으로 하락하고 있었다. 화이자는 신속하게 매출을 창출하고 세제 혜택도 누리기 위해 2014년 영국의 대형 제약회사 아스트라제네카AstraZeneca를 인수하려다가 실패했다. 그리고 이 일이 수포로 돌아가면서 회사 이미지는 엉망이 됐다. 오바마 대통령까지 조세 도치를 시도하는 기업은 '탈영병'이라고 단언할 정도였다. 그러나 고작 1년 반 뒤 화이자는 더블린 소재 제약회사 엘러간과 인수 계약을 체결하는 데 성공했다(엘러간은 본래 미국에서 설립되었지만 세금을 줄이기 위해 아일랜드로 이전했다). 이 거래가 마무리되면 화이자는 210억 달러의 세금을 아끼게 된다. 이 소식에 힐러리 클린턴 같은 정치인들은 규제 개혁을 통해 조세 도치를 근절해야 한다고 목소리를 높였다. 클린턴은, 그간 수십 년 넘게 정부가 지원한 과학 연구로부터 엄청난 혜택을 입어 온 화이자 같은 기업이 '마땅한 몫'의 세금을 회피하지 못하게 막아야 한다고 주장했다.[1]

화이자의 CEO는 엘러간 인수를 두고 아무런 죄책감도 드러내지 않았는데, 그곳의 문화나 족적을 감안하면 당연한 반응이었다. 화이자와 함께 일했던 한 컨설턴트는 내게 화이자가 실은 "회사라는 껍데기를 걸친 금융 전략"일 뿐이라며 웃었다. 그도 그럴 것이 신약 개발에 투자하기보다는 실제로 신약을 개발하는 다른 기업을 인수하는 방식으로 매출의 대부분을 창출해 왔기 때문이다. 또 다른 컨설턴트는 화이자 자체의 연구개발 실적이 어찌나 좋지 않은지, 차라리 거기에 들이는 돈을 태워서 건물 난방에 쓰는 편이 나을 것이라고 말했다.

그러나 조세 도치는 단지 연구개발비를 아끼려는 차원의 문제가 아니었다. 화이자 스스로도 인정했듯, 엘러간 인수의 목적 중 하나는 미국 국고로 들어갈 현금을 간직해 두는 것이었다. 역외에 주소를 둘 수 있는 합병 회사를 설립함으로써, 미국 밖에서 거둔 수익은 미국 세법의 적용을 받지 않게 되었다. 이를 합리화하기 위해 화이자는 "합병 회사의 주주들을 위한 최고의" 전략이라며 금융화된 회사나 꺼낼 법한 논리를 내세웠다.[2]

물론 화이자는 체면치레 삼아, 합병이 규모의 경제를 실현하는 데 도움이 된다고도 언급했다. 이전의 여러 합병처럼 두 회사의 연구개발 시설이 하나로 묶이기 때문이라는 주장이었다. 화이자의 회장이자 CEO 인 이언 리드는 대중과 정치권의 분노를 가라앉히려고 상투적인 구실을 가져다 댔다. "이번 합병을 통해 화이자의 재무적 유연성이 강화되어, 환자를 위한 혁신적인 신약 개발을 지속적으로 뒷받침할 수 있게 되었습니다." 또한 "자본 이익을 주주에게 돌려주고 미국 내 투자를 지속하는 한편, 제약업계 내 경쟁력 강화로 성장 기회를 모색할 수 있을 것"이라고 덧붙였다.

리드의 말을 그대로 믿는 이는 심지어 월가에도 별로 없다. 그 주장은 화이자의 행적과도 들어맞지 않는다. 화이자의 과거 합병 건들은 수만 명의 해고로 이어졌을 뿐, 대단한 혁신은 실현되지 않았다. 그래서 2000년에서 2015년까지 다우 지수가 55퍼센트 상승했는데도 화이자의 주가는 46달러에서 32달러로 추락했다. 수포로 돌아간 아스트라제네카 합병의 경우, 화이자는 자사 약품들이 아스트라제네카가 개발 중인 신약들과 상호 보완적 관계라고 주장했으나, 이 논리는 심지어 월가조차 설득하지 못했다. 당시 하버드 경영대학원의 빌 조지도 『뉴욕 타임스』 기고를 통해 이런 의문을 제기했다. "제약회사가 저세율 국가를 찾아다니고 연구개발비를 줄여서 장기적으로 주주가치를 창출할 수 있다는 주장을 믿을 사람이 과연 있겠는가?" 물론 이 질문은 엘러간 합병을 놓고도 던질 수 있으며, 두 경우 모두 답은 "없다"이다.

화이자의 조세 도치를 위한 합병은 (미국의 법적 장애물을 피하기 위해) 마치 화이자가 아니라 엘러간이 구매자인 것처럼 교묘하게 꾸몄으나, 그 시기가 최악이었다. 공교롭게도 유사한 성격의 조세 도치들이 연달아 이루어졌던 것이다. 최근에도 미국 기업들이 벌인 이런 거래는 줄잡아 50건이 넘는데, 2012~2014년에만 20건이 일어났다. 이런 합병들이 잇따르면서 투자은행 업계는 쏠쏠한 이문을 남겼다. 이 기간 동안 골드만 삭스, J.P. 모건, 모건 스탠리, 시티그룹은 조세 도치를 도우면서 10억 달러에 가까운 수수료를 챙겼다. 그러나 이 수익은 메인가 사람들을 희생시켜 얻은 것이었다. 미 의회 합동조세위원회에 따르면, 향후 10년 동안 조세 도치 때문에 미국 정부가 입을 세수 손실은 무려 194억 6000만 달러다.[3] 조세 도치로 인해 미국과 유럽에서는 정치적 반발이 일어나는 한편, 과연 이들 기업의 '혁신'이란 무엇인지 하는 근본적 질문이 제기되고 있다. 빌 조지는 이 중요한 질문을 다음과 같이 간결하게 정리한다. "세계 시장을 주도하는 대형 제약업체의 역할이 생명을 구하는 약품을 개발하는 것일까, 아니면 금융공학을 동원해서 주주들에게 돈을 안겨 주는 것일까?"[4]

모두가 그 답을 알고 있기에 더욱 안타깝다. 적어도 화이자의 경우에는 특히 명백하다. 오바마 행정부는 기업이 세금 때문에 해외로 이전하는 행위를 어렵게 만드는 법안을 제안했다. 그동안 정치인들은 미국의 거대 기업 상당수가 역외에서 통상적으로 벌이는 금융 마술을 눈감아 줘 왔다. 이런 전략은 특히 금융, 기술, 제약 분야, 즉 핵심 자산(아이디어, 제조법, 특허, 알고리듬 등)의 성격이 실물이 아닌 지적 재산권인 업계에서 자주 이용된다. 그 수익이 실제로 어디에서 나왔든지 간에 세율이 가장 낮은 곳으로 수익을 옮기기가 쉽기 때문이다.

혹시 더블 아이리시double Irish나 더치 샌드위치Dutch sandwich라는 말을 들어 봤는가? 칵테일이나 음식이 떠오르겠지만, 실은 미국 회사들이 해외에서 얻은 수익을 세율이 가장 낮은 나라로 옮길 때 사용하는 복잡한 금융 전략들을 지칭한다. 이름 자체는 우스꽝스러울지 몰라도, 이들 기법에는 상당히 심각하고 악랄한 목적이 있다. 바로 미국 내에서 적용되는 고세율을 피하기 위해 가급적 많은 돈을 미국 밖에 쌓아 두려는 것이다. 예를 들면 미국의 법인 소득세율은 35퍼센트인 반면 아일랜드는 12.5퍼센트다. 네덜란드도 25퍼센트가 채 안 된다.

이처럼 엄청난 돈이 걸려 있기 때문에, 대기업들이 세계를 무대로 조세 차익을 이용해 먹는 데 능숙해진 것도 어쩌면 당연하다. 몇 가지 추산에 따르면, 미국 기업들이 외국에 은밀히 비축해 놓은 해외 소득 규모는 2조 1000억 달러다.[5] 물론 기업들은 미국의 세율이 지나치게 높기 때문에 그럴 수밖에 없다고 항변한다. 미국의 법정 세율은 약 39퍼센트로 OECD 평균치인 29.7퍼센트에 비해 높기는 하다.[6] 그러나 똑똑한 변호사 부대 덕분에 포춘 500대 기업의 평균 실효세율은 19.4퍼센트에 불과하며, 심지어 10퍼센트가 안 되는 기업도 많다. 아량 넘치는 의회가 오랜 기간에 걸쳐 세법에 여기저기 구멍을 내 주었기 때문이다(이런 일이 어떻게 벌어지는지는 다음 장에서 다루겠다). 바로 이것이 미국 기업들이 사상 최대의 수익 잔치를 벌이고 있으면서도 전체 연방 세입에서 차지하는 비중이 수십 년 만에 최저를 기록한 이유 중 하나다.

납세자를 배반한 기업들

미국 기업들이 자금을 아일랜드, 네덜란드, 케이맨 제도 등지에 이전하느라 사용한 창의적 수법들은 미국 대중을 분노케 했다. 그럴 만도 했다. 각종 금융 수법을 동원해 세금을 회피한다는 것은 미국의 인재와 시장이라는 혜택은 고스란히 누리면서도 그에 따르는 책임은 지지 않겠다고 선언하는 셈이다. 많은 사람들은 이것이 터무니없이 불공평하다고 생각할 수밖에 없다. 인터넷과 교통망, 보건의료 연구 등에 대한 초기 투자가 납세자들의 돈으로 이루어졌으며, 미국의 초대형 기업 상당수가 이런 기반 위에서 오늘날처럼 성장하고 성공할 수 있었음을 감안하면 당연한 반응이다. 이런 지원은 기업에 대한 일종의 복지 혜택이라고 볼 수 있는데, 대다수의 기업들은 수익을 숨길 곳을 찾으면서 이 사실을 까맣게 잊어버린다. 마리아나 마추카토 교수가 자신의 역작 『기업가형 국가』에서 주장하는 것처럼, 최고의 찬사를 받은 혁신 가운데 상당수, 특히 인터넷, GPS, 터치스크린 디스플레이, 음성 인식 등 스마트폰을 스마트하게 만드는 요소들은 정부가 지원한 연구에서 비롯되었다. 제약, 생명공학, 사이버 보안 분야의 수많은 혁신 역시 마찬가지다. 마추카토에 따르면, "공공 투자로 기업이 혜택을 받은 결과 해당 기업과 그 관계자들은 부자가 됐지만 국민 경제나 국가에 (직간접적으로) 돌아온 보답은 거의 없는 경우가 수두룩하다."[7]

이런 점을 볼 때, 납세자의 돈으로 이루어진 연구개발에 힘입어 회사의 핵심 혁신을 일구어 낸 애플, 페이스북, 구글, 화이자 등의 기업들은 수익의 상당 부분을 시민 모두에게 되돌려주어야 한다. 물론 기업들이 그러도록 만들려면 엄청난 정치적 노력이 필요하겠지만, 이미 권력의 최상층에서는 이 논의가 이루어지고 있다. 예를 들면, 오바마 대통령은 미국에서 가장 혁신적인 거대 인터넷 기업들의 CEO를 수차례 만나면서 기업이 축적한 부를 공유할 방안에 대해 이야기했다. 그 자리에 참석했던 한 소식통에 따르면, 기업이 소셜 미디어 이용자들의 데이터 흐름을 이용해 벌어들인 돈을 이용자에게 기여분만큼 되돌려주자는 급진적인 방안도 나왔다.[8]

그러나 거저먹는 자보다 만드는 자를 우대한다는 목표를 생각할 때 가장 중요하고 시급한 일은 바로 세제 개혁이다. 현재 미국 세법은 기업 영역에서도 소비자 영역에서도 개선해야 할 여지가 많다. 조세 도치, 더치 샌드위치, 케이맨 제도로의 도피와 같이 미국 기업의 수익을 소수 특권층에게 몰아주는 수법은 이기적 자본주의의 새로운 장이 열렸음을 시사한다. 내가 이 책을 통해 묘사해 온 바와 같이, 세계화와 금융화가 동시에 이루어지면서 기업들은 개별 국가와 국민들이 피부로 겪는 어려운 문제들을 등한시하게 됐다. 민간 기업들이 실물 경제에 투사하지 않고 있는 낫에, 실질 임금이 정체되어 있으며 중산층을 위한 좋은 일자리가 부족한 데다 공공 재정 적자도 심각한 지경이다.

경제학 입문만 읽어도 국민 경제의 한 부문이 긴축에 들어가면 다른 부문은 반드시 지출을 해야 함을 알 수 있는데, 현재 미국 경제는 그런 상황이 아니다. 최근 하버드 경영대학원 동문을 대상으로 실시된 조사 결과에서 요약한 대로, 미국 경제는 "제 할 일을 절반만 하고 있다."[9] 이 연구에 참여했던 마이클 E. 포터는 다음과 같이 말한다. "미국이 경쟁력을 가지려면 미국 기업들이 두 가지를 해내야 합니다. 글로벌 시장에서 승리해야 하고, 평범한 미국인의 삶의 질을 올려야 합니다." 지금 미국 기업들은 전자에는 여전히 성공하고 있지만, 후자에는 실패하고 있다. 다시 포터의 지적이다. 그러나 "기업 지도자와 정책 입안자들에게는 미국을 번영이 폭넓게 공유되는 길로 이끌 전략이 필요합니다." 이를 위한 크나큰 과제 한 가지는 만드는 자보다 거저먹는 자를 우대하는 세법에 종지부를 찍는 것이다.[10]

비뚤어진 인센티브

미국 세법은 거의 7만 5000페이지에 이를 정도로 방대하다. 분량만 보아도 문제가 무엇인지 직감할 수 있겠지만, 그 비뚤어진 양상은 아주 간단하게 정리할 수 있다. 미국 세법은 기업 차원에서나 소비자 차원에서나 자기자본보다 부채를 우대하며, 이런 구조는 금융의 부상과 미국 실물 기업의 쇠퇴에 큰 역할을 했다. 다시 말해 기업과 소비자 모두 저축하기보다는 빚을 내는 것이 훨씬 이득이 되도록 세법이 짜여 있다. 이는 맹렬한 금융화 추이에 기름을 끼얹었는데, 은행 등의 금융기관은 기본적으로 부채 발행을 통해 돈을 벌기 때문이다. 현행 세법은 또 저성장의 원인이기도 하다. 잘못된 자본 할당과 가치 평가를 촉진하므로, 자본이 엉뚱한 곳으로 쏠리기 때문이다.[11]

요즘 미국 세법 체계가 작동하는 방식을 살펴보자. 우선 기업에서는 부채에 따라붙는 이자 비용은 세금 공제를 받을 수 있는 반면에, 배당금과 유보 이익금에 대해서는 받을 수 없다. 대통령 경제자문회의 의장 제이슨 퍼먼의 추산에 따르면, 이런 식의 세제 혜택으로 인해 기업의 부채 비용은 자기자본 비용에 비해 42퍼센트가량 더 저렴해진다.[12] 애플이 역외에 쌓아 놓은 현금을 국내로 들여와 세금을 납부하느니 차라리 돈을 빌려 투자자들에게 건네주는 편이 훨씬 더 유리하다고 생각하는 것도 당연하다.

그렇다면 애플을 비롯한 미국 기업들은 어떻게 자금을 역외에 묻어두는 것일까? 그리고 이를 어떻게 합법적으로 해내는 것일까? 바로 세법의 허점을 이용한다. 예를 들면, '더블 아이리시' 기법은 미국 기업이 아일랜드 법인을 설립한 뒤 이 법인을 다시 바하마같이 세금이 낮거나 없는 국가로 이전, 등록하는 것이다. 우선 미국 세법의 허점 덕분에 첫 번째 이전이 가능해진다. 그리고 아일랜드 세법의 허점으로 인해 아일랜드 법인은 아일랜드에 세금을 낼 필요가 없어지는데, 이 법인을 아일랜드 비거주자가 '소유'하고 있기 때문이다. 더 나아가 미국 기업이 특허권의 미국 외 판매를 관리할 목적으로 아일랜드에 또 다른 해외 자회사를 설립하면, 아일랜드 세법을 또 한 번 이용할 수 있다.

이런 식으로 미국 기업들은 세계 각지의 여러 사람들이 만들어 낸 지적 재산권을 절세에 가장 유리한 국가로 옮기는 기법을 수없이 구사하고 있다. 결국 이런 전략은, 혁신이 실제로 일어나 지식 경제에서 창출된 수익을 엉뚱한 조세 피난처에 퍼 주는 꼴이다. 기업은 여기서 한발 더 나아가 '더치 샌드위치' 기법을 덧붙일 수도 있다. 현재 시행 중인 유럽연합 조세 협정은 회원국 간의 자유로운 자금 이동을 허용하고 있기에, 이를 이용하면 미국 기업은 네덜란드에 자회사를 설립한 뒤 더 많은 국가에서 더 많은 자금을 끌어모아 아일랜드 자회사로 이전할 수 있다. 이 모든 일은 전 세계가 다 같이 바닥으로 추락하게 만든다. 즉, 조세 회피는 '공유지의 비극'을 일으켜 결국에는 모두가 손해를 본다. 그렇기 때문에 G8와 OECD를 비롯한 여러 국제기구가 나서서 국제 조세 개혁을 긴급한 문제로 다루고 있는 것이다. (특히 아일랜드의 경우, 미국을 비롯한 여러 국가의 압력에 직면하여 몇 가지 위험한 예외 조항을 개정할 움직임을 보이고 있다.)[13]

소비자 영역에서도 여러 가지 황당한 예외 조항이 부채를 조장하여 거저먹는 자들의 주머니를 채워 준다. 앞에서 보았듯, 미국 세법은 부채 비용을 낮춰 줌으로써 결국 금융의 성장을 사실상 보장해 준다. 개인도 온갖 명목의 부채 비용에 대해 세금 공제를 받을 수 있다. 학자금 대출, 주택담보대출, 법인 신용카드 대금 등에 붙는 이자에는 세제 혜택이 주어진다. 특히 주목할 만한 것은, 전체 미국 주택 가치의 약 14퍼센트에 이르는 엄청난 규모의 주택담보대출 이자 비용에 세금 공제가 적용된다는 사실이다.[14] 그러나 이들 개인은 정작 저축으로는 세제 혜택을 거의 받지 못한다. 그러니 미국의 개인 저축률이 소비자 부채와 기업 부채가 동시에 폭증했던 1970년대의 절반에도 못 미치는 5퍼센트 선에서 맴도는 것이다.

1장에서 이미 살펴보았던 것처럼, 금융화 추세는 1970년대 말 중대한 전환점을 맞았다. 그 이후 지난 40여 년 동안 부채의 성장은 금융의 성장과 그 궤를 같이했다. 1970년대 이래 규제의 변화와 인플레이션이 기존 사업 모델을 위협하는 상황에서 새로운 매출 흐름을 찾는 데 여념이 없던 은행들은 고객에게 갖가지 대출 상품을 판매하기 시작했다. 이는 상당히 쏠쏠한 사업 모델이었다. 부채를 진 계층이 늘어남에 따라 이자 수익이 증가하기도 했지만, 금융 거래에 뒤따르는 수수료 수입 역시 큰 폭으로 늘었기 때문이다. 수수료 수입이 금융기관 총매출액에서 차지하는 비중은 1980년대에 20퍼센트 선이었지만, 2005년에는 거의 절반에 육박했다.[15] 가처분 소득 대비 가계 부채 비율 역시 1970년에 54퍼센트였다가 지금은 96퍼센트로 크게 늘었다.[16] 그리고 기업 부채는 사상 최대를 기록하고 있다.[17] 놀랍게도 2008년 금융 위기 이후 전 세계 총부채 규모는 줄어들기는커녕 늘어났다. 2007년에서 2015년 2분기 사이에 전 세계 부채와 차입 규모는 무려 57조 달러나 폭증해서 전례 없는 수위에 도달했다.[18] 지금 세계 경제는 채무에 허덕이고 있다. 그렇다면 이 상황에서 이득을 보는 것은 누구일까? 두말할 나위 없이 금융업계다. 현재 전 세계 금융 자산 가운데 5분의 4가 채무나 보증금으로 묶여 있다.[19] 부채를 과도하게 우대하는 미국 세법 또한 이런 실태에 크게 기여하고 있다.

불행히도 이 모든 상황은 미국 경제를 버블과 위기, 경기 침체에 극도로 취약하게 만들었다. 이 책에서 지금까지 살펴본 것처럼, 현대의 금융 위기 횟수는 부채의 증가 추이에 맞추어 늘어 왔다.[20] 명망 높은 경제학자 존 케네스 갤브레이스는 모든 금융 위기가 과도한 부채와 신용에서 비롯된다고 보았으며, 이를 뒷받침하는 연구 결과도 상당히 많다.[21] 2008년 금융 붕괴 당시 각광받았던 통념 가운데 하나가 미국 경제를 살리려면 은행들을 먼저 살려야 한다는 것이었으나, 그 반대가 옳았음을 지적하는 연구 결과가 계속 발표되고 있다. 『빚으로 지은 집』을 함께 저술한 프린스턴대의 아티프 미안과 시카고대의 아미르 수피는 미국 경제를 바로잡기 위해서는 부채를 통해 금융과 신용을 팽창시킬 것이 아니라 오히려 줄여야 함을 명확히 입증했다.[22] 두 경제학자는 지난 100여 년에 걸쳐 축적된 각종 연구 결과와 데이터를 두루 살핀 뒤, 2008년 금융 위기가 은행들의 파산이 아니라 소비자 지출의 붕괴로 촉발되었다는 강력한 증거를 제시한다. 이는 리먼 브러더스가 몰락하기 한참 전에 시작된 일로, 미국 일부 지역에서는 벌써 2년 전에 이런 현상이 보이기도 했다. 소비자 지출의 붕괴가 최초로 뚜렷하게 나타나기 시작한 지역들은 지독한 부채에 시달리고 있었다. (그러나 결코 해당 지역들에만 국한된 문제가 아니었다. 두 저자의 설명처럼, 특정 도시나 지역의 소비가 붕괴하면 전국적인 실직과 저성장으로 이어진다.)

『빚으로 지은 집』은 금융이 중하층 소득자들에게 점점 많은 부채를 떠안길 때 경기 침체가 발생함을 설득력 있게 논증하고 있다. 부채의 증가는 자산 버블을 낳고, 이 버블이 터지면 부채를 가장 많이 안은 사람들(대개는 가장 가난한 사람이기도 하다)이 가장 큰 충격을 받는다. 모두가 움츠러들면서 지출을 중단하고, 그 결과 실업률이 상승한다. 이미 구매력이 떨어진 실직자들이 막대한 부채에 허덕이면서 악순환은 계속

된다(연방정부는 이들을 구제하지 않는다). 『빚으로 집은 집』은 대공황 직전까지와 대침체 직전까지의 상황이 이런 면에서 얼마나 흡사했는지 너무도 명확하게 그려 낸다. 1920~1929년에 미국에서는 "주택담보대출 부채와 자동차 및 가구 구입에 따른 할부 부채가 폭발적으로 늘었다." 신용 접근이 쉬워져 소비자 지출이 폭증했던 것이다. 이는 주택시장 위기 발생 직전인 2000~2007년에 소비자 부채가 두 배로 늘었던 양상과 고스란히 일치한다.[23]

이런 상황에서는 지난 몇 년 동안 실시된 통화 정책, 즉 중앙은행의 초저금리와 대규모 자산 매입이 별로 도움이 되지 않는다. 왜냐하면 이런 정책으로 혜택을 입는 이들은 부채가 아니라 '자산'을 보유한 사람이기 때문이다. 당연히 부유층이다. 2010년 통계를 보면 순자산 기준으로 상위 10퍼센트가 전체 자산의 74퍼센트를 소유하고 있었다. 그런데 이 운 좋은 소수는 자산 가치가 상승함에 따라 불어난 소득으로 자동차나 주택 또는 바지를 몇 개 살 뿐, 국민 경제 차원에서 경기를 지탱할 정도의 수요를 창출하지 못한다.[24] 그 결과 불평등은 더욱 심화되고, 경제는 더욱 위축된다.

이런 악순환은 연준의 대규모 유동성 공급을 지지해 온 정치권의 진보 세력에게 고민거리를 던져 준다. 많은 전문가들은 연준이 쏟아부은 유동성이 다음 부채 위기의 씨앗이라고 생각한다. 모건 스탠리 투자운용의 거시경제 및 신흥시장 부문 책임자 루치르 샤르마는 다음과 같이 지적한다. "어떻게 보면, 장기간에 걸쳐 양적 완화 정책을 펼쳤다는 것은 월가에게 최상의 보상을 해 준 것이나 마찬가지입니다. 생각해 보세요. 금융가 무리에게 제로 금리와 엄청난 자금을 제공해 주면, 그걸로 뭘 하겠습니까? 부채를 더 키워 돈을 더 벌려고 할 게 뻔하죠."[25] 샤르마

등 많은 경제학자들도 『빚으로 지은 집』 저자들의 다음과 같은 말에 동의할 것이다. "경제 위기는 거의 예외 없이 가계 부채가 폭증한 다음에 발생한다. 사실, 이 상관관계는 너무나 분명해서 거시경제학 이론을 넘어 경험적 법칙이라 할 수 있을 정도다." 미안과 수피는 이 문제를 바로잡으려면 "금융 시스템에 대한 생각 자체를 근본적으로 바꾸어야 한다"고 말한다. (이 책의 마지막 장에서 두 사람의 훌륭한 제언과 내 생각, 그리고 다른 전문가들의 구상을 좀 더 상세히 살피겠다.)

세제 개혁을 해야 한다는 것은 분명하다. 부채가 그토록 위험하다면, 대체 왜 저 부채를 조장하는 세법을 유지하는 것일까? 미국 정부는 도대체 왜 금융 시스템과 국가 경제를 반복적으로 붕괴시키는 근본적 요인에 그토록 엄청난 혜택을 적극적으로 제공하는 것일까? 왜 정부는 만드는 자들보다 거저먹는 자들을 철저히 우대하는 것일까? 명쾌하거나 완벽한 답은 없다. 확실한 것은 정치가 깊이 연관되어 있다는 점이다. 미국의 금융 시스템 전체는 부채에 기초해 있으며, 다들 알다시피 금융권의 로비는 엄청난 정치적 힘을 발휘한다. 지난 수십 년 동안 금융기관들은 이 힘을 이용하여 자기네 사업 모델의 중추인 부채를 우대하는 시스템을 요구해 왔다. 그러나 사실은 여타 복잡한 대규모 시스템(보건의료 제도나 8장에서 다룬 퇴직연금 제도 등)과 마찬가지로, 자기자본보다 부채에 우호적인 미국 세법은 어떤 원대한 계획에 따라 만들어진 것이 아니다. 그보다는 오히려, 어느 경제사학자의 표현을 빌리면, "개별적이고 즉각적이고 단기적인 정치적 결정들이 오랫동안 잇따른 끝에 나온 의도치 않은 결과다."[26] 이익집단들이 로비를 벌여 세법에 이런저런 구멍을 뚫었고, 맥락을 고려하지 않으면 그럴싸해 보이는 규칙과 법률이 차츰차츰 결합하면서, 실물 경제에 불필요한 행위를 조장하는 비뚤어진 인센티브를 갖춘 시스템이 구축된 것이다.

1894년 처음 발효된 주택담보대출 이자 상환액 공제 조항을 살펴보자. 본래 이 조항의 주된 취지는 농부들이 농가 주택을 계속 간직하면서 안락한 삶을 누리도록 돕는 것이었다. 그러나 지금 이 조항은 중상위 계층이 향유하고 있다. 주택 한 채(또는 두 채)를 구입하는 사람은 100만 달러 이내 담보대출금의 이자 상환액에 대해 세금 공제를 받을 수 있다. '100만 달러'라니! 엄청난 돈이 아닐 수 없다. 사실 그 정도 고가의 주택이 정말로 '필요한' 이는 아무도 없지만, 어쨌든 상당수 사람들이 그런 집을 가지고 있다. 내가 사는 브루클린을 예로 들면, 100만 달러 정도의 초기 자금이 있으면 300~400만 달러짜리 타운하우스를 구입할 수 있다. 그런데 정작 부유층이 주택담보대출 이자 상환액에 대한 세금 공제를 통해 주택 구입에 따른 부담을 경감받을 수 없게 된다면, 이 동네 집이 그런 가격을 유지할 수는 없을 것이다.

이처럼 부채가 자산 가격을 부풀린다는 점이 중요하다. 이것은 자산을 많이 소유한 부유층에게 좋은 일이며, 은행에는 더욱 좋다. 그러나 가난하고 빚이 많은 사람들 입장에서는 좋을 것이 없다. 이들은 애초에 투자할 자기자본도 별로 없고, 자산 버블이 꺼지면 큰 타격을 받을 수도 있다. (주택시장 위기 당시 빚이 많았던 가난한 이들은 순자산의 4분의 1가량을 잃은 반면 부유층은 순자산 가치 기준으로 거의 아무런 손실도 입지 않았다는 사실을 떠올려 보자.)[27] 잠시 한발 물러서서 곰곰 생각해 보면, 이것은 그야말로 비정상적인 악순환이다. 자산 가치 상승 때문에, 무려 100만 달러를 써도 브루클린의 괜찮은 학군에 있는 방 두 개짜리 아파트를 살락 말락 한다. 만약 누구나 주택을 구입할 때 지금보다 자기 돈을 더 내고 대출을 덜 받는다면, 주택 가격이 내려가 모두가 더 편안한 잠자리를 누리게 될 것이다. 그러나 지금 상황에서는 부자들이 빚을 얻고 그 이자에 대해 세금을 경감받는 것이 재무적으로 훨씬 더 합리적인 선택이다. (사실 부유층은 다른 사람들보다 대출 비용이 훨씬 싸다. 자산과 대출 규모가 크기 때문이다. 요즘처럼 금융이 지배하는 이상한 세상에서는 빚이 많을수록 혜택이 커진다.) 애플이 현금은 역외에 쌓아 놓고 부자 주주들에게 안겨 줄 배당금을 마련하기 위해 초저금리로 차입하는 편이 더 합리적인 것과 마찬가지다. 이것은 국가가 나서서 부자를 보조해 주는 시스템이다. 주택담보대출 이자에 대한 세액 공제금의 90퍼센트는 연 소득이 7만 5000달러가 넘는 가계들이 독차지한다.[28] 그런데 더 심각한 문제는 이 시스템이 금융업계 자체를 우대한다는 것이다. 금융기관은 당연히 주택담보대출에 따르는 엄청난 납입 이자를 받아 챙긴다. 마치 이들이 애플의 대규모 채권 발행으로 큰 이득을 보는 것과 마찬가지다.

미국의 세법이 조장하는 비뚤어진 행태는 이 밖에도 많다. 개인 요트를 구입한 부자는 연간 14일 이상 그 배에서 지낸 경우 요트 담보대출의 이자에 대해서도 세금 공제를 받을 수 있다(의회는 2014년 이 조항을 없애려고 했지만 실패했다).[29] 개인 및 법인용 제트기도 "보안상 이유"로 이용한 경우 세제 혜택이 주어진다.[30] 시민들이 내는 세금이 초부유층의 해안가 부동산에 대한 연방 홍수 보험을 보증해 주는 데도 쓰인다.[31] 그러나 가장 충격적인 사실은 돈으로 돈을 버는 사람들이 실제로 노동을 하는 이들보다 낮은 세율을 적용받는다는 것이다. 실제로 직장에서 일을 해 버는 소득은 투자를 통해 얻는 소득보다 훨씬 더 높은 세율이 적용된다.

워런 버핏은 2011년『뉴욕 타임스』기고문을 통해 이런 현실을 정면으로 거론하여 세간의 주목을 받았다. 버핏은 그 전해에 벌어들인 소득에 17.4퍼센트 세율이 적용되어 총 693만 8744달러를 납부했는데, 자신의 사무실에 근무하는 이들의 세율은 평균 잡아 36퍼센트였다고 지적했다.[32] (버핏의 비서 데비 보사넥의 소득세율은 35.8퍼센트였다.)[33] 이것은 버핏이 투자 '성과 보수'라든가 증권 매각에 따른 자본 소득 등의 형식으로 돈을 벌었기 때문이다. 대다수 억만장자와 상당수 백만장자처럼, 버핏이 신고하는 '근로' 소득은 극히 일부이며 대부분은 자산 소득이다. 버핏의 말처럼, "축복과도 같은 이런저런 혜택은 우리, 즉 초부유층에게 집중되어 있다. 멸종 위기 동물이 된 기분이다. 높은 자리에 친구들이 포진해 있다는 건 참 좋은 일이다."[34]

그러나 대부분의 사람들은 일을 해서 받는 급여를 통해 소득을 올리고, 자본 소득보다 훨씬 높은 세율을 적용받는다. 대다수 중산층 사람들은 15~25퍼센트에 이르는 소득세율을 적용받고, 추가로 높은 지급 급여세를 납부한다. 투자를 통해 일군 부도 사실상 근로 소득이라는 주장은 상당히 설득력이 있다. 자금을 이리저리 굴리는 일을 통해 번 돈일 뿐 다를 것이 없으니, 자본 소득에도 높은 세율이 적용되어야 한다는 것이다. 대부분의 부자들은 세법의 불공정한 차등을 십분 활용하는 쪽으로 자신의 보수를 구성한다. 예를 들면 헤지펀드 매니저는 대부분의 소득을 운용 수수료(근로소득세율이 적용된다)가 아니라 투자 수익으로 올린다. 『뉴욕 타임스』 칼럼니스트 니컬러스 크리스토프 등은 이들의 수익이 자본이 아니라 노동의 결과물이기 때문에 마땅히 근로 소득으로 분류되어 과세되어야 한다고 주장해 왔다.[35] 내 생각도 같다.

그러나 자본 수익을 노동 소득보다 더 높게 대접해야 한다는 주장은 좀처럼 힘을 잃지 않고 있다. 이런 불공정한 차별 대우를 합리화하는 논거는 오도된 전제에 뿌리를 두고 있다. 부유층이야말로 미국 경제에서 가치를 창출하는 핵심 계층이고, 기업가적 열정으로 모든 성장을 견인함으로써 '거저먹는 자'들을 부양하는 '만드는 자'들이라는 관념이다. 여기서 '거저먹는 자'는 2012년 대통령 후보 밋 롬니가 비공개 연설에서 언급한 47퍼센트의 미국인들을 가리킨다. 이 연설 내용은 녹음된 뒤 밖으로 알려져 큰 논란을 낳았다. (롬니는 이 사람들이 "소득세를 전혀 내지 않는다"고 지적했다. 또한 보건의료, 주택, 음식을 "정부에 의존하기" 때문에 "삶을 스스로 책임지고 꾸리지" 못한다고 했다.) 그러나 '만드는 자 대 거서먹는 자'라는 표현 자체는 롬니의 러닝메이트 폴 라이언의 작품이었다. 2010년 6월 라이언은 하원의원 월터 존스가 진행하는 케이블 TV 쇼 〈워싱턴 워치〉에 출연해 이런 말을 했다. "이제 미국인의 60퍼센트가량은 현금 가치로 따졌을 때 납부하는 세금보다 더 많은 혜택을 연방정부로부터 받고 있습니다. 따라서 미국은 과반수의 거저먹는 자들과 나머지 만드는 자들로 나뉜 사회로 이행하고 있습니다."

라이언의 주장이 하도 터무니없고 막돼먹어서 아예 이 책의 제목으로 차용했다. 이 책을 통해 미국 사회에서 누가 진짜 만드는 자이고 누가 거저먹는 자인지 제대로 정의되기를 희망한다. 물론 많은 미국인이 연방 소득세를 납부하지 않는 것은 엄연한 사실이다. 그러나 이런 사람들 가운데 상당수는 초부유층이며, 그렇기에 버핏처럼 소득세 대신 자본이득세를 납부한다. 그리고 나머지는 대부분 노인, 학생, 군인, 아니면 고용된 상태에 있지만 소득세를 납부할 만큼 충분히 벌지 못하는 사람들이다.[36] 그뿐 아니라 이 책에서 줄곧 거론했듯, 미국 사회의 거저먹기 대부분은 바로 라이언이 '만드는 자'라고 여기는 이들이 저지른다. 이들은 소득에 비해 세율이 가장 낮고, 과도하게 큰 몫을 가져가며, 경제 성장에 역행하기 일쑤인 사업 모델을 조장한다. 반면 라이언의 '거저먹는 자들은 유례없이 작은 몫을 받는 실정이다.

미국 자본주의 체제에 깊이 뿌리박힌 그릇된 믿음 한 가지는 투자자들에 대한 세율이 낮아야 한다는 것이다. 그렇지 않으면 이들이 투자를 하지 않게 되므로 결국 경제가 성장할 수 없다는 논리다. 그러나 이미 살펴본 것처럼, 투자자들의 돈 대부분은 새로운 사업이나 일자리 창출에 쓰이는 것이 아니라 그저 금융 시스템 내에서 맴돌 뿐이다. 그런데 굳이 이런 지적이 아니더라도, 저들의 논리가 결코 현실에서 구현된 적이 없음을 보여 주는 간단한 사실이 하나 있다.

워런 버핏은 이렇게 말한다. "50여 년을 거슬러 올라가 제2차 세계 대전 직후의 세율을 살펴봅시다. 당시 세율은 지금보다 상당히 높았지만 미국 경제는 꽤 잘나가고 있었습니다. 그리고 사회경제적 스펙트럼의 양쪽 끝에 자리한 사람들 모두 형편이 좋았죠. 그때 법인세는 GDP의 4퍼센트를 차지했습니다. 그러나 지금은 2퍼센트에 불과합니다. 그러니 현재의 세법 때문에 미국의 경쟁력이 떨어진다는 주장은 옳지 않습니다."[37] 여러 일급 투자자들과 마찬가지로, 버핏도 세율 자체는 투자를 향한 자본가의 야성적 충동이나 욕망과 별 관계가 없다고 생각한다. 자본이득세가 40퍼센트에 가까웠던 1970년대 말에도 단지 세율 때문에 미국에 투자하기를 꺼리는 이는 아무도 없었다. 그리고 높은 세율이 미국 경제의 일자리 창출 능력을 훼손한 적도 없다. 1980~2000년에 새로 창출된 일자리 수는 4000만 개다. 그러나 그 이후 조지 W. 부시가 집권하면서 2001년과 2003년에 주로 부유층을 위한 대규모 감세가 이루어졌고, 그에 따라 각종 세율이 인하되자 일자리는 물론이고 경제 성장도 지지부진했다. 부자 감세가 사업 개시와 투자를 하도록 이끈다는 증거는 어디에도 없다. (마찬가지로, 연구 결과에 따르면 부유층의 주택담보대출 이자 상환액에 대한 세금 공제를 확대해 봐야 주택 보유율이 상승하기는커녕 주택 가격만 부풀어 오른다.)[38]

그러나 최상위 계층에게 유리한 세법 구멍들로 인해 기업의 단기적 의사 결정이 증가하여 성장이 저해된다는 데이터는 얼마든지 있다. 그 가장 강력한 증거 중 하나는 하버드대와 뉴욕대의 학자들이 공동으로 수행한 연구다. 이 결과에 따르면, 비상장 기업은 상장 기업에 비해 연구개발, 공장 시설과 기술의 개선, 근로자 교육과 같이 성장을 촉진하는 활동에 두 배가량 많이 투자한다.[39] 왜 그럴까? 4장과 5장에서 이미 살펴보았다시피, 상장 기업은 여유 자금을 자사주 매입과 배당에 쏟아부으면서 그러잖아도 부유한 이들의 주머니만 채워 주고 있기 때문이다. 또한 근로 소득보다 훨씬 낮은 세율이 적용되는 이런 배당금의 수혜자 가운데 경영진도 끼어 있는 탓에, 이들은 장기적 성장 전망이 아니라 분기 실적에 집중할 수밖에 없다.

이런 추세를 대단히 날카롭게 비판하는 영국의 경제 전문가이자 트레이더인 앤드루 스미더스는 자신의 저서 『회복으로의 길』에서, 기업의 생산성 하락이 경영자에 대한 스톡옵션 지급 증가와 밀접한 관련이 있음을 데이터를 통해 무척 설득력 있게 제시했다. 일례로 1970년대 초만 하더라도 미국 기업은 주주들에게 배당하는 돈의 15배를 투자했다. 그러나 최근에는 두 배도 안 된다.[40] 이렇듯 기업이 장기 투자를 줄이고 배당을 늘리면서 미국 경제 전반은 저성장에 봉착했다. 스미더스는 이렇게 말한다. "주주에게 이로운 것이면 경제에도 이로운 것이라는 생각은 완전히 잘못되었습니다. 주식으로 부여되는 성과급은 그야말로 기업은 물론이고 성장에도 해롭죠."[41]

금융조사국에서 2015년 발표한 보고서 역시 스미더스의 논지를 거든다. 금융조사국은 왜 최근 몇 년 동안 미국의 경제 회복과 임금 상승이 부진함에도 주식의 가치는 세 배가량 뛰었는지 파헤쳤다. 증시 호황이 기업의 수익 증가에 따른 것이기는 했지만, 그 이면에는 불편한 진실이 도사리고 있었다. 기업 수익은 증가했지만, 대부분의 미국 상장 기업의 매출은 증가하지 않았던 것이다. 주가 폭등은 경제 펀더멘털 개선이 아니라 임금 정체, 실물 경제 투자의 감소, 자사주 매입 등에서 비롯되었다. (은행들의 부채를 제외한) 미국 기업들의 총 부채는 2006년 5조 7000억 달러에서 현재 7조 4000억 달러로 늘었다. 그런데 이런 부채 가운데 상당액이 자사주 매입과 배당 확대, 인수합병에 쓰였다. 금융조사국 보고서에 따르면, "비록 이러한 금융공학적 행태가 단기적으로 주가를 부양했는지는 몰라도, 장기적이고 유기적인 성장을 뒷받침하는 자본 투자 기회는 그만큼 줄어들었다."[42] 이미 살펴본 것처럼, 부채는 언제나 불안정성과 연결돼 있다. 그렇기에 많은 경제학자들은 장차 기업 부채가 또 다른 금융 위기의 진앙이 될 것으로 생각한다.

그러나 불행히도 기업 입장에서는 지금의 경영 방식을 바꿔야 할 이유가 별로 없다. 차입을 통해 마련한 자금으로 자사주 매입과 스톡옵션 부여에 열중하는 것이 조세 회피에도 좋기 때문이다. 물론 부유층에게 유리한 상당수 감세 조치가 공화당 집권 시절에 시행된 것은 맞지만, 지금의 자사주 매입 열풍에 기름을 끼얹은 법규 변경은 민주당 대통령인 빌 클린턴 치하에서 이루어졌다. 클린턴의 경제팀을 이끈 사람들은 금융업계에 우호적인 로버트 루빈과 로런스 서머스 등이었다. 이들은 자본이득세율 인하를 단행했다(이후 조지 W. 부시 행정부 때 더욱 깎인다). 그런데 더 심각한 것은 4장에서 지적한 것처럼, 기업 보수에 관한 1993년 조항을 통과시켰다는 사실이다. 이 조항은 법인세 공제가 적용되는 일반 급여 소득의 상한선을 100만 달러로 정했지만, '성과급형' 보수는 예외로 두었다. 스톡옵션 같은 것들 말이다. (클린턴 대통령의 경제자문회의 의장을 지냈던 조지프 스티글리츠는 이를 두고 "클린턴 행정부가 저지른 최악의 실책 가운데 하나"라고 회고한다.)[43] 당시 CEO 급여가 치솟으면서 대중의 공분을 사게 되자, 그 대책으로 등장한 것이 바로 100만 달러 상한액 규정이었다. 그러나 루빈 같은 정책 입안자들의 지원에 힘입어 성과급은 예외라는 구멍이 뚫렸다(루빈 자신도 얼마 뒤 이 예외 조항의 혜택을 보았다. 재무부를 떠나 시티그룹에 합류한 루빈은 9년에 걸쳐 현금과 주식으로 무려 1억 2600만 달러를 벌었다). 성과급 예외 조치는 세금 공제에 관한 기본급 상한선 조항이 가져올 긍정적 효과를 완전히 지워 버렸다. 기업 입장에서는 스톡옵션으로 더 많은 성과급을 지급하는 것이 훨씬 이득이었다. 그때부터 경영자들이 온갖 수단으로 주가를 띄우는 것을 최우선 목표로 삼으면서 단기 실적주의의 악순환이 심화되었다.

스티글리츠는 루빈을 비롯한 클린턴 행정부 관료들과 가진 회의에서 이 조치에 반대하는 의견을 개진했지만 소용이 없었다. "1990년대 내내 저는 스톡옵션 열풍이 불투명성을 심화시키는 한편 제가 '창의적 회계 기법'이라고 부르는 행태의 직접적인 원인이라며 강력히 반대했습니다. 금융업계는 창의적 회계 기법을 이용해 시장을 속였을 뿐만 아니라 마땅히 납부했어야 할 세금도 회피했습니다." 스티글리츠의 견해는 여러 경제학자의 지지를 받고 있다. 특히 토마 피케티와 에마뉘엘 사에즈는 최상위 1퍼센트 계층이 차지하는 세전 개인 소득이 그 이후 엄청나게 증가했음을 밝혀냈다.[44] 이들의 연구에 따르면, 이러한 부유층의 소득 증가는 대다수 미국인들의 임금 정체와 맞물리면서 불평등 심화 및 저성장으로 연결된다. 더구나 스티글리츠에 따르면, 실제로 성과를 보상해 준 것은 성과급 예외 조항이 아니라, 주가를 상승시킨 통화 정책 같은 여러 다른 요인들이었다. "정말로 성과를 거론하고 싶다면, 이자율 인하로 주가가 오른 덕에 보수를 더 많이 가져가서는 안 됩니다. 그 때문이라면 차라리 연준 의장 재닛 옐런이 높은 보수를 받아야지, CEO가 그래서는 안 되죠."[45] 스티글리츠는 당시를 신랄하게 비판한 회고록 『광란의 90년대』에서 다음과 같이 지적했다. "클린턴 집권기가 끝나 갈 무렵 나는 한 가지 의문을 품었다. 우리는 미국의 조세 체계를 바꾸면서 어떤 메시지를 던졌는가? 노동을 통해 생계를 유지하는 사람들의 세금을 올리고 자본이득세를 낮추면서 미국과 미국의 젊은 세대에게 무엇을 말하고 있었을까?"[46]

이 질문은 당시는 물론이고 지금도 큰 울림을 남긴다. 현재의 왜곡된 시스템을 바로잡으려면 단순히 자사주 매입 규모를 제한하는 것(힐러리 클린턴이 대통령 후보로서 제안한 방안이다)만으로는 불가능하다. 거저먹는 자보다 만드는 자의 노고를 보상하는 조세 체계를 확립할 전면적인 개혁이 필요하다. 이에 대해 스미더스는 다음과 같이 말한다. "일종의 혁명, 진정한 패러다임의 변화가 필요합니다. 이것이 정치적 차원에서 이루어져야죠. 그러지 않으면, 상장 기업이 아니라 비상장 기업이 경제의 성장 동력이 되는 상황에 사람들이 서서히 순응해 갈 겁니다."[47] 이런 사태가 미국인들에게 미치는 여파는 실로 엄청날 것이다. 상장 기업 주식 시장에 투자한 사람들은 부와 노후를 여기에 의존하고 있기 때문이다.

세법의 구멍을 메워라

그렇다면 그런 혁명을 어떻게 불러올 것인가? 차기 대통령이 부채보다 저축을 우대하는 시스템을 제시하고, 투기가 아니라 장기 투자를 독려한다면 더 바랄 것이 없다. 이를 위한 방안은 많다. 예를 들면 IMF는 2011년 보고서에서 기업의 부채뿐만 아니라 자기자본 수익에 대해서도 세금 공제를 허용할 것을 제안했다. 부채와 자기자본이 적절한 균형을 이루는 시스템을 조성할 이 조치는 이미 유럽 여러 나라에서 시행 중이다.[48] 그리고 순전히 공정성 차원에서라도 부유층 대상의 최고 구간 한계세율을 인상해야 하며, 최상위 소득자들의 보수 체계를 왜곡하는 세법의 성과급 예외 조항 등도 폐지해야 한다. 자본이득세 공제액 역시 차등적으로 산정하여, 이를테면 증권을 1년 보유한 사람과 수십 년간 보유한 사람이 동일한 혜택을 받지 않게 해야 한다. 그리고 나를 비롯하여 수많은 사람이 혜택을 보고 있기는 하지만, 주택담보대출 이자 납입금에 대한 세금 공제 제도 역시 개혁해야 마땅하다(공제액을 낮추거나 일부 경우에는 아예 폐지해야 한다). 물론 이런 조치는 주택 보유자들에게 예전보다 가난해졌다는 느낌을 주어 단기적으로는 소비가 위축될 수도 있다. 그러나 장기적으로는 주택 자산 버블을 가라앉혀, 현재 주택시장에서 주거 비용 조달에 어려움을 겪고 있는 밀레니엄 세대와 노년층의 재무 상황 개선에 큰 도움이 될 것이다.

일종의 금융거래세를 도입하는 것도 고려할 수 있다. 현행 금융 시스템에서는 금융업계가 보상을 독차지하며, 부채 중심의 금융 거래로 창출되는 이익은 그저 생산적인 용도에는 좀처럼 쓰지 않을 이들의 수중에 머물 뿐이다. 금융거래세 구상은 이런 현실을 감안한 것이다. 그리고 자신을 부자로 만들어 준 국가에 대한 책임을 회피하는 화이자 같은 기업 '탈영병'에게도 지속적으로 관심을 쏟도록 유도해야 한다.

지금까지 열거한 변화를 요구하는 목소리는 점차 커지고 있다. 2013년

의회에 출석한 애플 CEO 팀 쿡의 모습이 어떠했던가. 청문회 석상에서 상원의원들은 자기가 좋아하는 애플 기기에 찬사를 보내는 동시에 세계 최고의 기업 가치를 자랑하는 애플이 세계 최대의 조세 회피 기업 중 하나라며 비난했다. 이들은 애플이 세제상의 허점들을 이용하여 세금으로 마땅히 냈어야 할 440억 달러를 납부하지 않은 행태를 세세히 지적했다. 당시 상원 상설조사소위원회 위원장을 맡고 있던 상원의원 칼 레빈의 표현을 빌리면, 애플은 막대한 수익을 역외 자회사에 몰아주면서 조세 회피를 위한 "성배를 찾아다녔다." (이에 쿡은 그 전해 애플이 미국에 납부한 세금이 60억 달러라고 응수했다.) 여기서 기억해야 할 점은, 저런 초대형 기술 기업들처럼 막대한 현금을 가지고 역외에서 손쉽게 이리저리 돌리면 사람들의 이목을 끌기 시작한다는 것이다. 스티브 잡스의 말마따나 "해군에 입대하느니 해적이 되는 편이 낫다." 그러나 세계에서 가장 가치가 높은 기업이라면 해적 노릇을 하기가 힘들어지게 마련이다. 거대 기술 기업들은 이제 미국의 새로운 성장 동력이자 소득 창출의 원천이 되었기에 규제 및 세무 당국은 물론이고 시민사회 활동가들의 관심을 더 많이 받을 수밖에 없다.

애플의 재무 상태에 대한 조사는 분명 미국의 다른 다국적 기업들에게 던지는 경고였다. 다행스럽게도 세제 개혁은 2016년 미국 대선에서는 물론이고 대부분의 선진국에서 중요한 정책적 관심사로 대두된 상황이다. 막대한 정부 부채와 줄어든 공공 재정은 뜻밖에도 각국 정부로 하여금 기업의 조세 회피를 좀 더 면밀히 들여다보게 만들었다. 몇 년 전 다보스 세계경제포럼에서 영국 총리 데이비드 캐머런이 조세 회피를 일삼는 다국적 기업들은 이제 "커피 먹고 정신 좀 차려야" 한다고 지적했을 정도다. 이는 스타벅스를 겨냥한 발언이었다. 당시 스타벅스는 영국에서 대중의 분노와 보이콧 위협에 밀려 자발적으로 세금을 더 냈다. 2012년 스타벅스는 영국에서 수억 달러의 매출을 올리면서도 최소한의 법인세만 냈다는 것이 밝혀지면서 회사 이미지가 심각하게 깎였다. 그때까지는 과세를 피할 목적으로 네덜란드에 법인 주소지를 두어왔다(당연히 합법적이었다). 하지만 그 이후 자발적으로 세금을 더 내는 한편 유럽 본부를 영국으로 이전했다. 이 사례를 통해 기업이 마땅한 세금을 내면서도 엄청난 수익을 거둘 수 있다는 것이 입증되었다.[49]

기업의 조세 회피에 족쇄를 채우는 것은 세제를 바로잡아 거저먹는 자보다 만드는 자를 우대하기 위한 여정의 출발점일 뿐이다. 바로 지금이 부채를 부추기는 세법에 이별을 고할 시점이다. 이자율이 올라가면 부채 비용 역시 오를 수밖에 없기 때문이다. 현재의 추세가 강화될수록 미국 경제는 더욱 취약해질 것이다. 지금 전 세계 부채 규모가 사상 최대를 기록 중이며, 특히 공공 부문은 전례 없는 규모의 부채를 안고 있다. 그러므로 향후 금융 위기가 재발한다면 2008년 위기 때와 같은 구제금융은 기대하기 힘들다. 우리는 지금 기업은 돈이 넘쳐 나지만 노동자는 그렇지 못하며, 기업 수익과 지역 경제 성장 사이의 역사적 유대가 끊어진 경제적 양극화의 세상을 겪고 있다. 이런 가운데 대기업이 그 활동을 벌이는 국가에서 더 많은 역할을 해내도록 요구하는 압력은 점점 커질 것이다. 비뚤어진 미국의 세법을 바로잡는 것은 개혁의 출발점으로 안성맞춤이며, 또 다른 대침체나 그 이상의 대참사를 피할 최상의 방책일 것이다.

10장

Makers and Takers

돌고 도는 회전문

정치와 금융의 은밀한 관계

월가가 정계에 미치는 영향을 거론하려면, 할 말이 너무 많아 어디서부터 시작해야 할지 갈피를 잡기가 어렵다. 하지만 2014년 세출법안 제출 당시 막판에 슬쩍 끼워 넣어져 도드-프랭크 금융개혁법의 주요 내용을 뒤집어 버린 규정이 하나 있는데, 이것이라면 이야기의 출발점으로 삼기에 적당할 것이다. 이 규정은 전체 1600쪽에 달하는 세출법안에서 고작 85줄을 차지할 뿐이었다. 문제는 그중 70줄 정도를 시티그룹 로비스트들이 작성한 것 같다는 것이다. 여느 금융업계 인사들처럼 이들도 도드-프랭크 법을 뒤엎으려고 혈안이 되어 있었다. 도드-프랭크 법안의 한 가지 목적은 은행들이 리스크가 대단히 큰 동시에 수익성도 아주 높은 신용부도 스와프, 원자재 및 파생상품 거래 같은 사업을 모기업 바깥의 신설 법인으로 이전하도록 만드는 것이었다. 그러면 저런 거래가 납세자의 돈으로 보증을 받지 못하게 될 터였다.

이 규제가 도드-프랭크 법안의 핵심 조항 중 하나였다. 이른바 대마불사형 금융기관의 문제에 종지부를 찍거나, 리스크는 사회화하면서도 이익은 사유화하는 행태를 조금이라도 막기 위한 조치였다. 바로 이 때문에 금융업계는 수백만 달러를 들여 로비를 해 가며 이 규제를 무력화할 수정 조항을 세출법안에 기필코 집어넣으려 했다. 매사추세츠주 상원의원 엘리자베스 워런 같은 금융 개혁론자들은 상원에서 불꽃 튀는 연설을 통해 월가의 책략에 격렬히 맞서 싸웠다. 하원 민주당 원내대표 낸시 펠로시 같은 일부 민주당 의원들도, 지난 6년에 걸친 금융 개혁 노력을 수포로 돌아가게 하는 세출법안이라면 반대표를 던지겠다고 공언했다. 이 법안을 자기네 당 대통령이 지지했음에도 개의치 않았다. 당시 펠로시는 이렇게 말했다. "제 말의 요지는 그런 리스크를 납세자들이 떠안아서는 안 된다는 것입니다." 그러면서 문제의 조항이 통과될 경우 미국은 다시 예전으로 돌아가 버려, 은행이 성공하면 수익은 자기들이 챙기는 반면 실패하면 "납세자가 그 비용을 치르기 때문에 결코 옳지 않습니다"라고 덧붙였다.[1]

금융업계 입장에서는 이 조항이 너무나 중요했다. JP모건 체이스의 수장 제이미 다이먼이 직접 여러 의원들에게 전화를 걸어 수정 조항이 들어간 채로 법안을 가결시켜 달라며 독려할 정도였다. 다이먼은 영리했다. 그는 논쟁의 초점을 바꿔, 세출법안이 통과되지 않으면 미국이 또다시 정부 폐쇄에 직면할 수도 있음을 강조했다. 2013년 10월에도 이런 마비 사태를 한차례 겪으면서 경제 성장에 지장이 초래되었을 뿐만 아니라 민주주의 자체에 대한 신뢰마저 훼손된 적이 있다.

결국 다이먼과 은행들이 승리했다. 뛰어난 수완으로 올린 개가였다. 다이먼은 의원들이 자신의 주장대로 움직이지 않을 경우, 민주적 자본주의 체제 전반에 대한 신뢰를 훼손한 책임이 금융업계가 아니라 의원 자신들에게 돌아갈 것이라고 설득하는 데 성공했다. 정치권에 대한 대중의 환멸을 감안하면 통할 만한 전략이었다. 그도 그럴 것이 정치인들은 오랫동안 불썽사나운 당파적 정쟁을 벌여 왔고, 금융 위기 이후 금융 시스템의 정비 역시 똑바로 처리하지 못했다. 정부도 지난 수십 년 간 탈규제에 앞장섰으며, 양적 완화를 위주로 한 통화 정책을 편 데다 금융 감독을 제대로 하지 못해 금융 위기를 불러왔다. 물론 이런 배경이 있기는 했지만, 다이먼이 거둔 승리는 워싱턴의 금권 정치를 장악한 주인공이 바로 금융업계임을 명백히 보여 주었다. 세출법안이 하원을 통과한 다음 날 연준 부의장 스탠리 피셔는 이렇게 탄식했다. "도드-프랭크 법안이 탄생했을 때 저는 이제 은행들이 더 이상 정치에 영향을 줄 수 없으리라 생각했습니다. 하하, 완전히 잘못 생각한 거죠."[2]

다른 사람도 아니고 산전수전 다 겪은 중앙은행 책임자의 입에서 나온 충격적인 말이었다. 이 발언은 2008년 금융 위기 이후의 시대에 관한 중요한 진실 하나를 짚고 있다. 의회가 금융업계 개혁에 착수하자마자 월가는 육해공을 망라하여 규제에 대한 전면적인 반대 운동을 펼쳤다. 리먼 브러더스가 무너진 지 거의 8년이 지났음에도 애초에 약속됐던 심도 있는 금융 개혁 조치 가운데 극히 일부만 이행된 이유는 바로 이 같은 금융업계의 집요한 저항이 있었기 때문이다. 2014년 세출법안을 둘러싼 이야기는 금융업계의 막강한 영향력이 워싱턴 정계는 물론이고 미국 전체에 뻗쳐 있다는 사실을 고스란히 보여 준다.

지난 몇 년간 금융업계는 규제를 피하기 위해 미국의 모든 경제 및 사회 영역에 걸쳐 로비를 벌여 왔다. 금융기관들은 워싱턴 DC의 로비 중심지인 K스트리트에서는 물론이고 월가, 심지어 메인가에서도 규제 당국에 끈질기게 저항했다. 이들이 전방위적인 금융 개혁에 저항하기 위해 로비에 쏟아부은 돈은 2013~2014년의 선거 기간에만 14억 달러[3]에 육박했다는 사실이 '금융개혁을 위한 미국인 모임'의 자료를 통해 밝혀졌다(대표적인 소비자 단체인 이곳의 연간 예산은 100만 달러에 불과했다).[4] 더욱이 월가의 싸움은 대단히 전략적이며, 목표를 용의주도하게 설정한다. 시티그룹이 주도한 세출법안 관련 로비를 살펴보자. 투표 후의 분석 결과에 따르면, 스와프 시장의 90퍼센트 이상을 장악하고 있는 뱅크 오브 아메리카, 시티그룹, 골드만 삭스, J.P. 모건 같은 금융기관들의 기부금은 반대표를 던진 의원보다 찬성표를 던진 의원에게 평균 2.6배 많이 돌아갔다.[5] 이 네 금융기관이 세출법안을 통과시키기 위해 의회에 뿌린 로비 자금은 총 3억 700만 달러다.[6] 뉴욕주 하원의원인 민주당의 숀 패트릭 멀로니 같은 세출법안 발의의 핵심 인사들은 법안 통과 전에 미리 월가가 후원하는 기부금 모금 행사를 열었다(멀로니의 경우 참가비가 200달러에서 2500달러였다).

하지만 그것은 빙산의 일각에 불과했다. 2014년 금융업계의 로비 자금 지출액은 저 엄청나다는 보건의료업계마저 능가했다(총 4억 9800만 달러로 1000만 달러를 더 썼다).[7] 2013~2014년 선거 기간에 연방 공직 출마자들에게 쏟아부은 후원금은 다른 단일 업계의 두 배 이상이었다.[8] 금융권의 로비 자금이 이토록 많았다는 사실은 미국 대중이 금융 개혁을 얼마나 열망하고 있었는지를 역설적으로 나타내 준다. 2014년 말 시카고대 부스 경영대학원과 노스웨스턴대 켈로그 경영대학원에서 함께 실시한 조사가 이를 잘 보여 준다. 이들은 약 1000곳의 미국 가구를 대상으로 미국 금융 시스템이 미국 경제에 이롭다고 생각하는지, 아니면 해롭다고 보는지를 물었다. 금융이 경제에 도움을 준다고 한 응답자는 36퍼센트에 그친 반면, 50퍼센트는 금융이 실물 경제에 적극적으로 훼방을 놓는다고 답했다.[9] 부스 경영대학원 교수 루이지 칭갈레스가 지적한 대로, "대중의 지지를 상실한 금융은 (…) 굴러가기 위해 정치적 보호가 필요한 처지다."[10]

그 결과는 최악이다. 거저먹는 자들은 로비에 열을 올리고, 이는 시장 과점이 진행된다는 의심(현실일 수도 있다)을 낳고, 그에 따라 대중의 불신과 정치적 반발이 커지고, 그 결과 로비가 더욱 기승을 부리게 되는 악순환에 빠지는 것이다. 이렇게 악순환이 반복된 끝에 월가와 워싱턴 사이의 비정상적이며 폐쇄적인 관계가 탄생했다. 당연히 좌우를 막론하고 대중의 분노도 함께 자라났다. 티 파티Tea Party와 월가를 점령하라 Occupy Wall Street 운동에는 공통점이 있다. 바로 미국의 불공정한 금융 시스템과 그 배후에 자리한 기득권, 그리고 금융이 미국인 모두에게서 뽑아내는 엄청난 부 등을 향한 대중의 분노를 반영한다는 것이다. 이런 현실을 낳은 정치적 환경을 제대로 이해하고 바로잡지 않으면, 미국은 결국 자유민주주의보다는 경제적, 사회적 불안정이 수반된 정실 자본주의 같은 모습에 더 가까워질 것이다. 중국, 러시아, 브라질, 나이지리아를 생각해 보면 된다. 이렇게 보면, 금융 시스템 개혁에 나라의 사활이 달려 있다 해도 과언이 아니다.

금융권 로비의 위력

금융업계의 로비 예산은 이들이 정부에 미치는 광범위한 영향력의 극히 일부만을 반영할 뿐이다. 게다가 그 금액은 누구나 확인할 수 있는 공시 자료의 수치에 불과하다. 그러나 금융의 영향력은 로비 예산보다 훨씬 더 깊고 넓다. 전문 로비스트란 정식으로 일과 시간의 20퍼센트 이상을 의원들에게 자기네 입장을 감안해 달라고 설득하는 데 보내는 사람들이다. 그러나 앞에서 든 제이미 다이먼 등의 사례가 보여 주듯, 정규적인 로비는 월가가 워싱턴에 발휘하는 힘의 한 단면일 뿐이다. 다이먼은 로비스트가 아니다. 골드만 삭스의 수장 로이드 블랭크파인을 비롯하여, 규제 당국자와 정기적으로 교류하는 여타 거물급 금융가들도 로비스트가 아니다. 그러나 이들과 고위급 은행가, 금융 단체, 변호사 등은 도드-프랭크 개혁안을 만들고 있던 연방 기관, 규제 당국자들과 지속적인 회동을 가졌다. 한 가지 예를 들자면, 도드-프랭크 법이 통과된 다음 해에 골드만 삭스 측은 파생상품 거래 개혁 등의 사안을 논의하기 위해 관련 당국을 83차례나 방문했다.[11]

2013년 듀크대 교수 킴벌리 크라위크는 대단히 흥미로운 논문 한 편을 발표했다. 여기서 크라위크는 볼커 룰 시행 방안을 연구하던 금융안정감시위원회Financial Stability Oversight Council가 민간에서 받은 8000건 이상의 의견서를 분석했다. 볼커 룰은 도드-프랭크 개혁법안 가운데 특히 쟁점이 됐던 부분으로, 리스크가 높은 자기자본 거래 부문을 연방정부가 보증하는 상업은행에서 분리시킴으로써 글래스-스티걸 법의 정신을 일부 되살리기 위해 마련되었다. 크라위크는 의견서뿐만 아니라 재무부, 연준, 상품선물거래위원회, 증권거래위원회, 연방예금보험공사 등의 회의 기록까지 분석했다. 결과는? 2010년 7월부터 2011년 10월까지 "볼커 룰 때문에 연방 기관이 접촉한 건수 가운데 약 93퍼센트를 금융기관, 금융 단체, 그리고 이런 기관과 단체를 대리한 법률회사들이 차지했다. 반면 공익, 노동, 개혁, 연구 단체나 기타 개인 및 조직은 약 7퍼센트에 그쳤다. 그뿐 아니라 연방 기관과 금융업계 대표자의 접촉은 질적인 측면에서도 비금융 단체들과 가진 접촉을 압도했다. 마지막으로 특히 의견서 내용까지 감안하여 회의 기록을 살펴보면, 언론 보도나 입법 기록을 통해서는 짐작조차 할 수 없는 심각한 수준의 금융업계 유착이 드러난다."[12]

그러니 볼커 룰이 결국 만신창이가 돼 규제 수위가 약해진 것도 결코 이상한 일이 아니다. 2014년 12월 연준을 비롯한 규제 기관들은 대형 은행들이 사모펀드와 헤지펀드 투자차 보유한 수십억 달러어치 자산의 매각 이행 시한을 2016년에서 2017년으로 연장해 주었다. 이 결정을 두고 전 연준 의장 폴 볼커가 분노를 터뜨렸다. "정말 충격적입니다. 세계 최고의 투자은행들은 고객 상담이라면 기업이나 심지어 산업 구조 조정과 같이 아무리 복잡한 사안도 영리하고 민첩하게 해치우기로 유명한데, 5년이 넘도록 정작 자기 업무는 제대로 재편하지 못했다는 말인가요." 그러면서 이렇게 덧붙였다. "그게 아니라면, 업계가 끊임없이 로비를 펼쳐서 2017년이나 그 이후에 볼커 룰 자체가 바뀔 수도 있다는 기대를 품은 것으로 이해해야 할지도 모르겠군요."[13]

실제로 금융권 로비로 볼커 룰이 바뀌어, 이른바 '포트폴리오 헤지'가 허용되었다. 이에 따라 은행들은 새로운 돈벌이를 위해서가 아니라 기존에 운용하던 자산을 보호하기 위해서라면 고위험 상품 거래를 계속할 수 있게 됐다. 문제는 둘을 어떻게 구별할 것인가였다. 심지어 은행의 수뇌부도 모르는 경우가 잦았다. 합성 파생상품 거래가 꼬이면서 J.P. 모건에 무려 60억 달러의 손실을 입힌 2012년의 '런던 고래London Whale•' 사건을 기억하는가? 엄청난 규모의 손실 처리가 이루어짐에 따라 제이미 다이먼의 체면이 말이 아니게 됐다. 다이먼은 리스크 관리 역량 덕분에 '난공불락의 은행가Teflon banker'라는 별명까지 얻었던 인물로, 2008년 이후 금융권 재규제, 특히 볼커 룰에 반대하며 강도 높게 로비를 했다. 2010년 7월부터 2011년 10월까지 J.P. 모건 경영진과 대리인들은 볼커 룰을 놓고 연방 규제 당국과 무려 27차례나 회동했다.[14] 이렇게 업무에 정통하기로 유명했던 다이먼은 런던 고래 사건 이후 엄

• 신용부도 스와프 거래로 J.P. 모건에 엄청난 손실을 안겨 준 런던 투자운용부 트레이더 브뤼노 익실(Bruno Iksil)의 별명.

청난 굴욕을 겪어야 했다. 사건 초기만 하더라도 다이먼은 대단한 일이 아니라며 무시하는 듯한 태도를 보였지만, 나중에는 런던 고래의 매매가 "결함이 많고 복잡했으며, 검토도, 실행도, 점검도 형편없었다"며 고개를 숙였다. 이 거래를 단행한 J.P. 모건 최고투자운용본부가 애초에 수익 창출 목적으로 설립된 곳이 아니라는 해명은 믿기 어렵다. 런던 고래 사건으로 은행에서 쫓겨난 이곳 책임자의 연 소득이 1500만 달러에 달했기 때문이다. 설령 그 주장을 받아들인다 하더라도, 이 사례는 포트폴리오 헤지 전략은 어떤 경우에든 이른바 베이시스 리스크basis risk[•]를 동반한다는 사실을 보여 준다. 세계 최대 헤지펀드보다도 몇 배는 큰 JP 모건 체이스 같은 초대형 은행의 경우, 스스로 위험을 헤지하기 위해 특정 포지션을 취하면 시장이 흔들릴 만한 파장을 만들어 낼 수밖에 없다. 이를 두고 한 리스크 전문가는 내게 "시장만큼 덩치가 큰 기관은 헤지 자체를 할 수가 없습니다"라고 말했다.¹⁵

최상위 1퍼센트만이 노니는 회전목마

정치 시스템 속에서 금융권이 가진 힘은 은행가나 대리인이 펼치는 직간접적인 로비뿐만 아니라 규제 당국자와 행정 관료를 통해서도 발휘된다. 많은 금융계 인사들은 빙글빙글 돌아가는 회전문을 통해 월가와 워싱턴 사이를 수차례 오간다. 재무부 같은 경우 이렇게 들락날락거리면서 월가 친화적인 면모가 특히 두드러진다. 1900년 이후 재무장관 역임자 35명 가운데 적어도 13명이 취임 전에 은행업에 종사했으며, 17명

• 파생금융 상품을 이용한 헤지 거래를 할 때 헤지 대상의 가격 변동과 헤지 거래의 가격 변동 간의 차이로 인해 발생하는 리스크.

은 임기를 마친 후 금융업에 투신했다.[16] 최근 사례로는 로버트 루빈과 핸크 폴슨을 꼽을 수 있는데, 둘 다 미국 정치에 많은 영향력을 행사해 온 골드만 삭스 출신이다. 규제 당국 수장 역시 월가 출신인 경우가 많다. 증권거래위원회 위원장 메리 조 화이트는 전형적인 월가 로펌 출신이고, 상품선물거래위원회 위원장을 역임한 게리 겐슬러도 골드만 삭스 파트너를 지낸 바 있다.

금융인 출신은 좋은 공무원이 될 수 없다는 말이 아니다. 예를 들어 겐슬러는 진정한 개혁자이자 미국 대중을 위한 감시자 역할을 충실히 했다. 금융 전문가로서 겐슬러는 고위험 분야에 대한 풍부한 지식을 활용하여, 파생상품 거래를 벌이는 은행들에 유례없는 압력을 가했다. 그러나 재임 전후로 월가에 몸담은 적이 있는 많은 관료들은 금융 친화적 세계관에 경도되곤 했다. 이들은 금융업이 다른 모든 사람과 기업들을 희생시켜 가며 번영한다는 현실에 눈을 감는다. 이런 태도는 민주, 공화 양당 모두에 팽배해 있다. 일단 공화당 의원들은 전부 2008년 금융 위기 이후 금융 재규제가 현실화되지 않도록 힘을 보탰다. 상원 은행위원회 간사로서 지난 몇 년간 금융 개혁을 강력히 주창해 온 상원의원 셰러드 브라운은 이런 행태를 다음과 같이 꼬집는다. "〔요즘〕 은행위원회 청문회에 참석하면 깜짝 놀랍니다. 친월가 인사들과 여러 공화당 의원들, 보수 싱크탱크 인사들은 무슨 문제라도 있었느냐는 듯, 금융 위기가 일어났다는 사실을 짐짓 잊어버린 것처럼 굴죠. 은행들은 그 막강한 권력을 별로 잃지 않았습니다. 놀라운 점은 언론 매체들도 은행권의 논리를 고스란히 받아들였고, 많은 사람들은 숫제 이 문제에 무관심하다는 겁니다."[17]

이는 학계에서 '인지 포획'이라 부르는 것이 작동했음을 보여 준다.

요컨대 월가가 휘두르는 직간접적인 힘이 금융 중심적 세계관을 당대의 상식으로 만들어 버렸으며, 이에 대한 깊이 있는 문제 제기도 거의 이루어지지 않고 있다. 애석하게도 진보와 보수 할 것 없이 이런 풍토에 젖어 있다. 저널리스트 놈 샤이버 역시 자신의 저작 『탈출의 귀재들』에서 이를 지적한다. 샤이버는 오바마 행정부가 금융 위기 및 그 여파를 처리하면서 저지른 실책들을 살피면서, 대통령 자문역이나 금융권 구제 및 재규제 업무를 담당한 이들 대부분이 월가 출신이거나 월가로부터 강한 영향을 받았다는 점을 언급했다. 이것이 어떤 결과로 이어졌는지는 2008년 이후 등장한 정책들에서 확인할 수 있다. "대부분의 인사들은 클린턴 행정부 당시 재무장관이었던 로버트 루빈 밑에서 일을 했고, 대체로 그의 관점을 다시 읊었다."[18] 즉 오바마 행정부 인사들조차 금융을 경제의 중심으로 보는 경향이 두드러졌다는 말이다. 이를 두고 브라운은 다음과 같이 말한다. "취임했을 당시 오바마 대통령은 월가스러운 옛 인사들을 현직에 복귀시킬 필요가 있겠다고 느낀 것 같습니다. 그래야 사람들에게 자기가 하려는 바를 스스로 잘 이해하고 있음을 알릴 수 있다고 생각했겠죠. 또 이 사람들이 많은 것을 알고 있었던 탓도 있겠죠. 물론 애초에 문제를 일으킨 장본인도 바로 이들이었습니다."[19]

사실 금융 위기의 무대는 클린턴 행정부의 탈규제로 이미 마련되어 있었다. 이를 주도한 것이 재무장관 루빈과 서머스 같은 금융에 경도된 관료들이었다. 이들은 글래스-스티걸 법 폐지(1장 참조), 성과급 보수 체계에 유리한 세법 개정(9장 참조) 등을 이끌었다. 이런 조치 덕분에 관료들 자신은 물론, 그 아랫사람이며 월가와 워싱턴 시절의 동료들까지 한몫 두둑이 챙겼다. 게다가 1990년대 말 파생상품 규제를 루빈과 서머스 등이 가로막는 바람에 상황이 더욱 악화되었다. 이들은 이 상황에 불만을 토로한 상품선물거래위원회 위원장 브룩슬리 본을 자리에서 끌어내리기까지 했다. 그램-리치-블라일리 법의 공동 발의자 중 하나인 전 민주당 하원의원 필 그램도 한통속이었다. 그램의 아내 웬디 그램 역시 상품선물거래위원회 위원장을 역임했는데, 엔론으로 자리를 옮긴 뒤 그 회사가 몰락하기 전까지 파생상품 거래로 부를 쌓았다.[20]

금융권이 상품시장을 조작하여 소비자들은 물론이고 미국의 주요 산업 일부에도 손해를 끼치는 형국이 가능했던 것은 정치권이 이를 위한 규칙을 만들어 주었기 때문임이 분명하다. 물론 그 정책을 만든 사람들 자신도 돈을 벌었다. 상품선물거래위원회가 엔론 등 여러 기업들에게 파생상품 거래의 감독을 면제해 주기가 무섭게, 스와프 거래로 초래된 참사가 속속 터졌다. 1994년 오렌지 카운티 파산, 1995년 베어링스 은행Barings Bank 위기, 1998년 헤지펀드 LTCM의 몰락 등이 잇따랐다. 하지만 정작 그램 부부는 아무런 피해도 입지 않았다. 웬디 그램은 상품선물거래위원회를 떠나 엔론 이사회로 자리를 옮겼고, 2001년 남편은 엔론이 의회에 제공한 정치 자금 수령액 규모 순위에서 2위를 기록했다. 그러니 필 그램이 1999년 자신의 이름이 들어간 법안을 통해 금융업과 실물 경제 사이의 장벽을 부수기 위해 애썼던 것도 당연했다. 파생상품이 규제받지 않도록 지켜 주던 루빈과 연준 의장 앨런 그린스펀의 가장 든든한 협력자 또한 그램이었음은 두말할 나위 없다.

물론 미국 금융 시스템이 망가진 이유를 따질 때 레이건 행정부를 빠뜨릴 수는 없다. 탈규제에 시동을 건 주인공이기 때문이다. 전직 금융인이자 1981~1987년 증권거래위원회 위원장을 지낸 존 섀드의 주도로 이루어진 대규모 자사주 매입의 합법화(이전에는 증시 조작으로 간주되었다)를 비롯하여, 레이건 시대의 몇 가지 법규 변화는 4장에서 자세히 다룬 바 있다. 그런데 당시의 금융화는 금융업계에 노골적으로 유리한 법률 개정에만 그친 것이 아니다. 반독점 규제 완화 또한 이루어졌다. 이로써 대기업이 산업 혁신을 저해하는 엄청난 독점력을 확보하기가 쉬워졌을 뿐만 아니라, 금융업계도 비약적으로 성장할 수 있게 되었다. 대기업 간의 합병이 이루어지면 은행에만 좋을 뿐 나머지에게는 그리 좋지 않다. 기업 인수합병은 늘 금융화가 진행되는 시기와 연계되어 왔으며, 인수합병 시장은 현재 다시금 새로운 황금기를 구가하고 있다. 인수합병 건은 2014년에 현저히 증가했으며, 이 책을 쓰고 있는 현재 이미 금융 위기 이전 수준을 회복했다.

그렇다면 인수합병이 과연 소비자들에게 어떤 이득을 가져다줄까? 1980년대 초부터 법무부와 연방거래위원회Federal Trade Commission 같은 반독점 규제 기관들은 또 다른 질문을 던져 이 의문에 답하고자 했다. "지금 이 합병이 소비자 가격을 떨어뜨리고 서비스를 향상시킬 것인가?" 만약 "그렇다"는 답이 나올 가능성이 조금이라도 있다면, 해당 합병은 그 규모와 무관하게 진행될 공산이 컸다. 그러나 반독점 논쟁의 당사자들은 진영을 막론하고 저 원리가 과연 지금도 제대로 작동하고 있는지 의문을 제기하고 있다. 예를 들면, 지난 30여 년간 제약업계에서 벌어진 초대형 합병들 덕분에 의약품 가격이 떨어지지는 않았다. 대형 항공사들 간의 합병으로 항공 여행의 질이 올라가지도 않았다. 그렇다고 합병을 통해 초대형 은행이 출현하면서 미국 금융 시스템이 더 튼튼해진 것도 아니다. 가격이 내려갔다고 말할 수도 없다. 이미 앞에서도 살펴보았지만, 은행 업무가 집중화되면서 효율성은 하락한 반면 수수료는 오히려 증가했다.[21]

탈규제와 마찬가지로, 이런 시스템을 만들어 낸 정치적 포획 역시 정파를 불문하고 깊게 자리해 있다. 1980~1990년대의 클수록 좋다는 풍조는 시장이 가장 잘 안다는 식의 사고가 지배적인 보수 진영에서만 싹튼 것이 아니다. 진보 진영 역시 힘을 보탰다. 당시 이들은 반독점 규제는 행정 낭비가 심하기 때문에, 합병을 통해 대기업이 더욱 몸집을 불리는 것을 막으려 애쓰기보다는 차라리 이를 허용해 주고 사후 규제에 힘쓰는 편이 낫다고 판단했다. 보수, 진보 모두 틀렸다. 대기업이 언제나 소비자 후생에 신경 쓰는 것은 아니다. 그렇다고 대기업 규제가 쉬운 것도 결코 아니다. 그러나 합병이 가격을 떨어뜨릴 것임을 증명할 수만 있다면 기업이 마음대로 하게 내버려 두자는 생각은, 공중은 물론이고 기업 자체를 위해 활용하기에도 지나치게 단순한 논리다.

연준의 금융화

워싱턴과 월가 사이를 오가는 회전문이 통해 있어서는 안 되는 기관을 하나만 꼽으라고 한다면 바로 연방준비은행이다. 그러나 최근 몇 년 동안 이곳도 회전문으로부터 자유롭지 않은 기관으로 탈바꿈하고 있다. 행정부 관료처럼 연준 관료들도 연준과 규제 기관, 그리고 월가 사이를 넘나들 수 있을 뿐만 아니라 실제로 그렇게 하고 있다. 특히 은행 규제 기관이자 최종 대출자인 뉴욕 연준은 부적절할 정도로 금융기관과 유착하는 양태를 보이고 있다. 설마 그럴까 싶다면, 2012년 뉴욕 연준 은행검사관 카르멘 세가라가 비밀리에 녹음한 46시간짜리 테이프를 들어 보라. 이 테이프는 2014년 프로퍼블리카ProPublica와 디스 아메리칸 라이프This American Life의 공동 보도로 공개되었다.[22] 녹음에는 연준의 금융 경찰관들이 골드만 삭스 같은 은행들을 어찌나 조심스럽게 다뤘는지가 고통스러울 정도로 생생히 드러나 있다. 그리고 금융 위기 이후 은행을 더욱 철저히 감시하기 위해 채용한 일군의 검사관 인력 가운데 하나였던 세가라가 일을 너무 열심히 하는 바람에 해고된 정황도 엿볼 수 있다.

녹음 속에서 논의되는 여러 수상한 거래 중에서 하나를 살펴보자. 유럽의 부채 위기가 기승을 부리던 2012년 골드만 삭스는 스페인의 산탄데르 은행Banco Santander과 거래에 착수했다. 산탄데르는 이를 통해 재무 상태가 실제보다 더 좋아 보이기를 기대했다. 산탄데르는 골드만 삭스에 4000만 달러의 수수료를 지불하여 브라질 소재 자회사의 지분을 유지함으로써 유럽은행감독청European Banking Authority 규정을 충족할 수 있었다. 당시 골드만 삭스 내부에서 검사를 수행하던 연준 직원들은 (그렇다, 문자 그대로 내부자였다) 이 거래가 의심스럽다는 것을 알고 있었다. 한 담당자는 이를 두고 골드만 삭스가 "서류 가방을 지켜 주는 대가로 돈을 받은 것"과 다름없다고 말했다. 그러나 이 거래는 법적으로 문제가 없었고 그 누구도 긁어 부스럼을 만들고 싶지 않았기에, 결국 거래는 그대로 성사되었다.[23] 질문을 너무 많이 던지던 세가라는 조용히 해고되었다. 어찌 보면 이 녹음의 가장 충격적인 점은 그 누구도 충격을 받지 않았다는 사실이다. 은행 리스크 감시를 수행하는 뉴욕 연준 은행검사관들이 장차 정보나 일자리를 구할 때 도움을 받아야 할지도 모르는 금융 기관과 척지기를 두려워하리라는 것은 너무나 당연하지 않은가?

뉴욕 연준이 금융권을 편애한다는 것은, 서브프라임 사태로 큰 곤경에 처한 초대형 보험사 AIG에 구제금융을 집행해 줄 당시의 태도에서도 확인할 수 있다. 리스크는 사회화하고 이익은 사유화하는 새로운 선례를 남겼음에도, 이 사례는 그다지 주목받지 못했다. 이 구제금융은 당시 뉴욕 연준 총재였던 티머시 가이트너의 지휘 아래 이루어졌다. 물론 당시 AIG를 구제해야 한다는 데에는 의문의 여지가 없었다. 문제는 누가 비용을 치를 것인가였다. 서브프라임 문제를 일으킨 은행들인가, 아니면 시민들인가? 의회의 부실자산구제프로그램 감독위원회Oversight Panel of the Troubled Asset Relief Program, TARP가 2010년 6월에 발표한 보고서에서 제시했듯, 이런 사태의 해결에 도움이 될 만한 선례가 있었다. 바로 1998년 헤지펀드 LTCM의 붕괴 사례였다.[24] LTCM의 운용 실패 역시 금융시장을 공황에 빠뜨릴 위험이 있었다. 하지만 그때 뉴욕 연준은 LTCM 문제에 연루된 민간 은행들에게 우선적인 책임을 지라고 압력을 행사했다. (당시 뉴욕 연준을 이끌던 윌리엄 맥도너는 전통적인 금융인으로, 월가의 영향력이 훨씬 약했던 시절 성장한 세대였다.) 그 결과 공공 재원이 아니라 민간 자금이 LTCM 구제에 쓰였다. 연준의 전략은 간단했다. 은행들이 협조하지 않을 경우, 은행들을 매우 힘들게 만들 온갖 방법을 실행할 것임을 각인시켰다.[25]

그러나 AIG 위기 당시 가이트너는 그렇게 하지 않았다. TARP 보고서에서 지적했다시피, "연준과 재무부는 새로운 지평을 열었다. 이들은 망해 가는 기업을 구하는 데 드는 전체 비용과 리스크를 미국의 납세자들에게 떠넘겼다."[26] 물론 두 사태의 전개에는 서로 다른 점이 많다. 1998년에는 그 누구도 금융 공룡 한두 개가 붕괴한다고 해서 도미노 효과로 글로벌 금융 시스템 전체가 무너지리라는 걱정은 하지 않았다. 반면에 2008년에는 꽤 많은 사람들이 그 결과를 우려했다. 그러나 또 다른 중요한 차이점은 바로 월가의 규모였다. 1998년에서 2008년 사이에 월가는 그야말로 기하급수적으로 성장했고, 그에 따라 워싱턴에 대한 영향력도 커졌다. 이런 맥락을 고려하면, AIG 구제금융은 더욱 광범위하고 근본적인 변화를 예고하는 것이었다. 미국 최대의 노조 연맹 AFL-CIO의 정책국장이자, 민주당 지명으로 TARP 위원으로 활동한 데이먼 실버스는 이 점에 대해 다음과 같이 말한다. "AIG 사태의 핵심 문제는 AIG가 파생상품 시장의 큰손이라는 것이었습니다. 따라서 체이스나 골드만 삭스처럼 재무 건전성을 갖춘 초대형 금융기관조차 AIG 붕괴가 야기할 시스템적 리스크를 감당할 수 없었죠. 연준 역시 이 사실을 알고 있었기에 체이스와 골드만 삭스 측에 구제금융에 먼저 나서서 리스크를 감당할 것을 요청했지만, 대답은 '그럴 수 없다'였습니다. 그리고 그 답을 그대로 받아들였죠. 저는 AIG 구제금융이, 정부가 위기 시에 내리는 결정은 공공의 이익을 위한 것이라는 대중의 믿음이 붕괴되는 시발점이었다고 봅니다. 후일 혹자는 이를 역동적 '정실 자본주의'라고 불렀죠."

공정히 말하자면, 아마도 가이트너는 어려운 상황을 해결하기 위해 나름대로 최선을 다했을 것이다. 특히 AIG 사태는 LTCM처럼 일거에 터진 것이 아니라 꽤 오랫동안 진행되었던 터라 처리하기가 훨씬 힘들었을 것이다. 그러나 주목해야 할 점은 TARP의 보고서에서도 언급했다시피, J.P. 모건의 다이먼이나 골드만 삭스의 블랭크파인 같은 주요 은행가들이 AIG 구제를 거절하기가 무섭게 가이트너가 뜻을 굽혔다는 것이다. 이 문제가 궁금해서 가이트너에게 인터뷰를 요청했으나 거절당했다. 그러나 수년간에 걸친 가이트너와의 공개 및 비공개 대화를 통해 추측건대, 가이트너도 그의 멘토였던 루빈과 서머스처럼 은행들이 경제의 꼬리가 아니라 몸통이라는 금융 중심의 경제관을 신봉할 것이다. 가이트너가 회고록 『스트레스 테스트』에서 AIG 구제와 TARP 집행을 변호하면서 동원한 주요 논지 하나가 많은 것을 시사한다. 그는 "시장이 그것을 무척 좋아했다"고 썼다.[27] 물론 가이트너는 재무장관을 물러난 후 사모펀드 회사 워버그 핑커스Warburg Pincus의 사장직에 오르며, 퇴임 후 월가로 향한 여러 전임자들과 동일한 행보를 보이고 있다.

미국 건국의 아버지들과 금융화

워싱턴과 월가 사이의 이런 부적절한 관계는 어찌 보면 새삼스러울 것도 없다. 금융은 늘 정치에, 정치는 늘 금융에 영향을 미쳤다. 이는 미국 건국 시점까지 거슬러 올라간다. 찰스 칼로미리스와 스티븐 헤이버가 역작 『설계부터 취약했다』에서 묘사했듯, 미국 은행 시스템의 정치경제는 태동부터 결함을 내포하고 있었다. 이는 전국 단위의 대형 은행을 선호한 알렉산더 해밀턴과, 뉴욕 같은 도시 지역에 권력이 집중되는 것을 우려한 농촌 지역의 대변자 토머스 제퍼슨 사이의 논전에서 비롯되었다.[28] 결국 지역 시장에서 활동하는 수천 개의 소형 은행들이 자리를 잡았고, 이들은 제각기 다른 규제 아래 놓였다. 이런 시스템은 결국, 실물 경제에 돈을 공급해 주는 일에는 별 관심이 없는 초대형 은행들을 탄생시켰다. 반면에 정작 그 역할을 원하던 지역 은행들은 리스크를 효율적으로 분산시킬 수 있는 역량을 갖추지 못했다. 전국적 지점망이 없었기 때문이다.

1장에서 설명했다시피, 1929년 증시 폭락과 뒤이은 대공황이 그토록 심각했던 한 가지 이유가 바로 이것이었다. 반면 1933년 글래스-스티걸 법 도입 시점부터 1970년대 말까지 미국 금융 시스템은 유달리 건강했다. 이 시기에 은행은 주연이 아니라 실물 경제의 조력자로 간주되었다. 금융을 둘러싼 정부의 결정도 대체로 그런 관점에서 이루어졌다. (더욱이 정부가 개입해야 하는 금융 위기 자체가 그리 많지 않았다. 당시 금융업계는 지금보다 규모가 훨씬 작았고 운신의 폭도 좁았다.) 그러나 1970년대 이후 성장세가 더뎌지기 시작하면서 자원 배분을 둘러싼 '총이냐 버터냐' 논쟁이 격화되었고, 워싱턴과 월가의 새로운 비정상적 밀월 관계가 등장했다. 1장에서도 살펴봤지만, 은행과 활동가들 모두 이자율 규제를 풀라고 정부를 압박했다. 정치인들은 자원 배분이라는 난제를 스스로 해결하기는커녕 금융적 의사 결정의 책무를 월가에 떠넘기려 했다. 1980년대 들어 배금주의 문화가 팽배하고 탈규제 정책이 대거 채택됨에 따라 신용이 팽창했고, 그 결과 미국 중산층이 짊어진 부채가 점점 커지면서 정치인들은 은행업계에 맞서기가 더욱 힘들어졌다. 부채, 탈규제, 금융, 금권 정치가 서로 맞물려 성장하는 것은 당연한 일이었다.[29] 이렇게 보면, 2008~2009년의 서브프라임 모기지 사태와 이를 오히려 거들고 사주했던 정치권의 행태, 그리고 위기 이후 시스템을 제대로 정비하지 못한 것 등은 금융과 정치가 수백 년 동안 손잡고 벌여 온 더러운 춤사위의 최신판일 뿐인지도 모른다.

금융과 법

관료들의 인지 포획, 그리고 긴 세월 동안 결함이 쌓인 금융 시스템이 금융화의 원인이었음을 살펴보았다. 하지만 이것이 전부는 아니다. 미국의 법체계 또한 금융화를 가능케 했다는 점을 눈여겨볼 필요가 있다. 은행과 기업의 법적 구조에 생겨난 중요한 변화들이 금융시장의 과도한 리스크를 낳은 주범이 되었다. 금융인이 부정한 거래를 한 경우에도 개인 차원에서 법적 책임을 지지 않게 해 주었기 때문이다. 영란은행의 수석 경제학자이자 대표적인 은행 개혁론자인 앤드루 홀데인은 법률이 파트너십 구조에서 유한책임회사limited liability company 구조로 바뀌면서 우리가 현재 겪고 있는 대마불사 문제가 출현했다고 본다. 지금의 유한책임회사 구조에서 은행가는 더 이상 손실 발생이나 과도한 리스크 감수에 대한 책임을 개인적으로 지지 않는다.[30]

19세기 중반까지만 해도, 은행 소유주로 하여금 해당 기관의 무모한 거래에 직접 개인적 책임을 지게 하는 법령이 리스크를 통제하는 데 도움이 되었다. 실제로, 은행에 문제가 생기면 단순히 이들의 자본만 위태로워지는 것이 아니었다. 중세 은행가는 은행이 파산할 경우 그 건물 앞에서 처형당하기도 했다.[31] 물론 이것은 너무 가혹한 시스템이었다. 그러나 홀데인은 이렇게 지적한다. 무한책임을 (최소한 본인의 자본에 대해서라도) 부여하면, "주주와 은행 경영자, 그리고 사회 전체의 이해관계가 대략이나마 일치됩니다."[32] 본래 미국과 영국 모두에서 초창기 은행업은 분산적이고 레버리지 비율이 낮으며 유동성이 높은 사업이었다. 금융업계의 총자산 규모는 GDP의 일부에 지나지 않았다. 요즘은 100퍼센트를 훌쩍 넘는다. 과거 은행은 으레 자산의 4분의 1 이상을 현금으로 보유했으며, 언제라도 채무의 절반 이상을 갚을 정도의 여력을 비축했다. 이와 달리 오늘날 대형 은행은 총부채의 10퍼센트를 해결할 만한 자산을 유지하는 경우도 드물다.

이는 은행이 유한책임회사로 돌변한 데 따른 결과다. 이 변화는 19세기에 시작되어 20세기까지 이어졌다. 이 시기에 철도와 공장, 주택 건설에 필요한 투자 자금을 마련하기 위해 자본 도입이 절실했던 부국들은 은행업 부문에 물려 놓은 재갈을 풀기로 결정했다. 이렇게 규제를 걷어 내어, 은행이 파트너십이나 합자회사뿐만 아니라 유한책임회사 구조를 택할 수도 있게 했다. 전자의 경우에는 개별 소유주가 투자에 따르는 위험을 최종적으로 책임졌지만, 후자는 일이 잘못되어도 소유주가 책임질 필요가 없었다. 대신 그 책임을 정부, 궁극적으로는 납세자들이 지게 되었다.

당시에는 정작 은행들도 유한책임 구조에 회의적이었다. 이들은 무한책임을 명예의 증표로 생각했다. 믿고 맡길 만큼 안전한 기관이라는 증거였던 셈이다. 그런데 1878년 글래스고 시티 은행City of Glasgow Bank이 투기적 대출과 회계 부정으로 파산하자, 그런 생각은 사라져 버렸다. 은행 주주 가운데 80퍼센트가량이 궁핍한 처지로 떨어졌는데, 그중 상당수는 은행 주식을 노후 자금 목적으로 구입한 과부와 독신녀였다. 이 은행이 파산하기 전, 당시『이코노미스트』지의 편집국장이었던 영국의 유명한 저널리스트이자 사업가인 월터 배젓 같은 이는 무한책임의 장점이 허무맹랑하다고 주장하고 있었다. 소유한 모든 것에 책임을 져야 한다면 투자자들은 급속히 성장 중인 영국 경제에 필요한 투자를 꺼릴 것이라는 논리였다. 결국 은행가들과 대중의 의견도 이렇게 바뀌었다. 영국은 유한책임 구조로 신속히 이행하기 시작했고, 1889년 무렵에는 무한책임 구조의 은행이 단 두 곳만 남았다. 미국에서는 대공황 이후에 비슷한 이행이 나타났다.

유한책임 구조가 자리를 잡자 확실히 시장에 돈이 더 많이 풀렸다. 은행들은 더욱 몸집을 불렸고, 동시에 리스크도 커졌다. 유한책임제에 따라 손실에 대한 개인적 책임을 벗게 된 은행가들은 빚을 더 많이 졌다. 레버리지 비율(은행이 영업을 위해 사용하는 안전 자산 대비 부채의 규모)은 19세기 중반 3~4배였다가 20세기 초입에는 무려 5~6배로 뛰었다. (오늘날 대다수 대형 은행의 레버리지 비율은 20~30배에 달한다.) 위험이 커짐에 따라 수익도 엄청나게 증가했다. 그러나 금융 위기의 빈도 역시 증가했다. 호황과 불황을 넘나드는 순환이 자리를 잡게 됐는데, 그 정점이 바로 전 세계에 치명적인 파장을 몰고 온 1929년의 월가 증시 폭락이었다.

그러나 1920년대의 미국인들은 왜 그런 일이 벌어졌는지 제대로 이 해하지 못했다. 몇 개 되지 않았던 전국 은행들에 비해 자금력이 떨어 지는 소규모 지역 은행들이 증시 폭락에 이어 찾아든 대공황으로 대거 몰락하자, 엉뚱하게도 무한책임 구조가 공황을 막는 데 도움이 되지 않 는다는 진단이 힘을 얻었을 정도다. 결국 프랭클린 D. 루스벨트 대통령 의 반대에도 불구하고, 의회는 유한책임 구조로의 이행을 결정했다. 루 스벨트는 대형 은행에 비해 소형 은행이 위기 이전 시기에 더 우량했다 고 생각했다. 반면에 의원들은 좀 더 집중화된 전국 은행 시스템을 육 성하여, 이를 새롭게 도입할 예금보험과 중앙은행 시스템으로 보증하 고자 했다. 이로써 미국의 중앙은행, 즉 연방준비제도가 미국의 최종 대부자 역할을 하게 되는 길이 열렸다. 이런 구조가 당시에는 설득력이 있었다. 그런데 어떤 면에서 보면, 이는 지금 우리 모두가 너무나 잘 알 고 있는 도덕적 해이가 시작된 근원이기도 했다.

이런 법제 변화는 오늘날 우리가 목도하고 있는 대마불사형 금융 산 업의 자양분이 됐다. 익히 알다시피 이런 시스템 속에서 수익은 은행들 이 챙기지만 손실은 사회에 전가된다.[33] 미국의 많은 투자은행들이 1980~1990년대에 법인화되면서 압도적인 자금력을 갖추게 되었고, 이로써 파생상품 시장 같은 새로운 영역에서 큰손이 될 준비를 마쳤다. 영란은행의 금융안정위원회 전무이사를 역임한 홀데인은 2011년의 한 연설을 통해 이 문제를 신랄하게 짚었다. 한 세기에 걸친 금융 시스템

진화의 결과 은행가의 사익은 "다른 은행 이해관계자들의 이익과 어긋나게 되었고, 전체 사회의 이익과는 더욱 멀어졌습니다. 이러한 단절의 중심에는 은행이 챙기는 수익과 사회로 전가되는 리스크 사이의 불균형이 놓여 있습니다. 은행업계만큼 옳은 일은 막고 나쁜 일은 장려하는 행태가 자리 잡은 곳도 없습니다."[34]

이런 구조의 결과는, 전통적인 파트너십 구조와 결별한 뒤 1999년 상장한 골드만 삭스에서 분명히 드러난다. 물론 그전부터 골드만 삭스는 변하고 있었다. 이미 트레이딩이 관계형 금융을 제치고 주요 수익원으로 떠올랐고, 보수 체계 역시 리스크를 적극적으로 감수하도록 개별 인력을 압박하는 방향으로 바뀌고 있었다. 다만 기업공개가 그 변화를 더욱 가속화하고 심화한 것은 분명하다.[35] 그러지 않을 이유가 없었다. 상장 이전만 하더라도 골드만 삭스 파트너들은 개인 자산 가운데 상당액을 현금으로 골드만 삭스에 투자해야 했고, 퇴직하기 전에는 자기 지분을 인출할 수 없었다. 퇴직하고 나서도 장기간에 걸쳐 소액씩만 돌려받았다. 무엇보다도 모든 파트너들은 이 기관이 잘못 투자할 경우 그 손실에 개인적 책임을 져야 했다. 이는 파트너가 주택, 자동차는 물론이고 모든 것을 잃을 수도 있음을 의미했다.[36] 기업공개 뒤에는 리스크가 주주들에게 광범위하게 분산되었다. 분위기가 이렇게 바뀌고 특히 2008년 골드만 삭스가 연방정부의 지원 대상에 포함된 뒤, 한때 월가에서 가장 평판이 좋은 금융 중개 업체였던 이곳이 혹평을 받은 것도 당연했다. 2012년 골드만 삭스를 퇴사한 그레그 스미스는 자신의 사직서를 『뉴욕 타임스』에 게재하면서, 골드만 삭스에서 리더가 되는 길은 세 가지밖에 없다고 비꼬았다. 첫째는 "회사에서 보기에 수익이 날 가능성이 별로 없어서 없애 버리려고 하는 증권이나 기타 상품에 고객들이 투자하도록 설득하는 것"이다. 둘째는 고객들이 "골드만 삭스에 가장 큰 수익을 안겨다 줄 상품을 거래하도록 만드는 것"이다. 마지막으로 "알파벳 세 글자짜리 약어로 된 비유동적이고 이해하기 힘든 상품을 취급하는 자리"를 찾아가는 것이다.

이런 책임 소재를 둘러싼 사안 외에도, 미국의 법체계가 작은 행위자보다 대형 금융기관과 기업을 우선시하는 지점은 수없이 많다. 이런 전환은 우선 1980년대의 주주가치 혁명과노 연관이 있다. 주주가치 혁명은 일종의 이데올로기적 전환으로, 기업의 의미라든가 누구를 위해 기업을 운영해야 하는지 등에 대한 새로운 관념을 제시했을 뿐 아니라, 세법과 소비자 보호 및 파산 절차 등의 변화도 이끌었다. 이런 변화는 시민 개인보다는 기업의 이익을 우선시하는 경향이 있었는데, 상원의원 엘리자베스 워런이 이에 관해 많은 글을 남겨 놓았다. 일례로 2005년의 파산남용방지 및 소비자보호법Bankruptcy Abuse Prevention and Consumer Protection Act을 살펴보자. 이 법은 사실상 학자금 대출과 같은 사안에는 파산보호법이 적용되지 않도록 만든 반면, 파산법의 범위 내에 있는 파생상품의 보호는 강화하여 금융권을 달랬다. 법 이름이 참으로 부조리하다. 금융의 성장에 따라 사회 진출의 기회가 점점 줄어드는 상황에서, 사람들은 필사적으로 남들보다 한발이라도 앞서려고 노력하면서 빚을 지게 된다. 이 법은 그런 이들에게는 불이익을 주는 반면 금융 산업 자체는 보호해 준다.[37] 어처구니없는 법이 아닐 수 없다. 이런 법이 '개혁'이랍시고 통과된 이유를 정치권이 금전적으로, 인지적으로 금융업계에 포획되었다는 것 말고 다른 데서 찾을 수 있을까?

감옥에 넣기에는 너무 크다고?

법체계 안에는 물론 처벌도 들어간다. 그런데 금융업계는 2008년 금융 위기 이후 사법 제도도 쉽게 빠져나갔다. 끊이지 않는 스캔들과 벌금이 보여 주듯, 금융업계의 문화는 그다지 달라지지 않았다. 이런 문화를 일신하려면, 나쁜 일을 저질렀을 때 실제로 감옥에 갈 수도 있음을 주지시킬 필요가 있다. 이에 대해 경제학자 조지프 스티글리츠는 다음과 같이 말한다. "몇 사람이라도 감옥에 넣을 수 있었더라면, 나쁜 마음을 먹는 사람이 훨씬 줄어들었을 겁니다."[38] 그러나 2008년 금융 위기 당시와 그 여파를 처리하는 과정에서 투옥된 사람은 1980년대에 일어난 저축대부조합savings and loan, S&L 사태*에 비해 훨씬 적었다. 실제로 S&L 사태 당시에는 악성 대출을 남발했다는 혐의로 1000명 이상의 은행가들이 투옥되었다. 저렇게 차이가 난 이유는, 2008년 금융 위기 때 벌어진 일들은 야비하기는 하지만 실제로는 합법적인 경우가 꽤 있었기 때문이다. 그러나 모든 사건이 그랬던 것은 아니다. 스티글리츠를 비롯한 많은 사람들은 기존의 법만 잘 활용했어도 2008년 위기에 책임이 있는 금융권 고위 인사들을 기소할 수 있었다고 본다. (이를테면 2002년의 사베인스-옥슬리 법Sarbanes-Oxley Act 같은 경우도 충분히 적용 가능했다. 이 법은 엔론 사태 이후 기업 경영진에게 그 행위의 책임을 좀 더 강하게 묻기 위해 제정되었다.)

그러나 기소는 없었다. 왜 그랬을까? 뉴욕주 남부지구 연방지방법원

* 저축대부조합은 1800년대에 노동자 계층의 소액 저축자가 현금을 모으고 주택 구입용 대출을 받도록 도와주는 비영리 기관으로 시작되었다. 제2차 세계대전 이후 참전 용사들이 귀향하면서 일어난 주택 건설 붐을 타고 우후죽순 늘어나기 시작했으나, 1986년에서 1995년 사이에 대거 부실화되면서 미국 경제를 침체에 빠뜨렸다.

판사 제드 레이코프는 2014년에 『뉴욕 리뷰 오브 북스』에 기고한 에세이에서, 사법 정의가 실현되지 못한 핵심적 이유가 워싱턴과 월가의 밀월 관계에 있음을 설득력 있게 주장했다. 레이코프에 따르면, 연방 검찰이 과로와 박봉에 시달리며 할 일이 산더미 같다는 것은 사실이나, 이것만이 문제는 아니었다. 또 다른 이유는 "금융 위기를 야기한 환경적 요인 조성에 정부도 한몫했다는 것"이었다. 미흡한 감독과 탈규제, 그리고 통화 정책을 통해 금융업계로 책임 미루기 등을 일삼으며 관료들은 의도적으로 제반 문제에 눈을 감아 버렸다. 핑계 삼아 이들은 검찰의 기소가 금융 시스템, 나아가 세계 경제에 부정적인 영향을 줄 수 있다는 우려를 내비치기도 했다. 법무장관 에릭 홀더조차 2013년 상원 사법위원회에서 저런 식으로 말했다.[39] 이를 두고 레이코프는 다음과 같이 썼다. "부자와 빈자 모두에게 법을 평등하게 적용하겠다고 선서한 연방 판사에게 '감옥에 넣기에는 너무 크다'는 식의 변명은 솔직히 말해서 몹시 언짢게 들린다. 법무부가 법 앞의 평등이라는 원칙을 대놓고 무시한다는 것을 드러내기 때문이다."[40]

물론 어떤 이들은 금융업계도 엄청난 벌금을 내면서 고통을 떠안았다고 주장할 것이다. 2012년에서 2014년 사이에 이들은 돈세탁, 공모, 압류 관련 고지 미비, 이자율 조작, 내부자 거래 등(너무 많아 여기까지만 열거한다) 갖가지 혐의로 총 1390억 달러를 토해 냈다.[41] 그런데 정작 금융업계는 돈이 넘쳐 나므로, 어마어마한 벌금조차 징역형의 효과에 비하면 하찮을 뿐이다. 더욱이 이런 벌금은 기관 차원에서 지불하기 때문에 잘못을 저지른 당사자 개인은 제대로 처벌받지 않고, 해당 문제와 거의 아무런 관계가 없는 사람들에게 고통이 광범위하게 전가되는 셈이다. 그러니 몇 해 전 상원의원 워런이 도드-프랭크 법에 따른 벌금 문제로 제이미 다이먼을 마주한 자리에서 이런 말을 들은 것도 어쩌면 당연하다. "벌금 때리시죠. 우리는 충분히 감당할 수 있습니다."[42] 수십억 달러에 이르기도 하는 대형 은행의 분기 수익에다가 납세자와 정부가 금융권에 제공하는 각종 직간접적인 보조금까지 감안하면, 엄청나보이는 벌금도 사실 그리 많은 것이 아니다. 금융 위기 당시에도 은행들의 주가는 약 1000억 달러에 이르는 구제금융 기대치를 반영하고 있었다. 그 덕에 은행들은 서브프라임 사태의 손실에 따른 고통을 상당히 덜어 냈다.[43]

하지만 벌금 문제 속에는 향후 더 큰 말썽의 소지가 될 측면이 또 있다. 물론 금융업계에 부과된 벌금 가운데 혐의가 분명하고 그 액수가 적절한 경우도 있었으나, 소급 적용을 한다든가 불분명하게 집행함으로써 법체계에 대한 신뢰를 훼손하는 경우도 있었다. 예를 들어 2009년 3월에 하원은 적법성에 의문이 있었음에도, 구제금융을 수혜한 금융기관이 그해 직원들에게 지급한 상여금에 90퍼센트의 소급 세율을 적용할 것을 압도적으로 가결했다. 물론 그 이유는 쉽게 알 수 있다. 하원은 대중의 분노를 헤아렸던 것이다. 당시 구제금융 집행을 못마땅하게 여기던 사람들은 사실상 처벌을 받거나 개인적 손실을 입은 적이 전혀 없는 은행가들을 구제할 비용을 자신들이 부담하고 있다는 사실에 분개했다. 그러나 시카고대 교수 루이지 칭갈레스가 지적했다시피, 제대로 집행되는 법체계 안에서 이루어지는 투명한 처벌 절차 대신에 중우 정치가 득세하면 민주주의 자체에 대한 대중의 믿음이 훼손된다. 이는 위법 여부가 불분명한 행위를 두고 임의로 처벌하는 경우가 다반사인 개발도상국들의 실정을 보면 잘 알 수 있다. 칭갈레스는 다음과 같이 말한다. "미국에서도 금융권에 대한 대중의 분노는 법의 지배가 향후에도 존중될 것이라는 기대를 훼손할 수 있다. 이런 기대가 없다면, 경쟁력 있고 민주적이며 포용적인 금융은 곧 지속 불가능하게 될 것이다."⁴⁴ 결국 독립적인 검찰이 잘 작동하는 법률에 따라 그 위반자들을 감옥에 집어넣는 편이, 분노에 찬 정책 입안자들이 기준도 모호한 벌금을 수십억 달러씩 부과하는 것보다 훨씬 나았을 것이다. 벌금은 결국 금융업계의 행태를 전혀 바꾸지 못했기 때문이다.

구제하느냐 마느냐

나는 2008년 금융 위기 이후 정부의 금융 시스템 구제가 필요한 일이었다고 생각한다. 어떤 보수주의자나 자유주의자들은 하이에크식 주장을 펼치기도 한다. 그러니까 도드–프랭크 법을 통해 단편적이고 미적지근한 규제를 시행하느니, 차라리 금융 시스템이 완전히 몰락하도록 방기했더라면 금융권의 적폐를 제대로 청산했으리라는 것이다. 그러나 이를 실현하려면 실물 경제가 훨씬 큰 고통을 치러야 했을 텐데, 그럴 만한 가치가 있다고 보는 이들은 소수에 불과하다. 내가 염려하는 점은 금융에 포획된 관료들이 구제금융을 실시하면서 금융업계에 압박을 가할 만한 여러 수단을 충분히 활용하지 않았다는 사실이다. 또 위기 이후 금융과 실물 경제의 연계를 공고히 하는 데 필요한 조치를 충분히 취하지도 않았다. (구제금융을 받은 대마불사형 금융기관에게 자본 건전성을 회복할 때까지 상여금 지급을 금지하는 것에서부터 시작하여, 시행했어야 할 조치의 목록은 무척 길다.)

금융 위기의 수습 과정에서 금융업계가 주택 소유자, 소기업, 소비자, 지역 은행 등 다른 이해관계자들보다 여러 측면에서 훨씬 우대를 받았다는 것이 이를 잘 보여 준다. 다음은 상원의원 워런의 말이다. "저는 미국인들이 일반 주택 소유자나 가족, 실직자, 401(k) 적립금이 날아간 사람들보다 금융권의 구제가 더 중요하다는 것에 동의한 적이 한 번도 없다고 생각합니다. 그러나 미국의 경제 지도자들은 자기 나름의 이론이 있었고 그에 입각해서 결정을 내렸습니다. (…) 그 과정에서, 이것이 올바른 접근법이라고 사람들을 설득한다든가 공공 정책 토론을 거쳐야 한다는 민주주의적 관념은 아예 찾아볼 수 없었죠. 이를테면 우리는 전쟁에 뛰어들지 말지, 전국 고속도로 시스템을 건설할지 말지, 아니면 환경 문제를 어떻게 처리할지 등을 놓고 싫든 좋든 토론을 벌이지 않습니까. 그런데 구제금융은 전혀 그런 식으로 이루어지지 않았습니다."[45]

한편 오바마 행정부는 경제가 회복세의 기미를 보이자마자 월가에 대한 승리를 선포하고, 미국 금융 시스템의 구조와 목적에 대한 심도 있는 성찰을 재빨리 벗어던졌다. 금융이 다시 실물 경제에 이바지하도록 만들 기회를 날려 버린 것이다. 내가 금융 위기 5주년을 맞아 쓴 『타임』지 표지 기사에서 설명했던 것처럼, "사실 워싱턴은 2008, 2009년 두 해 동안 신속한 구제금융을 통해 은행권을 구출하는 일을 대단히 잘해 냈다. 그 덕분에 미국 경제는 더 큰 피해를 면했다. 그러나 (…) 금융 산업을 다시 규제하여 실물 경제에 연결하는 일은 형편없이 처리했다."[46]

나는 이 기사로 재무부의 역풍에 잠시 시달렸다. 한 고위 관료는 내 상사에게 전화를 걸어 글에 대한 불만을 쏟아 냈으며, 당시 재무부 부차관보로 있던 앤서니 콜리는 공식 성명을 통해 다음과 같이 반박했다. "라나 포루하가 2013년 9월 23일 자 기사에서 언급한 것처럼 이러한 일련의 개혁이 '신화'에 불과하다는 주장은 틀렸다. 현재 미국의 금융 시스템, 즉 미국인들이 주택담보대출을 받고, 대학 학자금을 저축하고,

자영업을 시작하고, 수표를 써 주는 것 등을 가능케 하는 시스템은 5년 전에 비해 더욱 안전하고 튼튼하며 회복력도 좋다는 것은 명백한 사실이다."[47] (내 블로그에서 이 비판에 조목조목 반박해 놓았다.)[48]

재무부 관료들에게는 미안하지만, 이 책에도 썼듯이 현재 미국 금융 시스템의 상태는 더 나아지지 않았다. 물론 금융 위기 이전보다 더 튼튼해진 은행도 몇 군데 있기는 할 테지만, 금융 시스템 전반은 그렇지 못하다. 아직 금융업은 실물 경제의 조력사라는 본래의 자리로 돌아가지 못했다. 물론 소비자금융보호국Consumer Financial Protection Bureau 같은 기관을 창설한 것은 대단한 진전이다. 그러나 미국 금융 시스템의 기저를 이루는 여러 대형 은행의 비즈니스 모델은 그대로다. 여전히 은행은 평범한 대출이 아니라 트레이딩으로 수익의 대부분을 거둔다. 불투명한 리스크를 감수하며 금융 부문 전체의 안정성을 훼손하는 월가의 행태에 제동이 걸린 것도 아니다. 월가의 리스크 조장이 여전한 것은 금융업계의 맹렬한 로비로 도드-프랭크 법에 숱한 허점이 생겼기 때문이다. 도드-프랭크 법이 금융권을 제어할 일종의 로드 맵을 제시한 것은 맞지만, 대부분의 전문가들은 이 법이 실제로 어떻게 작동할지는 여전히 불분명하다고 입을 모은다. 대형 은행들이 금융 위기 이전보다 규모가 작아지기는커녕 오히려 더 커진 것을 보면 이런 우려가 일리 있다.

대다수 개혁적 경제학자들은 은행들을 쪼개어 규모를 줄이고 단순화하는 것이 금융 시스템의 리스크를 줄이는 최선의 방법이라고 생각한다. 재미있는 것은 이런 조치를 주식시장도 환영할 것이라는 사실이다. 업계 분석가들의 추정에 따르면, JP모건 체이스와 시티그룹 같은 회사는 쪼개졌을 때 시가총액 기준으로 가치가 더 높아질 것이다. 이는 대마불사형 금융기관이 안고 있는 리스크가 금융 시스템뿐만 아니라 주

주들에게도 상당한 부담이라는 것을 반영한다.[49]

오바마 행정부가 금융 위기 수습 과정이나 전반적인 금융화 추세에 대한 비판에 대응할 때 자주 언급했던 점 한 가지는, 미국의 GDP에서 은행업 부문이 차지하는 비중이 유럽이나 일본 등에 미치지 못한다는 것이다. 은행으로만 따지면 사실이다. 그러나 미국의 금융 부문 전체, 즉 보험, 부동산, 머니 마켓 펀드, 뮤추얼 펀드, 부동산 신탁 등을 모두 포함하면 엉터리 주장이다.[50] 내가 이 책을 통해 보여 주려 했던 것처럼, 금융시장의 막강한 영향력을 따져 볼 때 대형 은행들만 살펴서는 안 된다. 금융의 잘못된 생태계 전체, 그리고 금융이 실물 경제를 옥죄는 방식이 더 큰 문제다. 더 심각한 것은 규제의 손길이 미치지 못하는 금융 영역이 위기 이전보다 오히려 더 비대해졌다는 점이다. 실제로 국제결제은행에 따르면, 그림자 은행업을 비롯한 비공식 대출 부문의 규모는 금융 붕괴 이후 13조 달러나 불어나 2014년에는 무려 80조 달러에 이르렀다.[51]

행정부 관료들은 자신들의 위기 대처를 변호하면서, 미국의 초대형 은행 대부분이 위기 이후 위험 자산을 덜어 냈을 뿐만 아니라 리스크 완충 목적의 자본을 확충했음을 강조한다. 그러나 중요한 것은 그 맥락이다. '티어 1Tier 1' 자본(리스크를 상쇄하기 위해 은행이 보유하는 현금 또는 현금성 자산)을 예를 들어 70퍼센트 끌어올리는 것은 대단해 보일 수도 있다. 그러나 리스크에 비하면 거의 없는 것이나 마찬가지인 기준점에서 끌어올렸음을 감안하면 대수로운 수치가 아니다. 여전히 갈 길이 한참 남은 것이다. 연방예금보험공사 부회장이자 금융 개혁 옹호론자인 토머스 호니그의 2013년 4월 연설에 따르면, 관료들이 은행들을 안전하게 만들기 위해 얼마나 많은 일을 했는지를 강조하려고 언급하는 여러 복잡한 규정들은 그저 "선의의 환상"에 불과하다. 호니그는 관료들이 고안한 리스크 평가 기준과 스트레스 테스트 등을 은행 측이 요령껏 통과하기가 얼마나 쉬운지를 설명했다. 또 한 금융기관의 재무 건전성을 측정할 수 있는 완벽한 평가 지표가 존재한다는 발상은 "전체 경제 시스템을 위험에 빠뜨리는 착각"이라고 지적했다.[52] 2장에서 다른 사례를 통해 보았다시피, 상식으로는 이해할 수 없는 복잡한 수리적 평가 지표를 우선시하는 것은 재앙의 지름길이다.

내부자들만의 세상

안타깝게도 금융 위기 이후 금융 시스템을 더 안전하게 만들 방안에 대한 논의 가운데 상당 부분은 복잡한 금융 리스크 계산에 초점을 맞춰 왔다. 그간 워싱턴 DC 등지에서 금융의 사회적 역할에 대한 명료하고 합리적인 토론이 펼쳐지지 못한 이유 한 가지는 수치와 복잡한 용어, 그리고 '전문가 숭배'에 과도하게 집착했기 때문이다. 금융인과 금융에 포획된 관료들은 누군가 일상적인 말로 중요한 질문을 던지면, 그런 질문은 지나치게 단순하거나 포퓰리즘적이라며 통박하거나, 질문자가 '알아 먹을' 만한 지식도 제대로 갖추지 못했다고 핀잔을 주기 일쑤다.[53] 금융인에게 자기자본 비중을 높여야 하지 않겠느냐고 한다든가, 자기자본 비율을 높이라는 요구가 어째서 기관의 대출 능력을 훼손한다는 것인지 모르겠으니 설명해 달라고 하면, 이들은 즉각 복잡한 금융 전문 용어를 쏟아 내기 시작한다. '티어 1 자본', '유동성 비율', '위험가중 부외 신용 익스포저risk-weighted off-balance-sheet credit exposure'• 등의 용어가 나오기 시작하면 유용한 토론이 진행되기 어렵다. 이런 풍토에 대해 엘리자베스 워런은 내게 이렇게 말했다. "금융 위기 때 텔레비전에 금융계 인사들이 나와 온갖 복잡한 용어를 구사하는 것을 본 적이 있을 겁니다. 사실상 이렇게 말하는 셈이죠. '걱정하지 마세요. 우리는 전문가이기 때문에 무슨 일이 벌어질지 당연히 알고 있습니다. 우리가 알아서 처리할 겁니다.' 그런데 정작 미국이 금융 위기를 맞은 이유는 바로 그 전문가들이 처리할 것이라고 지레짐작했기 때문입니다."[54]

따라서 실상을 파악하려면 이런 연막작전을 꿰뚫어 봐야 한다. 금융업계와 그 지지자들은 마치 부족 집단처럼 내부자만의 용어를 동원하여 외부자를 위압하고 혼란스럽게 만든다. 은행을 실물 경제에 이바지하는 본래의 자리로 되돌리려 할 때 복잡성은 우리의 적이다. 그러니 개혁을 위해서는 가장 단순한 질문을 던져야 한다. 금융기관들이 실물 경제에 분명하고 측정 가능한 혜택을 제공하고 있는가? 그런데 지금껏 보았다시피, 그 답은 십중팔구 "아니다"이다.

한편 언론은 이런 금융의 문제를 대중에게 분명하게 알리는 역할을 제대로 하지 않았다. 금융 지식을 잘 갖춘 기자가 부족한 탓도 있다. (이는 내가 23년 동안 언론계에 종사하면서 늘 부딪혀 온 문제인데, 최근 들어 언론 조직에 공급되는 자원이 줄어들면서 상황은 더 나빠졌다.) 그런데 내 경험상 교묘한 위압 역시 한몫한다. 워싱턴 경제 관료들과 언론 매체 사이의 회동은 대개 무리 지어 열린다. 이를 통해 관료들이 모임을 주도하면서 마치 고등학교 점심시간 같은 분위기가 형성된다. 서열이 생기고, 그룹에 속하는 기자와 완전히 배제되는 기자로 나뉜다. 어려운 질문에 천천히 분명하게 답해 줄 것을 요청하는 기자나, 어떤 것(더 분명하게 설명할

• 금융기관의 대차대조표상에 반영되지 않은 자산을 내재된 리스크를 감안하여 평가한 뒤, 부도가 발생할 경우 해당 기관에 미칠 손실 범위를 측정한 것.

경우 정부가 곤란한 상황에 처할 결정 따위)을 잘 이해하지 못했으니 다시 설명해 달라고 대놓고 말하는 기자는 눈총을 받거나 짜증 섞인 반응을 얻기 십상이다. 심지어 이런 회동에 더 이상 초대받지 못하기도 한다. 이는 교묘하지만 효과적으로 언론의 논조를 통제하는 방법이다. 특히 동일한 취재원과 지속적으로 만나야 하는 금융 전문 기자들은 접촉 기회를 잃어버릴 위험을 감히 무릅쓰지 못한다.

질문자를 멍청해 보이도록 만들거나 배타적 파벌을 만드는 방식으로 반대 목소리를 찍어 누르는 수법은 비단 언론에만 적용되지 않는다. 워런은 『싸울 기회』에 당시 국가경제위원회 위원장 로런스 서머스와 가진 저녁 식사 자리에서 겪은 황당한 일을 풀어놓았다. 서머스는 워런에게 어느 한쪽을 선택해야 한다고 딱 잘라 말했다. "내부자가 되든가 외부자가 되어야 했다. 외부자는 하고 싶은 말을 마음껏 할 수 있다. 그러나 내부에 있는 자들은 그 말에 귀를 기울이지 않는다. 하지만 내부자는 다른 내부자들에게 접근하여 자신의 생각을 밀어붙일 기회가 많다. 사람들, 특히 권력자들은 내부자의 말에 귀를 기울인다. 그러나 내부자들은 한 가지 어길 수 없는 규칙이 있다는 것도 잘 안다. '내부자들끼리는 서로 비판하지 않는다.' 서머스는 내게 경고를 한 것이다."[55]

상원 은행위원회 간사이자 워런 못지않은 금융 개혁 주창자로 알려져 있는 상원의원 셰러드 브라운은, 워싱턴이 이런 내부자 숭배와 교묘한 위압, 그리고 사실을 감추는 복잡한 용어를 구사하는 로비스트와 관료로 넘친다고 한탄한다. "의료 사안을 가지고 로비하는 이들은 일반인과 다른 언어를 씁니다. 금융 로비스트들도 마찬가지죠. 그리고 상당수 상원 및 하원 의원들은 멍청해 보이기가 싫어서 질문을 충분히 하지 않습니다. 저는 그걸 보고 마음을 다잡았습니다. 그래 좋다. 나는 멍청해 보이는 질문일지라도 과감히 던지겠다. 결국 무언가 배우게 될 테니까. 굴레에서 벗어난 저는 불안감을 접고 까다로운 질문을 던지기 시작했습니다."[56]

만드는 자와 거저먹는 자의 대결

지금까지 이야기한 모든 것은 금융 시스템과 경제를 넘어 민주주의 자체까지 위협한다. 토마 피케티가 주장한 것처럼, 자본이란 "언제나 한편으로는 사회적, 정치적 구조물이다. 자본은 각 사회의 재산권에 대한 인식을 반영하며, 여러 사회 집단 간의 관계, 특히 자본을 소유한 자와 그러지 못한 자 간의 관계를 규율하는 여러 제도와 정책에 좌우된다."[57]

오늘날 금융업계의 규모와 영향력, 그리고 금융업계가 우리 사회와 민주주의를 망가뜨리는 양태를 보건대, 우리는 위태로운 지경에 처해 있다. 제럴드 데이비스의 표현을 빌리자면 미국은 '포트폴리오 사회', 다시 말해 "모든 부류의 사회적 삶이 증권화되어 일종의 자본으로 전환된 사회"가 되었다고도 볼 수 있다.[58] 포트폴리오 사회에서는 거의 모든 것이 거래 가능한 상품으로 전락하여, 인간관계는 '사회적 자본'이, 인간 자체는 '인적 자본'이 된다. 그뿐 아니라 어떤 종류의 기회든 '화폐화'되기 마련이다. 나아가 데이비스는 이렇게 진단한다. "결국 금융이라는 '관행'이 모든 일을 관장합니다. 심지어 금융기관 자체보다도 우위에 있죠. 지금 문제는 '시장의 규칙'을 중심에 둔 사고입니다. 시장이 우리 사회 내의 모든 기관을 압도하는 지경에 이른 것입니다."[59]

데이비스를 비롯하여 루스벨트 연구소의 마이크 콘잘과 넬 애버내시 같은 연구자들이 지적했듯, 금융 모델이 경제와 사회 전체의 모델로 자리 잡는 격변을 거치면서 여러 부작용이 나타났다. 우선 기업과 정부의 책임이 개인에게 전가되기 시작했다. 망가져 가는 퇴직연금 제도를 보라. 공공 서비스가 민영화되는 모습이라든가, 미국의 조세 제도가 만드는 자보다 거저먹는 자를 우대하는 꼴은 또 어떤가. 콘잘과 애버내시가 서술한 것처럼, "민영화에 따라, 정부의 역할에 대한 논의 대신에 정부가 하는 일의 배분 문제가 대두됐다."[60] 누가 무엇을 가져야 하는가를 둘러싼 무겁고 논쟁적인 질문을 피하려던 정부가 손쉽게 사용해 온 수단이 바로 금융화였다. 그 불안정한 추세는 이미 1장에서 살펴본 바 있다. 금융권으로 하여금 신용 공급을 늘려 저성장 문제를 빚으로 땜질하도록 만듦으로써 정치인들은 유권자에게 나쁜 소식을 전하는 일을 뒤로 미룰 수 있었다. 그러나 지난 수십 년에 걸쳐 불평등이 심화되고 경제 성장의 기반이 약해지면서, 금융화는 사실상 저 질문들을 더욱 시급한 것으로 만들었을 뿐이다. 상원의원 워런의 말이다. "지금까지 미국은 금융 탈규제와 감세를 추진하면서 사회 기반 시설, 교육, 보육 같은 사안에 대한 투자를 미루면 역동적인 경제를 이룩할 수 있다는 환상에 빠져 있었습니다. 하지만 더 이상은 안 됩니다. 이제 우리는 대체 무엇이 잘못되었는지 질문을 던져야 합니다. 무엇이 잘못되었는지 제대로 파악하지 못하면 정말 고쳐야 할 것을 고칠 수 없기 때문입니다."[61]

바로 지금이야말로 진정성을 가지고 심도 있게 그 질문을 던지고 답할 때다. 2008년 금융 위기를 정치권과 규제 당국이 잘못 수습함에 따라, 워싱턴이 월가를 단속하는 능력에 대한 불신이 광범위하게 속속들이 퍼졌다. 이는 일종의 사회적 손실로 미국 사회 전반에 파괴적 여파를 미쳤다. 포퓰리즘이 심화되고, 아메리칸 드림이 송두리째 무너졌다는 불안한 생각이 확산되었을 뿐만 아니라, 전혀 경험해 보지 못한 자본주의 이후 사회로 진입하고 있다는 믿음까지 대두했다.

미국 사회의 미래상이 어떠할지는 상상하기 나름이다. 영국의 경제 저널리스트 폴 메이슨은 비교적 낙관적인 축에 속한다. 메이슨은 최근 작 『포스트자본주의』를 통해서 금융화는 임금 정체의 핵심 요인이며, 이는 수십 년에 걸쳐 이루어진 일이라고 주장한다. 메이슨의 논의 중 부채와 경제 문제 사이의 연결 고리에 대한 설명과, 어떻게 해서 금융(주로 단기적)이 저축과 실물 경제 투자(대체로 장기적) 간의 긍정적 관계를 깨뜨렸는지에 관한 분석이 특히 설득력 있다. 메이슨에 따르면, 자본주의는 유효 기간이 진작 끝났지만 금융화를 통해 마치 바이러스처럼 계속 성장할 수 있었다. 이제 그 과정도 한계까지 와 있다. 그가 보기에 기술 주도의 '공유 경제' 속에서는 정보가 더욱 자유롭게 유통되고 자본의 중요성이 더 낮아질 것이다. 그리고 이 덕분에, 금융 자본가들과 싸우는 노동자들의 힘은 새롭고 강력한 방식으로 커질 것이다.[62] 나는 그처럼 낙관적이지 않다. 기자로서 그동안의 경험에 비추어 보면, 기술 혁명을 주도한 실리콘밸리 거물들은 뭇 금융가처럼 탐욕스러울 뿐만 아니라 어떤 면에서는 더 배타적이다. 그리고 앞서 4장에서도 논의했듯, 기술 업계 역시 점차 금융화되고 있다.

나는 비관론자인 프랑스 경제학자 토마 피케티가 내다보는 미국의 경제적 미래에 좀 더 공감한다. "현재는 미국의 최상위 1퍼센트의 몫이 혁명 전 프랑스의 1퍼센트에 조금 미치지 못하지만 점차 그 차이는 줄어들고 있다." 오늘날 미국은 18세기 말의 프랑스와 동일한 경제적 궤적을 따라가는 셈이다. 당시 프랑스의 1퍼센트 가운데 상당수는 결국 목이 잘렸다. 피케티는 이를 두고 "공포스럽다"고까지 했다. 그럼에도 그는 이런 이행이 만물의 자연적 질서라고 생각한다. "불평등은 앞으로도 수년 동안 더욱 악화될 가능성이 상당히 높다."[63] 자신의 저서에서 피케티는 역사적으로 불평등이 실제로 감소하는 경우는 전시에 부유층이 많은 재산을 잃을 때, 또는 정부가 시장에 직접 개입해서 성장의 엔진을 돌릴 때뿐임을 보여 준다. 1930년대 미국의 뉴딜 정책과 1940년대 말에서 1950년대 초 사이의 마셜 플랜Marshall Plan이 대표적인 예다.

피케티에 따르면, 자본 수익률은 이런 세계적 차원의 재분배 사건이 발생하지 않을 경우 자연스럽게 경제 전반의 성장률보다 커진다. 따라서 투자를 통해 부를 얻는 사람들은 봉급으로 소득을 얻는 이들에 비해 필연적으로 훨씬 부유해진다. 그 결과 경제적, 정치적, 사회적 불평등이 심화된다. 다시 말해 금융화 때문에, 미국의 일반 시민이 누린 황금기는 통상적인 현상이라기보다 짧고 이례적인 사건이었는지도 모른다. 지난 몇 년 동안 실질 임금은 정체된 반면 증시는 사상 최고치를 찍은 것을 지켜본 이라면 이런 생각에 크게 동감할 것이다. 피케티의 연구를 지원하기도 한 신경제사고연구소의 로버트 존슨 소장은 다음과 같이 말한다. "피케티가 묘사한 추세와 금융화 추세는 지난 수십 년 동안 대부분의 미국인이 경험한 바와 완벽히 들어맞습니다."[64]

그러나 그 방향으로 갈 수밖에 없는 것은 아니다. 이 책의 상당 부분은 금융화라는 파괴적 흐름이 미국의 기업과 지역 사회, 일자리 및 경제 전반에 끼친 수많은 부정적 영향을 살펴보는 데에 할애되었다. 그러나 상황은 바뀔 수도 있다. 거저먹는 자들이 항상 만드는 자들을 이긴 것은 아니다. 다음 장에서는 금융 시스템을 제자리에, 즉 대부분의 시민들이 몸담고 있는 실물 경제에 이바지하는 자리에 되돌려놓기 위해서 우리가 취할 수 있는 최선의 방법 다섯 가지를 살펴보자.

11장

Makers
and
Takers

금융을 제자리로 되돌리는 법

미국의 시장 자본주의는 어느 날 갑자기 완제품으로 하늘에서 뚝 떨어진 것이 아니다. 미국인들이 수십 년에 걸쳐 만들어 온 규칙의 묶음일 뿐이다. 그 규칙들을 만든 것은 바로 미국인들 자신이다. 그러니 미국인들의 눈에 적절해 보이도록 다시 만들면서, 번영과 경제 성장을 다 함께 누리는 데 기여하게끔 고칠 수도 있다. 지금까지는 금융 규제, 기업 지배구조 개선, 세제 개혁 등을 시행할 구체적인 방안에 많은 시간과 지면을 할애해 왔다. 이 장에서는 세세한 개혁안을 일일이 들여다보는 데 집중하기보다는, 실물 경제와 사회에 도움이 되는 금융 시스템을 구축하기 위해 실행할 만한 굵직한 구상 다섯 가지를 제시하려 한다. 그러면서 우리가 유념해야 할 몇 가지 행동 방침도 짚고자 한다.

복잡성을 없애고 레버리지를 줄이자

우선 금융 시스템을 지금보다 훨씬 더 단순하고 투명하게 만들어야 한다. 은행이 '너무 커서 망하게 둘 수 없다'는 대마불사론은 질리도록 많이 들었지만, 어찌 보면 더 중대한 문제는 대부분의 금융기관이 '너무 복잡해서 관리하기 힘들다'는 것이다. 이미 살펴본 것처럼, 세계적인 금융기관의 가장 똑똑하다는 글로벌 리스크 관리자조차도 자사 내부에서 일어나는 일을 모두 알지는 못한다. 상품선물거래위원회 위원장을 지 낸 게리 겐슬러가 지적했듯, "안다는 것이 가능하지 않기" 때문이다.[1] 그러니 81조 7000억 달러에 달하는 미국 금융 시스템 내에서 매일 벌어지는 수백만 건의 금융 거래를 그 누가 완벽히 감독할 수 있겠는가?[2]

이렇게 볼 때, 도드-프랭크 법이 미국 금융 시스템을 실제로 얼마나 안전하게 만들 것인지 우려하는 목소리에도 귀를 기울일 필요가 있다. 이 법 자체가 무척이나 복잡하기 때문이다. 도드-프랭크 법이 총 2319 페이지에 달하는 반면, 투자은행과 상업은행을 분리했던 1933년 글래스-스티걸 법은 겨우 37페이지였다. 도드-프랭크 법이 그토록 긴 것은 10장에서 살펴본 것처럼 로비스트들의 끈질긴 노력 때문이다. 분량이 많아져서 영리한 법률가들이 새로운 허점을 찾아낼 여지도 당연히 많다.

글래스-스티걸 법을 되살리는 것이 금융 위기를 예방할 특효약이 아니라는 비판은 옳다. 비극적인 일은 독립적인 상업은행 때문에도 얼마든지 발생할 수 있다. 저축대부조합 사태를 상기해 보라. 대출과 트레이딩 사이의 경계를 다시 설정하는 일에는 편익 못지않게 비용도 따르며, 법도 현시대에 맞게 고쳐야 한다. 그러는 과정에서 2008년 금융 위기뿐만 아니라 그 전에 발생한 여러 사건들도 샅샅이 연구하며 미래에는 어디에 위험 요소가 있을지 고려해야 한다. 위험은 늘 생각지도 못한 곳에 있기 마련이지만, 지난 위기들을 면밀히 검토하면 문제에 좀 더 현명하게 대처할 수 있을 것이다. 2008년 붕괴 이후에 대중이 단순한 법을 상당히 선호했다는 사실은 시사하는 바가 크다. 이 같은 법은 금융기관이 정부가 보증한 자금으로 도박을 해서는 안 된다는 점을 쉽게 이해되도록 규정해 놓기 때문이다. 이런 단순성이야말로 규제를 만들어 가는 좋은 출발점이다. 루이지 칭갈레스가 자신의 저서 『민중을 위한 자본주의』에서 지적하듯, "미국은 대표 없이는 세금도 없다는 원칙 위에 세워졌다. 따라서 대표 없이는 어떠한 규제도 가해서는 안 된다. 그러나 규제가 너무 복잡하면 민중은 이를 이해할 길이 없으며, 따라서 민주주의에 제대로 참여할 수도 없다. 그러므로 규제 단순화는 민중을 위한 자본주의의 건설에 필수적이다."[3]

은행의 구조와 관행 외에도 좀 더 이해하기 쉽게 바뀌어야 할 것이 많다. 규제 당국과 정치인들은 계속 투쟁하면서, '모든' 파생상품 거래가 규제하에서 이루어져 어떤 시장 참가자든 언제 무엇이 얼마에 거래되고 있는지 알 수 있도록 바꾸어 가야 한다. 그럴 수 없다는 변명은 설득력이 전혀 없다. 애덤 스미스도 시장과 정보에 대한 동등한 접근권이 건강한 자본주의의 기본 조건 중 하나라고 하지 않았던가. 또한 그림자 은행업을 더 철저히 규제하고, 역외 은행업을 근절해야 한다. 그리고 세제와 기업 공시의 허점을 제대로 메움으로써, 대차대조표의 실상이라든가 경영진에게 지급되는 스톡옵션 규모를 감추는 창의적 회계 기법을 방지해야 한다. 이 조치는 금융 투명성 제고는 물론이고 앞서 4장에서 살펴본 단기 실적주의 문제의 해소에도 도움이 될 것이다. 익히 제안된 바 있는 토빈세Tobin tax•와 흡사한 일종의 금융거래세도 여기에 도움이 될 만하다. 다시 말해 은행의 채권, 주식, 파생상품 거래에 일일이 소액의 세금을 부과하자는 것이다. 어차피 (이 책에서 살펴본 것처럼) 이런 거래의 상당수는 실물 경제에 거의 아무런 이득이 되지 않는다.[4]

나아가 금융업계의 '전문가' 숭배 풍조와 결별해야 한다. 현재 금융

• 국제 투기 자본의 무분별한 자본시장 왜곡을 막기 위해 단기 외환 거래에 부과하는 세금. 제안자인 제임스 토빈(James Tobin)의 이름을 따서 명명되었다.

시스템의 작동 방식과 목적에 관한 논의는 금융 중심적 경제관을 공유하는 금융인, 정치인, 규제 당국자로 구성된 소규모 폐쇄적 집단이 독점하고 있지만, 이제는 더욱 광범위한 사람들에게 논의의 장을 개방해야 한다. 마르틴 헬비히와 함께 저술한 『은행가의 새 옷』에서, 리스크 대비 자기자본 규모를 확대해야 한다는 등 은행을 개혁하고 단순화할 여러 좋은 방안을 제시한 스탠퍼드대 교수 아나트 아드마티는 "더 이상 은행업을 여타 업종과 전혀 다른 것인 양 취급해서는 안 된다"고 말한다.[5] 오히려 금융업은 실물 경제의 조력자로서, 다른 업종보다 더 높은 기준이 적용되는 일종의 촉매 역할을 해야 한다. 그러나 은행업계는 고위험 거래를 할 때 고작 5퍼센트의 자기자본을 확보하라는 연방예금보험공사와 연준의 새 규정에 대해서까지 볼멘소리를 하고 있다. 하지만 정작 나머지 미국 기업들은 대부분 자기자본 대비 95퍼센트는커녕 50퍼센트의 대출도 꿈꾸기 힘들다. 아드마티는 은행들이 복잡한 논리와 내부자들만의 전문 용어를 동원하여 "자신들이 특별 대우를 받아야 마땅하다는 믿음을 미국 사회에 심었다"고 말한다. 그리고 잊지 말아야 할 점은 은행가들이 '현금'이라 부르는 것이 실은 거개가 부채, 즉 고객의 예금이라는 것이다.

아드마티는 은행이 투자 자금의 20~30퍼센트를 자기자본으로 조달해야 한다고 본다. "만약 은행이 트레이딩 업무를 하고 싶어 한다면, 자기 돈을 가지고 도박하도록 강제해야 한다." 여러 개혁적 금융 전문가들도 이 의견에 동의한다. 은행의 거래가 잘못될 경우 레버리지(쉽게 말해, 금융기관이 수익을 늘릴 요량으로 빚을 지는 것)가 경제에 얼마나 심대한 악영향을 미치는지를 고려하면 당연한 반응이다. 『음악이 멈춘 뒤』를 통해 2008년 금융 위기의 원인과 그 후에 남은 리스크를 짚었던 프린스턴대 교수이자 전 연준 부의장 앨런 블라인더도 "레버리지 제한에 힘쓰지 않는 것은 그야말로 무책임한 처사"라고 말한다. 연방예금보험공사 부회장이자 은행 개혁론자인 토머스 호니그도 이에 찬성하면서, 레버리지 제한을 걸면 은행들이 실물 경제에 대한 대출을 줄일 것이라는 월가의 주장은 헛소리라고 말한다. 그는 『파이낸셜 타임스』 기고문에서, 높은 레버리지로 대출을 촉진하는 것은 "대형 은행과 실물 경제를 외부 충격에 더욱 취약하게 만들기 때문에 결국에는 납세자를 희생시키는 셈"이라고 지적했다.[6] 자기자본이 많은 은행일수록 호황과 불황에 크게 휘둘리지 않고 대출 활동을 이어 갈 수 있음을 보여 주는 연구 결과도 있다.

리스크를 통제할 방법을 찾으면서 유념해야 할 점은, 금융 위기를 예방해 줄 궁극의 평가 지표라든가 신통한 산출 방식은 결코 없다는 것이다. 2장에서 살펴보았듯, 금융화는 특정 평가 지표가 절대적으로 옳다는 믿음 위에서 꽃핀다. 신경제사고연구소 소장 로버트 존슨은 다음과 같이 말한다. "권력자들을 만족시킬 답을 찾아 각종 데이터를 헤집는 일은 이제 멈춰야 한다. 금융이 경성 과학인 양 행세하는 것도 그만두고, 혼돈을 받아들여야 한다. 그러지 못한다면 우리는 계획 경제 속을 산다고 착각하는 셈이다." 다시 말해 고위 금융 사제들이 우리에게 설파하는 것과는 달리, 금융은 결코 고전역학처럼 정확히 맞아떨어지는 영역이 아니다. 오히려 뒤죽박죽인 생물학에 더 가깝다. 예측 불가능한 데다가 인간적 실수와 감정이 넘쳐 나는 영역인 것이다. 따라서 위기가 발생할 수 있음을 염두에 두고 대비해야 한다. 그러면서 은행의 안전성과 단순성을 제고하는 한편, 금융 위기가 터졌을 때 금융인들과 금융 시스템 자체도 합당한 고통을 분담하도록 요구해야 한다.

부채는 줄이고 자기자본은 늘리자

앞에서 살펴보았듯, 부채는 금융의 생명줄이다. 은행 등의 금융기관은 부채를 발행한 뒤 이것을 금융 시스템 안팎으로 굴려서 수익의 상당 부분을 얻는다. 그러나 부채는 경제 전반에 걸쳐 상당한 리스크로 작용한다. 신용이 팽창할수록 성장에 좋다는 것이 그간의 통념이었다. 그러나 지금까지 알아본 것처럼, 이를 뒤집는 최근의 수많은 연구를 통해 건강한 경제가 감당할 수 있는 신용의 규모와 금융 부문의 크기에는 한계가 있다는 것이 입증되었다. 또 여러 경제학자들이 민간 부문의 신용이 너무 급격히 팽창하면 금융 위기와 저성장이 초래됨을 밝혀냈다.[7] 금융 부문이 커질수록 경제 안정성이 떨어진다는 것을 보여 주는 연구들도 있다.[8] 부채는 항상 금융 위기의 전조임에도,[9] 앞서 9장에서 살펴본 것처럼 미국은 오히려 조세 제도를 통해 부채 양산을 부추기고 있다.

이유는 간단하다. 부채와 신용 발행을 장려하는 것이 정부 입장에서는 실질 경제 성장률이 떨어졌다는 사실을 둘러싼 난처한 논의를 피하는 길이기 때문이다. 이처럼 새로운 환경에서 경제를 되살리기 위해서는 더 크고 험난한 정치적 난제들을 헤쳐 나가야 한다. 교육을 개혁하고, 널리 공감받는 국가 성장 전략을 제시하는 한편, 조세 제도 개선과 사회 안전망 강화 등에도 힘써야 한다. 이런 문제들을 풀어 나가려면, 금융 시스템의 구조에서 훨씬 더 나아가 미국 정치경제 시스템의 작동 방식에 대한 깊이 있는 논의가 필요하다.

그러나 실무적 차원에서 저축을 늘리고 부채보다 자기자본을 키우도록 장려할 수 있는 방법도 여럿 있다. 그중 하나로서 금융기관의 자기 자금 기준을 높이는 방안은 이미 앞에서 언급했다. 다른 방안도 많다.

어데어 터너의 경우 자신의 저서 『부채의 늪과 악마의 유혹 사이에서』를 통해, 규제와 세금 공제를 활용하여 은행들이 위험한 단기적 거래를 주로 수행하기보다 좀 더 사회적으로 유용한 영역에 대출해 주도록 장려하는 안을 논의했다.[10] 노벨 경제학상 수상자 로버트 실러는 부채 약정을 비롯하여 모든 금융 계약을 좀 더 유연하게 만들 것을 제안했다. 현재 부채와 관련된 큰 문제 한 가지는 리스크 환경에 변화가 생겼을 때 채권자에 비해 채무자가 겪는 고통이 지나치게 크다는 것이다. 실러는 이 부담을 채무자와 채권자가 좀 더 공평하게 나누어서 질 방법을 몇 가지 제시한다. 예를 들면, 정부 채무 원리금 상환 약정의 경우 GDP가 하락했을 때 상환액을 일시적으로 하향 조정하는 방법이 있다(이렇게 되면 그리스 같은 나라에 차관을 제공하려는 쪽은 더욱 신중을 기할 것이다). 마찬가지로, 개인으로 하여금 특정 지역 주택 가격의 펀더멘털이나 개인의 경제 환경에 따라 조정 가능한 주택담보대출 이자율을 선택하도록 하는 방법도 있다.[11] 『빚으로 지은 집』에서 미안과 수피도 지적했다시피, 이 방안은 부채 버블이 꺼졌을 때 발생하는 소비 추락과 뒤이은 경제 성장률 하락을 완화하는 데 도움이 될 것이다.[12]

기업의 목적을 다시 생각하자

기업은 오로지 주주들의 이익을 위해 운영되어야 한다는 관념은 이제 재검토되어야 한다. 주주들, 특히 단기적인 시야로 분기 실적에 집착하는 행동주의자들은 기업의 장기 생존에 그다지 관심이 없다. 이들의 주 관심사는 투자 기업의 주가를 단기간에 띄워 가급적 빨리 수익을 챙겨서 나오는 것이다. 이런 행태는 서론에서 다루었듯, 기업이 투자를 회피하면서 성장이 둔화되고, 금융기관은 사회적으로 유용한 투자를 하기보다는 소비자들에게 부채 상품을 안겨 주는 데 열을 올리는 악순환을 초래한다. 그 최종 결과물은 지극히 위험한 금융 버블로, 주기적으로 터지면서 모두를 희생시킨다. 하지만 이런 가공할 여파를 경감하기 위해 지금 당장 취할 수 있는 조치도 상당히 많다. 가령 자사주 매입 규모를 제한한다든가, 자본이득세율을 인상하는 방법이 있다. 금융 자산의 보유 기간에 따라 세율을 차등 적용하거나, 기업의 보수로 지급되는 스톡옵션의 규모를 제한하는 방법도 이용할 수 있다.

그러나 이와 동시에, 미국 기업들이 일군 부를 누가 누려야 하는지 같은 좀 더 높은 차원의 문제도 함께 논의해야 한다. 나는 그 부가 모든 사람, 즉 재능과 노력을 쏟아 기업을 키운 노동자, 그리고 수많은 미국 기업들의 성공을 뒷받침한 정부의 지원 활동에 자금을 대 준 납세자에게 돌아가야 한다고 생각한다. 밋 롬니의 말마따나 기업이 국민이라고 한다면, 그 안에서 일하는 사람들이 마땅히 더 큰 몫을 받아야 한다. 현재 미국에 만연해 있는 주주가치 우선의 문화는 세계적으로 보면 지극히 예외적인 현상이다. 대부분의 유럽 국가를 비롯한 수많은 국가들의 경우 기업 이해관계자의 개념이 훨씬 넓다. 여기에는 투자자뿐만 아니라 노조(독일처럼 생산성과 글로벌 경쟁력이 뛰어난 국가에서는 노조 대표가 이사회에 참여하기도 한다), 나아가 시민사회 지도자와 비영리 조직까지 포함된다.[13] 미국에서도 가족 소유의 비상장 기업 가운데 이런 모델을 따르는 경우가 많다. 유사한 규모의 상장 기업에 비해 이 기업들이 미국 경제에 두 배나 많이 투자하여, 지속 가능하고 많은 이가 공유하는 성장을 견인하는 것은 바로 이런 경영 모델 덕일 것이다.[14]

새로운 성장 모델을 마련하자

이렇게 미국의 상장 기업과 비상장 기업은 서로 다른 양상을 보인다. 이는 금융화가 바로 저성장의 원인이자 증상임을 분명히 드러낸다. 기업이 종잣돈을 메인가에 투자하기보다 금융시장에 뿌려 대는 현상 또한 금융화의 일면이다. 이미 살펴본 것처럼 비대한 금융이 성장을 가로막는 것은 분명하다. 그러나 반대로 저성장 자체가 정책 입안자들로 하여금 체제의 구조적 문제를 일시적으로 모면하기 위해 금융에 눈길을 돌리게 만들기도 한다. 이미 수십 년 전에 시작된 금융화의 악순환은 최근에는 중국 경제의 추락과 그에 따른 글로벌 경제의 요동이라는 형태로 나타났다. "등외들의 부상the rise of the rest"(저널리스트 파리드 자카리아가 신흥시장의 경제 성장을 지칭하는 표현)은 미국의 경제 성장에 압박을 가했다.[15] 그러나 동시에 이들 개발도상국이 투자에 쓸 엄청난 부가 새롭게 창출되었으며, 그 가운데 상당 부분이 미국 금융시장으로 흘러들어갔다. 앞서 1장에서 살펴본 것처럼, 이렇게 다량 유입된 현금 덕분에 금융권은 돈놀이를 할 막대한 여유 자금을 확보했다. 그 결과 미국 경제에 새롭게 생성된 부채 버블이 장기 저성장과 불평등 악화를 잠시나마 감추어 주었다. 이 버블은 1980년대 이래 지속된 탈규제 및 양적 완화 정책 덕분에 점점 커지다가, 결국 2008년 미국 기업과 소비자들이 소비를 멈추면서 터지고 말았다.

그러나 에너지와 마찬가지로 부채 역시 그냥 갑자기 사라지지 않는다. 형태를 바꿀 뿐이다. 미국 경제가 소비를 중단하자 중국 같은 나라들이 그 공백을 메워야 했다. 지난 6년 동안 중국인들은 자국 역사상 최대 규모의 부채 버블을 조성했고, 바로 그 버블이 터져 마치 미국의 서브프라임 사태처럼 세계 시장에 여파를 끼치고 있다. 물론 아직까지는 충격의 규모가 미국의 선례보다 작다. 미국의 서브프라임 사태와 중국의 부채 위기는 여러모로 다르지만, 한 가지 중요한 유사점이 있다. 둘 다 국가가 건강한 경제 성장 모델을 세워 실물 경제를 강화하는 대신, 성장을 인위적으로 끌어올리기 위해 부채와 금융시장을 활용하는 사례다.[16] 그러나 이것은 피눈물로 끝나게 마련이다.

　그렇다면 어떻게 해야 이런 악순환에서 벗어날 수 있을까? 우선 미국, 유럽, 일본, 그리고 중국이 주도하는 신흥시장 같은 세계의 주요 경제권들이 제 몫을 해내야 한다. 미국은 경제 성장을 위한 원대한 새 목표를 설정하여 나라를 회생시키고, 단기적 사고에 매몰된 금융업계는 결코 이루지 못할 생산성과 혁신을 창출해야 한다. 이런 계획이 자유시장 사회에 반한다고 말하는 사람은 영국, 독일, 프랑스, 덴마크를 살펴볼 필요가 있다. 이들 국가는 모두 공공과 민간 부문의 협력을 통해 국가 성장 계획을 성공적으로 구현한 역사가 있다. 여러 현명한 사람들이 이런 취지의 구상을 제안했다. 예를 들면 좌우 진영을 막론한 학자들이, 지속 가능한 에너지 기술과 같은 혁신을 뒷받침할 국가적 친환경 경제 성장 지원 프로그램을 다양한 형태로 제시했다. 이를 통해 성장 문제는 물론, 인구 증가로 위협받는 지속 가능성이라는 지구적 과제도 해결할 수 있을 것이다. 그러려면 진보, 보수 할 것 없이 정치권이 의지를 보여야 하는데, 나는 이들에게 기대를 좀 품어도 되지 않을까 생각한다. 극좌는 물론이고 일부 우파까지도 금융시장이 주도하는 '성장'은 최상층에만 혜택이 돌아갈 뿐 모두가 번영을 공유하는 길이 아님을 자각하고 있기 때문이다.

　유럽의 경우, 진정한 연합, 즉 재정 정책을 공유하며 부국에서 빈국으로 부가 이전되는 '유럽합중국United States of Europe'을 이룰 필요가 있다.[17] 모든 나라가 독일이 될 수도 없고, 그래서도 안 된다(사실 독일이 그토록 부유한 한 가지 이유는 인근 국가 대다수가 독일의 경쟁자가 아니라 독일 제품의 소비자이기 때문이다). 유럽인들이 현재 미국이 누리는 진정한 연방 체제를 건설할 정치적 의지를 모을 수만 있다면, 장차 지속 가능한 성장을 구현하는 데 큰 힘이 될 것이다. 왜냐하면 유럽 국가들이 갖추고 있는 기업 지배구조, 이를테면 공동 의사결정 시스템이나 상식적인 경영진 보수 등은, 광범위한 대중의 복리를 추구하는 사민주의적 제도와 함께 이미 일반 시민들의 삶을 아주 잘 보듬어 주고 있기 때문이다.

어떻게 보면 중국이야말로 경제 정책의 해답을 찾기가 가장 어려운 국가인지도 모른다. 중국은 현재 싸구려 신발이나 조명 기구를 생산하는 기지에서 세련된 서비스 중심 경제로 이행하려 하고 있다. 그런데 아시아에서 이런 이행에 성공한 나라는 일본, 한국, 싱가포르, 타이완 등 넷뿐이다. 네 나라는 모두 중국에 비해 인구가 적고 정치 체제가 복잡하지 않았지만, 중국에서는 현재 공산당이 비생산적인 국유 은행과 기업에 돈을 쏟아붓는 지휘통제 체제를 유지하면서 상대적으로 생산성이 뛰어난 민간 부문을 억압하고 있다. 이것은, 비록 방식은 다르지만 미국과 마찬가지로 대단히 불평등하고 금융화된 시스템이다. 더욱 심각한 문제는 중국 경제가 떠안고 있는 엄청난 부채이며(금융권 부채를 포함한 중국의 총부채 규모는 GDP 대비 282퍼센트에 달할 정도로 어마어마하다), 부동산 위기와 주식시장의 불안정성 역시 심각하다.[18] 지금 중국 지도자 시진핑은 기존 체제에서 부를 일군 기득권 계층을 타파하여 중국의 경제 모델 변화에 필요한 개혁을 추진하고자 권력을 강화하고 있다. 문제는 그 과정에서 수천 명이 투옥 또는 처형되었고, 많은 서구 기업인들이 추방되었다는 것이다. 중국에서도 독재와 선진 자본주의가 과연 공존할 수 있을지 아직 판단하기는 어렵다. 중국은 지난 금융 위기 이후의 글로벌 경제 성장 가운데 가장 큰 몫을 차지해 왔기에, 중국의 위기는 세계 경제를 금융 위기와 경기 침체를 겪었던 지난 몇 년 전으로 되돌려놓고 있다. 그에 따라 세계는 성장을 촉진할 더 낫고 지속 가능한 방안을 고민하고 있다.

내러티브를 바꾸어, 만드는 자들에게 힘을 실어 주자

그 책임은 그 누구보다 우선 미국에 있다. 미국이 온갖 문제를 안고 있기는 하지만, 난장판인 세계 경제에서 그나마 상태가 가장 괜찮은 곳이다. 더구나 지금 세계를 이 꼴로 만든 것은 바로 미국의 현대 금융 시스템이다. 그러니 미국이 좀 더 건강한 시장 시스템을 구축할 수 있다면, 세계 경제 전반을 더 나은 궤도에 올리는 데 도움이 될 것이다.

　그러나 이를 위해서는 미국의 금융 시스템 및 이것이 미국 경제와 사회 속에서 차지하는 위치에 관한 새로운 내러티브가 필요하다. 이미 2008년 금융 위기와 뒤이은 경기 침체가 보여 주었듯, 금융화는 더 이상 성장에 기여할 수 없다. 이제는 더 많은 사람들을 지속 가능한 방식으로 풍요롭게 만들어 주는 새로운 모델이 필요하다. 애덤 스미스의 『국부론』에 등장하는, 동등한 접근권이 보장된 공정한 시장이 필요하다. 금전적 이해관계에 매몰되지 않은 정치경제가 필요하다. 그리고 자신이 주인공이자 목적이 아니라 기업의 동반자임을 잘 알고 있는 금융 부문이 필요하다. 비록 사람들이 월가의 사정을 속속들이 이해하지는 못해도, 다들 기존 시스템이 제대로 작동하고 있지 않음을 감으로나마 알고 있다. 인구의 1퍼센트가 전 세계 부의 대부분을 차지하고, 일자리의 4퍼센트만을 창출할 뿐인 업종이 미국 기업 전체 수익의 25퍼센트 가량을 쓸어 담고 있는데 어찌 모르겠는가.

우리는 더 나은 미래에 도달하기 위해 바꿔야 할 것이 많다. 그중에서도 다음과 같은 것들이 무척 중요하다. 정치 자금 제도를 어떻게 개혁하여 은행 등의 로비가 의회와 규제 당국의 노력을 무효화하지 못하게 할 것인가? 현재의 갈등 많고 비생산적인 노사 관계를 어떻게 개선할 것인가? 좀 더 전문적인 과제도 있다. 예를 들면, 구체적인 은행 개혁안을 결정하고, 성과급 보수 구조라든가 세제의 허점을 우선 손봐야 한다. 그리고 철학적인 문제도 남아 있다. 미국의 시장 자본주의 시스템을 어떻게 설계하고 감독하는 것이 가장 바람직한가? 경영 리더들을 어떻게 교육해야 하는가? 자본과 부를 사회에 배분하는 최선의 방법은 무엇인가?

나는 이런 질문에 한 가지 정답이 있다고 생각하지 않는다. 그러나 적절한 답을 얻으려면 미국 경제 속 금융의 역할에 관한 좀 더 정확한 이야기가 필요하다고는 생각한다. 상원의원 워런은 "우리는 2008년 당시 금융 시스템과 경제에 과연 무슨 일이 벌어졌는지를 놓고 국가적 합의에 이른 적이 사실상 한 번도 없다"고 진단했다. 이런 합의를 끌어내려면, 기득권과 거리가 멀고 금융 시스템에 포획되지 않은 사람들의 상세한 사실 분석이 필요하다.

이를 위해 항공 안전 분야를 참조할 만하다. 수십 년 전 항공 여행이 보편화되고 그에 따라 추락 사고도 증가하자, 산적한 문제를 제대로 파악할 필요성이 대두되었다. 처음에 정부는 규제 당국과 업계가 나서서 그간의 일들을 면밀히 분석하고 문제 해결 방안을 제시하도록 했다. 이는 오늘날 미국이 금융 문제에 대처한 방식과 유사했다. 그러나 당시 항공사나 규제 기관 중 어느 누구도 자신의 잘못을 쉽사리 인정하려 들지 않는 바람에 책임 소재가 뒤틀리기 시작했다. 결국 이 분석 작업은 항공 감독 기관인 연방항공국Federal Aviation Administration에서 분리되었다. 이 업무를 맡은 전문가들은 신설된 국립교통안전위원회National Transportation Safety Board에서 독립적으로 활동했다. 이 기관이 제 역할을 함으로써 전 세계 항공기 추락 사고 건수가 상당히 줄어들었다. MIT의 앤드루 로 같은 전문가들은 이와 유사한 방식을 금융 개혁에도 적용할 것을 제안해 왔다. 사실 그 역할을 잘 수행할 만한 정부기관이 이미 하나 있다. 바로 재무부 산하 기관인 금융조사국이다. 2008년 금융 위기 이후 금융 시스템 내의 위험 요소를 점검하기 위해 설립된 금융조사국은 이미 상당히 많은 일을 해냈다. 만약 금융조사국이 더 많은 독립성을 부여받고 재무부 관할에서 벗어난다면, 금융 위기의 과정과 원인을 더욱 심도 있게 밝혀내 미국의 금융 시스템을 안전하게 만드는 데기여할 것이다. 금융 시스템의 위기로 고통받는 이들이 상당히 많음을 감안하면, 금융조사국의 독립은 최우선으로 추진해야 할 과제다.

경제 위기의 역사를 불편부당하게 연구하는 것도 변화를 일으킬 한가지 방법이다. 금융의 문화를 일신하는 것 또한 좋은 방안이다. 이 작업은 금융업계판 히포크라테스 선서를 만드는 것에서 시작해야 한다. 노벨 경제학상 수상자 조지프 스티글리츠는 내게 이렇게 말했다. "우리는 금융이 무엇을 잘못했는지에 대해서 이야기를 많이 하죠. 하지만 튼튼하고 제대로 작동하는 금융 시스템이야말로 제대로 작동하는 경제, 나아가 건강한 민주주의의 필수 요건입니다." 따라서 월가의 지난 과오를 따지는 동시에 새로운 질문을 던져야 한다. 금융이 할 수 있는 바른 역할은 무엇인가? 어떻게 하면 은행가들이 기업과 사회에 도움이 될 수 있는가? 그리고 어떻게 하면 금융시장이 우리 모두를 위해 작동할 수 있는가? 나는 이 책에서 거저먹는 자뿐만 아니라 만드는 자들의 이야기도 다뤘다. 그중 일부는 금융업계 인사들로, 좋은 실적과 좋은 행동을 동시에 보여 주고 있다. 물론 이들 말고도 많은 사람이 이런 역할을 해내고 있으며, 금융 시스템이 경제와 사회에 더 잘 이바지하도록 규칙을 바꾸어 간다면 더욱 늘어날 것이다.

마치 의료처럼 금융에서도 맨 먼저 염두에 둘 점은 해를 끼치지 말아야 한다는 것이다. 이 책에서 내가 그리려 했던 것처럼, 기업을 희생하여 금융을 키우면 어떤 일이 벌어지는지 깨달아야 한다. 그다음에는 금융을 실물 경제에, 즉 경제 체제를 만든 이들 모두에게 이바지하는 본래의 자리에 되돌려놓는다면 어떤 일이 생길지 상상해 보아야 한다. 나는 거저먹는 자들보다 만드는 자들이 대우받는, 지금보다 훨씬 더 밝은 미래가 찾아오리라 믿는다.

감사의 말

이 책은 내가 20년 넘게 저널리스트로 일하면서 알게 된 수십 명에 이르는 사람들의 영향을 받아 쓴 것이다. 그동안 나는 언론계 최고의 실력자들과 함께 일하는 행운을 누렸다. 그중 파리드 자카리아는 『뉴스위크』 시절 상사이자 『타임』의 동료로 지금은 CNN에 가 있는데, 내게 이 책을 쓰도록 독려하면서 WME의 뛰어난 출판 에이전트 티나 베넷을 소개해 주기까지 했다. 베넷은 내 생각을 구체화하는 과정은 물론 최종 원고의 구조를 짜는 데도 큰 도움을 주었다. 『타임』의 상사와 동료들에게도 많은 신세를 졌다. 특히 편집국장 낸시 기브스와 편집부국장 마이클 더피에게 깊이 감사한다. 두 사람은 이 책에 필요한 취재를 하도록 격려를 아끼지 않았을 뿐만 아니라 집필할 시간과 공간을 배려해 주었으며, 무엇보다 언론계가 온갖 어려움에 시달리고 있는 상황에서도 최고 수준의 저널리즘을 추구할 환경을 만들어 주었다. 내 담당 편집자 톰 웨버와 맷 벨라는 기사 속의 나를 실제보다 똑똑하게 만들어 주었다. 내 『뉴스위크』 시절의 상사 마이클 엘리엇은 내게 큰 기회를 부여해 주었고, 세 '선수' 토니 에머슨, 알렉시스 겔버, 캐시 데비니는 수년간 내 작업을 도와주었다. 내게 글로벌 경제 분석가로서 새로운 청중과 생각을 나눌 기회를 준 CNN 사장 제프 저커에게도 감사를 전한다. 정기적으로 출연하여 의견을 개진할 자리를 마련해 준 WNYC의 수석 부사장 딘 카펠로와 뉴스 부문 부사장 짐 섁터, 비즈니스 편집 담당 찰리 허먼에게도 감사한다.

사실 이 책은 여럿이 함께 이루어 낸 결실이다. 사실관계 확인과 리서치에 도움을 준 애나 쿠던스키, 바버라 매덕스, 리사 두에게 감사의 말을 전한다. 이들이 없었더라면 원고를 제때 끝마치지 못했을 것이다. 더불어 행정적 지원을 맡아 준 WME의 스베틀라나 캐츠에게도 감사한다. 그리고 이 책을 만드는 데 참여한 크라운 출판사 임직원들에게도 큰 신세를 졌다. 특히 나를 믿고 이 책을 쓸 기회를 준 편집이사 도미닉 안푸조, 내 책을 전담하며 놀라운 능력을 보여 준 선임 편집자 탈리아 크론, 지칠 줄 모르는 열정을 지닌 발행인 티나 콘스터블과 경탄스러운 판매 및 마케팅 직원들에게 고마움을 전한다. 이들은 출판계 최고의 팀이다.

이 책의 취재와 집필은 엄청난 지적, 감정적 도전이었으며, 많은 이들의 도움을 받았다. 우선 신경제사고연구소 소장 로버트 존슨에게 크나큰 빚을 졌다. 그는 진보 경제 정책 진영의 대부로, 이 책의 기획이 시작될 때부터 내 구상을 가다듬도록 도와주고 주요 취재원들과 접촉할 기회를 마련해 주는 한편, 이 책의 여러 장들을 읽고 비평까지 해 주는 등 훨씬 좋은 성과가 나오게끔 지원해 주었다. 물론 오류가 남아 있다면 이는 전적으로 내 탓이다. 컬럼비아대 교수이자 노벨 경제학상 수상자 조지프 E. 스티글리츠도 이 책이 완성되는 데 중대한 역할을 했다. 그의 저작은 나를 비롯한 수많은 이들에게 엄청난 영감을 불어넣어 주었다. 그의 아내 아냐 시프린은 내 글을 탐독하며 열성적인 지지를 보여 주었을 뿐 아니라 사람을 소개하고 응원을 보내 주었다. 미국『파이낸셜 타임스』책임자이자 친구인 질리언 텟 역시 값진 조언과 성원을 아끼지 않았으며, 할 수 있다는 용기까지 주었다(풀타임으로 일하면서 애 둘을 키우는 동시에 책까지 쓸 수 있다는 사실을 몸소 보여 줌으로써!).

인터뷰를 위해 소중한 시간을 내어 자신의 생각을 나눠 준 여러 은인들 또한 결코 잊을 수 없다. 상원의원 엘리자베스 워런, 상원의원 셰러드 브라운, 게리 겐슬러, 데이먼 실버스, 워런 버핏, 잭 보글, 앤디 홀데인, 어데어 터너 경, 리처드 트럼카, 윌리엄 라조닉, 마이크 콘잘, 넬 애버내시, 펄샤 웡, 아나트 아드마티, 제럴드 데이비스, 스티븐 체케터, 제임스 갤브레이스, 에드먼드 펠프스, 월리스 터브빌, 토머스 호니그, 찰스 모리스, 조 노세라, 찰스 퍼거슨, 밥 러츠, 리사 도너, 리베카 헨더슨, 마거릿 헤퍼넌, 앤드루 로, 도미닉 바턴, 니틴 노리아, 라케시 쿠라나, 이매뉴얼 더먼, 마크 버톨리니, 앤드루 스미더스, 린 스타우트, 샘 팔미사노, 그레그 스미스, 조지프 블라지, 데이비드 로스코프, 켄 밀러, 마크 패스토, 로버트 R. 로크, 루치르 샤르마, 가우탐 무쿤다, 사울레 오마로바, 아일린 애펄바움, 셜 슈웨닌저에게 감사의 말을 전한다.

더불어 내가 참고한 저작들을 발표한 여러 학자와 정책 연구자들의 노고를 기리고자 한다. 그레타 크리프너, 모리츠 슐라리크, 앨런 M. 테일러, 로빈 그린우드, 데이비드 샤프스틴, 라구람 G. 라잔, 카르멘 라인하트, 켄 로고프, 토마 필리퐁, 로버트 앳킨스, J.W. 메이슨, 루이지 칭갈레스, 토마 피케티, 에마뉘엘 사에즈, 가브리엘 쥐크망, 제프 매드릭, 조지 애컬로프, 로버트 실러, 존 코츠, 캐런 호, 에니스 카루비, 클로디아 골딘, 로런스 캐츠, 데이비드 그레이버, 찰스 칼로미리스, 스티븐 H. 헤이버, 앨런 H. 멜처, 로버트 라이시, 앨런 블라인더, 존 애스커, 호안

파레멘사, 알렉산데르 융크비스트, 킴벌리 크라위크, 토머스 퍼거슨, 제럴드 엡스틴, 마이클 스펜스, 세라 에덜먼, 모니크 모리시, 마리아나 마추카토, 아티프 미안, 아미르 수피에게 감사의 뜻을 표한다.

마지막으로 가장 큰 감사를 남편 존 세지윅에게 전하고 싶다. 이미 책을 13권이나 쓴 남편은 이 책을 완성하는 데 걸린 3년 동안 끊임없이 도움의 손길을 내밀어 주었다. 책을 직접 써 보니 남편이 왜 가끔 오후에 낮잠이 필요한지 알게 되었다. 내 부모님 앤 도가, 아이겐 도가께도 감사의 말을 전한다. 두 분이 헌신적으로 일한 덕분에 나는 훌륭한 교육을 받고 여러 기회를 누리다가 드디어 글을 쓰며 먹고살게 되었다. 의붓딸 조시와 세라에게도 감사한다. 두 아이는 저녁 식사 자리에서 금융을 두고 정신 사납게 오가는 대화를 꾹 참고 잘 들어 주었다. 그리고 다리아와 알렉스는 이 엄마의 끊임없는 멀티태스킹이며, 주말 오후를 공원이 아니라 컴퓨터 앞에서 보내는 것을 잘 참아 주었다. 항상 그래 보이지 않을지도 모르지만, 엄마가 하는 모든 일의 이유는 바로 너희 둘이란다.

주

머리말

1 Thomas Piketty, Emmanuel Saez, and Gabriel Zucman, National Bureau of Economic Research, "Striking It Richer: The Evolution of Top Incomes in the United States," June 30, 2016.

서론 애플의 혁신은 왜 멈추었는가

1 David Einhorn, Greenlight Capital, "Vote Against Proposal 2 at the February 27 Annual Meeting to Protect Your Investment in Apple," February 7, 2013, http://investor.apple.com/secfiling.cfm?filingid=1011438-13-69&cik=320193.

2 이 수치는 2015년 2월 현재 S&P 500 지수에 속해 있는 동시에 2005~2014년에 등재되어 있던 기업들에 해당한다. William Lazonick, "Cash Distributions to Shareholders (2005-2014) & Corporate Executive Pay (2006-2014), Research Update #2," Academic-Industry Research Network, August 2015 참조.

3 Ted Berg, Office of Financial Research, "Quicksilver Markets," March 2015.

4 2015년 9월 현재 미국의 노동시장 참여율은 62.4퍼센트에 머물러 있는데, 이는 1978년의 62.8퍼센트보다도 낮은 수치다. US Department of Labor, "Economic News Release: Employment Situation Summary," October 2, 2015; US Department of Labor, "Labor Force Participation Rate," Statistics from Population Surveys, BLS Data Viewer, http://beta.bls.gov/dataQuery 참조. Irene Tung, Paul K. Sonn, and Yannet Lathrop, National Employment Law Project, "The Growing Movement for $15," November 4, 2015 또한 참조.

5 Carl C. Icahn, "Sale: Apple Shares at Half Price" (an open letter to Tim Cook), carlicahn.com, October 9, 2014; William Lazonick, Mariana Mazzucato, and Öner Tulum, "Apple's Changing Business Model: What Should the World's Richest Company Do with All Those Profits?" *Accounting Forum* 37, no. 4 (2013): 261; 『타임』지에 게재된 저자의 여러 인터뷰와 기사.

6 Nabila Ahmed and Mary Childs, "Apple Is the New Pimco, and Tim Cook Is the New King of Bonds," Bloomberg, June 4, 2015.

7 금융조사국 경제학자 및 애널리스트들과의 인터뷰.

8 Greta Krippner, *Capitalizing on Crisis: The Political Origins of the Rise of Finance* (Cambridge, MA: Harvard University Press, 2011), 35.

9 Mike Konczal and Nell Abernathy, "Defining Financialization," Roosevelt Institute, July 27, 2015. '포트폴리오 사회'라는 용어는 *Managed by the Markets: How Finance Reshaped America* (Oxford: Oxford University Press, 2009)를 저술한 미시간대의 제럴드 F. 데이비스의 글에서 유래했다.

10 이에 관한 주요 연구로는 Moritz Schularick and Alan M. Taylor, "Credit Booms Gone Bust: Monetary Policy, Leverage Cycles, and Financial Crises, 1870-2008," Working Paper no. 15512, National Bureau of Economic Research, November 2009가 있다. 이 연구는 미국 등 14개 경제 선진국의 지난 140년간에 걸친 데이터를 분석하여, 금융 시스템의 기능은 이제 더 이상 자금을 '새로운' 투자처로 수혈하는 것이 아니라, 복잡한 증권화 기법을 통해 주택과 같은 '기존' 자산으로 공급하는 것임을 밝혀냈다.

11 Adair Turner, *Between Debt and the Devil: Money, Credit, and Fixing Global Finance* (Princeton, NJ: Princeton University Press, 2015).

12 Bureau of Economic Analysis data ("Table 6.16: Corporate Profits by Industry," "Table 6.4: Full-Time and Part-Time Employees by Industry," and "Industry Data: Value Added by Industry"), http://www.bea.gov/iTable, accessed November 2015.

13 Valerie Bogard, "High-Frequency Trading: An Important Conversation," Tabb Forum, March 24, 2014.

14 New York Stock Exchange data ("NYSE Group Turnover"), http://www.nyxdata.com, accessed November 2015.

15 Robin Greenwood and David Scharfstein, "The Growth of Finance," *Journal of Economic Perspectives* 27, no. 2 (2013): 7 and 19-20.

16 Schularick and Taylor, "Credit Booms Gone Bust."

17 Greenwood and Scharfstein, "The Growth of Finance," 1.

18 Turner, *Between Debt and the Devil*. Atif Mian and Amir Sufi, *House of Debt: How They (and You) Caused the Great Recession and How We Can Prevent It from Happening Again* (Chicago: University of Chicago Press, 2014) 또한 참조.

19 Raghuram G. Rajan, *Fault Lines: How Hidden Fractures Still Threaten the*

World Economy (Princeton, NJ: Princeton University Press, 2010), 21.

20 Carmen M. Reinhart and Kenneth Rogoff, *This Time Is Different: Eight Centuries of Financial Folly* (Princeton, NJ: Princeton University Press, 2009).

21 McKinsey Global Institute, "Debt and (Not Much) Deleveraging," February 2015, 98-99.

22 Greenwood and Scharfstein, "The Growth of Finance," 21.

23 여기서 금융의 효율성은 자본시장 내부가 아니라 메인가에 제공되는 대출 및 거래 약정 총량을 기준으로 따진 것이다.

24 Thomas Philippon, "Has the U.S. Finance Industry Become Less Efficient? On the Theory and Measurement of Financial Intermediation," *American Economic Review* 105, no. 4 (2015): 1408-38.

25 Robert D. Atkinson and Stephen J. Ezell, *Innovation Economics: The Race for Global Advantage* (New Haven, CT: Yale University Press, 2012), 21.

26 Victoria Williams, US Small Business Administration, Office of Advocacy, "Small Business Lending in the United States 2013," December 2014.

27 John Haltiwanger, Ron Jarmin, and Javier Miranda, "Business Dynamics Statistics Briefing: Where Have All the Young Firms Gone?" Kauffman Foundation, May 2012, 3-4.

28 학자로는 노벨 경제학상 수상자 조지프 스티글리츠와 에드먼드 펠프스, 경제학자 제임스 갤브레이스, 사회학자 제럴드 데이비스와 그레타 크리프너 등이 있으며, 투자자 가운데는 워런 버핏과 존 보글을 꼽을 수 있다. 이들 외에도 이 책에서 인용되는 여러 학자와 기업 인사가 해당된다.

29 J.W. Mason, "Disgorge the Cash: The Disconnect Between Corporate Borrowing and Investment," Roosevelt Institute, February 2015.

30 Ibid.

31 William Lazonick, "The Financialization of the U.S. Corporation: What Has Been Lost, and How It Can Be Regained," *Seattle University Law Review* 36, no. 2 (March 2013): 894-95.

32 Hannah Kuchler, "Activist Investor Warns Yahoo over Seeking Large Deals," *Financial Times*, January 8, 2015.

33 Conference Board and SharkRepellent.net.

34 Bank for International Settlements, "Incentive Structures in Institutional Asset Management and Their Implications for Financial Markets," March 2003.

35 Shai Bernstein, "Does Going Public Affect Innovation?" *Journal of Finance* 70, no. 4 (2015): 1365-1403.

36 Berg, "Quicksilver Markets."

37 McKinsey Global Institute statistics.

38 Ibid.

39 이 관습적인 믿음을 잘 요약하고 있는 글로는 Ross Levine, "Finance and Growth: Theory and Evidence," in *Handbook of Economic Growth*, ed. Philippe Aghion and Steven N. Durlauf, vol. 1 (New York: Elsevier, 2005) 참조.

40 Boris Cournède and Oliver Denk, "Finance and Economic Growth in OECD and G20 Countries," Working Paper No. 1223, OECD Economics Department, 2015.

41 Stephen G. Cecchetti and Enisse Kharroubi, "Why Does Financial Sector Growth Crowd Out Real Economic Growth?" Working Paper No. 490, Bank for International Settlements, Monetary and Economic Department, February 2015.

42 Stephen G. Cecchetti and Enisse Kharroubi, "Reassessing the Impact of Finance on Growth," Working Paper No. 381, Bank for International Settlements, July 2012.

43 Cournède and Denk, "Finance and Economic Growth in OECD and G20 Countries."

44 Jean-Louis Arcand, Enrico Berkes, and Ugo Panizza, "Too Much Finance?" Working Paper 12/161, International Monetary Fund, June 2012; Ratna Sahay et al., "Rethinking Financial Deepening: Stability and Growth in Emerging Markets," Staff Discussion Note 15/08, International Monetary Fund, May 2015.

45 SNL Financial, "Largest 100 Banks in the World," August 3, 2015; Federal Reserve, "Assets and Liabilities of Commercial Banks in the United States," http://www.federalreserve.gov/releases/h8/Current/ (accessed November 2015).

46 OpenSecrets.com, "Lobbying, Sector Profile, 2014: Finance, Insurance & Real Estate."

47 Luigi Zingales, *A Capitalism for the People: Recapturing the Lost Genius of American Prosperity* (New York: Basic Books, 2012).

48 Wallace Turbeville, "Financialization & Equal Opportunity," White Paper, Demos, February 10, 2015.

49 Thomas Philippon and Ariell Reshef, "Wages and Human Capital in the U.S. Finance Industry, 1909-2006," *Quarterly Journal of Economics* 127, no. 4 (2012): 1551-1609.

50 Jon Bakija, Adam Cole, and Bradley T. Heim, "Jobs and Income Growth of Top Earners and the Causes of Changing Income Inequality: Evidence from

U.S. Tax Return Data," Williams College, April 2012.

51 Emmanuel Saez and Gabriel Zucman, "Wealth Inequality in the United States Since 1913: Evidence from Capitalized Income Tax Data," Working Paper No. 20625, National Bureau of Economic Research, October 2014, 56.

52 Thomas Piketty, *Capital in the Twenty-First Century*, trans. Arthur Goldhammer (Cambridge, MA: Belknap Press of Harvard University Press, 2014), 209.

53 Lauren Carroll, "Hillary Clinton: Top Hedge Fund Managers Make More than All Kindergarten Teachers Combined," PolitiFact, June 15, 2015.

54 William Lazonick, "Profits Without Prosperity," *Harvard Business Review* 92, no. 2 (September 2014).

55 James K. Galbraith and Travis Hale, "Income Distribution and the Information Technology Bubble," Working Paper No. 27, University of Texas Inequality Project, January 2004.

56 Robert Frank, *The High-Beta Rich: How the Manic Wealthy Will Take Us to the Next Boom, Bubble, and Bust* (New York: Crown Business, 2011), 54.

57 Richard Wilkinson and Kate Pickett, *The Spirit Level: Why Equality Is Better for Everyone* (London: Penguin Books, 2009).

58 Rana Foroohar, "Thomas Piketty: Marx 2.0," *Time*, May 19, 2014.

59 Federal Reserve Flow of Funds; Congressional Research Service, "Rebuilding Household Wealth: Implications for Economic Recovery," by Craig K. Elwell, September 13, 2013.

60 Reinhart and Rogoff, *This Time Is Different*, 156.

61 Charles P. Kindleberger and Robert Z. Aliber, *Manias, Panics, and Crashes: A History of Financial Crises* (Hoboken, NJ: Wiley, 2005), 6.

62 Greta R. Krippner, *Capitalizing on Crisis: The Political Origins of the Rise of Finance* (Cambridge, MA: Harvard University Press, 2011).

63 Jeff Madrick, *Age of Greed: The Triumph of Finance and the Decline of America, 1970 to Present* (New York: Knopf, 2011).

64 와일은 2012년 7월 CNBC에 출연해 자기 탓이라고 말한 바 있다. "Wall Street Legend Sandy Weill: Break Up the Big Banks," CNBC, July 25, 2012 참조.

65 FDIC and Federal Reserve statistics on capital ratios.

66 Financial Stability Board, "Global Shadow Banking Monitoring Report 2015," November 12, 2015.

67 물론 파생상품 자체의 복잡한 구조 때문에 정확한 수치에는 이견이 있을 수 있다. 전문가들은 30퍼센트에서 70퍼센트 사이라고 추정한다.

68 CFTC data, June 2015.

69 Ann Tenbrunsel and Jordan Thomas, "The Street, the Bull and the Crisis: A

Survey of the US & UK Financial Services Industry," University of Notre Dame and Labaton Sucharow LLP, May 2015.

70 Adam Levy, "Brain Scans Show Link Between Lust for Sex and Money (Update 1)," Bloomberg, February 1, 2006; John Coates, *The Hour Between Dog and Wolf: Risk-taking, Gut Feelings, and the Biology of Boom and Bust* (New York: Penguin Press, 2012).

71 Gerald F. Davis, *Managed by the Markets: How Finance Reshaped America* (Oxford: Oxford University Press, 2009).

72 Scott A. Christofferson, Robert S. McNish, and Diane L. Sias, "Where Mergers Go Wrong," *McKinsey Quarterly*, May 2004.

73 Karen Ho, *Liquidated: An Ethnography of Wall Street* (Durham, NC: Duke University Press, 2009).

74 Barbara Kiviat, "An Anthropologist on What's Wrong with Wall Street," *Time*, July 22, 2009에서 재인용.

75 Philippon and Reshef, "Wages and Human Capital in the U.S. Finance Industry, 1909-2006."

76 Karl Marx, *Capital: A Critique of Political Economy*, trans. Ben Fowkes (New York: Penguin, 1992).

77 영국의 저널리스트이자 사상가인 폴 메이슨처럼 자본주의의 붕괴가 다가오고 있다고 믿는 사람들도 있다. Paul Mason, *Postcapitalism: A Guide to Our Future* (New York: Farrar, Straus & Giroux, 2016)는 금융화가 어떻게 자본주의와 자유민주주의의 기반을 허물어 왔는지, 그 후에 어떻게 될지를 요령 있게 정리하고 있다.

78 Paul M. Sweezy, "Why Stagnation?" *Monthly Review* 34, no. 2 (June 1982).

79 Pew Research Center, "Most See Inequality Growing, but Partisans Differ over Solutions," January 23, 2004.

1장 금융의 부상

1 Sandy Weill, with Judah S. Kraushaar, *The Real Deal: My Life in Business and Philanthropy* (New York: Hachette Book Group, 2006), 300 and 316.

2 "Wall Street Legend Weill: Breaking Up Big Banks," CNBC, July 25, 2012.

3 Alan Blinder and Mark Zandi, "How the Great Recession Was Brought to an End," July 27, 2010, www.economy.com의 추산치.

4 Rana Foroohar, "A New Age of Global Capitalism Starts Now," *Newsweek*, October 3, 2008.

5 윌리엄 라조닉과의 인터뷰; Mason, "Disgorge the Cash."

6 국제결제은행 통계에 따르면, 2007년 12월에 586조 달러였던 글로벌 파생상품 시
장 규모는 2013년 12월에 710조 달러가 되었다. BIS Statistics Explorer, "Table
D5.1: Global OTC derivatives market" 참조.

7 Financial Stability Board, global shadow banking monitoring reports for
respective years and a statistical annex published in 2012 ("Global Shadow
Banking Monitoring Report 2012," Exhibits 2-1, 2-2, and 2-3, November 18,
2012).

8 Turbeville, "Financialization & Equal Opportunity."

9 Hyman P. Minsky, "Hyman P. Minsky (1919-1996)," in Philip Arestis and
Malcolm Sawyer, eds., *A Biographical Dictionary of Dissenting Economists*
(Northampton, MA: Edward Elgar, 2000), 416. John Bellamy Foster and
Fred Magdoff, *The Great Financial Crisis: Causes and Consequences* (New
York: Monthly Review Press, 2009), 17에서 재인용.

10 '공생적 협착'이라는 개념은 1985년 『비즈니스위크』 사설에 처음으로 등장했고,
Harry Magdoff and Paul M. Sweezy, *Stagnation and the Financial Explo-
sion* (New York: Monthly Review Press, 1987)에서 본격적으로 논의되었다.
1960년대부터 미국 경제가 거친 경기 회복들을 비교한 연구로는 Drew Desilver,
"Five Years in, Recovery Still Underwhelms Compared with Previous
Ones," Pew Research Center, June 23, 2014 참조.

11 Cecchetti and Kharroubi, "Why Does Financial Sector Growth Crowd Out
Real Economic Growth?"

12 International Monetary Fund, "Housing Finance and Real-Estate Booms: A
Cross-Country Perspective," by Eugenio Cerutti, Jihad Dagher, and Gio-
vanni Dell'Ariccia, Staff Discussion Note 15/12, June 2015.

13 Mason, "Disgorge the Cash," 32.

14 Paul Tucker, "A Perspective on Recent Monetary and Financial System
Developments," speech at the Bank of England, April 26, 2007.

15 겐슬러와의 인터뷰.

16 Philippon, "Has the U.S. Finance Industry Become Less Efficient?"

17 Claudia Goldin and Lawrence Katz, "Transitions: Career and Family Life
Cycles of the Educational Elite," *American Economic Review* 98, no. 2
(2008): 367.

18 대부분의 경제학자들은 이런 평가에 동의한다. 예를 들면, 연준 부의장을 지낸 바
있는 프린스턴대 경제학자 앨런 블라인더는 무디스 애널리틱스의 수석 경제학자
마크 잔디와 수행한 공동 연구에서, 구제 조치가 없었더라면 미국의 GDP는 4퍼센
트가 아니라 12퍼센트 폭락했을 것으로 추산했다. Alan S. Blinder and Mark
Zandi, "Stimulus Worked," *Finance & Development* 47, no. 4 (December

2010) 참조.

19 David Graeber, *The Utopia of Rules: On Technology, Stupidity, and the Secret Joys of Bureaucracy* (Brooklyn, NY: Melville House, 2015).

20 Mason, "Disgorge the Cash," 32.

21 William Lazonick, "Profits Without Prosperity," *Harvard Business Review*, September 2014; Drew Desilver, Pew Research Center, "For Most Workers, Real Wages Have Barely Budged for Decades," October 9, 2014.

22 Vincent P. Carosso, *Investment Banking in America: A History* (Cambridge, MA: Harvard University Press, 1970).

23 Charles W. Calomiris and Stephen H. Haber, "Why Banking Systems Succeed—and Fail," *Foreign Affairs*, November/December, 2013.

24 Carosso, *Investment Banking in America*, 29-30.

25 Charles W. Calomiris and Stephen H. Haber, *Fragile by Design: The Political Origins of Banking Crises & Scarce Credit* (Princeton, NJ: Princeton University Press, 2014), 176.

26 Carosso, *Investment Banking in America*, 14-27.

27 Ibid., 22, 32, and 46.

28 Ralph W. Hidy and Muriel E. Hidy, *Pioneering in Big Business 1882-1911: The History of the Standard Oil Company of New Jersey* (New York: Harper, 1955), 607. Carosso, *Investment Banking in America*에서 재인용.

29 Carosso, *Investment Banking in America*, 45.

30 Ibid., 145-55 and 170-77.

31 Ibid., 238-39. Edwin F. Gay, "The Great Depression," *Foreign Affairs* (July 1932)를 인용.

32 미국 연준 역사가 앨런 H. 멜처와의 인터뷰.

33 Nomi Prins, *All the Presidents' Bankers: The Hidden Alliances That Drive American Power* (New York: Nation, 2014), 93.

34 "Business: Damnation of Mitchell," *Time*, March 6, 1933.

35 Prins, *All the Presidents' Bankers*, 127.

36 Phillip L. Zweig, *Wriston: Walter Wriston, Citibank, and the Rise and Fall of American Financial Supremacy* (New York: Crown, 1995), 45-46.

37 피케티와의 인터뷰.

38 Madrick, *Age of Greed*, 10.

39 Amey Stone and Mike Brewster, *King of Capital: Sandy Weill and the Making of Citigroup* (New York: John Wiley & Sons, 2002), 110-11.

40 Madrick, *Age of Greed*, 14-15.

41 Zweig, *Wriston*, 66.

42 Ibid., 113.

43 Madrick, *Age of Greed*, 18.

44 리스턴은 1982년에 이 대기록을 달성했다. Madrick, *Age of Greed*, 16; Zweig, *Wriston*, 228 참조.

45 Krippner, *Capitalizing on Crisis*, 69-70.

46 Zweig, *Wriston*, 182, 340-44, 352.

47 Ibid., 343.

48 Krippner, *Capitalizing on Crisis*, 62-63. 하원의원 라이트 패트먼이 받은 편지를 인용.

49 Ibid., 70-73.

50 Madrick, *Age of Greed*, 104.

51 Ibid., 102-07.

52 Krippner, *Capitalizing on Crisis*, 76-80.

53 Zweig, *Wriston*, 735-37.

54 Krippner, *Capitalizing on Crisis*, 88.

55 Robert Reich, *Supercapitalism: The Transformation of Business, Democracy, and Everyday Life* (New York: Knopf, 2007).

56 Krippner, *Capitalizing on Crisis*, 97.

57 James Tobin, "On the Efficiency of the Financial System," *Lloyds Bank Review*, July 1984.

58 샤르마와의 인터뷰.

59 Madrick, *Age of Greed*, 396.

60 Krippner, *Capitalizing on Crisis*, 104.

61 Madrick, *Age of Greed*, 241.

62 Board of Governors of the Federal Reserve System, "Report on the Economic Well-Being of U.S. Households in 2013," July 2014, 27.

63 Davis, *Managed by the Markets*, 3.

64 Madrick, *Age of Greed*, 24.

65 Ibid., 107.

66 "A Monster Merger," editorial, *New York Times*, April 8, 1998.

67 Barnaby J. Feder, "Rubin's Pay Is $15 Million, Says Citigroup Proxy Filing," *New York Times*, March 7, 2000.

68 Joseph Stiglitz, *The Roaring Nineties: A New History of the World's Most Prosperous Decade* (New York: Norton, 2004), 164-66, 242-45, 261.

69 Ibid., 164-66.

70 Charles Gasparino, "Inquiry into Salomon Widens to Include Possible Weill Role," *Wall Street Journal*, August 23, 2002.

71 Gretchen Morgenson and Patrick McGeehan, "Wall St. and the Nursery School: A New York Story," *New York Times*, November 14, 2002.

72 Gillian Tett, *Fool's Gold: The Inside Story of J.P. Morgan and How Wall Street Greed Corrupted Its Bold Dream and Created a Financial Catastrophe* (New York: Free Press, 2010), 97.

73 내가 좋아하는 책들은 다음과 같다. Alan Blinder, *After the Music Stopped: The Financial Crisis, the Response, and the Work Ahead* (New York: Penguin Press, 2013); Martin Wolf, *The Shifts and the Shocks: What We've Learned— and Have Still to Learn—from the Financial Crisis* (New York: Penguin Press, 2014). 2008년 금융 위기를 초래한 복잡한 증권화 과정에 대한 상세한 설명으로는 Charles R. Morris, *The Two Trillion Dollar Meltdown: Easy Money, High Rollers, and the Great Credit Crash* (New York: PublicAffairs, 2009); Tett, *Fool's Gold* 참조.

74 위런과의 인터뷰.

75 Luigi Zingales, "Does Finance Benefit Society?" Working Paper 20894, National Bureau of Economic Research, January 2015, 42.

2장 기업의 몰락

1 Rana Foroohar, "Mary Barra's Bumpy Ride at the Wheel of GM," *Time*, September 25, 2014; 바라와의 인터뷰.

2 Patricia Hurtado and David Welch, "GM to Pay $900 Million to End U.S. Switch-Defect Probe," *Bloomberg Business*, September 17, 2015.

3 Anton R. Valukas, Jenner & Block, "Report to Board of Directors of General Motors Company Regarding Ignition Switch Recalls," May 29, 2014 (이하 "Valukas report"), 255.

4 GM의 2003년 및 2007년 연례 보고서 수치. Valukas report, 22에서 인용.

5 Ibid., 250.

6 Ibid., 22.

7 Gillian Tett, *The Silo Effect: The Peril of Expertise and the Promise of Breaking Down Barriers* (New York: Simon & Schuster, 2015).

8 Bob Lutz, *Car Guys vs. Bean Counters: The Battle for the Soul of American Business* (New York: Portfolio/Penguin, 2011), x and 130.

9 Jonathan Weisman, "Biggest Automaker Needs Big Changes," *Washington Post*, June 11, 2005.

10 Justin Hyde, "First Pontiac Aztek's Sale Highlights the Long Half-Life of Ugly," Motoramic, *Yahoo Autos*, August 1, 2013.

11 Lutz, *Car Guys vs. Bean Counters*, 73.

12 Robert D. Atkinson and Stephen J. Ezell, *Innovation Economics: The Race for Global Advantage* (New Haven, CT: Yale University Press, 2012), 22.

13 Gary Rivlin and John Markoff, "Tossing Out a Chief Executive," *New York Times*, February 14, 2005.

14 Kimberly D. Elsbach, Ileana Stigliani, and Amy Stroud, "The Building of Employee Distrust: A Case Study of Hewlett-Packard from 1995 to 2010," *Organizational Dynamics* 41, no. 3 (2012): 254-63.

15 Alfred Sloan, *My Years with General Motors*, reissue ed. (New York: Doubleday, 1990), 62.

16 *Dodge v. Ford Motor Co.*, 170 N.W. 668 (1919).

17 스탠더드 앤드 푸어스 평가 서비스에서는 2014년 말 미국 비금융권 기업들의 현금 보유고를 1조 8200억 달러로 집계했다. Vipal Monga, "Record Cash Hoard Concentrated Among Few Companies," *Wall Street Journal*, June 11, 2015.

18 Frederick Winslow Taylor, *The Principles of Scientific Management* (New York: Harper, 1913), 59.

19 Frederick Winslow Taylor, *Shop Management* (New York: Harper, 1912), 99 and 104.

20 Robert R. Locke and J.C. Spender, *Confronting Managerialism: How the Business Elite and Their Schools Threw Our Lives out of Balance* (London: Zed Books, 2011).

21 Ibid., 5.

22 Taylor, *The Principles of Scientific Management*, 7.

23 David Halberstam, *The Best and the Brightest*, 20th anniversary ed. (New York: Ballantine Books, 2008).

24 Peter F. Drucker, *Concept of the Corporation* (New York: John Day, 1946).

25 Andrea Gabor, *The Capitalist Philosophers: The Geniuses of Modern Business—Their Lives, Times, and Ideas* (New York: Times Business, 2000), 135.

26 John A. Byrne, *The Whiz Kids: The Founding Fathers of American Business—and the Legacy They Left Us* (New York: Doubleday, 1993), 36.

27 Ibid., 50; Abraham Zaleznik, "The Education of Robert S. McNamara, Secretary of Defense, 1961-1968," *Revue Française de Gestion* 6, no. 159 (2005).

28 David R. Jardini, "Out of the Blue Yonder: The RAND Corporation's Diversification into Social Welfare Research, 1946-1968" (PhD diss., Carnegie Mellon University, 1996); Gabor, *The Capitalist Philosophers*, 136.

29 E.J. Barlow, "Preliminary Proposal for Air Defense Study," RAND Archives

D(L)-816-2, October 1950. Jardini, "Out of the Blue Yonder," 67에서 재인용.

30 Halberstam, *The Best and the Brightest*, 229-30.

31 Byrne, *The Whiz Kids*, 175.

32 David Halberstam, *The Reckoning* (New York: William Morrow, 1986), 207.

33 Deborah Shapley, *Promise and Power: The Life and Times of Robert McNamara* (Boston: Little, Brown, 1993), 66.

34 Byrne, *The Whiz Kids*, 367.

35 Shapley, *Promise and Power*, 48.

36 Byrne, *The Whiz Kids*, 217.

37 Halberstam, *The Reckoning*, 224.

38 Ibid., 226-27.

39 John Asker, Joan Farre-Mensa, and Alexander Ljungqvist, "Comparing the Investment Behavior of Public and Private Firms," Working Paper No. 17394, National Bureau of Economic Research, September 2011.

40 Susan Helper and Rebecca Henderson, "Management Practices, Relational Contracts and the Decline of General Motors," Working Paper No. 14-062, Harvard Business School, January 28, 2014, 17.

41 Halberstam, *The Reckoning*, 245.

42 Byrne, *The Whiz Kids*, 337.

43 Halberstam, *The Reckoning*, 245.

44 Byrne, *The Whiz Kids*, 363.

45 Gabor, *The Capitalist Philosophers*, 140.

46 Halberstam, *The Best and the Brightest*, 214.

47 Robert H. Hayes and William J. Abernathy, "Managing Our Way to Economic Decline: Modern Management Principles May Cause Rather than Cure Sluggish Economic Performance," *Harvard Business Review* 58, no. 4 (1980): 67-77.

48 Byrne, *The Whiz Kids*, 432.

49 Gabor, *The Capitalist Philosophers*, 150.

50 Byrne, *The Whiz Kids*, 432-34.

51 Margaret Heffernan, *A Bigger Prize: How We Can Do Better than the Competition* (New York: PublicAffairs, 2014).

3장 MBA가 가르쳐 주지 않는 것

1 로와의 인터뷰.

2 2015 회계연도 2/4분기 기준.

3 Rana Foroohar, "Why Hillary Clinton Is Right About Pfizer," *Time*, November 24, 2015.

4 Morgan Stanley Research Europe, "Pharmaceuticals: Exit Research and Create Value," January 20, 2010.

5 Gretchen Morgenson, "Valeant's Fantastic(al) Numbers," *New York Times*, November 1, 2015.

6 Andrew Lo, presentation at the Future of Finance Conference, Yale School of Management, September 2015.

7 GDP 대비 기업 연구개발비가 1999~2006년에 3퍼센트 증가하기는 했으나, 독일 (11퍼센트), 일본(27퍼센트), 핀란드(28퍼센트), 중국(187퍼센트) 등에 비하면 한참 뒤떨어진다. 그 결과, 전 세계 연구개발비 투자액에서 미국이 차지하는 비중은 1999~2011년에 39에서 34퍼센트로 줄었다. Robert D. Atkinson and Stephen J. Ezell, *Innovation Economics: The Race for Global Advantage* (New Haven, CT: Yale University Press, 2012), 22 참조.

8 2008~2012년에 미국의 신생 기업은 전체의 8.3퍼센트를 차지하여, 1980년대의 12.4퍼센트에서 대폭 하락했다. Dane Stangler, Ewing Marion Kauffman Foundation, "You Can't Scale What You Don't Start," October 17, 2014 참조.

9 노동통계국에 따르면, 2004~2014년에 노동 생산성은 연평균 1.4퍼센트 증가했다. 이는 직전 10년간 증가율의 절반에 불과하다. Scott Andes and Jessica A. Lee, "Why Is Labor Productivity So Low? Consider Investments in Skills," Brookings, May 8, 2015 참조.

10 갤럽의 여론 조사는 대기업에 대한 미국인들의 신뢰도가 추락했음을 보여 준다. 1970년대 말에는 대기업을 '굉장히' 또는 '상당히' 신뢰한다고 응답한 사람이 30퍼센트가 넘었지만, 지금은 약 20퍼센트로 줄었다. Gallup, "Confidence in Institutions: Big Business," http://www.gallup.com/poll/1597/confidence-institutions.aspx (accessed November 2015) 참조.

11 Dominic Barton, "Capitalism for the Long Term," *Harvard Business Review* 89, no. 3 (March 2011).

12 노리아와의 인터뷰.

13 여러 경영대학원 원장 및 교수들과의 인터뷰.

14 Rana Foroohar, "The $2 Billion Boo-Boo," *Time*, May 28, 2012.

15 존슨과의 인터뷰.

16 Norman S. Wright and Hadyn Bennett, "Business Ethics, CSR, Sustainability and the MBA," *Journal of Management & Organization* 17, no. 5 (September 2011): 646.

17 Robert G. Eccles, Ioannis Ioannou, and George Serafeim, "The Impact of Corporate Sustainability on Organizational Processes and Performance,"

Working Paper, Harvard Business School, November 14, 2011.

18 National Center on Education Statistics, "Table 318.30: Bachelor's, master's, and doctor's degrees conferred by postsecondary institutions, by sex of student and discipline division: 2011-12."

19 익명의 컬럼비아대 학생과의 인터뷰.

20 러츠와의 인터뷰.

21 Robert S. Kaplan, "The Topic of Quality in Business School Education and Research," *Selections* (Autumn 1991): 13-22; Howard Rheingold, *Virtual Reality* (New York: Summit Books, 2001).

22 John R. Graham, Campbell R. Harvey, and Shivaram Rajgopal, "Value Destruction and Financial Reporting Decisions," *Financial Analysts Journal* 62, no. 6 (December 2006): 8.

23 Anthony J. Mayo, Nitin Nohria, and Laura G. Singleton, *Paths to Power: How Insiders and Outsiders Shaped American Business Leadership* (Boston: Harvard Business School Press, 2006).

24 Rakesh Khurana, *From Higher Aims to Hired Hands: The Social Transformation of American Business Schools and the Unfulfilled Promise of Management as a Profession* (Princeton, NJ: Princeton University Press, 2007), 88.

25 "Schools of Finance and Economy," *Engineering and Mining Journal* 49, no. 27 (May 24, 1890): 582.

26 Ibid., 23.

27 Locke and Spender, *Confronting Managerialism.*

28 Donald K. David, "Business Leadership and the War of Ideas," Paper presented at the Magazine Forum, April 27, 1948. Khurana, *From Higher Aims to Hired Hands*, 202에서 재인용.

29 "Can You Teach Management?" *BusinessWeek*, April 19, 1952, 126.

30 Sheldon Zalaznick, "The M.B.A., the Man, the Myth, and the Method," *Fortune*, May 1968.

31 John W. Boyer, "Academic Freedom and the Modern University: The Experience of the University of Chicago," Occasional Papers on Higher Education X, the College of the University of Chicago, October 2002; "Guide to the Charles R. Walgreen Foundation Records 1938-1956: Abstract," Special Collections Research Center, University of Chicago Library.

32 Marion Fourcade and Rakesh Khurana, "From Social Control to Financial Economics: The Linked Ecologies of Economics and Business in Twentieth Century America," Working paper 09-037 (Harvard Business School: 2013), 26.

33 Milton Friedman, "The Social Responsibility of Business Is to Increase Its Profits," *New York Times Magazine*, September 13, 1970.

34 그해에 유진 파마, 로버트 실러와 함께 노벨 경제학상을 받은 세 번째 수상자는 시카고대 경제학자 라스 피터 핸슨이었다.

35 실러와의 인터뷰.

36 로와의 인터뷰.

37 Khurana, *From Higher Aims to Hired Hands*, 298.

38 T. Boone Pickens, "Shareholders: The Forgotten People," *Journal of Business Strategy* 6, no. 1 (1985): 4.

39 Rana Foroohar, "The Original Wolf of Wall Street," *Time*, December 16, 2013.

40 Barton, "Capitalism for the Long Term."

41 존슨과의 인터뷰.

42 바턴과의 인터뷰.

43 Business Roundtable 1990, "Corporate Governance and American Competitiveness," *Directors & Boards* 22, no. 2 (Winter 1998): 26; Business Roundtable 1997, "Statement on Corporate Governance," *Directors & Boards* 22, no. 2 (Winter 1998): 25.

44 지난 10년간 S&P 500대 기업 CEO의 평균 재임 기간은 7.2~9.7년이었다. Conference Board, "Departing CEO tenure (2000-2013)," Chart of the Week No. 056, June 2014 참조.

45 Aspen Institute, "Where Will They Lead? MBA Student Attitudes About Business & Society," Initiative for Social Innovation through Business, 2002.

46 Helen J. Muller, James L. Porter, and Robert R. Rehder, "Have the Business Schools Let Down U.S. Corporations?" *Management Review* 77, no. 10 (October 1988): 25-26.

47 노리아와의 인터뷰.

48 Khurana, *From Higher Aims to Hired Hands*, 331-32.

49 쿠라나와의 인터뷰.

50 Jessica Carrick-Hagenbarth and Gerald A. Epstein, "Dangerous Interconnectedness: Economists' Conflicts of Interest, Ideology, and Financial Crisis," *Cambridge Journal of Economics* 36, no. 1 (January 2012): 43-63.

51 Charles Ferguson, director, *Inside Job*, Sony Pictures Classics, 2010.

52 Charles Ferguson, "Romney's Other Credibility Problem: Glenn Hubbard," *Huffington Post*, October 27, 2012.

53 Goldman Sachs Global Markets Institute, "How Capital Markets Enhance Economic Performance and Facilitate Job Creation," by William C. Dudley

and R. Glenn Hubbard, November 2004.

54 Khurana, *From Higher Aims to Hired Hands*, 346.

55 Jesse Eisinger, "Challenging the Long-Held Belief in 'Shareholder Value,'" *New York Times*, June 27, 2012. LPL Financial Research, "Weekly Market Commentary," by Jeffrey Kleintop, CFA, August 6, 2012 또한 참조.

56 Emanuel Derman, "Apologia Pro Vita Sua," *Journal of Derivatives* 20, no. 1 (2012).

57 노리아와의 인터뷰.

58 "MIT Facts 2016: MIT Students After Graduation," Massachusetts Institute of Technology, http://web.mit.edu/facts/alum.html.

59 스미스와의 인터뷰.

60 Henry Sanderson and Neil Hume, "China Funds Bring Chaos to Metals Markets," *Financial Times*, January 15, 2015; Gregory Meyer, "Bunge Says China Lenders Distorting Soybean Trade," *Financial Times*, February 12, 2015; 더먼과의 인터뷰, 2015.

61 버톨리니와의 인터뷰.

62 로와의 인터뷰.

4장 문 앞의 야만인들

1 아이칸과의 인터뷰; Rana Foroohar, "The Original Wolf of Wall Street," *Time*, December 16, 2013.

2 Securities and Exchange Commission, Definitive Proxy Statement, Schedule 14A, Apple Inc., January 9, 2015.

3 Matt Levine, "Apple Bonds and Endless Mortgage Suits," *Bloomberg View*, June 5, 2015; Ahmed and Childs, "Apple Is the New PIMCO and Tim Cook Is the New King of Bonds."

4 금융조사국 경제학자 및 애널리스트들과의 인터뷰.

5 William Lazonick, Mariana Mazzucato, and Öner Tulum, "Apple's Changing Business Model: What Should the World's Richest Company Do with All Those Profits?" *Accounting Forum* 37, no. 4 (2013): 249-67.

6 Edward N. Wolff, "Household Wealth Trends in the United States, 1962-2013: What Happened Over the Great Recession?" National Bureau of Economic Research, Working Paper No. 20733 (December 2014), 56; Apple, Inc., "Apple Expands Capital Return Program to $200 Billion," press release, April 27, 2015.

7 Lazonick, Mazzucato, and Tulum, "Apple's Changing Business Model."

8 산학연구네트워크(Academic-Industry Research Network)의 무스타파 에르뎀 사킨츠가 정리한 데이터; 라조닉과의 인터뷰.

9 스티글리츠와의 인터뷰.

10 Hillary Clinton, "Moving Beyond Quarterly Capitalism," lecture, New York University, July 24, 2015 (Medium.com에도 게재).

11 Andrew Smithers, *The Road to Recovery: How and Why Economic Policy Must Change* (Chichester, England: Wiley, 2013).

12 Michael Spence and Sandile Hlatshwayo, "The Evolving Structure of the American Economy and the Employment Challenge," Working Paper, Council on Foreign Relations, March 2011, 13.

13 Mason, "Disgorge the Cash," 32.

14 홀데인과의 인터뷰.

15 Mason, "Disgorge the Cash."

16 William Lazonick, "Labor in the Twenty-First Century: The Top 0.1% and the Disappearing Middle-Class," Working Paper No. 4, Institute for New Economic Thinking, February 2015.

17 Bryan Burrough and John Helyar, *Barbarians at the Gate: The Fall of RJR Nabisco* (New York: Harper & Row, 1990).

18 Jia Lynn Yang, "Maximizing Shareholder Value: The Goal That Changed Corporate America," *Washington Post*, August 26, 2013; 린 스타우트와의 인터뷰.

19 Stiglitz, *The Roaring Nineties*, 115-17.

20 스티글리츠와의 인터뷰.

21 Lazonick, Mazzucato, and Tulum, "Apple's Changing Business Model," 30.

22 William Lazonick, "Stock Buybacks: From Retain-and-Reinvest to Downsize-and-Distribute," Brookings, April 2015.

23 2015년 2월 현재 S&P 500 지수에 속해 있는 동시에 2005~2014년에 등재되어 있던 458개 기업의 데이터. William Lazonick, "Cash Distributions to Shareholders (2005-2014) & Corporate Executive Pay (2006-2014)," Research Update #2, Academic-Industry Research Network, August 2015; Maxwell Murphy, "Record Year for S&P 500 Dividends, Buybacks Combined," *The Wall Street Journal*, March 23, 2015 참조.

24 Karen Brettell, David Gaffens, and David Rohde, "The Cannibalized Company: How the Cult of Shareholder Value Has Reshaped Corporate America," Reuters, November 16, 2015.

25 Research by Andrew Smithers, 2014.

26 Matt Hopkins and William Lazonick, "Who Invests in the High Tech

Knowledge Base?" Working Paper No. 14-09/01, Academic-Industry Research Network, October 2014.

27 Andrew Smithers, "Buybacks and the Parallel Universe of Bankers," *Financial Times*, November 5, 2014; 스미더스와의 인터뷰.

28 Mason, "Disgorge the Cash," 25.

29 Shai Bernstein, "Does Going Public Affect Innovation?" *Journal of Finance* 70, no. 4 (2015): 1365-1403.

30 John Asker, Joan Farre-Mensa, and Alexander Ljungqvist, "Comparing the Investment Behavior of Public and Private Firms," Working Paper No. 17394, the National Bureau of Economic Research, September 2011.

31 PricewaterhouseCoopers, "Trendsetter Barometer: Business Outlook 1Q 2015," April 2015, 4-5.

32 러츠와의 인터뷰.

33 Benny Evangelista, "Apple's Quarterly Profits Sliced in Half," *San Francisco Chronicle*, July 17, 2002; Dominic Barton, "Capitalism for the Long Term," *Harvard Business Review* (March 2011).

34 슐츠와의 인터뷰; Rana Foroohar, "Starbucks for America," *Time*, February 5, 2015.

35 팔미사노와의 인터뷰.

36 Andrew Ross Sorkin, "The Truth Hidden by IBM's Buybacks," *New York Times*, October 20, 2014.

37 스미더스와의 인터뷰.

38 John C. Bogle, "Wall St's Illusion on Historical Performance," *Financial Times*, March 30, 2011.

39 전직 연준 의장 폴 볼커가 공동 의장을 맡고 있는 미국 주별 예산위기 특별위원회(State Budget Crisis Task Force)에 따르면, 미국의 주요 주 및 지역 연금 제도의 보험 계리상 부담액 가운데 25퍼센트가량은 자금이 들어오지 않는다. 이는 현재의 시장 수익률로는 연금 수급자들에게 지급액의 4분의 1을 주지 못한다는 뜻이다. State Budget Crisis Task Force, "Full Report," July 31, 2012, 35-36 참조.

40 Hedge Fund Research data. J.P. Morgan, "The 2015 U.S. Proxy Season Through the Activist Lens," August 2015에서 재인용.

41 Hedge Fund Research data. Inyoung Hwang, "Activists Now Cross the Pond to Jolt Europe's Stuffy Boardrooms," *Bloomberg Business*, May 12, 2015에서 재인용.

42 Ajay Khorana et al., Citi, "Rising Tide of Global Shareholder Activism," October 2013, 14.

43 Michael J. de la Merced, "Timken Agrees to Split in Two After Pressure from Activist Investors," *New York Times*, September 5, 2013.

44 팀켄사가 2010~2012년에 미국 증권거래위원회에 제출한 연차 보고서의 데이터.

45 U.S. Economic Development Administration, "U.S. Commerce Department to Celebrate American Manufacturing," Press release, September 30, 2015.

46 Swiss Re, "Annual Report 2014," March 2015, 30.

47 Ted Berg, Office of Financial Research, "Quicksilver Markets," March 2015, 7.

48 Ibid.

49 "BlackRock CEO Warns Top U.S. Firms: Don't Overdo Dividends, Buybacks," Reuters, March 26, 2014에서 재인용.

50 Dealogic, "Global M&A Review: First Quarter 2015," April 2015.

51 Foroohar, "The Original Wolf of Wall Street."

52 아이칸과의 인터뷰; Foroohar, "The Original Wolf of Wall Street."

53 John C. Coffee and Darius Palia, "The Impact of Hedge Fund Activism: Evidence and Implications," Columbia Law School Working Paper no. 489, September 15, 2014.

54 Khorana et al., Citi, "Rising Tide of Global Shareholder Activism," 7.

55 Joseph R. Blasi, Richard B. Freeman, and Douglas L. Kruse, *The Citizen's Share: Putting Ownership Back into Democracy* (New Haven, CT: Yale University Press, 2013).

56 Joseph Blasi, "Profit Sharing: Labor's New Opportunity," *Huffington Post Business*, September 6, 2015; 블라지와의 인터뷰.

57 Patrick Michael Rooney, "Worker Participation in Employee Owned Firms," *Journal of Economic Issues* 22, no. 2 (June 1988): 451-58.

58 Malcolm Gladwell, *The Tipping Point: How Little Things Can Make a Big Difference* (Boston: Little, Brown, 2000).

59 Michael Schuman, "How Germany Became the China of Europe," *Time*, February 24, 2011.

60 샌프란시스코에서 열린 2015 골드만 삭스 기술 및 인터넷 콘퍼런스(2015 Goldman Sachs Technology and Internet Conference)에서 쿡이 한 연설. Tim Higgins, "Apple CEO Cook Says Company Doesn't Want to Hoard Cash," *Bloomberg Business*, February 10, 2015 참조.

5장 이제 우리는 모두 은행가다

1 General Electric, "GE at Electrical Products Group Conference," edited transcript, May 20, 2015, https://www.ge.com/sites/default/files/ge_webcast _transcript_05202015_0.pdf.

2   John Cassidy, "Gut Punch: How Great Was Jack Welch?" *New Yorker*, October 1, 2001.

3   Robert Slater, *Jack Welch and the GE Way: Management Insights and Leadership Secrets of the Legendary CEO* (New York: McGraw-Hill, 1999), 112.

4   Rachel Layne and Rebecca Christie, "GE Wins FDIC Insurance for Up to $139 Billion in Debt (Update 3)," Bloomberg, November 12, 2008.

5   버핏과의 인터뷰.

6   Krippner, *Capitalizing on Crisis*, 28-29.

7   Ibid., 34-41.

8   Data from ibid., chapter 1; Ozgur Orhangazi, "Financialisation and Capital Accumulation in the Non-financial Corporate Sector: A Theoretical and Empirical Investigation on the US Economy: 1973-2003," *Cambridge Journal of Economics* 38, no. 6 (November 2008); Office of Financial Research; Mason, "Disgorge the Cash."

9   Julie Froud et al., *Financialization and Strategy: Narrative and Numbers* (London: Routledge, 2006). Krippner, *Capitalizing on Crisis*, 3-4에서 재인용.

10   "How Money Got Weird," *Planet Money* podcast, NPR, September 30, 2011. Satyajit Das, *Extreme Money: Masters of the Universe and the Cult of Risk* (Upper Saddle River, NJ: FT Press, 2011) 또한 참조.

11   Catherine Ngai and Jeffrey Dastin, "U.S. Airlines Confront Cheap Oil's Flip Side: Costly Hedges," Reuters, December 23, 2014.

12   버핏과의 인터뷰.

13   샤르마와의 인터뷰.

14   Dietrich Domanski, Jonathan Kearns, Marco Jacopo Lombardi, and Hyun Song Shin, "Oil and Debt," *BIS Quarterly Review*, Bank for International Settlements, March 2015.

15   Jonathan Leff, "Insight: Wall Street's Energy Rivals—Big Oil, a French Utility, the Koch Brothers," Reuters, December 15, 2013.

16   Rana Foroohar, "Big Oil's Big Problem," *Newsweek*, October 29, 2006; 저자의 후속 기사.

17   Javier Blas, "How Big Oil Is Profiting from the Slump," *Bloomberg Business*, March 11, 2015.

18   J.W. Mason, "Disgorge the Cash."

19   Richard Waters, "New Google CFO Promises More Discipline," *Financial Times*, July 16, 2015.

20   Christopher Farrell and Jeffrey M. Laderman, "Wringing More Profits from

Idle Corporate Cash," *BusinessWeek*, May 12, 1986, 86. Krippner, *Capitalizing on Crisis*, 55에서 재인용.

21 Quentin Hardy, "At Kodak, Clinging to a Future Beyond Film," *New York Times*, March 20, 2015.

22 "Remember When Companies Actually Created Products?" *Wall Street Journal*, September 18, 1997. Davis, *Managed by the Markets*, 86에서 재인용.

23 Jack Welch, *Jack: Straight from the Gut*, with John A. Byrne (New York: Warner Books, 2003).

24 James Surowiecki, "Back to Basics," *New Yorker*, May 4, 2015.

25 Matt Murray, "Why Jack Welch's Brand of Leadership Matters," *Wall Street Journal*, September 5, 2001; Thomas J. Lueck, "Why Jack Welch Is Changing GE," *New York Times*, May 5, 1985.

26 "A Hard Act to Follow," *Economist*, June 28, 2014.

27 Jonathan Laing, "Jack's Magic," *Barron's*, December 26, 2005.

28 Madrick, *Age of Greed*, 199.

29 이 사건들에 대한 자세한 설명은 Stiglitz, *The Roaring Nineties*, chapters 5 and 10 참조.

30 Matthew Mosk, "Wal-Mart Fires Supplier After Bangladesh Revelation," ABC News, May 15, 2013; Steven Greenhouse, "As Firms Line Up on Factories, Wal-Mart Plans Solo Effort," *New York Times*, May 14, 2013.

31 Trish Gyorey, Matt Jochim, and Sabina Norton, "The challenges ahead for supply chains: McKinsey Global Survey results," McKinsey & Company, November 2010.

32 무쿤다와의 인터뷰; Gautam Mukunda, "The Price of Wall Street's Power," *Harvard Business Review* 92, no. 6 (June 2014).

33 Martha C. White, "Is the Dreamliner Becoming a Financial Nightmare for Boeing?" *Time*, January 17, 2013; Christopher M. Muellerleile, "Financialization Takes Off at Boeing," *Journal of Economic Geography* (2009): 663-77; Kyle Peterson, "A Wing and a Prayer: Outsourcing at Boeing," Reuters, special report, January 2011; Christopher Tang and Joshua Zimmerman, "Managing New Product Development and Supply Chain Risks: The Boeing 787 Case," *Supply Chain Forum* 10, no. 2 (2009).

34 Margaret Heffernan, *Beyond Measure: The Big Impact of Small Changes* (New York: TED Books, 2015)는 이 분야 연구를 잘 정리한 책으로, 개인보다 팀을 지원해 주는 기업의 실제 사례들을 다루고 있다.

35 Heffernan, *Beyond Measure*, 96.

36 John Curran, "GE Capital: Jack Welch's Secret Weapon," *Fortune*, November

10, 1997.

37 Martha Lagace, "Jack Welch to HBS Grads: 'Don't Be a Jerk,'" Working Knowledge, June 11, 2001.

38 Davis, *Managed by the Markets*, 84-85.

39 The President's Commission on Industrial Competitiveness, "Global Competition: The New Reality," Washington DC, January 1985, vol. 1, 12.

40 전 프로젝트 소크라테스 책임자 마이클 세코라와의 인터뷰; Ronald E. Yates, "For Some Executives, 'Trade Wars' Taking on a Literal Meaning," *Chicago Tribune*, July 5, 1992.

41 "Jack and Suzy Welch: Why Strong Leadership Is about Truth and Trust," Knowledge@Wharton podcast, May 8, 2015.

42 본스틴과의 인터뷰, 2014.

43 Randall W. Forsyth, "Immelt Unlearns Lessons from Citi's Wriston as GE Exits Finance," *Barron's*, April 14, 2015.

44 Michael J. de la Merced and Andrew Ross Sorkin, "G.E. to Retreat from Finance in Post-Crisis Reorganization," *New York Times*, April 10, 2015.

45 Steve Lohr, "General Electric Reports Rise in Industrial Profit," *New York Times*, July 17, 2015.

46 Yuval Atsmon et al., "Winning the $30 Trillion Decathlon: Going for Gold in Emerging Markets," *McKinsey Quarterly*, August 2012.

47 본스틴과의 인터뷰, 2014.

48 리틀과의 인터뷰.

49 National Science Foundation, "Business Research and Development and Innovation: 2012," statistical tables (updated October 29, 2015).

50 Rana Foroohar and Bill Saporito, "Made in the U.S.A.," *Time*, April 22, 2013.

51 리틀과의 인터뷰.

52 Foroohar and Saporito, "Made in the U.S.A."

6장 금융발 대량살상무기

1 저자의 여러 인터뷰; World Food Programme, "Frequently Asked Questions about Fill the Cup," February 7, 2008 또한 참조.

2 Rana Foroohar, "Half the World Lives with Double Digit Inflation," *Newsweek*, August 1, 2008.

3 1845년은 『이코노미스트』지가 집계를 시작한 해다. "The End of Cheap Food," *Economist*, December 6, 2007 참조.

4 Senator Bernard Sanders, testimony before the Commodity Futures Trading

Commission on Energy Position Limits and Hedge Exemptions, July 28, 2009.

5   "Letter to President Obama on the Global Food Crisis," March 24, 2009, http://namanet.org/files/documents/food%20Crisis%20letter%2003-24-08.pdf.

6   Michael Masters, testimony before the US Senate Committee on Agriculture, Nutrition, and Forestry, US Senate, June 4, 2009.

7   Jayne O'Donnell, "Wal-Mart CEO Bill Simon Expects Inflation," *USA Today*, April 1, 2011.

8   US Department of Agriculture, "Food Insecurity in Households with Children: Prevalence, Severity, and Household Characteristics, 2010-11," Economic Information Bulletin No. 113, May 2013.

9   Rana Foroohar, "Hunger: The Biggest Crisis of All," *Newsweek*, May 10, 2008.

10 Frederick Kaufman, "How Goldman Sachs Created the Food Crisis," *Foreign Policy*, April 27, 2011.

11 Saule Omarova, "The Merchants of Wall Street: Banking, Commerce, and Commodities," *Minnesota Law Review* 98, no. 1 (2013): 265-355.

12 Kate Kelly, *The Secret Club That Runs the World: Inside the Fraternity of Commodities Traders* (New York: Portfolio/Penguin, 2014)에서 재인용.

13 Omarova, "The Merchants of Wall Street."

14 Karen McBeth, "U.S. Senators, Goldman Officials Debate if Aluminum Warehouse Deals Hiked Premium," *Platts Metals Daily*, November 20, 2014.

15 David Kocieniewski, "A Shuffle of Aluminum, but to Banks, Pure Gold," *New York Times*, July 20, 2013.

16 Kelly, *The Secret Club That Runs the World*, 151.

17 J.C. Reindl, "Goldman Sachs Sells Its Network of Detroit Warehouses," *Detroit Free Press*, January 18, 2015.

18 Kocieniewski, "A Shuffle of Aluminum."

19 Ibid.

20 Pratima Desai, Clare Baldwin, Susan Thomas, and Melanie Burton, "Heavy Metals; Goldman Sachs Turns Aluminum and Warehouses into Money Machines," Reuters, July 29, 2011; Kocieniewski, "A Shuffle of Aluminum."

21 Ryan Tracy and Christian Berthelsen, "Banks Face Senate Grilling on Commodity Deals," *Wall Street Journal*, November 20, 2014.

22 오마로바와의 인터뷰.

23 겐슬러와의 인터뷰.

24 Rana Foroohar, "The Myth of Financial Reform," *Time*, September 23, 2012.

25 Michael Masters, testimony before the Committee on Homeland Security and Governmental Affairs, US Senate, May 20, 2008.

26 Gregory Meyer and John Authers, "Revaluing Commodities," *Financial Times*, June 3, 2015.

27 Michael Masters, testimony before the Committee on Homeland Security and Governmental Affairs, US Senate, May 20, 2008.

28 Ibid

29 BIS data; 샤르마와의 인터뷰.

30 Dietrich Domanski, Jonathan Kearns, Marco Jacopo Lombardi, and Hyun Song Shin, "Oil and Debt," *BIS Quarterly Review*, Bank for International Settlements, March 2015.

31 Frederick Kaufman, "The Food Bubble: How Wall Street Starved Millions and Got Away With It," *Harper's*, July 2010.

32 국제결제은행이 발표한 통계에 따르면, 2014년 12월 기준으로 중앙청산소를 거친 장외 파생상품 거래 비중은 29퍼센트였다.

33 Kelly, *The Secret Club That Runs the World*, 149-50.

34 "Morgan Stanley May Sell Part of Commods Unit: CNBC," Reuters, June 6, 2012.

35 Omarova, "The Merchants of Wall Street," 314.

36 Norbert Haring and Niall Douglas, *Economists and the Powerful: Convenient Theories, Distorted Facts, Ample Rewards* (New York: Anthem Press, 2012), 89-95.

37 Lynn Stout, "Regulate OTC Derivatives by Deregulating Them," *Regulation* 32, no. 3 (Fall 2009).

38 스타우트와의 인터뷰, 2015.

39 Omarova, "The Merchants of Wall Street," 318-19.

40 Representative Bart Stupak, testimony during the Commodity Futures Trading Commission hearing on Energy Position Limits and Hedge Exemptions, July 28, 2009.

41 전직 은행가이자 파생상품 전문가 찰스 모리스와의 인터뷰.

42 Kelly, *The Secret Club That Runs the World*, 153.

43 Ye Xie, "Goldman Sachs Hands Clients Losses in 'Top Trades,'" Bloomberg, May 19, 2010.

44 Stout, "Regulate OTC Derivatives by Deregulating Them."

45 Bank for International Settlements, "OTC Derivatives Statistics at end-

December 2014," April 2015.

46 겐슬러와의 인터뷰.

47 United States Senate Permanent Subcommittee on Investigations, "Wall Street Bank Involvement with Physical Commodities: Majority and Minority Staff Report," November 2014, 220.

48 Nathaniel Popper and Peter Eavis, "Senate Report Finds Banks Can Influence Commodities," *New York Times*, November 20, 2014; Tracy and Berthelsen, "Banks Face Senate Grilling on Commodity Deals"; Brian Wingfield and Dawn Kopecki, "JPMorgan to Pay $410 Million in US FERC Settlement," *Bloomberg Business*, July 30, 2013.

49 Popper and Eavis, "Senate Report Finds Banks Can Influence Commodities."

50 Michael Patterson, prepared testimony before the Senate Banking Committee, Hearing on Financial Services Modernization, February 25, 1999.

51 Omarova, "The Merchants of Wall Street," 288.

52 매든과의 인터뷰.

53 Saule Omarova, "Financial Holding Companies' Activities in Physical Commodity Markets: Key Issues from the Perspective of US Banking Law and Policy," written testimony before the US Senate Committee on Homeland Security and Governmental Affairs, Permanent Subcommittee on Investigations, November 21, 2014.

54 겐슬러와의 인터뷰.

55 오마로바와의 인터뷰, 2015.

56 스티글리츠와의 인터뷰.

57 "Metal Bashing," *Economist*, August 17, 2013; Matt Taibbi, "The Vampire Squid Strikes Again: The Mega Banks' Most Devious Scam Yet," *Rolling Stone*, February 12, 2014.

58 United States Senate Permanent Subcommittee on Investigations, "Wall Street Bank Involvement with Physical Commodities: Majority and Minority Staff Report," November 2014, 378.

59 Omarova, "The Merchants of Wall Street," 324-33.

60 상품선물거래위원회의 직원 규모는 1997~2000년에 600명 선을 넘나들었다. "CFTC Says Low Salaries, Retirements to Take Toll," *Wall Street Journal*, September 17, 1997 참조. 본문에 제시된 미국 선물 시장 및 스와프 시장 규모는 상품선물거래위원회의 2015년 6월 기준 추산치다.

61 Taibbi, "The Vampire Squid Strikes Again."

62 Gina Chon, Caroline Binham, and Laura Noonan, "Six Banks Fined Total of $5.6 Billion over Rigging of Forex Markets," *Financial Times*, May 21,

2015.

63 Bank for International Settlements statistics, April 2014.

64 Barney Jopson and Gregory Meyer, "Banks Face Capital Call for Commodity Disaster Costs," *Financial Times*, November 4, 2015.

65 Michael J. Moore, "Morgan Stanley Agrees to Sell TransMontaigne Stake to NGL," *Bloomberg Business*, June 9, 2014.

66 도너와의 인터뷰.

67 Popper and Eavis, "Senate Report Finds Banks Can Influence Commodities."

68 Kelly, *The Secret Club That Runs the World*, 151.

69 Josette Sheeran, "Ending Hunger Now," TED Talk, July 2011.

7장 월가가 메인가를 장악하다

1 Rana Foroohar, "A Tale of Two California Cities," *Time*, October 2, 2012.

2 Right to the City Alliance, "Renting from Wall Street," Homes for All Campaign, July 2014.

3 John Gittelsohn and Heather Perlberg, "Blackstone's Home Buying Binge Ends as Prices Surge," *Bloomberg Business*, March 14, 2014.

4 Blackstone, "Third Quarter 2015 Earnings Call," October 15, 2015.

5 Matt Scully, "New Uncertainty in Housing as Investors Seek Maximum Profits," *American Banker*, March 2, 2015; Eliot Brown, "Blackstone's Real Estate Muscle on Display in GE Deal: Private-Equity Company's Scale in the Property Market Is 'Unmatched,'" *Wall Street Journal*, April 12, 2015.

6 National Association of Realtors, "Existing-Home Sales Maintain Solid Growth in July," August 20, 2015.

7 U.S. Census Bureau, "Residential Vacancies and Homeownership in the Third Quarter 2015," October 27, 2015; "Housing in a Changing and Aging US: A Primer on the US Housing Stock," Bank of America/Merrill Lynch, June 23, 2015.

8 Louise Keely and Kathy Bostjancic, "A Tale of 2000 Cities: How the Sharp Contrast Between Successful and Struggling Communities Is Reshaping America," Demand Institute, February 2014.

9 Rana Foroohar, "The Housing Mirage," *Time*, May 20, 2013.

10 Sarah Edelman, "Cash for Homes: Policy Implications of an Investor-Led Housing Recovery," Center for American Progress, September 5, 2013.

11 Fitch Ratings, "US Residential Recovery Too Fast in Some Local Economies," Fitch Wire, May 28, 2013.

12 Nathaniel Popper, "Behind the Rise in House Prices, Wall Street Buyers," *New York Times*, June 3, 2013.

13 Joint Center for Housing Studies, Harvard University, "State of the Nation's Housing: 2015" and "Projecting Trends in Severely Cost-Burdened Renters: 2015-2025."

14 로마노와의 인터뷰.

15 Center for Responsible Lending, "The State of Lending in America & Its Impact on U.S. Households," June 16, 2015.

16 National Association of Home Builders, "Healthy Housing Industry Spurs Job Growth," May 7, 2014.

17 Rana Foroohar, "Banking Is for the 1%," *Time*, August 21, 2014.

18 Elizabeth Warren, *A Fighting Chance* (New York: Picador, 2015), 118.

19 애펄바움과의 인터뷰.

20 Mark Zandi and Adam Kamins, "Single-Family Rental—Out of the Ashes," Moody's Analytics, June 2015.

21 Eileen Appelbaum and Rosemary Batt, *Private Equity at Work: When Wall Street Manages Main Street* (New York: Russell Sage Foundation, 2014), 15.

22 사모펀드의 비즈니스 모델과 그 작동 방식에 관한 유쾌하면서도 불편한 해설을 접하고 싶다면, 뤼도비크 팔리푸가 2014년에 MBA 학생들을 대상으로 펼친 강연을 보라. 대형 금융 거래에 대한 간략한 설명만으로도 시간을 투자할 가치가 있다. Ludovic Phalippou, "Money for Nothing? The Wonderful World of Private Equity," lecture at Oxford University, October 2014, https://www.youtube.com/watch?v=m1paFqPIj6Q.

23 Steven J. Davis, John Haltiwanger, Ron Jarmin, Josh Lerner, and Javier Miranda, "Private Equity and Employment," Paper No. CES 08-07R, US Census Bureau Center for Economic Studies, October 2011.

24 사모펀드성장자본위원회(Private Equity Growth Capital Council)의 추산에 따르면, 2015년 사모펀드들이 지분을 보유한 기업들의 고용 규모는 1130만 명이었다. 이는 미국의 총 노동력 규모인 1억 5700만 명의 7퍼센트다. Private Equity Growth Capital Council, "PE by the Numbers," updated August 2015. Jason Kelly, *The New Tycoons: Inside the Trillion Dollar Private Equity Industry That Owns Everything* (Hoboken, NJ: Bloomberg Press, 2012), 123 또한 참조.

25 애펄바움과의 인터뷰.

26 Ludovic Phalippou, "Beware of Venturing into Private Equity," *Journal of Economic Perspectives* 23, no. 1 (Winter 2009): 147-66.

27 International Monetary Fund, "United States Financial System Stability Assessment," IMF Country Report No. 15/170, July 2015; OECD, *OECD*

Business and Finance Outlook 2015 (Paris: OECD Publishing, June 2015), 120.

28 Chris Flood and Chris Newlands, "Calpers' Private Equity Problems Pile Up," *Financial Times*, July 12, 2015.

29 Gretchen Morgenson, "A Sales Pitch Casts a Spell on Pensions," *New York Times*, November 6, 2015.

30 Charles V. Bagli and Christine Haughney, "Wide Fallout in Failed Deal for Stuyvesant Town," *New York Times*, January 25, 2010; Appelbaum and Batt, *Private Equity at Work*, 44-45.

31 Ibid., 86-89.

32 "The Rise of the Corporate Landlord: The Institutionalization of the Single-Family Rental Market and Potential Impacts on Renters," Homes for All Campaign of the Right to the City Alliance, July 2014, 13.

33 California Reinvestment Coalition, "There Goes the Neighborhood: Real Estate Investors, Wall Street, Big Banks, and Neighborhood Displacement," June 2015, 22.

34 에덜먼과의 인터뷰; Edelman, "Cash for Homes."

35 California Reinvestment Coalition, "There Goes the Neighborhood."

36 The Right to the City Alliance, "Renting from Wall Street."

37 애펄바움 및 캘리포니아 재투자연대 임원진과의 인터뷰.

38 Jade Rahmani, Bose George, and Ryab Tomasello, "Securitization of Single-Family Rentals," *Mortgage Banking* 74, no. 5 (February 2014): 82; Matthew Goldstein, "Equity Firms Are Lending to Landlords, Signaling a Shift," *New York Times*, March 3, 2015.

39 애펄바움과의 인터뷰.

40 Rahmani, George, and Tomasello, "Securitization of Single-Family Rentals," 81.

41 에덜먼과의 인터뷰.

42 Oscar Jorda, Moritz Schularick, and Alan M. Taylor, Federal Reserve Bank of San Francisco, "The Great Mortgaging: Housing Finance, Crises, and Business Cycles," Working Paper no. 2014-23 (September 2014), 10.

43 Turner, *Between Debt and the Devil*, chapter 4.

44 Calomiris and Haber, *Fragile by Design*, 19 and chapters 6 and 7.

45 Financial Stability Board, "Global Shadow Banking Monitoring Report 2015," November 12, 2005.

46 William Alden, "Private Equity Is Top Choice of Young Wall Street Bankers," *New York Times*, December 4, 2014.

47 Kayla Tausche, "Blackstone's Housing Bet Swells to $4.5 Billion," CNBC, May 2, 2013.

48 Zandi and Kamins, "Single Family Rental—Out of the Ashes."

49 Edelman, "Cash for Homes," 8.

50 Michael Capuano addressing the Housing and Urban Development Department Oversight, June 12, 2015, https://archive.org/details/CSPAN3_20150612_210000_Politics__Public_Policy_Today.

51 이머글럭과의 인터뷰.

52 Andrew Bowden (Director, Office of Compliance Inspections and Examinations), U.S. Securities and Exchange Commission, "Spreading Sunshine in Private Equity," May 6, 2014.

53 Eileen Appelbaum, "Private Equity and the SEC After Dodd-Frank," Center for Economic Policy Research, January 2015.

54 Eileen Appelbaum, "IRS Should Crack Down on Private Equity's Abusive Tax Alchemy," *Huffington Post*, April 15, 2015.

55 Edelman, "Cash for Homes"; Sarah Edelman and Julia Gordon, "5 Ways America's Newest Landlords Can Win the Public's Trust," Center for American Progress, December 18, 2014.

56 Bethany McLean, *Shaky Ground: The Strange Saga of the US Mortgage Giants* (New York: Columbia Global Reports, 2015), 118-25.

57 Rebecca Tippell et al., the Center for Global Policy Solutions and Duke University, "Beyond Broke: Why Closing the Racial Wealth Gap Is a Priority for National Economic Security," May 2014, 3.

58 Ruben Hernandez-Murillo, Andra C. Ghent, and Michael T. Owyang, "Did Affordable Housing Legislation Contribute to the Subprime Securities Boom?" Federal Reserve Bank of St. Louis, Working Paper No. 2012-005D, March 2012; Robert B. Avery and Kenneth P. Brevoort, Federal Reserve Board, "The Subprime Crisis: Is Government Housing Policy to Blame?" Division of Research and Statistics, Board of Governors of the Federal Reserve System, Working Paper No. 2011-36, August 3, 2011.

8장 은퇴의 종말

1 United States Government Accountability Office, "Retirement Security: Most Households Approaching Retirement Have Low Savings," GAO report no. 15-419, May 2015, 12.

2 United States Government Accountability Office, "Better Agency Coordination Could Help Small Employers Address Challenges to Plan Sponsorship," report to Congressional requesters no. GAO-12-326, March 2012.

3 Barbara A. Butrica and Mikki D. Waid, "What Are the Retirement Prospects of Middle-Class Americans?" AARP Public Policy Institute, January 2013; data from the Center for Retirement Research at Boston College.

4 Foroohar, "2030: The Year Retirement Ends," *Time*, June 19, 2014.

5 John C. Bogle, *The Clash of the Cultures: Investment vs. Speculation* (Hoboken, NJ: Wiley, 2012).

6 Ibid., 215.

7 State Budget Crisis Task Force, "Final Report," January 2014, 16.

8 Investment Company Institute, *2015 Investment Company Fact Book* (Washington DC, 2015), 137.

9 William Sharpe, "The Arithmetic of Investment Expenses," *Financial Analysts Journal* 69, no. 2 (March/April 2013): 34-41.

10 John C. Bogle, testimony before the Finance Committee of the United States Senate (written statement), September 16, 2014.

11 John C. Bogle, "Big Money in Boston: The Commercialization of the Mutual Fund Industry," *Journal of Portfolio Management* 40, no. 4 (2013): 135.

12 Knut A. Rostad, ed., *The Man in the Arena: Vanguard Founder John C. Bogle and His Lifelong Battle to Serve Investors First* (Hoboken, NJ: Wiley, 2013), 124-25.

13 Bogle, *The Clash of the Cultures*, 111.

14 Ian Ayres and Quinn Curtis, "Beyond Diversification: The Pervasive Problem of Excessive Fees and 'Dominated Funds' in 401(k) Plans," *Yale Law Journal* 124, no. 5 (March 2015): 1501.

15 Bogle, "Big Money in Boston," 142.

16 로버드 민턴 세지윅의 아들 존 쇼 세지윅과의 인터뷰.

17 R. Minturn Sedgwick, "The Record of Conventional Investment Management: Is There Not a Better Way?" *Financial Analysts Journal* 29, no. 4 (July-August 1973): 41-44.

18 Ameriprise Financial, "Ameriprise Financial Completes Columbia Management Acquisition," news release, May 3, 2010.

19 Bogle, *The Clash of the Cultures*, 117-18.

20 Rana Foroohar, "Why Some Men Are Big Losers," *Time*, June 10, 2013.

21 Bogle, "Big Money in Boston," 138.

22 Bogle Senate testimony, September 16, 2014.

23 Paul Samuelson, statement before the hearing on Mutual Fund Legislation of 1967 by US Senate Committee on Banking and Currency, August 2, 1967.

24 버핏과의 인터뷰.

25 "Against the Odds: The Costs of Actively Managed Funds Are Higher than Most Investors Realise," *Economist*, February 20, 2014.

26 Wells Fargo, "2015 Affluent Investor Survey," conducted by Harris Poll, July 2015.

27 Rana Foroohar, "2030: The Year Retirement Ends."

28 Bogle Senate testimony, September 16, 2014.

29 Sheena S. Iyengar and Mark R. Lepper, "When Choice Is Demotivating: Can One Desire Too Much of a Good Thing?" *Journal of Personality and Social Psychology* 79, no. 6 (2000): 995-1006.

30 "Prepared Statement of Monique Morrissey," in *The State of US Retirement Security: Can the Middle Class Afford to Retire?* Hearing before the US Senate Subcommittee on Economic Policy of the Committee on Banking, Housing, and Urban Affairs, March 12, 2014.

31 Federal Reserve Statistical Release, "Table L.119: Federal Government Employee Retirement Funds," Financial Accounts of the United States, http://www.federalreserve.gov/releases (accessed November 2015); U.S. Bureau of Labor, "Table 2: Retirement Benefits: Access, Participation, and Take-up Rates, State and Local Government Workers," National Compensation Survey, March 2015.

32 Chris Christof, "Detroit Pension Cuts from Bankruptcy Prompt Cries of Betrayal," Bloomberg, February 5, 2015.

33 Wallace C. Turbeville, "The Detroit Bankruptcy," Demos, November 2013.

34 Wallace C. Turbeville, "Detroit Moves to the Next Phase," Demos, November 7, 2014.

35 Turbeville, "The Detroit Bankruptcy."

36 Rana Foroohar, "Detroit Turns Up," *Time*, November 13, 2014; Turbeville, "The Detroit Bankruptcy"; 터브빌과의 인터뷰.

37 Fix LA Coalition, "No Small Fees: LA Spends More on Wall Street than Our Streets," March 25, 2014.

38 "The Looting of Oakland: How Wall Street's Predatory Practices Are Costing Oakland Communities Millions and What We Can Do About It," ReFund and ReBuild Oakland Coalition, June 2013.

39 State Budget Crisis Task Force, "Final Report," 16.

40 Alicia H. Munnell, Jean-Pierre Aubry, and Mark Cafarelli, Center for Retire-

ment Research at Boston College, "An Update on Pension Obligation Bonds," November 4, 2014.

41 터브빌과의 인터뷰.

42 McKinsey Global Institute, "Debt and (Not Much) Deleveraging."

43 "Fund Managers Face the Spotlight of Higher Pay," editorial, *Financial Times*, February 17, 2015.

44 John Authers, "Loser's Game," *Financial Times*, December 22, 2014.

45 Foroohar, "2030: The Year Retirement Ends"; 저자의 후속 기사.

46 Robin Greenwood and David Scharfstein, "The Growth of Finance," *Journal of Economic Perspectives* 27, no. 2 (2013): 3-28.

47 Bogle, *The Clash of the Cultures*, 225.

48 보글과의 인터뷰.

49 Bogle Senate testimony, September 16, 2014, 9.

50 Alyssa Davis and Lawrence Mishel, "CEO Pay Continues to Rise as Typical Workers Are Paid Less," Economic Policy Institute, June 12, 2014.

51 Dunstan Prial, "Fund Managers Pressured to Be 'Better Corporate Citizens,'" Associated Press, March 9, 2000; Willard T. Carleton, James M. Nelson, and Michael Weisbach, "The Influence of Institutions on Corporate Governance Through Private Negotiations: Evidence from TIAA-CREF," *Journal of Finance* 53, no. 4 (1998): 1335-62.

52 Adam Smith, *An Inquiry into the Nature and Causes of The Wealth of Nations*, vol. 2, edited by Edwin Cannan (London: Methuen & Co., 1904), 159.

9장 조세 회피의 달인들

1 Vanessa Houlder and Vicent Boland, "Corporate Tax: The $240bn Black Hole," *Financial Times*, November 25, 2015.

2 Carla Mozée, "What an AstraZeneca Deal Could Do for Pfizer's 'War Chest,' Taxes," *MarketWatch*, April 28, 2014.

3 "Tracking Tax Runaways," Bloomberg, Visual Data (Updated April 13, 2015); Andrew Ross Sorkin, "Banks Cash In on Inversion Deals Intended to Elude Taxes," *New York Times*, July 28, 2014.

4 Bill George, "A Case for Rejecting Pfizer's Bid for AstraZeneca," *New York Times*, May 8, 2014.

5 Richard Rubin, "U.S. Companies Are Stashing $2.1 Trillion Overseas to Avoid Taxes," *Bloomberg Business*, March 4, 2015; Foroohar, "The $2 Billion Boo-Boo."

6 Jason Furman, chairman of the Council of Economic Advisers, "Business Tax Reform and Economic Growth," speech, New York University School of Law, September 22, 2014.

7 Mariana Mazzucato, *The Entrepreneurial State: Debunking Public Vs. Private Sector Myths* (London and New York: Anthem, 2013), 12.

8 익명의 취재원의 제보.

9 Michael E. Porter and Jan W. Rivkin, "An Economy Doing Half Its Job: Findings of Harvard Business School's 2013-14 Survey on U.S. Competitiveness," Harvard Business School, September 2014.

10 Rana Foroohar, "The Artful Dodgers," *Time*, September 11, 2014.

11 Ruud A. de Mooij, "Tax Biases to Debt Finance: Assessing the Problem, Finding Solutions," International Monetary Fund, IMF Staff Discussion Note No. SDN/11/11, May 3, 2011.

12 Jason Furman, "The Concept of Neutrality in Tax Policy," testimony before the U.S. Senate Committee on Finance Hearing titled "Tax: Fundamentals in Advance of Reform," April 15, 2008.

13 저자의 기사; Sam Schechner, "Ireland to Close 'Double Irish' Tax Loophole," *Wall Street Journal*, October 14, 2014.

14 "A Senseless Subsidy: Ending the Debt Addiction," *Economist*, May 16, 2015.

15 David Henry, "Corporate America's New Achilles' Heel," *Newsweek*, March 27, 2005; Foster and Magdoff, *The Great Financial Crisis*, 55.

16 Ivan Vidangos, Federal Reserve Board, "Deleveraging and Recent Trends in Household Debt," April 2015.

17 Theo Francis, "5 Reasons Corporate Debt Is at a Record High," *Wall Street Journal*, August 1, 2014.

18 McKinsey Global Institute, "Debt and (Not Much) Deleveraging."

19 "A Senseless Subsidy," *Economist*.

20 Luc Laeven and Fabian Valencia, International Monetary Fund, "Systemic Banking Crises Database: An Update," Working Paper No. 12/163, June 2012.

21 경제학자 모리츠 슐라리크와 앨런 테일러의 연구가 특히 주목할 만하다. 이들은 140년간의 데이터를 살핀 뒤, "신용의 증가는 금융 위기의 강력한 전조로, 이는 금융 위기가 곧 '잘못 흘러간 신용 호황'임을 시사한다"고 밝혔다. Moritz Schularick and Alan M. Taylor, "Credit Booms Gone Bust: Monetary Policy, Leverage Cycles, and Financial Crises, 1870-2008," National Bureau of Economic Research, Working Paper No. 15512, 2009 참조.

22 Mian and Sufi, *House of Debt.*

23 Ibid., 4.

24 Ibid., 24.

25 샤르마와의 인터뷰.

26 Camden Hutchison, "The Historical Origins of the Debt-Equity Distinction," *Florida Tax Review*, January 2, 2015.

27 Mian and Sufi, *House of Debt*, 36.

28 "A Senseless Subsidy," *Economist.*

29 John McCormick, "Yacht Owners Seek to Salvage Deductions for Second Homes," Bloomberg, January 24, 2014.

30 Steven Davidoff Solomon, "For Some Corporate Chiefs, Private Security Is a Tax Break," *New York Times*, April 10, 2012.

31 Gillian Tett, "America Likes Living on the Edge," *Financial Times*, July 19, 2013.

32 Warren E. Buffett, "Stop Coddling the Super-Rich," *New York Times*, August 14, 2011.

33 "Warren Buffett and His Secretary on Their Tax Rates," ABC News, January 25, 2012.

34 Buffett, "Stop Coddling the Super-Rich."

35 Nicholas Kristof, "Taxes and Billionaires," *New York Times*, July 6, 2011.

36 2013년 도시연구소(Urban Institute)는 짧지만 흥미진진한 영상 자료 한 편을 공개했다. 이에 따르면, 연방 소득세를 전혀 납부하지 않은 집단(그해 전체 미국인 중 43퍼센트였다)을 분석해 보았더니 단 1퍼센트만이 무임승차자로 의심받을 소지가 있었다고 한다. Urban Institute, "Debunking Myths About Who Pays No Federal Income Tax," video, August 29, 2013, https://www.youtube.com/watch?v=nM7orhQIzKM 참조.

37 버핏과의 인터뷰.

38 James Surowiecki, "The Debt Economy," *New Yorker*, November 23, 2009.

39 Asker, Farre-Mensa, and Ljungqvist, "Comparing the Investment Behavior of Public and Private Firms."

40 Smithers, *The Road to Recovery*, 15; "The Profits Prophet," *Economist*, October 5, 2013.

41 스미더스와의 인터뷰.

42 Office of Financial Research, "Quicksilver Markets," 7.

43 스티글리츠와의 인터뷰.

44 2014년 사에즈가 참여한 연구에 따르면, 2102년 세금 신고자 가운데 최상위 1퍼센트가 차지한 세전 개인 소득은 전체의 42퍼센트였다. 특히 0.1퍼센트의 몫은

1979년 7퍼센트에서 2012년에는 무려 22퍼센트로 올랐다. Saez and Zucman, "Wealth Inequality in the United States Since 1913" 참조.

45 스티글리츠와의 인터뷰.

46 Stiglitz, *The Roaring Nineties*, 178.

47 스미더스와의 인터뷰.

48 International Monetary Fund, "Tax Biases to Debt Finance."

49 Rana Foroohar, "Starbucks for America."

10장 돌고 도는 회전문

1 Steve Mufson and Tom Hamberger, "Jamie Dimon Himself Called to Urge Support for the Derivatives Rules in the Spending Bill," *Washington Post*, December 11, 2014.

2 Peter Eavis, "Wall St. Wins a Round in a Dodd-Frank Fight," *New York Times*, December 12, 2014; Mufson and Hamberger, "Jamie Dimon Himself Called."

3 Americans for Financial Reform, "Wall Street Money in Washington: Update on 2013-2014 Campaign and Lobby Spending by the Financial Sector," March 18, 2015.

4 Americans for Financial Reform data.

5 Daniel Stevens, "Wall Street Banks Contribute More than Twice as Much to Members Voting Yes on Dodd-Frank Rollback," Maplight.org, December 17, 2014.

6 Ibid.

7 OpenSecrets.org, "Lobbying, Sector Profile, 2014: Finance, Insurance & Real Estate" and "Lobbying, Sector Profile, 2014: Health" (accessed November 2015).

8 Americans for Financial Reform, "Wall Street Money in Washington: Update on 2013-2014 Campaign and Lobby Spending by the Financial Sector."

9 Chicago Booth/Kellogg School Financial Trust Index, "Financial Trust Index Reveals Public's Slipping Confidence in Banks, Government: Wave 23 Results," June 2015.

10 Luigi Zingales, "Does Finance Benefit Society?" National Bureau of Economic Research, Working Paper 20894, January 2015, 3.

11 Ben Protess, "Wall Street Continues to Spend Big on Lobbying," *New York Times*, August 1, 2011; Nancy Watzman, "Goldman Sachs, Financial Firms Flood Agencies to Influence Financial Law, New Dodd-Frank Tracker

Shows," Sunlight Foundation, July 18, 2011.

12 Kimberly D. Krawiec, "Don't 'Screw Joe the Plummer [*sic*]': The Sausage-Making of Financial Reform," *Arizona Law Review* 55, no. 1 (2013): 59.

13 Tom Braithwaite and Richard Blackden, "Volcker Lambasts Wall Street Lobbying," *Financial Times*, December 19, 2014.

14 Krawiec, "Don't 'Screw Joe the Plummer,'" 79.

15 Foroohar, "The $2 Billion Boo-Boo."

16 저자의 공공 기록물 분석 및 연구.

17 브라운과의 인터뷰.

18 Noam Scheiber, *The Escape Artists: How Obama's Team Fumbled the Recovery* (New York: Simon & Schuster, 2012), 3.

19 브라운과의 인터뷰.

20 Thomas Ferguson, "Legislators Never Bowl Alone: Big Money, Mass Media and the Polarization of Congress," INET Conference, Bretton Woods, New Hampshire, April 2011, 20.

21 Philippon, "Has the U.S. Finance Industry Become Less Efficient?"; Greenwood and Scharfstein, "The Growth of Finance."

22 Jake Bernstein, "Inside the New York Fed: Secret Recordings and a Culture Clash," ProPublica, September 26, 2014, published in conjunction with *This American Life*.

23 Rana Foroohar, "Our Dysfunctional Financial System," *Time*, October 2, 2014.

24 "The AIG Rescue, Its Impact on Markets, and the Government's Exit Strategy," June Oversight Report, Congressional Oversight Panel, June 10, 2010.

25 익명의 취재원과의 인터뷰.

26 "The AIG Rescue, Its Impact on Markets, and the Government's Exit Strategy."

27 Timothy F. Geithner, *Stress Test: Reflections on Financial Crises* (New York: Crown, 2014), 334.

28 Calomiris and Haber, *Fragile by Design*, 161.

29 Ferguson, "Legislators Never Bowl Alone."

30 Andrew Haldane, "Control Rights (and Wrongs)," Wincott Annual Memorial Lecture, Westminster, London, October 24, 2011.

31 예를 들어, 1360년에 카탈루냐의 한 은행가가 실제로 이런 일을 당했다. Andrew G. Haldane, "Banking on the State," paper based on a presentation delivered to the Federal Reserve Bank of Chicago, 12th annual International Banking Conference, "The International Financial Crisis: Have the Rules of

Finance Changed?" Chicago, September 25, 2009 참조.

32 홀데인과의 인터뷰.

33 홀데인과의 인터뷰; John D. Turner, *Banking in Crisis: The Rise and Fall of British Banking Stability, 1800 to the Present* (Cambridge: Cambridge University Press, 2014).

34 Haldane, "Control Rights (and Wrongs)."

35 Steven Mandis, *What Happened to Goldman Sachs? An Insider's Story of Organizational Drift and Its Unintended Consequences* (Boston: Harvard Business Review Press, 2013).

36 Peter Weinberg, "Wall Street Needs More Skin in the Game," *Wall Street Journal*, September 30, 2009.

37 Mike Konczal and Nell Abernathy, "Defining Financialization," Roosevelt Institute, July 27, 2015.

38 Rana Foroohar, "The Myth of Financial Reform," *Time*, September 23, 2013.

39 "Transcript: Attorney General Eric Holder on 'Too Big to Jail,'" *American Banker*, March 6, 2013.

40 Jed S. Rakoff, "The Financial Crisis: Why Have No High-Level Executives Been Prosecuted?" *New York Review of Books*, January 9, 2014.

41 Zingales, "Does Finance Benefit Society?" 41-42.

42 Warren, *A Fighting Chance*, 284.

43 Bryan T. Kelly, Hanno N. Lustig, and Stijn Van Nieuwerburgh, "Too-Systemic-to-Fail: What Option Markets Imply About Sector-Wide Government Guarantees," Working Paper no. 9023 (Center for Economic Policy Research: March 21, 2012), 3 and 37.

44 Zingales, "Does Finance Benefit Society?" 7.

45 워런과의 인터뷰.

46 Foroohar, "The Myth of Financial Reform."

47 Anthony Coley, "Response to *TIME* Magazine Article on Financial Reform," US Department of the Treasury, September 13, 2013.

48 Rana Foroohar, "*Time*'s Foroohar Responds to Treasury: Our Financial System Is Not Stronger," *Time*, September 13, 2013.

49 Maureen Farrell, "Goldman Says J.P. Morgan Could Be Worth More Broken Up," *Wall Street Journal*, January 5, 2015.

50 McKinsey Global Institute data. Neil Irwin, "Wall Street Is Back, Almost as Big as Ever," *New York Times*, May 18, 2015; Ratna Sahay et al., "Rethinking Financial Deepening: Stability and Growth in Emerging Markets," Staff Discussion Note no. 15/08, International Monetary Fund, May 2015

또한 참조.

51 Financial Stability Board, "Global Shadow Banking Monitoring Report 2015."

52 "Basel III Capital: A Well-Intended Illusion," remarks by FDIC Vice Chairman Thomas M. Hoenig to the International Association of Deposit Insurers 2013 Research Conference in Basel, Switzerland, April 9, 2013.

53 Warren, *A Fighting Chance*, 124.

54 워런과의 인터뷰.

55 Warren, *A Fighting Chance*, 106.

56 브라운과의 인터뷰.

57 Piketty, *Capital in the Twenty-First Century*, 188.

58 Davis, *Managed by the Markets*, 235-36.

59 데이비스와의 인터뷰.

60 Konczal and Abernathy, "Defining Financialization," 31.

61 워런과의 인터뷰.

62 Paul Mason, *Postcapitalism: A Guide to Our Future* (New York: Farrar, Straus & Giroux, 2016).

63 Foroohar, "Thomas Piketty: Marx 2.0."

64 존슨과의 인터뷰.

11장 금융을 제자리로 되돌리는 법

1 겐슬러와의 인터뷰.

2 McKinsey Global Institute data.

3 Zingales, *A Capitalism for the People*, 205.

4 이 밖의 여러 금융 개혁안을 다음 문헌에서 찾아볼 수 있다. Roosevelt Institute's report by Joseph Stiglitz, "Rewriting the Rules of the American Economy: An Agenda for Growth and Shared Prosperity," May 2015.

5 아드마티와의 인터뷰; Anat Admati and Martin Hellwig, *The Bankers' New Clothes: What's Wrong with Banking and What to Do About It* (Princeton, NJ: Princeton University Press, 2013); Foroohar, "The Myth of Financial Reform."

6 Thomas Hoenig, "Safe Banks Need Not Mean Slow Economic Growth," *Financial Times*, August 19, 2013.

7 Jean-Louis Arcand, Enrico Berkes, and Ugo Panizza, International Monetary Fund, "Too Much Finance?" Working Paper 12/161, June 2012.

8 Stephen G. Cecchetti and Enisse Kharroubi, "Reassessing the Impact of

Finance on Growth," Working Paper No. 381, Bank for International Settlements, July 2012.

9 Mian and Sufi, *House of Debt.*

10 Turner, *Between Debt and the Devil.*

11 Robert J. Shiller, *Finance and the Good Society* (Princeton, NJ: Princeton University Press, 2012).

12 Mian and Sufi, *House of Debt.*

13 대안적 모델에 관한 흥미로운 논의는 Richard Wilkinson and Kate Pickett, *The Spirit Level: Why Equality Is Better for Everyone* (New York: Penguin Books, 2009), chapter 16 참조.

14 Asker, Farre-Mensa, and Ljungqvist, "Comparing the Investment Behavior of Public and Private Firms."

15 Fareed Zakaria, *The Post-American World* (New York: Norton, 2012).

16 Rana Foroohar, "What Hasn't Been Fixed Since the Last Market Crash?" *Time*, August 27, 2015. Ken Miller, "The China Bubble," *Time*, October 31, 2011 또한 참조.

17 Rana Foroohar, "The End of Europe," *Time*, August 22, 2011; Rana Foroohar, "Your Global Economic Mess Is Now Being Served," *Time*, June 18, 2012; Rana Foroohar, "Europe's Economic Band-Aid Won't Cure What Really Ails It," *Time*, January 22, 2015.

18 McKinsey Global Institute, "Debt and (Not Much) Deleveraging."

참고문헌

Acemoglu, Daron, and James A. Robinson. *Why Nations Fail: The Origins of Power, Prosperity, and Poverty.* New York: Crown Publishers, 2012. 〔대런 애쓰모글루·제임스 A. 로빈슨,『국가는 왜 실패하는가』, 최완규 역(시공사, 2012)〕

Admati, Anat, and Martin Hellwig. *The Bankers' New Clothes: What's Wrong with Banking and What to Do About It.* Princeton: Princeton University Press, 2013.

Akerlof, George A., and Robert J. Shiller. *Phishing for Phools: The Economics of Manipulation and Deception.* Princeton, NJ: Princeton University Press, 2015. 〔조지 애커로프·로버트 쉴러,『피싱의 경제학: 인간 약점을 파고드는 시장 경제의 은밀한 조작과 속임수』, 조성숙 역(알에이치코리아, 2016)〕

Anderson, Chris. *Makers: The New Industrial Revolution.* New York: Crown Business, 2012. 〔크리스 앤더슨,『메이커스: 새로운 수요를 만드는 사람들』, 윤태경 역(알에이치코리아, 2013)〕

Appelbaum, Eileen, and Rosemary Batt. *Private Equity at Work: When Wall Street Manages Main Street.* New York: Russell Sage Foundation, 2014.

Atkinson, Anthony B. *Inequality: What Can Be Done?* Cambridge, MA: Harvard University Press, 2015. 〔앤서니 B. 앳킨슨,『불평등을 넘어: 정의를 위해 무엇을 할 것인가』, 장경덕 역(글항아리, 2015)〕

Atkinson, Robert D., and Stephen J. Ezell. *Innovation Economics: The Race for Global Advantage.* New Haven, CT: Yale University Press, 2012.

Bair, Sheila. *Bull by the Horns: Fighting to Save Main Street from Wall Street and Wall Street from Itself.* New York: Free Press, 2012. 〔실라 베어,『정면돌파: 금융위기 극복을 위해 월가와 맞서 싸우다』, 서정아·예금보험공사 역(알에이치코리아, 2016)〕

Balkin, Jeremy K. *Investing with Impact: Why Finance Is a Force for Good.*

Brookline, MA: Bibliomotion, 2015.

Banerjee, Abhijit V., and Esther Duflo. *Poor Economics: A Radical Rethinking of the Way to Fight Global Poverty*. New York: PublicAffairs, 2011. [아비지트 배너지·에스테르 뒤플로, 『가난한 사람이 더 합리적이다: MIT 경제학자들이 밝혀낸 빈곤의 비밀』, 이순희 역(생각연구소, 2012)]

Barofsky, Neil M. *Bailout: How Washington Abandoned Main Street While Rescuing Wall Street*. New York: Free Press, 2013.

Bernanke, Ben. *The Federal Reserve and the Financial Crisis: Lectures by Ben S. Bernanke*. Princeton, NJ: Princeton University Press, 2013. [벤 S. 버냉키, 『벤 버냉키, 연방준비제도와 금융위기를 말하다』, 김홍범·나원준 역(미지북스, 2014)]

Blasi, Joseph R., Richard B. Freeman, and Douglas L. Kruse. *The Citizen's Share: Putting Ownership Back into Democracy*. New Haven, CT: Yale University Press, 2013.

Blight, James G., and Janet M. Lang. *The Fog of War: Lessons from the Life of Robert S. McNamara*. Lanham, MD: Rowman & Littlefield Publishers, 2005.

Blinder, Alan S. *After the Music Stopped: The Financial Crisis, the Response, and the Work Ahead*. New York: Penguin Press, 2013.

Blyth, Mark. *Austerity: The History of a Dangerous Idea*. Oxford: Oxford University Press, 2015. [마크 블라이스, 『긴축: 그 위험한 생각의 역사』, 이유영 역(부키, 2016)]

Bogle, John C. *The Clash of the Cultures: Investment vs. Speculation*. Hoboken, NJ: John Wiley & Sons, 2012.

Brynjolfsson, Erik, and Andrew McAfee. *The Second Machine Age: Work, Progress, and Prosperity in a Time of Brilliant Technologies*. New York: W.W. Norton & Company, 2014. [에릭 브린욜프슨·앤드루 맥아피, 『제2의 기계시대: 인간과 기계의 공생이 시작된다』, 이한음 역(청림출판, 2014)]

Bughin, Jacques, and James Manyika. *Internet Matters: The Rise of the Digital Economy, Essays on Digital Transformation*, Vol. 4. N.p.: McKinsey & Company, 2013.

Burlingham, Bo. *Small Giants: Companies That Choose to Be Great Instead of Big*. New York: Portfolio, 2007. [보 벌링엄, 『스몰 자이언츠: 무한성장보다 비전을 택한 비범한 기업들』, 김유범 역(팩컴북스, 2008)]

Byrne, John A. *The Whiz Kids: The Founding Fathers of American Business—and the Legacy They Left Us*. New York: Doubleday, 1993.

Calomiris, Charles W., and Stephen H. Haber. *Fragile by Design: The Political Origins of Banking Crises and Scarce Credit*. Princeton, NJ: Princeton University Press, 2014.

Canderle, Sebastien. *Private Equity's Public Distress: The Rise and Fall of Candover and the Buyout Industry Crash.* Lexington, KY: n.p., 2011.

Carosso, Vincent P. *Investment Banking in America: A History.* Cambridge, MA: Harvard University Press, 1970.

Casey, Michael J. *The Unfair Trade: How Our Broken Global Financial System Destroys the Middle Class.* New York: Crown Business, 2012.

Clark, Gregory. *The Son Also Rises: Surnames and the History of Social Mobility.* Princeton, NJ: Princeton University Press, 2014.

Clinton, Hillary Rodham. *Hard Choices.* New York: Simon & Schuster, 2014. 〔힐러리 로댐 클린턴, 『힘든 선택들』, 김규태·이형욱 역(김영사, 2015)〕

Coates, John. *The Hour between Dog and Wolf: Risk-taking, Gut Feelings and the Biology of Boom and Bust.* New York: Penguin Press, 2012. 〔존 코츠, 『리스크 판단력: 위험은 개와 늑대 사이의 시간에 시작된다』, 문수민 역(책읽는수요일, 2013)〕

Cowen, Tyler. *Average Is Over: Powering America Beyond the Age of the Great Stagnation.* New York: DUTTON/The Penguin Group, 2013. 〔타일러 코웬, 『4차 산업혁명 강력한 인간의 시대: 누가 기계와의 경쟁에서 살아남을 것인가?』, 신승미 역(마일스톤, 2017)〕

Das, Satyajit. *Extreme Money: Masters of the Universe and the Cult of Risk.* Upper Saddle River, NJ: FT Press, 2011. 〔사트야지트 다스, 『익스트림 머니: 전 세계 부를 쥐고 흔드는 위험한 괴물』, 이진원 역(알키, 2012)〕

Davis, Gerald F. *Managed by the Markets: How Finance Reshaped America.* Oxford: Oxford University Press, 2009.

Dobbs, Richard, James Manyika, and Jonathan Woetzel. *No Ordinary Disruption: The Four Global Forces Breaking All the Trends.* New York: PublicAffairs, 2015. 〔리처드 돕스·제임스 매니카·조나단 워첼, 『미래의 속도』, 고영태 역(청림출판, 2016)〕

Ellis, Charles D., Alicia H. Munnell, and Andrew D. Eschtruth. *Falling Short: The Coming Retirement Crisis and What to Do About It.* Oxford: Oxford University Press, 2014.

Fallows, James. *China Airborne.* New York: Pantheon Books, 2012.

Faux, Jeff. *The Global Class War: How America's Bipartisan Elite Lost Our Future—and What It Will Take to Win It Back.* Hoboken, NJ: John Wiley & Sons, 2006.

Ferguson, Niall. *The House of Rothschild: Money's Prophets 1798-1848.* London: Penguin Books, 2000. 〔니얼 퍼거슨, 『전설의 금융 가문 로스차일드 1: 돈의 예언자 1798~1848』, 윤영애 역(21세기북스, 2013)〕

Fletcher, Ian. *Free Trade Doesn't Work: What Should Replace It and Why.* 2011 ed. Sheffield, MA: Coalition for a Prosperous America, 2011. [이안 플레처, 『왜 고장난 자유무역을 고집하는가: 경제학 교과서에서 말하지 않는 불편한 진실』, 한상연 역(초록물고기, 2013)]

Ford, Martin. *Rise of the Robots: Technology and the Threat of a Jobless Future.* New York: Basic Books, 2015. [마틴 포드, 『로봇의 부상: 인공지능의 진화와 미래의 실직 위협』, 이창희 역(세종서적, 2016)]

Foster, John Bellamy, and Fred Magdoff. *The Great Financial Crisis: Causes and Consequences.* New York: Monthly Review Press, 2009. [존 벨라미 포스터·프레드 맥도프, 『대금융위기』, 박종일 역(인간사랑, 2010)]

Frank, Robert H., and Philip J. Cook. *The Winner-take-all Society: Why the Few at the Top Get so Much More than the Rest of Us.* New York: Penguin Books, 1996. [로버트 프랭크·필립 쿡, 『승자독식사회』, 권영경·김양미 역(웅진지식하우스, 2008)]

Friedman, Thomas L. *The World Is Flat: A Brief History of the Twenty-first Century.* New York: Farrar, Straus and Giroux, 2005. [토머스 프리드먼, 『세계는 평평하다: 세계는 지금 어디로 가고 있는가』, 이건식 역(21세기북스, 2013)]

Gabor, Andrea. *The Capitalist Philosophers: The Geniuses of Modern Business—Their Lives, Times, and Ideas.* New York: Times Business, 2000. [안드레아 가보, 『자본주의 철학자들: 테일러에서 드러커까지 경영 천재들의 생애와 사상을 읽는다』, 심현식 역(황금가지, 2006)]

Geisst, Charles R. *Wall Street: A History.* Updated ed. Oxford: Oxford University Press, 2012.

Geithner, Timothy F. *Stress Test: Reflections on Financial Crises.* New York: Crown Publishers, 2014. [티모시 가이트너, 『스트레스 테스트: 고조되는 금융위기의 경제 교과서』, 김규진·김지욱·홍영만 역(인투빅스, 2015)]

Ghemawat, Pankaj. *World 3.0: Global Prosperity and How to Achieve It.* Boston: Harvard Business Review Press, 2011. [판카즈 게마와트, 『월드 3.0: 무엇이 세계 인류 공존을 방해하는가』, 김홍래·이영래 역(지식트리, 2012)]

Gleeson-White, Jane. *Double Entry: How the Merchants of Venice Created Modern Finance.* New York: W.W. Norton & Company, 2012.

Gordon, John Steele. *The Great Game: The Emergence of Wall Street as a World Power, 1653-2000.* New York: Scribner, 1999. [존 스틸 고든, 『월스트리트 제국』, 강남규 역(참솔, 2002)]

Graeber, David. *Debt: The First 5,000 Years.* Brooklyn, NY: Melville House, 2011. [데이비드 그레이버, 『부채 그 첫 5000년: 인류학자가 다시 쓴 경제의 역사』, 정명진 역(부글북스, 2011)]

──────. *The Utopia of Rules: On Technology, Stupidity and the Secret Joys of Bureaucracy.* Brooklyn: Melville House, 2015. 〔데이비드 그레이버, 『관료제 유토피아: 정부, 기업, 대학, 일상에 만연한 제도와 규제에 관하여』, 김영배 역(메 디치미디어, 2016)〕

Greenberg, Stanley B. *America Ascendant: A Revolutionary Nation's Path to Addressing Its Deepest Problems and Leading the 21st Century.* New York: Thomas Dunne Books, 2015.

Greenspan, Alan. *The Map and the Territory: Risk, Human Nature, and the Future of Forecasting.* New York: The Penguin Press, 2013.

Hacker, Jacob S., and Paul Pierson. *Winner-take-all Politics: How Washington Made the Rich Richer—and Turned Its Back on the Middle Class.* New York: Simon & Schuster, 2010. 〔제이콥 해커·폴 피어슨, 『부자들은 왜 우리를 힘들게 하는가: 승자 독식의 정치학』, 조자현 역(21세기북스, 2012)〕

Halberstam, David. *The Reckoning.* New York: William Morrow and Company, 1986.

──────. *The Best and the Brightest.* 20th Anniversary ed. New York: Ballantine Books, 2008. 〔데이비드 핼버스탬, 『최고의 인재들: 왜 미국 최고의 브레인들이 베트남전이라는 최악의 오류를 범했는가』, 송정은·황지현 역(글항아리, 2014)〕

Hammond, Bray. *Banks and Politics in America: From the Revolution to the Civil War.* Princeton, NJ: Princeton University Press, 1991.

Haring, Norbert, and Niall Douglas. *Economists and the Powerful: Convenient Theories, Distorted Facts, Ample Rewards.* New York: Anthem Press, 2012.

Hayes, Christopher. *Twilight of the Elites: America After Meritocracy.* New York: Crown Publishers, 2012. 〔크리스토퍼 헤이즈, 『똑똑함의 숭배: 엘리트주의는 어 떻게 사회를 실패로 이끄는가』, 한진영 역(갈라파고스, 2017)〕

Heffernan, Margaret. *Willful Blindness: Why We Ignore the Obvious at Our Peril.* New York: Walker & Company, 2011. 〔마거릿 헤퍼넌, 『의도적 눈감기: 비겁한 뇌와 어떻게 함께 살 것인가』, 김학영 역(푸른숲, 2013)〕

──────. *Beyond Measure: The Big Impact of Small Changes.* New York: TED Books, Simon & Schuster, 2015. 〔마거릿 헤퍼넌, 『사소한 결정이 회사를 바꾼 다: 우리가 직장에서 말하고 질문하고 행동하는 방식에 대하여』, 박수성 역(문학동 네, 2017)〕

Hirsh, Michael. *Capital Offense: How Washington's Wise Men Turned America's Future over to Wall Street.* Hoboken, NJ: John Wiley & Sons, 2010.

Hochschild, Arlie Russell. *The Outsourced Self: What Happens When We Pay Others to Live Our Lives for Us.* New York: Metropolitan Books, 2012. 〔앨리 러셀 혹실드, 『나를 빌려 드립니다: 구글 베이비에서 원톨로지스트까지 사생활을

사고파는 아웃소싱 자본주의』, 류현 역(이매진, 2013)]

Irwin, Neil. *The Alchemists: Three Central Bankers and a World on Fire.* New York: The Penguin Press, 2013. [닐 어윈, 『연금술사들』, 김선영 역(비즈니스맵, 2014)]

Janeway, William H. *Doing Capitalism in the Innovation Economy: Markets, Speculation and the State.* Cambridge: Cambridge University Press, 2012.

Johnson, Simon, and James Kwak. *White House Burning: The Founding Fathers, the National Debt, and Why It Matters to You.* New York: Pantheon Books, 2012.

Kahneman, Daniel. *Thinking, Fast and Slow.* New York: Farrar, Straus and Giroux, 2013. [대니얼 카너먼, 『생각에 관한 생각』, 이진원 역(김영사, 2012)]

Kay, John. *Other People's Money: The Real Business of Finance.* New York: PublicAffairs, 2015. [존 케이, 『금융의 딴짓: 타인의 돈인가? 금융가의 돈인가?』, 류영재 역(인터워크솔루션즈, 2017)]

Kelly, Jason. *The New Tycoons: Inside the Trillion Dollar Private Equity Industry That Owns Everything.* Hoboken, NJ: Bloomberg Press, 2012. [제이슨 켈리, 『새로운 거물들: 21세기 자본의 지형을 바꾼 사모펀드의 모든 것』, 정인국 역(한국경제신문사, 2016)]

Kelly, Kate. *The Secret Club That Runs the World: Inside the Fraternity of Commodities Traders.* New York: Portfolio/Penguin, 2014.

Kelly, Marjorie. *The Divine Right of Capital: Dethroning the Corporate Aristocracy.* San Francisco: Berrett-Koehler Publishers, 2001. [마조리 켈리, 『주식회사 이데올로기: 21세기 경제 귀족주의의 탄생』, 제현주 역(북돋움, 2013)]

Khurana, Rakesh. *From Higher Aims to Hired Hands: The Social Transformation of American Business Schools and the Unfulfilled Promise of Management as a Profession.* Princeton, NJ: Princeton University Press, 2007.

Kindleberger, Charles P., and Robert Z. Aliber. *Maniacs, Panics, and Crashes: A History of Financial Crises.* Hoboken, NJ: John Wiley & Sons, 2005. [찰스 P. 킨들버거·로버트 Z. 알리버, 『광기, 패닉, 붕괴: 금융위기의 역사』, 김홍식 역(굿모닝북스, 2006)]

Klaus, Ian. *Forging Capitalism: Rogues, Swindlers, Frauds, and the Rise of Modern Finance.* New Haven, CT: Yale University Press, 2014.

Krippner, Greta R. *Capitalizing on Crisis: The Political Origins of the Rise of Finance.* Cambridge, MA: Harvard University Press, 2011.

Krugman, Paul. *End This Depression Now!* New York: W.W. Norton & Company, 2012. [폴 크루그먼, 『지금 당장 이 불황을 끝내라』, 박세연 역(엘도라도, 2013)]

Lack, Simon. *The Hedge Fund Mirage: The Illusion of Big Money and Why It's Too Good to Be True.* Hoboken, NJ: John Wiley & Sons, 2012.

Lazonick, William. *Sustainable Prosperity in the New Economy? Business Organization and High-Tech Employment in the United States.* Kalamazoo, MI: W.E. Upjohn Institute for Employment Research, 2009.

Lewis, Michael. *Boomerang: Travels in the New Third World.* New York: W.W. Norton & Company, 2011. [마이클 루이스, 『부메랑: 새로운 몰락의 시작, 금융위기와 부채의 복수』, 김정수 역(비즈니스북스, 2012)]

──────. *Liar's Poker: Rising Through the Wreckage on Wall Street.* 25th anniversary ed. New York. W.W. Norton & Company, 2014. [마이클 루이스, 『라이어스 포커』, 정명수 역(위즈덤하우스, 2006)]

──────. *Flash Boys: A Wall Street Revolt.* New York: W.W. Norton & Company, 2015. [마이클 루이스, 『플래시 보이스: 0.001초의 약탈자들, 그들은 어떻게 월스트리트를 조종하는가』, 이제용 역(비즈니스북스, 2014)]

Litan, Robert E. *Trillion Dollar Economists: How Economists and Their Ideas Have Transformed Business.* Hoboken, NJ: John Wiley & Sons, 2014.

Locke, Robert R., and J.C. Spender. *Confronting Managerialism: How the Business Elite and Their Schools Threw Our Lives out of Balance.* London: Zed Books, 2011.

Lowenstein, Roger. *When Genius Failed: The Rise and Fall of Long-Term Capital Management.* New York: Random House Trade Paperbacks, 2011. [로저 로웬스타인, 『천재들의 머니게임: 전 세계 금융시장을 뒤흔든 천재들의 음모』, 이승옥 역(한국경제신문사, 2010)]

Lutz, Bob. *Car Guys vs. Bean Counters: The Battle for the Soul of American Business.* New York: Portfolio/Penguin, 2011. [밥 루츠, 『빈 카운터스: 숫자와 데이터로 기업을 망치는 사람들』, 홍대운 역(비즈니스북스, 2012)]

──────. *Icons and Idiots: Straight Talk on Leadership.* New York: Portfolio/Penguin, 2013.

Madrick, Jeff. *Age of Greed: The Triumph of Finance and the Decline of America, 1970 to the Present.* New York: Alfred A. Knopf, 2011.

Malkiel, Burton G. *A Random Walk Down Wall Street: The Time-Tested Strategy for Successful Investing.* 10th ed. New York: W.W. Norton & Company, 2012. [버튼 G. 맬킬, 『시장변화를 이기는 투자』, 이건·김홍식 역(국일증권경제연구소, 2009)]

Malleson, Tom. *After Occupy: Economic Democracy for the 21st Century.* Oxford: Oxford University Press, 2009.

Mandis, Steven G. *What Happened to Goldman Sachs? An Insider's Story of*

Organizational Drift and Its Unintended Consequences. Boston: Harvard Business Review Press, 2013.

Markham, Jerry W. A Financial History of the United States: From the Subprime Crisis to the Great Recession (2006-2009). Armonk, NY: M.E. Sharpe, 2011.

Martin, Felix. Money: The Unauthorised Biography. New York: Alfred A. Knopf, 2014.

Marx, Karl, and Friedrich Engels. The Communist Manifesto. New York: Penguin Books, 2011. [칼 마르크스·프리드리히 엥겔스, 『공산당 선언』, 권혁 역(돋을새김, 2017)]

Mason, Paul. Postcapitalism: A Guide to Our Future. New York: Farrar, Straus and Giroux, 2016. [폴 메이슨, 『포스트 자본주의: 새로운 시작』, 안진이 역(더퀘스트, 2017)]

Mayo, Mike. Exile on Wall Street: One Analyst's Fight to Save the Big Banks from Themselves. Hoboken, NJ: John Wiley & Sons, 2011.

McKinsey Global Institute. "Financial Globalization: Retreat or Reset?" March 2013.

———. "Global Flows in a Digital Age: How Trade, Finance, People, and Data Connect the World Economy." April 2014.

———. "Global Growth: Can Productivity Save the Day in an Aging World?" January 2015.

———. "Debt and (Not Much) Deleveraging." February 2015.

McLean, Bethany. Shaky Ground: The Strange Saga of the U.S. Mortgage Giants. New York: Columbia Global Reports, 2015.

McNamara, Robert S., and Brian VanDeMark. In Retrospect: The Tragedy and Lessons of Vietnam. New York: Vintage Books, 1996.

Mian, Atif, and Amir Sufi. House of Debt: How They (and You) Caused the Great Recession, and How We Can Prevent It from Happening Again. Chicago: University of Chicago Press, 2014. [아티프 미안·아미르 수피, 『빚으로 지은 집: 가계 부채는 왜 위험한가』, 박기영 역(열린책들, 2014)]

Micklethwait, John, and Adrian Wooldridge. The Fourth Revolution: The Global Race to Reinvent the State. New York: Penguin Books, 2015. [존 미클스웨이트·에이드리언 울드리지, 『제4의 혁명: 우리는 누구를 위한 국가에 살고 있는가』, 이진원 역(21세기북스, 2015)]

Morris, Charles R. Money, Greed, and Risk: Why Financial Crises and Crashes Happen. New York: Times Business, 1999.

———. The Two Trillion Dollar Meltdown: Easy Money, High Rollers, and the Great Credit Crash. New York: PublicAffairs, 2009.

Mullainathan, Sendhil, and Eldar Shafir. *Scarcity: Why Having Too Little Means So Much.* New York: Times Books, 2013. 〔센딜 멀레이나선·엘다 샤퍼, 『결핍의 경제학: 왜 부족할수록 마음은 더 끌리는가』, 이경식 역(알에이치코리아, 2014)〕

Nocera, Joe. *A Piece of the Action: How the Middle Class Joined the Money Class.* New York: Simon & Schuster Paperbacks, 2013.

Partnoy, Frank. *Wait: The Art and Science of Delay.* New York: PublicAffairs, 2012.

Pasquale, Frank. *The Black Box Society: The Secret Algorithms That Control Money and Information.* Cambridge, MA: Harvard University Press, 2015. 〔프랭크 파스콸레, 『블랙박스 사회: 돈과 빅데이터를 통제하는 정보 제국주의의 비밀』, 이시은 역(안티고네, 2016)〕

Phelps, Edmund. *Mass Flourishing: How Grassroots Innovation Created Jobs, Challenge, and Change.* Princeton, NJ: Princeton University Press, 2013. 〔에드먼드 펠프스, 『대번영의 조건』, 이창근·홍대운 역(열린책들, 2016)〕

Piketty, Thomas. *Capital in the Twenty-First Century.* Translated by Arthur Goldhammer. Cambridge, MA: Belknap Press of Harvard University Press, 2014. 〔토마 피케티, 『21세기 자본』, 장경덕 외 역(글항아리, 2014)〕

──────. *The Economics of Inequality.* Translated by Arthur Goldhammer. Cambridge, MA: Belknap Press of Harvard University Press, 2015. 〔토마 피케티, 『불평등 경제』, 유영 역(마로니에북스, 2014)〕

Prins, Nomi. *All the Presidents' Bankers: The Hidden Alliances That Drive American Power.* New York: Nation Books, 2014.

Putnam, Robert D. *Our Kids: The American Dream in Crisis.* New York: Simon & Schuster, 2015. 〔로버트 D. 퍼트넘, 『우리 아이들: 빈부격차는 어떻게 미래 세대를 파괴하는가』, 정태식 역(페이퍼로드, 2017)〕

Rajan, Raghuram G. *Fault Lines: How Hidden Fractures Still Threaten the World Economy.* Princeton, NJ: Princeton University Press, 2010. 〔라구람 G. 라잔, 『폴트 라인: 보이지 않는 균열이 어떻게 세계 경제를 위협하는가』, 김민주·송희령 역(에코리브르, 2011)〕

Reich, Robert B. *Supercapitalism: The Transformation of Business, Democracy, and Everyday Life.* New York: Alfred A. Knopf, 2007. 〔로버트 B. 라이시, 『슈퍼 자본주의』, 형선호 역(김영사, 2008)〕

Reinhart, Carmen M., and Kenneth S. Rogoff. *This Time Is Different: Eight Centuries of Financial Folly.* Princeton, NJ: Princeton University Press, 2009. 〔케네스 로고프·카르멘 라인하트, 『이번엔 다르다』, 최재형·박영란 역(다른세상, 2010)〕

Roth, Alvin E. *Who Gets What—and Why: The New Economics of Matchmaking and Market Design*. Boston: Houghton Mifflin Harcourt, 2015. 〔앨빈 로스, 『매칭: 숨은 시장을 발굴하는 강력한 힘』, 이경남 역(알키, 2016)〕

Rothkopf, David. *Power, Inc.: The Epic Rivalry Between Big Business and Government—and the Reckoning That Lies Ahead*. New York: Farrar, Straus and Giroux, 2012.

Saval, Nikil. *Cubed: The Secret History of the Workplace*. New York: Doubleday, 2014. 〔니킬 서발, 『큐브: 칸막이 사무실의 은밀한 역사』, 김승진 역(이마, 2015)〕

Scheiber, Noam. *The Escape Artists: How Obama's Team Fumbled the Recovery*. New York: Simon & Schuster, 2012.

Schmidt, Eric, and Jared Cohen. *The New Digital Age: Transforming Nations, Businesses, and Our Lives*. New York: Vintage Books, 2014. 〔에릭 슈미트·제러드 코언, 『새로운 디지털 시대』, 이진원 역(알키, 2014)〕

Schroeder, Alice. *The Snowball: Warren Buffett and the Business of Life*. Updated and condensed ed. New York: Bantam Books, 2009. 〔앨리스 슈뢰더, 『스노볼: 워런 버핏과 인생 경영』, 이경식 역(랜덤하우스코리아, 2009)〕

Schwed Jr., Fred. *Where Are the Customers' Yachts? Or A Good Hard Look at Wall Street*. Hoboken, NJ: John Wiley & Sons, 2006. 〔프레드 쉐드, 『고객의 요트는 어디에 있는가』, 김상우 역(부크온, 2012)〕

Sehgal, Kabir. *Coined: The Rich Life of Money and How Its History Has Shaped Us*. New York: Grand Central Publishing, 2015.

Shapley, Deborah. *Promise and Power: The Life and Times of Robert McNamara*. Boston: Little, Brown & Company, 1993.

Shiller, Robert J. *The Subprime Solution: How Today's Global Financial Crisis Happened, and What to Do about It*. Princeton, NJ: Princeton University Press, 2008. 〔로버트 쉴러, 『버블 경제학: 세계적 현상, 부동산 버블과 경제 시스템 사이의 관계를 분석하다』, 정준희 역(랜덤하우스, 2009)〕

──────. *Finance and the Good Society*. Princeton, NJ: Princeton University Press, 2012. 〔로버트 쉴러, 『새로운 금융시대: 개인 투자와 세계 경제의 흐름을 바꿀 금융의 미래』, 조윤정 역(알에이치코리아, 2013)〕

──────. *Irrational Exuberance*. Revised and expanded 3rd ed. Princeton, NJ: Princeton University Press, 2015. 〔로버트 쉴러, 『비이성적 과열』, 이강국 역(알에이치코리아, 2014)〕

Skidelsky, Robert, and Edward Skidelsky. *How Much Is Enough? Money and the Good Life*. New York: Other Press, 2012. 〔로버트 스키델스키·에드워드 스키델스키, 『얼마나 있어야 충분한가』, 김병화 역(부키, 2013)〕

Smithers, Andrew. *The Road to Recovery: How and Why Economic Policy Must*

Change. N.p.: Wiley, 2013.

Spence, Michael. *The Next Convergence: The Future of Economic Growth in a Multispeed World*. New York: Farrar, Straus and Giroux, 2011. 〔마이클 스펜스,『넥스트 컨버전스: 위기 이후 도래하는 부와 기회의 시대』, 이현주 역(리더스북, 2012)〕

Stiglitz, Joseph E. *The Roaring Nineties: A New History of the World's Most Prosperous Decade*. New York: W.W. Norton & Company, 2004.

───. *The Price of Inequality: How Today's Divided Society Endangers Our Future*. New York: W.W. Norton & Company, 2013. 〔조지프 스티글리츠,『불평등의 대가: 분열된 사회는 왜 위험한가』, 이순희 역(열린책들, 2013)〕

───. *The Great Divide: Unequal Societies and What We Can Do About Them*. New York: W.W. Norton & Company, 2015. 〔조지프 스티글리츠,『거대한 불평등: 우리는 무엇을 할 수 있는가』, 이순희 역(열린책들, 2017)〕

Stone, Amey, and Mike Brewster. *King of Capital: Sandy Weill and the Making of Citigroup*. New York: John Wiley & Sons, 2002. 〔아메이 스톤·마이크 브루스터,『씨티그룹 그 열정과 도전』, 이종천 역(황금부엉이, 2005)〕

Stout, Lynn. *The Shareholder Value Myth: How Putting Shareholders First Harms Investors, Corporations, and the Public*. San Francisco: Berrett-Koehler Publishers, 2012.

Taylor, Paul, and the Pew Research Center. *The Next America: Boomers, Millennials, and the Looming Generational Showdown*. New York: PublicAffairs, 2014.

Tett, Gillian. *Fool's Gold: The Inside Story of J.P. Morgan and How Wall St. Greed Corrupted Its Bold Dream and Created a Financial Catastrophe*. New York: Free Press, 2010. 〔질리언 테트,『풀스 골드』, 김지욱·이석형·이경식 역(랜덤하우스코리아, 2010)〕

───. *The Silo Effect: The Peril of Expertise and the Promise of Breaking Down Barriers*. New York: Simon & Schuster, 2015. 〔질리언 테트,『사일로 이펙트: 무엇이 우리를 눈멀게 하는가』, 신예경 역(어크로스, 2016)〕

Thaler, Richard H. *Misbehaving: The Making of Behavioral Economics*. New York: W.W. Norton & Company, 2015. 〔리처드 탈러,『똑똑한 사람들의 멍청한 선택: 결정적 1%, 사소하지만 치명적 허점을 공략하라』, 박세연 역(리더스북, 2016)〕

Thorndike Jr., William N. *The Outsiders: Eight Unconventional CEOs and Their Radically Rational Blueprint for Success*. Boston: Harvard Business Review Press, 2012. 〔윌리엄 손다이크,『아웃사이더: 경영의 상식을 뒤엎고 새로운 상식을 만든 8인의 괴짜 CEO』, 이우창 역(아이지엠세계경영연구원, 2013)〕

Tobe, Chris, with Ken Tobe. *Kentucky Fried Pensions: Worse Than Detroit Edition*. 2nd ed. Middleton, DE: CreateSpace, 2013.

Tse, Edward. *China's Disruptors: How Alibaba, Xiaomi, Tencent, and Other Companies Are Changing the Rules of Business*. New York: Portfolio/Penguin, 2015.

Turner, Adair. *Between Debt and the Devil: Money, Credit, and Fixing Global Finance*. Princeton, NJ: Princeton University Press, 2015. 〔아데어 터너, 『부채의 늪과 악마의 유혹 사이에서: 통화, 신용, 그리고 글로벌 금융』, 우리금융경영연구소 역(해남, 2017)〕

Turner, John D. *Banking in Crisis: The Rise and Fall of British Banking Stability, 1800 to the Present*. Cambridge: Cambridge University Press, 2014.

USB, "The New Global Context: Could Economic Transformations Threaten Stability?" USB White Paper for the World Economic Forum. January, 2015.

Warren, Elizabeth. *A Fighting Chance*. New York: Picador, 2015. 〔엘리자베스 워런, 『싸울 기회』, 박산호 역(에쎄, 2015)〕

Weill, Sandy, and Judah S. Kraushaar. *The Real Deal: My Life in Business and Philanthropy*. New York: Warner Business Books, 2006. 〔샌디 웨일 · 주다 S. 크라우샤, 『리얼 딜: 시티그룹 CEO 샌디 웨일』, 이주형 역(북앳북스, 2007)〕

Whitney, Meredith. *Fate of the States: The New Geography of American Prosperity*. New York: Penguin Press, 2013.

Wilkinson, Richard, and Kate Pickett. *The Spirit Level: Why Equality Is Better for Everyone*. London: Penguin Books, 2009. 〔리처드 윌킨슨 · 케이트 피킷, 『평등이 답이다: 왜 평등한 사회는 늘 바람직한가』, 전재웅 역(이후, 2012)〕

Wolf, Martin. *The Shifts and the Shocks: What We've Learned—and Have Still to Learn—from the Financial Crisis*. New York: Penguin Press, 2014.

Zingales, Luigi. *A Capitalism for the People: Recapturing the Lost Genius of American Prosperity*. New York: Basic Books, 2012.

Zweig, Phillip L. *Wriston: Walter Wriston, Citibank, and the Rise and Fall of American Financial Supremacy*. New York: Crown Publishers, 1995.

찾아보기